Tim Geiger, Jürgen Lillteicher und Hermann Wentker (Hrsg.)
Zwei plus Vier

Schriftenreihe
der Vierteljahrshefte
für Zeitgeschichte

———

Im Auftrag des
Instituts für Zeitgeschichte München–Berlin
herausgegeben von
Helmut Altrichter, Horst Möller,
Margit Szöllösi-Janze und Andreas Wirsching

Redaktion:
Johannes Hürter und Thomas Raithel

Band 123

Zwei plus Vier

Die internationale Gründungsgeschichte
der Berliner Republik

Herausgegeben von
Tim Geiger, Jürgen Lillteicher und Hermann Wentker

DE GRUYTER
OLDENBOURG

ISBN 978-3-11-072790-6
e-ISBN (PDF) 978-3-11-072801-9
e-ISBN (EPUB) 978-3-11-072806-4

Library of Congress Control Number: 2021944007

Bibliografische Information der Deutschen Nationalbibliothek
Die Deutsche Nationalbibliothek verzeichnet diese Publikation in der
Deutschen Nationalbibliografie; detaillierte bibliografische Daten sind im Internet über
http://dnb.dnb.de abrufbar.

© 2021 Walter de Gruyter GmbH, Berlin/Boston
Beitrag von Mary Sarotte: © Mary Sarotte, 2021
Titelbild: Die Außenminister der Siegermächte des Zweiten Weltkrieges, der DDR und der
Bundesrepublik unterzeichnen am 12.9.1990 im Moskauer Hotel „Oktober" den 2+4-Vertrag.
Bundesregierung, B 145 Bild-00047633 / Engelbert Reineke
Satz: bsix information exchange GmbH, Braunschweig
Druck und Bindung: CPI books GmbH, Leck

www.degruyter.com

Inhalt

Tim Geiger, Jürgen Lillteicher und Hermann Wentker
Einleitung —— 1

Teil I: Der Weg zur deutschen Einheit

Hélène Miard-Delacroix
Abschied vom Kalten Krieg
Das internationale System seit Mitte der 1980er Jahre —— 19

Helmut Altrichter
Aufbruch oder Untergang?
Die Sowjetunion und die Auflösung des Warschauer Paktes —— 31

Mary Elise Sarotte
Führungsduo?
Spannungen zwischen den USA und der Bundesrepublik bei der Herstellung der deutschen Einheit 1990 —— 47

Teil II: Hypotheken der Vergangenheit

Jürgen Lillteicher
Aufgeschoben ist nicht aufgehoben
Die Bundesrepublik zwischen Reparationsblockade und Entschädigungsdiplomatie vor und nach dem Zwei-plus-Vier-Vertrag —— 67

Heike Amos
Die Oder-Neiße-Grenze
Vom Problem zur Verhandlungslösung 1989/90 —— 87

Andreas Zimmermann und Jan Eiken
Volle Souveränität?
Kontinuität alliierten Rechts, Eigentumsfragen und völkerrechtliche Verträge —— 103

Teil III: Ordnungsentwürfe für die Gegenwart

Hermann Wentker
Die KSZE als Ordnungsfaktor
Höhenflug und Bedeutungsverlust einer Idealvorstellung europäischer Politik (1989–1991) —— **125**

Tim Geiger
Friedensdividende
Abrüstung und der Wandel der Militärallianzen —— **143**

Wanda Jarząbek
Nationalstaat oder supranationale Strukturen?
Die Positionen der mittelosteuropäischen Staaten nach dem Umbruch —— **161**

Teil IV: Bilder von Deutschland nach 1990

Dominik Geppert
Viertes Reich oder Normalisierung?
Die britische Wahrnehmung Deutschlands nach 1990 —— **181**

Wolfgang Mueller
Die deutsche Wiedervereinigung als sowjetische Niederlage?
Der Wandel des Geschichtsbildes in Russland 1990–2020 —— **199**

Konrad H. Jarausch
„Partner in der Führung" oder zögerliche Mittelmacht?
Das vereinigte Deutschland aus amerikanischer Sicht in den 1990er Jahren —— **229**

Abkürzungen —— **241**

Die Autorinnen und Autoren dieses Bandes —— **245**

Personenregister —— **249**

Tim Geiger, Jürgen Lillteicher und Hermann Wentker
Einleitung

Es ist nachvollziehbar, dass sich Deutschland bei der Besinnung auf den Einheitsprozess 1989/90 zunächst auf die nationale Perspektive konzentriert. Veranstaltungen, in denen öffentlich daran erinnert wird, nehmen meist die friedliche Revolution und die Verdienste der Bürgerinnen und Bürger der ehemaligen DDR in den Fokus. Das Leid der Opfer des SED-Regimes, aber auch die Defizite der deutschen Wiedervereinigung werden ausführlich präsentiert und diskutiert. In den letzten Jahren sollen verstärkt insbesondere ostdeutsche Biographien eine angemessene Würdigung erfahren. Vor diesem Hintergrund wird oftmals die Privatisierung der ostdeutschen Wirtschaft als Ausverkauf der DDR durch die Treuhand-Anstalt charakterisiert, die zu einer Art „Bad Bank" der Vereinigungsgeschichte avanciert ist,[1] oder der Einigungsprozess gar als bloße „Übernahme" der DDR durch die Bundesrepublik bezeichnet.[2] In der Kritik stehen dabei meist die Führungsschichten der alten Bundesrepublik, die angeblich zu schnell und zu überhastet gehandelt und die DDR und ihre Bürgerinnen und Bürger geradezu überrollt, zumindest aber bevormundet hätten.

Ein ähnliches Bild dominierte 30 Jahre nach der Unterzeichnung des Zwei-plus-Vier-Vertrags am 12. September und der Wiederherstellung der deutschen Einheit am 3. Oktober 1990. Auf geradezu irritierende Weise wiederholen sich die öffentlichen Beiträge aus dem Vorjahr, in dem man des 30. Jahrestags des Mauerfalls gedacht hatte.[3] Deutschland schien in einer Art Nabelschau gefangen. Vor dem Hintergrund eines zunehmenden Rechtsradikalismus, insbesondere in Ostdeutschland, der das Land zu spalten droht, fühlten sich die öffentlichen Repräsentanten Deutschlands offenbar erneut aufgefordert, auf die Verdienste der Ostdeutschen

---
[1] Vgl. etwa die Ausstellung der Rosa-Luxemburg-Stiftung und den gleichlautenden Begleitband Schicksal Treuhand – Treuhand-Schicksale. Berlin 2019; Markus Böick, Vom Blitzableiter zur Bad Bank. Die Debatten über die Treuhandanstalt und was sich daraus über das Verhältnis von Politikwissenschaft und Zeitgeschichtsforschung lernen lässt, in: Zeitschrift für Politikwissenschaft 30 (2020), S. 473–482. Das Institut für Zeitgeschichte München–Berlin arbeitet derzeit an einem großen, mehrteiligen Projekt zur Geschichte der Treuhand: vgl. als erste Publikation Dierk Hoffmann (Hrsg.), Transformation einer Volkswirtschaft. Neuere Forschungen zur Geschichte der Treuhandanstalt, Berlin 2020.
[2] Ilko-Sascha Kowalczuk, Die Übernahme. Wie Ostdeutschland Teil der Bundesrepublik wurde, München 2019.
[3] Vgl. den Abschlussbericht der Kommission „30 Jahre Friedliche Revolution und Deutsche Einheit", die vom Bundesministerium des Innern als die Einheitsfeiern koordinierende Behörde eingesetzt worden war: https://www.bmi.bund.de/SharedDocs/downloads/DE/veroeffentlichungen/2020/abschlussbericht-kommission-30-jahre.pdf?__blob=publicationFile&v=5 (letzter Aufruf: 29.4.2021).

und das Leid der SED-Opfer abzuheben. Symptomatisch war die Rede des Bundespräsidenten Frank-Walter Steinmeier beim Festakt am 3. Oktober 2020,[4] in der er die Verdienste und den Mut der Ostdeutschen würdigte, auf die Risse in ostdeutschen Biographien hinwies, ein Denkmal für die friedlichen Revolutionäre und Bürgerrechtler der DDR forderte und den gesellschaftlichen Zusammenhalt anmahnte. Das Staatsoberhaupt verlor jedoch kein Wort zum Zwei-plus-Vier-Vertrag, der die deutsche Einheit erst ermöglicht hatte. Der vormalige Außenminister der Bundesrepublik Deutschland ließ die internationale Dimension des Einigungsprozesses gerade einmal in zwei Absätzen seiner neunseitigen Rede anklingen. Dies verwundert, denn ohne die Zustimmung der ehemaligen Siegermächte wäre die deutsche Einheit nicht zu realisieren gewesen.[5] Der Bundespräsident unterlag darüber hinaus einer historischen Fehleinschätzung, indem er den Moskauer und den Warschauer Vertrag von 1970, Resultate der Brandt'schen Ostpolitik, irrtümlich als Friedensabkommen bezeichnete. Jedoch brachten erst der Zwei-plus-Vier-Vertrag und der deutsch-polnische Grenzvertrag vom 14. November 1990 die endgültige Anerkennung der Oder-Neiße-Grenze durch das vereinigte Deutschland. Alle vorangegangenen Abkommen waren keine Friedensabkommen und galten nur vorbehaltlich einer künftigen friedensvertraglichen Regelung. Nur so wird die Nervosität Polens verständlich, als Deutschland der Wiedervereinigung zustrebte.

Im öffentlichen Bewusstsein und in der öffentlichen Präsentation von Geschichte in Deutschland fehlt die internationale Dimension der deutschen Einheit fast gänzlich. Vielleicht waren den Zeitgenossen 1990 die völkerrechtlichen Zusammenhänge angesichts des Auftretens der ehemaligen Siegermächte bei den Verhandlungen über Deutschland und deren erhebliches Mitspracherecht in vermeintlich rein deutschen Angelegenheiten nicht immer voll bewusst. Heute indes scheint eine gewisse Ignoranz in einem Deutschland vorzuherrschen, das europäisch denkt und wirtschaftlich wie politisch international stark vernetzt ist. Dem versucht der vorliegende Band entgegenzuwirken. Denn er versteht sich, auch wenn er sich vorwiegend an ein fachwissenschaftliches Publikum richtet, als ein Plädoyer, der internationalen Dimension der Geschichte der deutschen Einheit in Wissenschaft und Öffentlichkeit mehr Raum zu geben und damit den tatsächlichen historischen Verhältnissen auch gerecht zu werden.

Schon Geographie und Geschichte brachten es mit sich, dass die Wiedervereinigung Deutschlands eine unübersehbare internationale Dimension besaß. Dass das seit vier Jahrzehnten durch die Systemgrenze des Kalten Krieges geteilte Land 1990

---

4 Rede des Bundespräsidenten Frank-Walter Steinmeier zum 30. Jahrestag der Deutschen Einheit am 3. Oktober 2020, https://www.bundespraesident.de/SharedDocs/Downloads/DE/Reden/2020/10/201003-TdDE-2020.pdf;jsessionid=CB990D98DF22282A8EDE72220C83068E.2_cid392?__blob=publicationFile (letzter Aufruf: 13.4.2021).
5 Vgl. Stephan-Andreas Casdorff, Was für eine Rede, in: Der Tagesspiegel vom 5.10.2020, https://www.tagesspiegel.de/politik/steinmeier-zur-deutschen-einheit-was-fuer-eine-rede/26242232.html (letzter Aufruf: 12.4.2021).

wieder zu *einem* Deutschland werden sollte, konnte dessen Nachbarn und die Hegemonialmächte der westlichen und östlichen Hemisphäre nicht kalt lassen. Daher hat die Vereinigung Deutschlands nicht nur eine nationale, sondern auch eine internationale Geschichte.

Um die internationale Gründungsgeschichte der Berliner Republik[6] zu verstehen, ist ein Blick in die Zeit vor 1990 unumgänglich. Es waren vor allem zwei Momente aus der Vergangenheit, die der internationalen Politik mit Blick auf Deutschland damals zugrunde lagen: die Rechte und Verantwortlichkeiten der vier Siegermächte des Zweiten Weltkrieges für Berlin und Deutschland als Ganzes auf der einen und die erneut wach werdenden Ängste der europäischen Nachbarn vor einer wieder entstehenden deutschen Großmacht in der Mitte des Kontinents auf der anderen Seite.

Die besonderen Rechte der Vereinigten Staaten, der Sowjetunion, Frankreichs und Großbritanniens gingen letztlich auf deren historische Rolle als die zentralen Siegermächte des Zweiten Weltkrieges in Europa zurück, die ihren ganz realen Ausdruck in der mit der „Berliner Deklaration" am 5. Juni 1945 verkündeten Übernahme der Regierungsgewalt in Deutschland fand.[7] Aufgrund des Zerbrechens der Anti-Hitler-Koalition und des rasch einsetzenden Kalten Krieges blieb die zunächst in Aussicht genommene gemeinsame Vier-Mächte-Verwaltung Deutschlands bekanntlich Makulatur. Die Westmächte gaben ab 1949 der mit ihrer maßgeblichen Mithilfe entstandenen und weiterhin ihrer kritischen Obhut unterstehenden Bundesrepublik schrittweise einzelne Souveränitätsrechte zurück. Die Sowjetunion blieb als Besatzungs- und Kontrollmacht in Ostdeutschland stärker präsent, aber auch sie gestand der DDR mit der Erklärung vom 25. März 1954[8] ihre formelle Souveränität zu. Dies bedeutete weder in der Bundesrepublik noch in der DDR, dass die jeweiligen Schutzmächte sich nicht in deren innere Angelegenheiten einmischten – in der Bundesrepublik weniger, in der DDR deutlich mehr und länger. Entscheidend in unserem Zusammenhang ist, dass sich die vier Siegermächte von 1945 weiterhin für Deutschland als Ganzes und für Berlin für zuständig erklärten und diese Rechte nie an die deutschen Staaten abgaben, auch nachdem beide formal in die Souveränität entlassen worden waren. Der Bundesrepublik kam dies insofern entgegen, als sie unter Verweis auf die Vier-Mächte-Rechte und den fehlenden Friedensvertrag mit

---

6 Zur Entstehung und zur Nutzung des Begriffs vgl. Michael C. Bienert/Stefan Creuzberger/Kristina Hübener/Matthias Oppermann, Die Berliner Republik und die zeithistorische Forschung. Eine Einführung, in: dies. (Hrsg.), Die Berliner Republik. Beiträge zur deutschen Zeitgeschichte seit 1990, Berlin 2013, S. 7–34, hier S. 7–17. Die Herausgeber dieses Bandes verstehen den Begriff nicht programmatisch, sondern rein pragmatisch als Bezeichnung des größeren, vereinten Deutschlands nach dem 3. Oktober 1990.
7 Die Berliner Deklaration vom 5.6.1945, in: Ingo von Münch (Hrsg.), Dokumente des geteilten Deutschland. Quellentexte zur Rechtslage des Deutschen Reiches, der Bundesrepublik Deutschland und der Deutschen Demokratischen Republik, Stuttgart ²1976, S. 19–24.
8 Erklärung vom 25.3.1954, in: ebenda, S. 329–331.

einem gesamtdeutschen Staat verdeutlichen konnte, dass die Teilung eben nicht die endgültige Antwort auf die deutsche Frage war. Diese blieb vielmehr, selbst nach der staatlichen Anerkennung der DDR im Grundlagenvertrag von 1972, aus westdeutscher Sicht weiterhin offen. Wenngleich eine Vereinigung angesichts der verfestigten Teilung Europas und der Blockkonfrontation unwahrscheinlich erschien, so war sie aus Bonner Sicht wenigstens nicht ausgeschlossen.

Dass die europäischen Nachbarn die Wiederentstehung einer deutschen Großmacht in der Mitte Europas unbedingt vermeiden wollten, war zwar vor allem, aber nicht ausschließlich auf die Politik und Verbrechen des „Dritten Reiches" zurückzuführen, das Europa und die Welt in einen mörderischen Krieg gestürzt hatte. Die Erfahrung mit Deutschland ging weiter zurück und hatte eine sehr viel grundsätzlichere Dimension: Vertrug sich ein geeintes Deutschland mit einer friedlichen europäischen Staatenordnung? Musste sich nicht, sobald die europäische Mitte als einheitlicher Machtstaat organisiert war, die Frage von Gleichgewicht oder Hegemonie in Europa neu stellen? Hatte nicht das „alte Reich", das schwach im Angriff, aber stark in der Verteidigung gewesen war, nach 1648 einen gesamteuropäischen Krieg bis ins Zeitalter der französischen Revolution und Napoleons verhindert? Und war nicht auch nach 1815 ein in viele Klein- und Mittelstaaten geteiltes Deutschland ein wesentliches Strukturmerkmal der im Wiener Kongress begründeten Gleichgewichtsordnung gewesen? Erst mit der preußisch-deutschen Reichseinigung 1870/71 wurde dieses Prinzip infrage gestellt. Reichskanzler Otto von Bismarck, der in einer außergewöhnlichen internationalen Konstellation die Gunst der Stunde genutzt hatte, wusste um die Fragilität seiner Gründung und war bis ans Ende seiner Amtszeit darauf bedacht, „das Deutsche Reich von den bedrohlichen Folgen seiner Gründung zu bewahren".[9]

Als daher nach der totalen Niederlage 1945 Deutschland infolge des Kalten Krieges geteilt wurde, kam dies dem Sicherheitsbedürfnis seiner Nachbarn entgegen. Der französische Schriftsteller François Mauriac bekundete 1966, dass er Deutschland so sehr liebe, dass er froh sei, „daß es zwei davon gibt".[10] Diese Grundstimmung blieb bis in die 1980er Jahre erhalten, sodass der italienische Außenminister Giulio Andreotti am 13. September 1984 die Gefahr eines „Pangermanismus" beschwor und gleichzeitig darauf bestand: „Es gibt zwei deutsche Staaten, und zwei sollten es auch bleiben!"[11] Die Bundesregierungen, die einerseits im Einvernehmen

---

9 So Andreas Hillgruber, Bismarcks Außenpolitik, Freiburg ²1981, S. 131.
10 „Ja, ich liebe Charles de Gaulle", in: Der Spiegel, 6.3.1967, S. 112. Das Zitat entstammt der Frage des Interviewers, der auf Mauriacs Aussage von 1966 verwies. Mauriac bestritt diese Aussage nicht, relativierte sie aber mit den Worten: „Das war ein Scherz."
11 Zit. nach Deborah Cuccia, Italien und die deutsche Einigung 1989–1990, in: Michael Gehler/ Maximilian Graf (Hrsg.), Europa und die deutsche Einheit. Beobachtungen, Entscheidungen und Folgen, Göttingen 2018, S. 687. Zum Gesamtzusammenhang und den Reaktionen vgl. dies., There Are Two German States and Two Must Remain? Italy and the Long Path from the German Question to the Re-Unification, Hildesheim/Zürich/New York 2019, S. 138–158.

mit ihren Nachbarn leben, andererseits aber am Auftrag des Grundgesetzes festhalten wollten, die deutsche Einheit friedlich zu verwirklichen, standen damit vor einem Dilemma, das durch die Spaltung Europas noch verschärft wurde. Bundeskanzler Kurt Georg Kiesinger brachte diese Problematik am 17. Juni 1967 auf den Punkt: „Deutschland, ein wiedervereinigtes Deutschland, hat eine kritische Größenordnung. Es ist zu groß, um in der Balance der Kräfte keine Rolle zu spielen, und zu klein, um die Kräfte um sich herum selbst im Gleichgewicht zu halten. Es ist daher in der Tat nur schwer vorstellbar, daß sich ganz Deutschland bei einer Fortdauer der gegenwärtigen politischen Struktur in Europa der einen oder der anderen Seite ohne weiteres zugesellen könnte. Eben darum kann man das Zusammenwachsen der getrennten Teile Deutschlands nur eingebettet sehen in den Prozeß der Überwindung des Ost-West-Konfliktes in Europa."[12]

Doch die Beendigung des Ost-West-Konflikts war in den 1960er Jahren bestenfalls Zukunftsmusik. Die Blöcke schienen fest gefügt, und es bestand keine Aussicht, dass sich an der bipolaren Ordnung der Welt etwas ändern würde. Auch die Détente im folgenden Jahrzehnt bedeutete keine Überwindung dieses Konflikts, sondern nur dessen Einhegung, auch wenn seine Initiatoren auf Seiten der Bundesrepublik, Willy Brandt und Egon Bahr, in den 1960er Jahren weitergehende Ziele verfolgt haben mögen.[13] Wenngleich die Stabilisierung der internationalen Gesamtsituation im Schatten des nuklearen Gleichgewichts des Schreckens erfolgte, konnten die West- und die Osteuropäer damit besser leben als mit einer einheitlichen deutschen Großmacht in der Mitte des Kontinents. Vor diesem Hintergrund wurde die Teilung von vielen zum unabänderlichen Schicksal der Deutschen erklärt; sie erschien angesichts der weltpolitischen Konstellation nicht nur unausweichlich, sondern aufgrund ihrer stabilisierenden Kraft für die internationale Ordnung auch vernünftig.

Als aber das Eis des Kalten Krieges zu schmelzen begann und spätestens seit Sommer 1989 über eine Wiedervereinigung zu westlichen Konditionen aufgrund der europäischen Umbruchsituation als realisierbare Möglichkeit diskutiert wurde,[14] wurden auch alte, längst überwunden geglaubte Ängste und Sorgen der Nachbarn wieder wach. Dabei hatten die seit 1945 eingetretenen Veränderungen mit Blick auf

---

12 Kurt Georg Kiesinger, Rede beim Staatsakt der Bundesregierung zum Tag der Deutschen Einheit im Bundestag, 17.6.1967, in: 100(0) Schlüsseldokumente zur deutschen Geschichte im 20. Jahrhundert, https://www.1000dokumente.de/pdf/dok_0077_kre_de.pdf (letzter Aufruf: 10.3.2021).
13 Den transformativen Charakter der sozial-liberalen Ostpolitik betonen insbesondere Oliver Bange und Gottfried Niedhart, Die „Relikte der Nachkriegszeit" beseitigen. Ostpolitik in der zweiten außenpolitischen Formationsphase der Bundesrepublik Deutschland und ihre internationalen Rahmenbedingungen 1969–1971, in: Archiv für Sozialgeschichte 44 (2004), S. 415–448; Gottfried Niedhart, Durch den Eisernen Vorhang. Die Ära Brandt und das Ende des Kalten Kriegs, Darmstadt 2019.
14 Vgl. etwa eine Artikelserie in der Wochenzeitung „Die Zeit" zwischen dem 23.6. und dem 11.8.1989; dazu Hermann Wentker, Die Deutschen und Gorbatschow 1985–1991. Der Gorbatschow-Diskurs im doppelten Deutschland, Berlin 2020, S. 535 f.

die Bundesrepublik eine ambivalente Wirkung. Zum einen war sie, anders als das Deutsche Reich, weder der Versuchung ausgesetzt, zur Hegemonie zu greifen, noch der Gefahr, eingekreist zu werden. Dem hatte die vom ersten Bundeskanzler Konrad Adenauer initiierte Politik der Westbindung dauerhaft entgegengewirkt: Die fortdauernde feste Einbindung in die NATO und in die Europäische Gemeinschaft (EG) war eine Versicherung für die europäischen Nachbarn, dass auch ein vereintes Deutschland eingehegt blieb. Zum anderen hatte sich das Gewicht der Bundesrepublik in beiden Zusammenschlüssen seit 1949 erheblich gesteigert: So war sie spätestens ab 1979, als die NATO angesichts des „Zweiten Kalten Krieges" eine Antwort auf die Stationierung sowjetischer Mittelstreckenraketen finden musste, wie selbstverständlich zu den Führungsmächten im Bündnis aufgestiegen und hatte wesentlich zum NATO-Doppelbeschluss und dessen Umsetzung beigetragen.[15] Und in der EG bildete die Bundesrepublik seit den Tagen Adenauers und Charles de Gaulles gemeinsam mit Frankreich den Motor, der funktionieren musste, wenn die Gemeinschaft weiterentwickelt werden sollte. Drohte bei einer Vereinigung der beiden deutschen Staaten das deutsche Potenzial so groß zu werden, dass sich die Bindungen der vergangenen 40 Jahre lockerten? Oder würde die vergrößerte Bundesrepublik die informellen Führungsstrukturen in beiden Zusammenschlüssen massiv zu ihren Gunsten ändern?

1989/90 waren die Supermächte und die Nachbarstaaten in Ost und West durch die ungeheure Dynamik des innerdeutschen Geschehens in besonderer Weise herausgefordert. Nach dem Mauerfall am 9. November 1989 verfiel die Autorität der DDR-Institutionen rapide; binnen Kurzem zeichnete sich ab, dass eine übergroße Mehrheit der Ostdeutschen in der Vereinigung mit der Bundesrepublik und der Übernahme ihres politischen und sozio-ökonomischen Systems die geeignete Lösung für ihre Probleme sah; Bundeskanzler Kohl und ebenso die von den historischen Traumata der Europäer unbelastete US-Administration in Washington erkannten, dass die gegebene Situation ein schnelles Handeln mit dem Ziel einer Wiedervereinigung ermöglichte, wenn nicht gar erforderte. Auf internationaler Ebene galt es daher, zunächst den Vereinigungsprozess zu kanalisieren und zu einem geordneten, mit Europa im Einklang stehenden Ende zu führen. Dabei mussten zum einen in Zeiten der Blockkonfrontation und der Détente gleichsam „eingefrorene", nun aber wieder virulent gewordene Konflikte gelöst und bestimmte Relikte aus der Vergangenheit beseitigt, zum anderen tragfähige Stabilitätsstrukturen nicht nur für die Gegenwart, sondern auch für die Zukunft gefunden werden.

Dieser Dreischritt – wiederkehrende Hypotheken der Vergangenheit, 1989/90 aktuelle Fragen der „Gegenwart", sowie Ordnungsentwürfe bzw. Perspektiven für die damals einsetzende nahe Zukunft – strukturiert diesen Band, der sich mit der

---

15 Vgl. dazu Philipp Gassert/Tim Geiger/Hermann Wentker (Hrsg.), Zweiter Kalter Krieg und Friedensbewegung. Der NATO-Doppelbeschluss in deutsch-deutscher und internationaler Perspektive, München 2011.

internationalen Gründungsgeschichte des gegenwärtigen Deutschlands, der Berliner Republik, befasst. Dabei geht es nicht darum, wie schon oft geschehen, die Reaktionen der ehemaligen Siegermächte und der teils mehr, teils weniger von der deutschen Einheit betroffenen Staaten auf die sich abzeichnende Vereinigung zu analysieren.[16] Genauso wenig ist beabsichtigt, noch einmal den politisch-diplomatischen Prozess nachzuvollziehen, in dessen Verlauf die Widerstände gegen die Einheit überwunden wurden und die Sowjetunion ihre Zustimmung zu einem voll in die NATO integrierten Deutschland gab.[17] Es soll vielmehr konsequent problemorientiert vorgegangen und die Zäsur von 1990 überschritten werden. Die vorliegenden Beiträge bündeln dabei die Ergebnisse einer Tagung, die das AlliiertenMuseum Berlin und das Institut für Zeitgeschichte München–Berlin in Verbindung mit dem Berliner Kolleg Kalter Krieg in den Räumlichkeiten des Deutschen Historischen Museums am 5./6. Oktober 2020 abgehalten haben.[18]

Die erste Sektion lenkt zunächst den Blick auf die internationale Situation seit Mitte der 1980er Jahre, in der sich aufgrund der Reformbewegungen im Ostblock und der zunehmenden Ost-West-Entspannung erste Risse in den erstarrten weltpolitischen Strukturen zeigten. Als sich diese vertieften, wurden vorher unbekannte Spielräume sichtbar, die zur Wiederherstellung der deutschen Einheit genutzt werden konnten. *Hélène Miard-Delacroix* bietet ein prägnantes Panoptikum dieser Vorgeschichte, die einerseits Voraussetzung und andererseits Rahmenbedingung der welthistorischen Wende von 1989/90 war. Sie beschreibt die 1980er Jahre als „ein paradoxes Jahrzehnt", an dessen Beginn mit dem NATO-Doppelbeschluss, der sowjetischen Afghanistan-Invasion und der heftig umstrittenen „Nachrüstung" eine massive Verschärfung der Ost-West-Konfrontation stand, während an dessen Ende der Kalte Krieg nach allgemeiner Überzeugung sein Ende fand. Miard-Delacroix richtet den Blick dabei nicht nur auf die Veränderungsprozesse, die sich auf der nördlichen Erdhalbkugel vollzogen, wo die Neuauflage einer amerikanischen Politik der Stärke (die freilich nach dem „Reagan Reversal" von neuer Dialogbereitschaft begleitet war) und Gorbatschows neuem Kurs von Perestroika und Glasnost

---

16 So zuletzt in umfassender Weise Gehler/Graf (Hrsg.), Europa und die deutsche Einheit.
17 Vgl. dazu u. a. Philip Zelikow/Condoleezza Rice, Sternstunde der Diplomatie. Die deutsche Einheit und das Ende der Spaltung Europas, Berlin 1997; Werner Weidenfeld, Außenpolitik für die deutsche Einheit. Die Entscheidungsjahre 1989/90, Stuttgart 1998; Andreas Rödder, Deutschland, einig Vaterland. Die Geschichte der Wiedervereinigung, München 2009; Mary E. Sarotte, 1989. The Struggle to Create Post-Cold War Europe, Princeton 2009; Kristina Spohr, Wendezeit. Die Neuordnung der Welt nach 1989, München 2019.
18 Da die Tagung zwar als Präsenzveranstaltung durchgeführt, die Teilnehmerzahl aber aufgrund der Pandemielage stark begrenzt war, wurden die Beiträge auch im Livestream übertragen. Die Konferenzvorträge, ergänzende Interviews und eine Podiumsdiskussion mit diplomatischen Vertretern der vier Mächte sind daher online abrufbar unter http://kongressradio.de/portal/dreissig-jahre-zwei-plus-vier-vertrag (letzter Aufruf: 5.5.2021). Vgl. ferner den Tagungsbericht von Jonas Kaiser, in: H-Soz-Kult, 18.11.2020, https://www.hsozkult.de/conferencereport/id/tagungsberichte-8823 (letzter Aufruf: 21.3.2021).

den fundamentalen Umbruch in Osteuropa ermöglichten. Sie reflektiert ebenso die nicht minder wirkmächtigen Veränderungsprozesse im globalen Süden, in Afghanistan, im südlichen Afrika, in Zentralamerika und in Asien, und wirft damit die Frage auf, in welchem Kausal- und Bedingungsgeflecht diese Veränderungsprozesse für die Überwindung des Kalten Krieges standen.

Die östliche Supermacht selbst überstand das Ende des Kalten Krieges nicht. Unstrittig ist, dass insbesondere ihrem letzten Anführer, Michail Gorbatschow, eine wesentliche Rolle bei der Auflösung des Ostblocks zukam. Dabei galt Gorbatschow, der im März 1985 das Amt des Generalsekretärs des ZK der KPdSU im Alter von 54 Jahren übernahm und sich damit schon äußerlich von seinen alten und kranken Amtsvorgängern unterschied, als Hoffnungsträger, der einen Neuaufbruch und eine Stärkung der östlichen Supermacht versprach. Sein Ziel war keineswegs die Auflösung, sondern die Reform und mithin Stärkung des sozialistischen Lagers und der UdSSR. *Helmut Altrichter* zeigt, wie nahe Triumph und Niederlage hier beieinander lagen. Sein Ausgangspunkt ist der INF-Vertrag vom 8. Dezember 1987, den Gorbatschow als Sieg des Warschauer Pakts interpretierte, sodass er nun den Zeitpunkt gekommen sah, den „Gegner an die Wand zu drücken", wenn auch mit unkonventionellen Methoden. Freilich erwies sich die Sowjetunion als überforderter Hegemon. Das betraf zum einen den Warschauer Pakt, deren Mitglieder, wie die Bukarester Tagung vom Juli 1989 zeigte, hinsichtlich ihrer inneren Ordnung auseinanderstrebten. Auch in der Sowjetunion selbst hatte der Aufbruch von 1985 zu massiven inneren Verwerfungen geführt. Gorbatschow handelte daher seit 1989 nicht aus einer Position der Stärke, sondern der Schwäche. Die Konsequenz war der Abzug sowjetischer Truppen aus der Tschechoslowakei, Ungarn, Polen, und, infolge der deutschen Einheit, aus der DDR. Parallel dazu versuchte Gorbatschow zwar die Warschauer Vertrags-Organisation zu reformieren und gleichzeitig zu erhalten; seine Schwäche wurde aber daran deutlich, dass Prag und Budapest mit ihren Initiativen den Anstoß zur Auflösung des Bündnisses gaben.

Auf der anderen Seite erwies sich die Kooperation zwischen der Bundesrepublik und den USA bei der Herstellung der deutschen Einheit als entscheidend. Denn während Frankreich und Großbritannien die Wiedergeburt eines vereinten Deutschlands eher skeptisch sahen, unterstützten die Vereinigten Staaten seit Ende 1989 den Vereinigungskurs der Bundesregierung am deutlichsten. *Mary Elise Sarotte* lenkt den Blick darauf, dass auch das Zusammenspiel innerhalb des westdeutsch-amerikanischen Führungsduos nicht immer spannungsfrei war, sondern dass es in einer zentralen Frage zunächst erhebliche Meinungsunterschiede gab – sowohl zwischen Washington und Bonn als auch innerhalb der US-Administration und innerhalb der Bundesregierung. So waren Ende Januar/Anfang Februar 1990 sowohl Bundesaußenminister Hans-Dietrich Genscher als auch der amerikanische Außenminister James Baker bereit, der Sowjetunion, die sich anscheinend mit der Einheit abgefunden hatte, die gesamtdeutsche NATO-Mitgliedschaft dadurch schmackhaft zu machen, dass sie als Gegenleistung zusagten, das atlantische Bündnis nicht nach Osten auszudehnen. Kohl schloss sich Sarotte zufolge dieser Linie an, was bei seinem Gespräch mit Gorbatschow am 10. Februar 1990 deutlich geworden sei. Gorbatschow habe es aber versäumt, diese Zusage verbindlich festzuschreiben. Als Präsident Bush danach dem Bundeskanzler und dem Außenminister verdeutlichte, dass er dieses Zugeständnis ablehne, revidierten sie ihre Position, sodass später im westlichen Lager nicht mehr von diesem Meinungsstreit die Rede war. Wenngleich alle vier Siegermächte und die beiden deutschen Staaten anschließend im Zwei-plus-Vier-Format verhandelten, waren es letztlich Washington und Bonn, die sowohl gemeinsam als auch getrennt gegenüber Moskau erfolgreich darauf bestanden, dass Deutschland sein militärisches Bündnis nach der Wiedervereinigung selbst wählen dürfe. Damit war die NATO-Mitgliedschaft des vereinten Deutschlands gesichert, allerdings um den Preis eines militärischen Sonderstatus für das ehemalige DDR-Gebiet. Von einer Beschränkung des NATO-Gebiets war hingegen nicht mehr die Rede.

Die zweite Sektion befasst sich mit den Hypotheken der Vergangenheit. Dabei handelt es sich um Themen, die angesichts des scheinbar endgültigen Urteils der Geschichte über die deutsche Teilung teils als nicht mehr relevant betrachtet, teils auch bewusst verdrängt wurden. Das betrifft, erstens, die Frage nach Reparationen bzw. nach Entschädigungen für die Opfer von NS-Verbrechen bei den ehemaligen Kriegsgegnern Deutschlands – ein Streitpunkt, der bis heute in wiederkehrenden Abständen die deutsche und internationale Politik beschäftigt. Die Bundesregierung erkannte recht früh die Sprengkraft dieser Frage, die nicht nur immense Finanzforderungen nach sich zu ziehen drohte, sondern gar als potenzieller Stolperstein den Zug zur deutschen Einheit zum Entgleisen hätte bringen können. Insofern setzte Bonn alles daran, den Begriff „Friedensvertrag", der ein notwendiger Ausgangspunkt von Reparationsforderungen war, zu umschiffen. Tatsächlich gelang ihr das Kunststück, dass der Zwei-plus-Vier-Vertrag vom 12. September 1990 als „abschließende Regelung in bezug auf Deutschland" zwar eine friedensvertragliche Qualität besaß, aber eben selbst keinen Friedensvertrag darstellt. *Jürgen Lillteicher* zufolge gewann das Londoner Schuldenabkommen von 1953 eine besondere Bedeutung, obwohl dies eigentlich primär einem anderen Thema gewidmet war. Es enthielt einen Passus, demzufolge „eine Prüfung der aus dem Zweiten Weltkriege herrührenden Forderungen [...] bis zu der endgültigen Regelung der Reparationsfrage zurückgestellt" werde, also bis zum Zeitpunkt eines Friedensvertrags. Das Londoner Schuldenabkommen hatte der Bundesregierung immer als Schutzschild insbesondere gegenüber einem Rechtsanspruch ehemaliger Verfolgter des NS-Regimes auf Entschädigungszahlungen gedient: Für Entschädigungszahlungen, die unter den Reparationsbegriff fielen, sei es zu früh. 1990, kurz vor der Wiedervereinigung, drehte sich die Argumentation: Für Reparationsforderungen im Sinne von Entschädigungsforderungen sei es nun, nach über 40 Jahren, zu spät. Die Bundesregierung, so Lillteicher, schaffte es damit zwar, das Reparationsproblem zu umgehen, konnte aber nicht verhindern, dass Entschädigungsfragen fortan in neuem Gewand immer wieder auftauchten. Daran änderten auch zahlreiche Globalabkommen mit verschiedenen Ländern nichts, in denen sich die Bundesrepublik freiwillig und ohne einen Rechtsanspruch anzuerkennen, zur Zahlung von Entschädigungssummen für NS-Opfer an die betreffenden Länder verpflichtete.

Mit der Frage eines Friedensvertrags hing die finale Anerkennung der Oder-Neiße-Linie als unabänderliche Grenze zwischen Polen und Deutschland unmittelbar zusammen. Es mag im Rückblick erstaunen, mit welcher Verve und Dringlichkeit die Grenzfrage 1990 diskutiert wurde. Denn alle betroffenen Staaten stimmten darin überein, dass die Oder-Neiße-Grenze nach über 40 Jahren nicht mehr zur Disposition stand. International wäre die Forderung nach einer Revision dieser Grenze auf massiven Widerstand gestoßen, und auch in der Bundesrepublik erhob keine politisch gewichtige Stimme diese unrealistische Forderung. Dennoch tat sich die Bundesregierung, insbesondere Bundeskanzler Kohl und die Unionsparteien, in dieser Frage – aus juristischen, aber eben auch aus innenpolitischen Gründen – überraschend schwer, wie *Heike Amos* darlegt. Denn tatsächlich war die Grenzfrage bis 1990 rechtlich weder durch die Konferenz von Potsdam noch durch den ostdeutsch-polnischen Vertrag von Görlitz vom 6. Juli 1950 oder durch den Warschauer Vertrag zwischen der Bundesrepublik und Polen vom 7. Dezember 1970 endgültig gelöst worden, da beide Verträge nur bis zum Abschluss eines Friedensvertrags galten.

Auch andere die deutsche Einheit berührende Rechtsfragen sind für eine zwar sehr kleine, aber lautstarke Minderheit, insbesondere für die sogenannten „Reichsbürger", bis heute strittig oder gar ungeklärt. Mit solchen modernen Mythen räumt der Beitrag der Völkerrechtler *Andreas Zimmermann* und *Jan Eiken* gründlich auf. Sie widmen sich der Frage, wie souverän das vereinigte Deutschland durch den Zwei-plus-Vier-Vertrag wirklich wurde bzw. welche Reste alliierten Rechts sich noch im deutschen Recht finden. War das durch die Alliierten nach 1945 gesetzte Recht, einschließlich der Rechtssetzungen der einzelnen Besatzungsmächte in ihren jeweiligen Zonen, wirklich erloschen, oder blieb es, etwa im Hinblick auf Eigentumsfragen, noch über den Oktober 1990 hinaus gültig? Die Autoren kommen zu dem Schluss, dass trotz der noch vorhandenen Spuren alliierten Rechts die Bundesrepublik vollständig souverän ist. Darüber hinaus entfalten die auffindbaren Reste für die Zukunft keinerlei Wirkung. Überdies fragen sie nach dem möglichen Weitergelten von vertraglichen Verpflichtungen der DDR. Bei bilateralen Verträgen gingen schon die Vertragspartner der DDR davon aus, dass diese *eo ipso* erloschen seien, bei multilateralen Verträgen trat die Bundesrepublik nicht in die Rechtsnachfolge ein. Einzig und allein das Verbot der Stationierung von Truppen auf dem Gebiet der ehemaligen DDR im Zwei-plus-Vier-Vertrag könne noch als eine Auswirkung von Besatzungsgeschichte betrachtet werden. Mit dem Beitritt anderer osteuropäischer Staaten zur NATO wurde dieses Zugeständnis *de facto* obsolet.

Neben der Lösung all solcher Fragen der Vergangenheit ging es 1990 auch um eine zukunftsfähige Neuordnung der Verhältnisse auf dem europäischen Kontinent. Die dritte Sektion widmet sich daher der Frage, welche Ideen und welche Faktoren dabei eine Rolle spielten. Eine lager- und länderübergreifende, 1990 hochpopuläre Idee war, mit Hilfe der Konferenz über Sicherheit und Zusammenarbeit in Europa (KSZE), deren Nachfolgetreffen in Wien im Januar 1989 erfolgreich beendet worden war und die neben den NATO- und Warschauer-Pakt-Staaten auch die neutralen und nichtgebundenen Länder Europas umfasste, zu einer gesamteuropäischen Ordnung zu gelangen. *Hermann Wentker* erörtert, welch hohe, aber in ihrer Zielrichtung durchaus gegensätzliche Erwartungen an die KSZE, ihre Institutionalisierung und ihren Ausbau damals in den Politik- und Zukunftsentwürfen zahlreicher führender Politiker geknüpft waren. Während US-Außenminister Baker zwar zu einer partiellen Neubewertung der KSZE gelangte, aber vor allem auf die NATO setzte, um Deutschland einzubinden und Europa zu stabilisieren, verfolgte Premierministerin Margaret Thatcher vor allem das Ziel, Europa vor deutscher Dominanz und Großbritannien vor einer Abgabe weiterer Souveränitätselemente an die EG zu bewahren. Auch Gorbatschow und Mitterrand hatten anfänglich mit Blick auf Deutschland ein ähnliches Ziel im Blick. Ersterer zielte auf lange Sicht auf ein Projekt europäischer Kooperation, mit dem die Sowjetunion enger in Europa eingebunden werden sollte; Letzterer strebte mit der Idee einer europäischen Konföderation einen lockeren, kaum integrierten Staatenbund an, um die Osteuropäer vorerst aus der EG herauszuhalten. Lediglich DDR-Außenminister Markus Meckel und Hans-Dietrich Genscher waren ernsthaft daran interessiert, die KSZE zur Grundlage einer europäischen Friedensordnung zu machen. Da für Meckel diese langfristig an die Stelle der beiden Militärbündnisse – einschließlich der NATO – treten sollte, für Genscher hingegen NATO und eine KSZE-basierte Ordnung miteinander vereinbar waren, kam es hier nicht zu einer deutsch-deutschen Kooperation. Mit der auf der Gipfelkonferenz von Paris am 19./21. November 1990 verabschiedeten Charta wurden zwar die Prinzipien der KSZE bestätigt und die Institutionalisierung der Konferenz beschlossen, die KSZE verlor aber bald danach ihre Bedeutung als Brücke zwischen Ost und West. Ohne die bipolare Welt war sie letztlich nicht denkbar.

Ein weiterer, bisher unterbelichteter Faktor, der nicht nur entscheidend zur Wiedervereinigung beigetragen hatte, sondern ebenfalls ein Element zur dauerhaften Stärkung der internationalen Ordnung bildete, betraf die militärische Sicherheit. *Tim Geiger* leuchtet den engen Zusammenhang zwischen zuvor für unmöglich gehaltenen Erfolgen und Fortschritten im Bereich von Abrüstung und Rüstungskontrolle auf der einen und dem Ende des Kalten Krieges auf der anderen Seite aus – eine sich gegenseitig bedingende Wechselbeziehung. Seit Ende der 1980er Jahre wurden Durchbrüche beim Abbau des militärischen Bedrohungspotenzials erzielt – zunächst auf dem Feld der Nuklear- und Chemiewaffen, ab 1990 auch auf dem von der Historiographie zumeist übersehenen Feld der konventionellen Abrüstung. Letztere gipfelten am 19. November 1990, etwas über einen Monat nach Vollendung der deutschen Einheit, im Vertrag über Konventionelle Streitkräfte in Europa (KSE). Diese Erfolge waren insofern von historischer Bedeutung, weil sie bei allen Beteiligten der bisherigen Blockkonfrontation ein neues Gefühl von gemeinsamer Sicherheit erzeugten. Erst diese substanziellen Abrüstungsschritte ermöglichten es der Sowjetunion, Geiger zufolge, sogar der zunächst noch kategorisch abgelehnten NATO-Mitgliedschaft eines vereinten Deutschlands zuzustimmen.

In Ostmitteleuropa wurzelte, wie *Wanda Jarząbek* darlegt, das Ordnungsmodell für die eigene Zukunft zu einem Großteil in den Ideen der politischen Opposition der Tschechoslowakei, Polens und Ungarns der 1980er Jahre. Die Oppositionellen betonten die kulturelle Zugehörigkeit ihrer Länder zum Westen, indem sie diese als „Mitteleuropa" bezeichneten. Mit den Revolutionen von 1989 kehrten diese Länder daher – zunächst vor allem kulturell verstanden – „nach Europa" zurück. Gleichzeitig mit der Emanzipation von der sowjetischen Dominanz erfolgte ihr Ausbau zu uneingeschränkt souveränen Nationalstaaten, die alsbald in die sich zur Europäischen Union wandelnde Europäische Gemeinschaft strebten. Bemerkenswert ist, dass die ostmitteleuropäischen Staaten eine Anbindung an die EG dabei nicht als einen Verzicht auf nationale Souveränität begriffen, da sie diese vor allem als wirtschaftliche Gemeinschaft betrachteten. Für sie waren Nationalstaatlichkeit und EG-Mitgliedschaft kein Widerspruch. Im Gegenteil: Die EG, die als Vereinigung demokratischer, sich gegenseitig respektierender Staaten betrachtet wurde, galt vielmehr als Faktor, der die einzelnen Mitgliedstaaten stärkte. Die ostmitteleuropäischen Staaten übersahen dabei offensichtlich, dass im Zuge der institutionellen Integration der Gemeinschaft die Mitgliedstaaten auf erhebliche Souveränitätsrechte verzichten mussten.

Die Revolution der Staatenwelt, nicht nur auf dem europäischen Kontinent, bedeutete auch, dass das wiedervereinigte Deutschland seine Rolle neu finden musste. Es war nicht länger lediglich eine europäische Mittelmacht, die innerhalb der westlichen Zusammenschlüsse mehr Verantwortung übernommen hatte, sich ansonsten aber bereitwillig der amerikanischen Führung unterordnete; aufgrund seiner Stellung fielen dem vereinten Deutschland nunmehr Führungsaufgaben zu, die es erfüllen musste, ohne, wie vor 1945, nach Vorherrschaft zu streben. Ist dies der Berliner Republik gelungen? Wie hat sich in den 30 Jahren seit der Vereinigung das Bild von Deutschland bei seinen Nachbarn und in der Welt verändert? Erste Antworten darauf will die abschließende vierte Sektion des Bandes geben.

Die vier Siegermächte verbanden höchst Unterschiedliches mit Deutschland. Bekanntlich plagte die britische Premierministerin Thatcher 1990 der Alptraum eines „Vierten Reiches". Doch unabhängig davon, ob sie damit in der politischen Elite und in der Öffentlichkeit ihres Landes mehr auf Zustimmung oder Ablehnung stieß, stellt sich die Frage, wie sich das britische Deutschlandbild in den Jahrzehnten danach unter den gewandelten Bedingungen entwickelte. *Dominik Geppert* widerspricht dem Befund des britischen Deutschlandexperten Anthony J. Nicholls, nach dem das deutsch-britische Verhältnis als gute Nachbarschaft beschrieben werden könne, der aber die gefühlsmäßige Bindung einer engen Freundschaft gefehlt habe. Geppert erscheint die Beziehung keineswegs so rational und distanziert. Er macht vielmehr starke Gefühle aus, die die britische Deutschlandpolitik aufgeladen hätten. Für die Zeit nach 1990 betritt der Autor Neuland, da weder alle Regierungsakten freigegeben noch nennenswerte historische Studien für diese Zeit erschienen sind. Auf der Grundlage der Memoiren der britischen Premierminister von Margaret Thatcher bis David Cameron kann Geppert die stark gefühlsmäßige Auflladung der britischen Deutschlandpolitik aufzeigen. Dabei identifiziert er drei Motivbündel: die Schatten der Vergangenheit, das britische Gleichgewichtsdenken, dem das deutsche Föderationsdenken gegenübersteht, und das zwischen beiden Staaten unterschiedliche Verständnis vom Verhältnis zwischen Recht und Politik. Letztendlich war es wohl ein tiefgründiges Unverständnis gegenüber deutschen Traditionen und Denkstilen, die bei britischen Premierministern immer wieder Enttäuschungen, ja Frustrationen auslösten.

Ähnliches lässt sich für Frankreich fragen, wo Mitterrand und Teile seiner Mannschaft mit dem deutschen Machtzuwachs haderten, aber durch die tiefere Integration Deutschlands in europäische Strukturen versöhnt wurden. *Caroline Moine* ging auf der Tagung den Deutschlandbildern in Frankreich nach, konnte aber aus Termingründen keinen schriftlichen Beitrag zum vorliegenden Band liefern. In ihrem Vortrag zeigte sie anhand von Meinungsumfragen, öffentlichen Äußerungen und Publikationen französischer Führungspersönlichkeiten den Wandel des Deutschlandbildes in Frankreich. Hierbei betonte sie die Bedeutung von Emotionen für die Außenpolitik,[19] die Entscheidungen beeinflussten und auch bei der öffentlichen Selbstdarstellung von Politik und Politikern eine wesentliche Rolle spielten. Nach anfänglicher Euphorie für die friedliche Revolution und den Freiheitskampf der Ostdeutschen sowie großem Verständnis für das Streben der Deutschen nach nationaler Einheit zeigten sich viele Franzosen mehr und mehr beunruhigt, insbesondere über die wachsende wirtschaftliche Überlegenheit Deutschlands. Das französische Vertrauen in die europäische Ausrichtung Deutschlands konnte offenbar nur bedingt diese Befürchtungen ausräumen. Nachdem das französische Interesse an seinem westlichen Nachbarn in den 1990er Jahren abgenommen hatte, verstärkte sich dieses wieder nach 2000. Mit zunehmender zeitlicher Distanz zum historischen Ereignis nahmen ein Großteil der französischen Politiker und Öffentlichkeit die Einheit Deutschlands als normal und gegeben an. Die zeitweilig unnachgiebige Haltung Deutschlands insbesondere in der griechischen Schuldenkrise seit 2010 verstärkte jedoch eine immer noch vorhandene antideutsche Grundstimmung, insbesondere in den Medien. Damit hatten Intellektuelle wie Emmanuel Todd und Politiker wie Jean-Luc Mélenchon eine Bühne, um ihre Meinung zu verbreiten. Mit ihrem „German-Bashing" verfolgten sie die Absicht, die seit 1990 herrschende Machtbalance zwischen beiden Ländern umzukehren. Anlässlich der jüngsten Jahrestage der deutschen Einheit wurde in französischen Medien auch die Geschichte Ostdeutschlands seit der „Wende" als die Geschichte einer Annexion erzählt. Jüngere Autoren wie Nicolas Offenstadt entwickelten eine Sympathie für den melancholi-

---

[19] Vgl. dazu Hélène Miard-Delacroix/Andreas Wirsching (Hrsg.), Emotionen und internationale Beziehungen im Kalten Krieg, München 2020.

schen Diskurs ehemaliger DDR-Bürger, auch wenn diese die DDR nie erlebten. Unter der jüngeren Politikergeneration, der sogenannten Erasmus-Generation, ist hingegen, so die These von Caroline Moine, eher eine realpolitische Sicht auf Deutschland verbreitet, der keine große Leidenschaft für das Nachbarland innewohnt. Dieser Mangel an Emotionen steht dem Grundtenor offizieller Verlautbarungen, denen zufolge zwischen Deutschland und Frankreich weiterhin eine unverbrüchliche Freundschaft herrsche, jedoch nicht entgegen.

Moskau hatte im Einigungsprozess seine Position am stärksten verändert – und in Form massiver Wirtschafts- und Finanzhilfe aus Bonn von der Vereinigung profitiert. Der exakt ein Jahr nach dem Mauerfall bei einem weiteren Besuch Gorbatschows in Bonn geschlossene deutsch-sowjetische „Umfassende Vertrag" sollte nach dem Willen beider Seiten ein ganz neues, intensiveres und freundschaftlicheres Kapitel der bilateralen Beziehungen eröffnen. Nicht nur wegen des bereits ein Jahr nach der deutschen Vereinigung erfolgten Zerfalls der UdSSR nahm die Geschichte indes einen anderen Verlauf. So wandelte sich die zunächst trotz aller Lasten der Vergangenheit grundsätzlich positive Einstellung Russlands zur Wiedervereinigung in den 1990er Jahren erheblich – auch und gerade als Folge der Wahrnehmung der NATO und des „Westens" insgesamt. In zunehmendem Maße wurde schließlich die deutsche Einheit vor allem als sowjetische Niederlage und Beginn des eigenen Niedergangs verstanden. *Wolfgang Mueller* zeichnet die Wendungen und Brüche dieser Perzeptionsgeschichte nach. Er untersucht die Frage, wie das Ereignis im russischen politischen Diskurs, von der Geschichtswissenschaft, in Schulbüchern und von der medialen Öffentlichkeit des Landes wahrgenommen wurde und wird. Die Debatte habe, so Mueller, in einem sich stark wandelnden innen- und außenpolitischen Umfeld und unter einer aktiven Formung des Geschichtsbildes durch staatliche Interventionen stattgefunden. Der Autor spannt den Bogen von der öffentlichen Debatte über die deutsche Einheit 1990/91 über die Ära Jelzin und den Beginn der Herrschaft Putins bis zur Gegenwart. Die Stimmungslage zwischen einem „imperialistischen" Lager, das das Ende der DDR und der UdSSR, die Öffnung zur NATO und die angeblich zu geringen Gegenleistungen kritisiere, und einem liberalen Lager, das den Untergang von DDR, UdSSR und Warschauer Pakt als nicht weiter beklagenswert betrachte, habe sich wenig geändert. Aufgrund der Assoziation der deutschen Einheit mit dem Niedergang der Sowjetunion werde die Debatte sehr emotional geführt, was offensichtliche Widersprüche auf Seiten der Argumentationen des „imperialistischen Lagers" nicht ausschließe. Trotz des Befundes einer steigenden Polarisierung bei sinkendem Informationsstand macht der Autor Hoffnung, dass aufgrund objektiverer Darstellungen in Schulbüchern künftige Generationen die deutsche Einheit weniger emotional beurteilen dürften.

Ganz andere Anforderungen stellte wiederum Washington an seinen treuesten Verbündeten im westlichen Lager. Noch am 31. Mai 1989 hatte Präsident George Bush die USA und die Bundesrepublik als „partners in leadership" bezeichnet und sich als stärkster Unterstützer der Wiedervereinigung – allerdings zu westlichen Bedingungen – erwiesen. Was blieb jedoch von der Idee der Partnerschaft, nachdem die Vereinigten Staaten infolge des Untergangs der Sowjetunion als alleinige Weltmacht überlebten, die Bundesrepublik sich aber aus unterschiedlichsten Gründen schwertat, Verantwortung nicht nur im europäischen, sondern nun auch im globalen Rahmen zu übernehmen? *Konrad H. Jarausch* widmet sich den US-amerikanischen Deutschlandbildern seit 1990. Ausgehend vom amerikanischen Engagement für die deutsche Einheit, die auf Vertrauen in die westdeutsche Demokratie und einem tiefen Verständnis für den Freiheitswillen der Ostdeutschen beruhte, thematisiert er vor allem die internationalen Konfliktlagen, die auf die deutsche Einheit folgten. Der Golfkrieg von 1991, die Kriege im ehemaligen Jugoslawien oder die Anschläge vom 11. September 2001 stellten das Verhältnis der beiden Staaten immer wieder auf die Probe und zeigten, wie die amerikanische Erwartung eines stärkeren deutschen internationalen Engagements von den Bundesregierungen unter Helmut Kohl und Gerhard Schröder enttäuscht wurde. Es verblüfft, dass den US-Administrationen offenbar wenig bewusst war, wie sehr die Zurückhaltung der Bundesrepublik auch ein Resultat US-amerikanischer Politik in Deutschland nach 1945 war. Über lange Zeit war eine starke internationale Rolle für den Nachfolgestaat des „Dritten Reiches" nicht vorgesehen. Pazifistische Traditionen der Bundesrepublik ließen sich aber nicht von einem Tag auf den anderen umkehren.

Alle Beiträge dieser Sektion unterstreichen direkt oder indirekt die Bedeutung von Emotionen im internationalen Verhältnis – Emotionen, die sich wiederum aus unterschiedlichen Quellen speisen. Sie bestimmen auch ein Stück weit die Rezeption und spätere Deutung historischer Ereignisse wie der deutschen Einheit. Enttäuschungen fußten meist auf einem grundsätzlichen Unverständnis gegenüber kulturellen Unterschieden oder einem fest verwurzelten Hegemonialdenken auch gegenüber dem vereinten Deutschland.

Der vorliegende Band erschließt mit seinem strukturellen Zugriff auf bislang unterbelichtete Aspekte neue Perspektiven auf die Geschichte der deutschen Einigung von 1989/90. Dazu zählen die Nachwirkungsgeschichte der deutschen Einheit, die KSZE-Vision sowie die Abrüstungsdimension. Außerdem behandelt er bis in die Gegenwart für internationale Politik akutel gebliebene Problembereiche wie die insbesondere seitens der griechischen und der polnischen Regierung immer wieder aufgeworfene Reparationsproblematik.

Abschließend gilt der Dank der Herausgeber den Autorinnen und Autoren, die schnell und äußerst diszipliniert geliefert haben, und jenen Kolleginnen und Kollegen, die zum Gelingen der Berliner Tagung und zum erfolgreichen Abschluss der Drucklegung beigetragen haben: Agnes Bresselau von Bressensdorf, die als Geschäftsführerin des Berliner Kollegs Kalter Krieg wie Scott Krause für das Alliierten-Museum einen Großteil der praktischen Tagungsorganisation übernommen und zusammen mit Sina Steglich, Jörg Morré und Bernd Rother als Moderatoren mitgewirkt haben. Andreas Wirsching hat das Projekt von Beginn an wohlwollend gefördert und als Moderator der Podiumsdiskussion mit heutigen diplomatischen Vertretern der Botschaften der vier Mächte mitgestaltet. Lene Schweisfurth hat das Abkürzungsverzeichnis und das Personenregister erstellt. Unser Dank gebührt zudem Johannes Hürter und Angelika Reizle für die redaktionelle Betreuung in der Schriftenreihe der Vierteljahrshefte für Zeitgeschichte.

Teil I: Der Weg zur deutschen Einheit

Hélène Miard-Delacroix
Abschied vom Kalten Krieg

Das internationale System seit Mitte der 1980er Jahre

Die britische Premierministerin Margaret Thatcher und der US-amerikanische Außenminister George P. Shultz schrieben rückblickend in ihren Memoiren, nach ihrer Meinung sei der Kalte Krieg bereits am Ende des Jahres 1988 überwunden gewesen.[1] Aber wann der Kalte Krieg tatsächlich ein Ende fand, ist umstritten.[2] Besiegelte die offizielle Auflösung der UdSSR am 8. Dezember 1991 das Ende der fast fünfzigjährigen Blockkonfrontation? Immerhin verschwand damit eine der Flügelmächte der bipolaren Welt. Der Abschluss des Vertrags über die abschließende Regelung in Bezug auf Deutschland, kurz Zwei-plus-Vier-Vertrag, am 12. September 1990 dokumentierte bereits mit der Lösung der „deutschen Frage" die Beilegung eines der Hauptstreitpunkte seit 1945. Aber war nicht zuvor der Supermächte-Gipfel von Malta am 2. und 3. Dezember 1989 ein entscheidender Wendepunkt, der den Kalten Krieg hinter sich ließ – oder sogar schon das Gipfeltreffen in Reykjavík am 11. und 12. Oktober 1986, als Ronald Reagan und Michail Gorbatschow sich über eine friedliche Zukunft austauschten?

Angesichts solcher Unsicherheiten bei der Periodisierung und der Tatsache, dass für das Ende des Blockgegensatzes die Suche nach einem genauen Datum müßig ist, muss der Abschied vom Kalten Krieg als Auflösung der Blöcke vielmehr als ein Prozess betrachtet werden. Dieser einleitende Aufsatz verfolgt den doppelten Zweck, zum einen die Vorgeschichte des als Zäsur aufgefassten Jahres 1990 ins Gedächtnis zu rufen und zum anderen den internationalen Rahmen zu beschreiben, in dem der Zwei-plus-Vier-Prozess stattfand. Vorgeschichte und Rahmen werden hier insofern zugleich als Hintergrund, Zusammenhang und Voraussetzung betrachtet.

Die 1980er Jahre waren ein paradoxes Jahrzehnt. Sie begannen mit einer massiven Verschärfung der Spannungen im Ost-West-Verhältnis. Ronald Reagan, amerikanischer Präsident seit Januar 1981, profilierte sich als Falke. Die alte sowjetische Führung blieb ihrerseits dem bewährten Schema der Blockkonfrontation und ihrer

---
[1] Margaret Thatcher, The Autobiography, London 2013, S. 523, 670; George P. Shultz, Turmoil and Triumph. My Years as Secretary of State, New York 1993, S. 1138.
[2] Don Oberdorfer, The Turn. From the Cold War to a New Era, New York 1991; John Lewis Gaddis, The United States and the End of the Cold War. Implications, Reconsiderations, Provocations, New York 1992; Jack Matlock Jr., Reagan and Gorbachev. How the Cold War Ended, New York 2004; Richard K. Herrmann/Richard N. Lebow, Ending the Cold War. Interpretations, Causation, and the Study of International Relations, New York 2004; David S. Foglesong, The American Mission and the „Evil Empire", Cambridge 2007, S. 174–195; Christopher Maynard, Out of the Shadow. George H. W. Bush and the End of the Cold War, Cambridge 2008; James Mann, The Rebellion of Ronald Reagan. A History of the End of the Cold War, New York 2009.

Position treu. Im Verlauf des Jahrzehnts änderte sich das internationale System jedoch grundlegend. Nachdem im Dezember 1987 Reagan und Gorbatschow in Washington den Abrüstungsvertrag über die nuklearen Mittelstreckenraketen (INF-Vertrag) unterschrieben hatten,[3] glaubten spätestens 1988 die meisten Entscheidungsträger, Anzeichen für einen möglichen Abschied von der Ordnung des Kalten Krieges zu erkennen. So auch Thatcher und Shultz. Reagan seinerseits behauptete im Mai 1988, Russland sei kein Gegner mehr. Seine Kampfbezeichnung des Sowjetimperiums als das „Reich des Bösen" gehöre in die Vergangenheit, in die Rumpelkammer einer abgeschlossenen Ära der jahrzehntelangen Konfrontation.[4]

Die neue Stimmung im Ost-West-Verhältnis machte sich auch in geänderten Einstellungen bemerkbar. Mitte 1988 hielt nur noch weniger als ein Drittel der US-Amerikaner die Sowjetunion für eine feindliche Nation oder eine herrschsüchtige Weltmacht. Im Dezember 1988 hatten 75 Prozent der Amerikaner eine positive Meinung über Gorbatschow. In der Bundesrepublik sagten nur noch 20 Prozent der Befragten, die sowjetische Bedrohung bereite ihnen Sorgen – 1981 waren es noch 60 Prozent gewesen.[5] Welcher Wandel war da erfolgt? Was waren die Ursachen dafür, dass die vom Kalten Krieg geprägten Wahrnehmungen sich in so kurzer Zeit umgekehrt hatten?

Der Kalte Krieg spielte sich zum einen in einer europäisch-atlantischen Zentralregion und zum anderen an der „Peripherie" ab, also in jenen Ländern, die früher oft als „Dritte Welt", heute zumeist als „globaler Süden" bezeichnet werden. In den 1980er Jahren bestand noch das bipolare System der Nachkriegsordnung. Dessen Überwindung führte nach der Wiedervereinigung Deutschlands und dem Zusammenbruch der Sowjetunion zu einem zunächst unipolaren, dann aber – und bis heute – zu einem multipolaren System. Im Folgenden wird in vier Schritten untersucht, wie sich das Kräfteverhältnis der Mächte im neu entstehenden internationalen System der 1980er Jahre veränderte. Es geht, erstens, um den Wandel im Zentrum des Kalten Krieges, am Ort der direkten Konfrontation der zwei Supermächte in Europa und auf der nördlichen Erdhalbkugel. In einem zweiten Teil wird der Wandel an der sogenannten Peripherie beobachtet. Dann soll die Aufmerksamkeit auf die sich abzeichnenden neuen Konstellationen und Gefahren weltweit gelenkt werden. Schließlich präsentiert ein vierter Abschnitt Europa am Vorabend des Zwei-plus-Vier-Prozesses und die Strukturen, auf die sich die abschließende Regelung in Bezug auf Deutschland stützen konnte.

---

[3] Philipp Gassert/Tim Geiger/Hermann Wentker (Hrsg.), The INF Treaty of 1987. A Reappraisal, Göttingen 2020.
[4] Nach Reagans Worten auf dem Roten Platz als Antwort auf eine Frage eines westlichen Korrespondenten im Mai 1988, zit. in: Raymond L. Garthoff, The Great Transition. American-Soviet Relations and the End of the Cold War, Washington, D. C. 1994, S. 352; Mann, Rebellion of Ronald Reagan, S. 304.
[5] Pierre Grosser, 1989, l'année où le monde a basculé, Paris 2009, S. 17.

1 Von der direkten Blockkonfrontation zum neuen Kurs im Zentrum

Die erste Hälfte der 1980er Jahre war ein Höhepunkt des Kalten Krieges gewesen, insbesondere nach dem NATO-Doppelbeschluss und dem sowjetischen Einmarsch in Afghanistan 1979, und dann 1983 mit der tatsächlichen Stationierung von Pershing-II-Raketen und Marschflugkörpern in Westeuropa als Antwort auf die „Provokation" der sowjetischen SS-20-Mittelstreckenraketen. Auch diskursiv hatte sich die Konfrontation zugespitzt: Die Bezeichnung der Sowjetunion als „Reich des Bösen" schien einen westlichen Kreuzzug gegen Moskau moralisch zu legitimieren.[6] Die Gründung eines Air Force Space Command 1982 verstärkte den Eindruck, Washington versuche offensiv, die globalen Fronten des Kalten Krieges sogar ins Kosmische zu steigern.[7] Die später von Robert C. McFarlane, Reagans sicherheitspolitischem Berater, veröffentlichte National Security Decision Directive (NSDD) 75 vom 17. Januar 1983 legte die dreifache US-Strategie fest: „external resistance to Soviet imperialism; internal pressure on the USSR to weaken the sources of Soviet imperialism; and negotiations to eliminate, on the basis of strict reciprocity, outstanding disagreements." Aus einer aufzubauenden Position der Stärke im nuklearen wie im konventionellen Bereich würde Washington in „a major ideological/political offensive" gegen die sowjetische Tyrannei gehen. Schließlich sei Kooperation zwar denkbar; dabei müsse aber die Sowjetunion „den ersten Schritt machen".[8] Auch das Projekt der Strategic Defense Initiative (SDI) zum Aufbau eines weltraumgestützten Abwehrschirms gegen Interkontinentalraketen sollte letztlich die Sowjetunion rüstungstechnologisch endgültig übertrumpfen, sozusagen „totrüsten": Tatsächlich konnte Moskau nicht mithalten und musste letztendlich einlenken. Diese Phase bestätigt die klassische Schule der internationalen Beziehungen, nach der Staaten die Basiseinheiten des internationalen Systems bleiben und zwangsläufig in einem Verhältnis der Konkurrenz, der Kooperation und ganz allgemein der Interdependenz stehen. Damit, so Raymond Aron, können sie „möglicherweise in einen allgemeinen Krieg verwickelt sein"; gleichzeitig müssen sie das Verhalten der anderen bei der Festlegung der eigenen Politik berücksichtigen und, so Robert Keohane, nach ihren Interessen handeln.[9]

---

6 Zu Reagans Überzeugung, einen Kreuzzug gegen die Macht des Bösen unternehmen zu müssen, vgl. seine Biographin Lou Cannon, President Reagan. The Role of a Lifetime, New York 1991, S. 85, S. 280–333.
7 James Clay Motz, The Politics of Space Security. Strategic Restraint and the Pursuit of National Interests, Stanford ²2011.
8 NSDD 75, 17.1.1983, gedruckt in: Robert C. McFarlane, Special Trust, New York 1994, S. 372–380.
9 Raymond Aron, Paix et guerre entre les nations, Paris 1962, insbesondere Kap. IV; Robert O. Keohane, Institutionalist Theory and the Realist Challenge after the Cold War, in: David Baldwin (Hrsg.), Neorealism and Neoliberalism. The Contemporary Debate, Columbia 1993, S. 271. Für die Neorealisten grundlegend Kenneth Waltz, Theory of International Politics, New York 1979. Zur inter-

Das Bündel dieser Maßnahmen, die man auch als Reagan-Doktrin bezeichnen kann, wirft interessante Fragen auf. Verzögerte sie möglicherweise den Abschied vom Kalten Krieg, indem sie die eigene Stärke diskursiv legitimierte? Gab sie damit nicht auch der sowjetischen Rhetorik von der westlich-imperialistischen Gefahr neue Nahrung und stärkte den ideologischen Kitt des kommunistischen Blocks, was schließlich eine Eskalation hätte möglich machen können?[10] Anders formuliert: „Der Kalte Krieg nahm nicht dank der aggressiven Politik der Amerikaner, sondern trotz dieser Politik ein Ende".[11]

Gorbatschow soll Reagan mehrmals als Dinosaurier bezeichnet haben: ein alter Kalter Krieger, ein Verlangsamer des herbeizuwünschenden Prozesses der Entspannung, wie ihn die Palme-Kommission, also jene Independent Commission on Disarmament and Security Issues aus führenden Sicherheitspolitikern aus Ost wie West, die 1980 auf Initiative des ehemaligen schwedischen Ministerpräsidenten ins Leben gerufen worden war, in ihrem Bericht von 1982 befürwortet hatte.[12] Das Konzept der gemeinsamen Sicherheit durch Dialog hatte über den sowjetischen Experten Georgi Arbatow den Kreml erreicht. Notwendig sei ein Umdenken, das die Suche nach einer neuen Praxis und das Senden von positiven Signalen zuließ. Die Alternative zum Rüstungswettstreit war für Gorbatschow eine konziliante und auf Deeskalation orientierte Haltung. Überdies stärkte der Reaktorunfall in Tschernobyl im April 1986 das Bewusstsein eines in Ost wie West gemeinsam geteilten Schicksals und erhöhte die Angst vor dem Atom. Nuklearfragen – zivile wie militärische – nahmen in Gorbatschows Entspannungspolitik einen wichtigen Platz ein. Er schlug die Denuklearisierung von Großregionen und die Schaffung von Friedenszonen vor, so im asiatisch-pazifischen Raum (1986), in der Arktisregion (1987) und im Mittelmeer (1988).[13]

Auch bei Reagan hatte seit 1984 das Umdenken begonnen. Eine Rolle spielte nicht zuletzt – anscheinend über seine Tochter Patti Davis – der Kontakt mit überzeugten Pazifisten sowie Warnungen der Wissenschaft vor den weltweit katastro-

---

nen Schwächung der Sowjetunion vgl. John Lewis Gaddis, We Now Know. Rethinking Cold War History, Oxford 1997, S. 283–287.

10 Zu Kernaussagen zur sogenannten Reagan-Doktrin vgl. Shultz, Turmoil, S. 525–526. Zur These, Reagans Politik habe den Kalten Krieg verlängert, vgl. Mann, Rebellion of Ronald Reagan, S. 345; zur besonderen Rolle der Entscheidungsträger in dem Prozess als Folge langfristiger institutioneller und ideologischer Trends vgl. Jeremi Suri, Explaining the End of the Cold War. A New Historical Consensus?, in: Journal of Cold War Studies 4 (2002), Nr. 4, S. 60–92.
11 So zusammenfassend Grosser, 1989, S. 25.
12 Johan Galtung, The Palme Commission Report on Disarmament and Security. A Critical Comment, in: Bulletin of Peace Proposals 14 (1983), Nr. 2, S. 147–152.
13 Zur Wladiwostok-Initiative vom 28.7.1986 über die Asien-Pazifik-Region, zur Murmansk-Initiative vom 1.10.1987 über die Arktis-Region und zur Rede in Belgrad im März 1988 vgl. Kristian Åtland, Mikhail Gorbachev, the Murmansk Initiative, and the Desecuritization of Interstate Relations in the Arctic, in: Cooperation and Conflict 43 (2008), S. 289–311.

phalen Folgen eines Nuklearkrieges („nuclear winter").[14] Nicht zuletzt konnten Verhandlungen auch eine Verbesserung des weiterhin sehr schlechten sowjetischen Amerika-Bildes bewirken. Vor allem ging es dem US-Präsidenten zunehmend darum, mithilfe der Entspannung die kommunistischen Länder von innen heraus zu verändern. Sein Vertrauensverhältnis zu Gorbatschow begann auf dem Genfer Gipfel am 19. und 20. November 1985. Im Gefolge der weltweiten Proteste gegen das Wettrüsten der Supermächte gewann die Idee einer „nicht-offensiven Verteidigung" Zulauf. Zeitgleich äußerte sich Papst Johannes Paul II. gegen die Logik der Blöcke.

Ein Meilenstein auf dem Weg des Abschieds vom Kalten Krieg war die Rede von Gorbatschow am 7. Dezember 1988 vor der UNO. Die „New York Times" verglich sie mit bedeutenden Weltereignissen wie dem 14-Punkte-Programm Woodrow Wilsons von 1918 oder der Atlantik-Charta von 1941. Mit seinem Bekenntnis zum Selbstbestimmungsrecht der Völker, ihr eigenes politisches und wirtschaftliches System zu wählen, sowie zur notwendigen Abrüstung wurden zwei wesentliche Grundgedanken des Kalten Krieges beseitigt: dass der Westen ständig mit der Bedrohung in Form eines konventionellen Angriffs seitens der Sowjetunion leben musste und dass die sowjetischen Truppen jeden Emanzipations- oder Reformwunsch in Osteuropa niederschlagen würden. Dies bedeutete die endgültige Abkehr von der sogenannten Breschnew-Doktrin, welche nationale Reformwege im Ostblock zumindest latent mit militärischer Niederschlagung bedroht hatte.[15]

Das sowjetische Vertrauen in den im November 1988 neugewählten Präsidenten George H. W. Bush – etwas vorsichtiger und weniger idealistisch als sein Vorgänger – etablierte sich mit Verzögerung, spätestens jedoch im Dezember 1989 auf Malta. Raymond Garthoff bezeichnete das Treffen als „the first meeting to look ahead to a new relationship between East and West, a new Europe, and in some respects a new world".[16] Bush war zur Beendigung des Kalten Krieges bereit, allerdings nur wenn sich daraus ein neuer Führungsanspruch der USA ergab.

Die Ereignisse überschlugen sich im direkten Machtbereich der Sowjetunion mit der Liberalisierung in Polen und in Ungarn, das am 19. August 1989 ein „paneuropäisches Picknick" an der Grenze zu Österreich zuließ, das etliche DDR-Botschaftsflüchtlinge zur Massenflucht in den Westen nutzten. Die Deutsche Demokratische Republik (DDR) blieb zusammen mit Rumänien und der ČSSR zunächst eine Ausnahme in dieser Liberalisierungswelle des Jahres 1989. Erst im Herbst schwoll dort der mutige Protest der zahlenmäßig kleinen Bürgerbewegungen zu einer breiten Massenbewegung auf den Straßen an. Die Nichtintervention der Sowjetunion –

---

14 Cannon, President Reagan, S. 509–515; auch Oberdorfer, The Turn, S. 69–74.
15 Nele Pohl, Die Rolle der Breschnew-Doktrin in der sowjetischen Osteuropa-Politik 1968–1989 und die Konsequenzen ihrer Aufkündigung für die DDR, Norderstedt 2006.
16 Garthoff, The Great Transition, S. 406. Für den Wortlaut des Gesprächs auf Malta vgl. Cold War International History Project Bulletin 12/13 (2001), S. 229–241.

von der die Demonstranten freilich nicht sicher ausgehen konnten – besiegelte die Wende.

Als Zwischenfazit lässt sich festhalten, dass ein Umdenken der politischen Führungen, vertrauensbildende Signale sowie der ausdrückliche Respekt vor der anderen Seite für den Wandel des internationalen Systems im Zentrum ursächlich waren.

2 Wandel an der Peripherie

Dass die Rote Armee in Leipzig, dem Zentrum der „Montagsdemonstrationen", bei dem friedlichen Massenprotest am 9. Oktober nicht intervenierte, war nicht unbedingt abzusehen und beeindruckte die westlichen Beobachter. Aber für Washington blieb die Haltung der Sowjetunion an der Peripherie der Test für die neue Politik des Kremls – also in der weiten Welt. Bereits in den 1960er Jahren war die Peripherie ein Ort der Rivalität der zwei Blöcke gewesen. Jimmy Carters Berater Zbigniew Brzezinski bezeichnete später die sowjetischen Interventionen im globalen Süden als die größte Herausforderung des Kalten Krieges.[17] Seit Mitte der 1980er Jahre ging die Tendenz dagegen dahin, zahlreiche Konflikte an der Peripherie beizulegen. Dies stellte eine Auswirkung der Entspannung im Zentrum dar, wurzelte zum Teil aber in einer lokalen Dynamik. Insgesamt zogen die Vereinigten Staaten dabei nicht den Kürzeren.[18]

In Afghanistan hatte die Sowjetunion 1979 mit ihrer Militärintervention nicht nur die Rettung des kommunistischen Regimes bezweckt, sondern auch vermeiden wollen, dass die USA sie regional in Zentralasien destabilisierten. Die Befürchtung war begründet: Mit der Unterstützung für den muslimischen „Widerstand" in Afghanistan stärkte Washington zusammen mit Saudi-Arabien und Pakistan eine antisowjetische Achse an der Südflanke der Sowjetunion. Zu diesem Zweck betrieben die USA einen nicht unbeträchtlichen Aufwand. Unter anderem „investierte" die Central Intelligence Agency (CIA) in das Land am Hindukusch, indem sie die lokale Opium-Produktion förderte und den Mudschaheddin Waffen lieferte.[19] Washington verfolgte diese Politik noch, als sich Moskau Mitte der 1980er Jahre aus Afghanistan zurückziehen wollte und Gorbatschow im September 1987 die Amerikaner über diese Abzugsabsichten informierte. Am 8. Februar 1988 kündigte er unilateral den Rückzug aus Afghanistan an. Dieser wurde am 14. April mit einem Abkommen in

---

[17] Lloyd C. Gardner, The Long Road to Baghdad. A History of U. S. Foreign Policy from the 1970s to the Present, New York 2010, S. 39–42.
[18] Odd Arne Westad, The Global Cold War. Third World Interventions and the Making of Our Times, Cambridge 2012.
[19] John Prados, Notes on the CIA's Secret War in Afghanistan, in: The Journal of American History 89 (2002), S. 466–471; ders., Safe for Democracy. The Secret Wars of the CIA, Chicago 2006.

Genf besiegelt und im Februar 1989 mit der Räumung der sowjetischen Truppen definitiv verwirklicht.[20]

Im südlichen Afrika spielte sich die Systemkonfrontation zwischen dem kommunistischen Block mit der Präsenz Kubas in Angola und dem kapitalistischen Lager mit der – von den USA unterstützten – Präsenz Südafrikas in Namibia ab. Kurz vor Weihnachten 1988 konnte die Spannung an einer der heißesten Fronten des Kalten Krieges mit einem geschickten Junktim beigelegt werden: Der Preis für die Unabhängigkeit Namibias mit dem Rückzug Pretorias war der Abzug der kubanischen Truppen aus Angola.[21] Ein faires Geschäft.

Seit der sandinistischen Revolution in Nicaragua 1979 eskalierte der Kalte Krieg auch in Zentralamerika. Gegen die von der Sowjetunion, der DDR und Kuba unterstützte[22] Regierung in Managua förderten die USA die antikommunistischen *Contras* mit allen erdenklichen Mitteln. Auch rechtfertigte Washington die Unterstützung von undemokratischen Regimen in Honduras, El Salvador und Guatemala mit dem Argument, hier sei ein zentraler Schauplatz des Kalten Krieges. Man schreckte vor nichts zurück. 1986 kam in der sogenannten Iran-Contra-Affäre ans Licht, dass verdeckte und vom Kongress an sich ausdrücklich untersagte amerikanische Hilfe an die zentralamerikanischen Antikommunisten aus dem Ertrag von (ebenso geheimen) Waffenlieferungen an den Iran finanziert wurde – und dies trotz des bestehenden Embargos gegen den Staat der Ajatollahs.[23] Schließlich wurde der Wandel in Zentralamerika sowohl durch die Beilegung des Kalten Krieges im Zentrum (die Einstellung der sowjetischen Waffenlieferungen an Nicaragua) wie durch lokale Veränderungen (etwa den Wahlsieg der Liberalen Violeta Chamorro gegen die Sandinisten 1990) ermöglicht.

Asien war ein weiterer klassischer Ort der Systemkonfrontation gewesen. Im Dezember 1978 war das kommunistische Vietnam, ein ehemaliger Verbündeter Chinas, mit sowjetischer Unterstützung in Kambodscha eingefallen. Das beendete dort das Terrorregime der lokalen „Steinzeitkommunisten", nicht aber den Bürgerkrieg, zumal der Westen zusammen mit der Volksrepublik China nun die gestürzten „Khmer Rouges" gegen die neuen Machthaber unterstützte. 1985 kündigte Vietnam an, Kambodscha binnen fünf Jahren zu räumen. Die Entspannung in Indochina erfolgte vor

---

20 Amin Saikal/William Maley, The Soviet Withdrawal from Afghanistan, Cambridge 1989; William Maley, The Afghanistan Wars, Oxford ²2009.
21 Owen E. Kahn, Disengagement from Southwest Africa: The Prospects for Peace in Angola and Namibia, New Brunswick 1991.
22 Klaus Storkmann, East German Military Aid to the Sandinista Government of Nicaragua, 1979–1990, in: Journal of Cold War Studies 16 (2014), Nr. 2, S. 56–76; Gregory W. Sand, Soviet Aims in Central America. The Case of Nicaragua, New York 1989; Gary Prevost, Cuba and Nicaragua. A Special Relationship?, in: Latin American Perspectives 17 (1990), S. 120–137.
23 Vgl. Malcom Byrne, Iran-Contra. Reagan's Scandal and the Unchecked Abuse of Presidential Power, Lawrence 2014.

allem, weil China als Hauptakteur zu einer Annäherung an die Sowjetunion bereit war und sich als aufsteigende Großmacht positionierte.

Tatsächlich verfolgte China als die zweite kommunistische Großmacht seit 1979/80 eine Politik der Entspannung, um seinem wirtschaftlichen Aufschwung ein Umfeld von Frieden und Stabilität zu sichern und sich zugleich gegen den amerikanischen Einfluss zu behaupten. So wurden 1982 chinesisch-sowjetische Gespräche eingeleitet, u. a. über den Verlauf der gemeinsamen Grenze. Eine Folge dieser *détente* war die bereits erwähnte Räumung Kambodschas durch Vietnam 1989.[24] Die Normalisierung der sowjetisch-chinesischen Beziehungen erfolgte mit dem Gipfeltreffen von Gorbatschow und Deng Xiaoping in Beijing Mitte Mai 1989.[25] Allerdings warf das Massaker auf dem Tiananmen-Platz am 4. Juni ein grelles Licht auf den Widerspruch zwischen dem chinesischen Reformkurs in der Wirtschaft und der Unterdrückung jeglicher Forderung nach Demokratisierung.[26]

Washingtons Sanktionspolitik gegenüber China nach dem Massaker auf dem Platz des „himmlischen Friedens" war nicht von langer Dauer, weil China zu einem zukunftsträchtigen Handelspartner geworden war.[27] Demokratisierungsfortschritte waren verhandelbar. Auch die deutsche Außenpolitik war von der Spannung zwischen Menschenrechtspolitik und ökonomischen Interessen geprägt.[28] Dafür finanzierten die USA über das National Endowment for Democracy (NED) die Förderung demokratischer Strukturen weltweit.[29] Im asiatischen Raum setzte sich die Demokratie in Südkorea seit 1987 durch. Nicht zuletzt die Olympischen Spiele in Seoul 1988 ermöglichten die Öffnung zur Welt, den wirtschaftlichen Boom und damit auch die Verbesserung der Beziehungen in der Region.

An der Peripherie wandelte sich also das internationale System im Zuge von drei Trends: der sowjetischen Bereitschaft, Positionen nicht um jeden Preis verteidigen zu wollen; der Findung von ausgewogenen Lösungen in Form des *do ut des*; und der Entstehung eines neuen Machtzentrums in Asien, China.

---

24 Charles McGregor, China, Vietnam, and the Cambodian Conflict: Beijing's End Game Strategy, in: Asian Survey 30 (1990), S. 266–283.
25 Niu Jun, „Farewell to the Cold War". The Historical Implications of China's Normalizing Its Relations with the Soviet Union, in: Social Sciences in China 29 (2008), Nr. 3, S. 54–67.
26 Laurence Badel, Die Niederschlagung der Proteste auf dem Pekinger Tian'anmen-Platz 1989 und die Subjektivität der Diplomaten. Ein Plädoyer für die Berücksichtigung von Emotionen in der Geschichte der internationalen Beziehungen, in: Hélène Miard-Delacroix/Andreas Wirsching (Hrsg.), Emotionen und internationale Beziehungen im Kalten Krieg, Berlin 2020, S. 341–364.
27 Anja Feege, Internationale Reaktionen auf den 4. Juni 1989 in der VR China. Zwischen Solidarisierung, Schweigen und Sanktionen, Hamburg 1992.
28 Hélène Miard-Delacroix/Andreas Wirsching, Devenir visible au-delà de l'Alliance. Helmut Kohl et „l'intérêt national" dans la politique étrangère de la République fédérale d'Allemagne (années 1980 et 1990), in: Relations internationales 184 (2020), Nr. 4, S. 9–23.
29 Zur Rolle des NED in der Auflösungsphase der UdSSR vgl. Kate Geoghegan, A Policy in Tension. The National Endowment for Democracy and the U.S. Response to the Collapse of the Soviet Union, in: Diplomatic History 42 (2018), S. 772–801.

3 Neue Konstellationen und neue Gefahren

Ein komplizierter Schauplatz des Kalten Krieges blieb der Nahe und Mittlere Osten, wo sich die Gewichte verschoben und neue Gefahren bzw. Krisenherde entstanden. Vor 1985 entsprach das dortige Kräfteverhältnis ganz der Logik der Ost-West-Systemkonfrontation: Syrien stützte sich auf die Sowjetunion, Saudi-Arabien stand auf Seiten der USA. Arafats Palästinensische Befreiungsorganisation (PLO) war ein Verbündeter Moskaus, Israel ein Alliierter Washingtons. Die Entwicklung der 1980er Jahre führte zu mehr Entspannung und weniger Wettbewerb der Großmächte untereinander sowie tendenziell zur Verdrängung der Sowjetunion sowohl im Mittleren Osten als auch im israelisch-arabischen Konflikt. 1988 näherte sich Moskau Israel, aber auch Riad an, um den Rückzug aus Afghanistan zu erleichtern. Auch mit den Golfstaaten nahm die UdSSR diplomatische Beziehungen auf. Parallel hierzu kamen sich Washington und die PLO etwas näher. Dennoch blockierte Bush die Aufnahme des im November 1988 ausgerufenen palästinensischen Staates in internationalen Organisationen.[30]

Daneben gab es regionale Konflikte, die sich (noch) weniger durch die Logik des Kalten Krieges erklären, geschweige denn lösen ließen. So im Libanon, in den Syrien mit sowjetischen Waffen und der Unterstützung seines iranischen Verbündeten tief eingedrungen war.

Mehrere Bündniswechsel verkomplizierten die Situation. Nachdem die USA in den 1970er Jahren ihre Strategie der zwei Pfeiler (Iran und Saudi-Arabien) gegen die Sowjetunion und den Irak verfolgt hatten, nahmen sie im Krieg zwischen dem Iran und dem Irak von 1980 bis 1988 für Letzteren Partei, der bis dahin der Verbündete Moskaus gewesen war. Als Folge näherten sich ihrerseits Moskau und Teheran an. Dennoch war nach dem Tod des iranischen Ajatollah Khomeini im Frühjahr 1989 eine Verbesserung der Beziehungen zwischen Washington und dem Iran möglich. Als die Mauer fiel, waren die USA die großen Gewinner im Mittleren Osten: Mit dem Irak, mit Syrien und der PLO hatten sie sich den drei traditionellen Verbündeten Moskaus angenähert. Das Blatt sollte sich nach dem Angriff des irakischen Machthabers Saddam Hussein auf Kuweit im folgenden Jahr dramatisch wenden. Die dauerhaft verstärkte Militärpräsenz der USA in der Golfregion ab 1990 trug nicht zuletzt zur Radikalisierung dschihadistischer Netzwerke bei, so auch in Pakistan, wo westliche Waffenlieferungen den Islamismus zu einer Zeitbombe werden ließen.

An mehreren traditionellen Orten der Systemkonfrontation, wie am Horn von Afrika, wurde der jahrzehntelange Gegensatz durch den Sturz der Machthaber beendet; häufig jedoch kam es zu neuen gewaltsamen Auseinandersetzungen, insbesondere in Somalia und Äthiopien. Eines ist daher klar: Der Abschied vom Kalten Krieg bedeutete im globalen Süden daher nicht einfach die Beilegung der Konflikte und

---

30 Grosser, 1989, S. 389–408; William B. Quandt, Peace Process. American Diplomacy and the Arab-Israeli Conflict since 1967, Washington, D. C. ³2005.

den Beginn einer Ära friedlichen Zusammenlebens.[31] Dort zeichneten sich vielmehr neue Gefahren ab, die die nächsten Jahrzehnte prägen sollten.

Überdies wurden die Ränder der Sowjetunion und große Teile Ost- und Südosteuropas erschüttert. So stellte in den westlichen und südlichen Sowjetrepubliken der Anspruch auf nationale Unabhängigkeit den Bestand der Großmacht selbst in Frage, die sich 1991 folgerichtig auflöste, während Jugoslawien im Strudel seiner ethnischen Konflikte versank.[32]

Insgesamt fand der Wandel des internationalen Systems trotz aller Entspannung im Rahmen einer erhöhten Instabilität statt, die eine Hypothek für die Zukunft werden sollte.

4 Ausblick: Strukturen in Europa als Rahmen für den Zwei-plus-Vier-Prozess 1990

Das Tableau am Vorabend der 1990er Jahre zeigt eine eindeutige Entspannung zwischen den jahrzehntelang im Wettbewerb stehenden Mächten, aber auch einen klaren Vorteil für die USA bei ihren Positionen weltweit. In der Praxis des internationalen Systems waren neue Handlungsformen entstanden.

Das „internationale System" bezeichnet nicht nur die Staaten und Blöcke, sondern auch die Verträge und Institutionen, die Beziehungen zu strukturieren und steuern vermögen. In Europa blieben die bewährten Strukturen der Nachkriegsordnung bestehen. Ihre Existenz ermöglichte eine friedliche Regelung der deutschen Frage. Das betraf zunächst und unmittelbar den Viermächte-Status aus dem Jahr 1945, mit den Rechten und Verantwortlichkeiten der vier Mächte über Deutschland als Ganzes und für Berlin einschließlich der Frage der Wiedervereinigung. Als stabilitätsfördernder Rahmen waren diese sogenannten Siegerrechte durch die Gründung und jahrzehntelange Existenz von zwei deutschen Staaten nicht tangiert worden. Vielmehr waren sie in der Hochphase der *détente*, so im Viermächteabkommen über Berlin vom 3. September 1971, bestätigt worden. Die temporäre Unsicherheit über die Zukunft der polnischen Westgrenze im Potsdamer Abkommen sollte für einige Missverständnisse und Ängste sorgen, aber das Vertragswerk bot einen verlässlichen Rahmen.[33]

Hinzu kamen jene Strukturen, die in der Zeit des Kalten Krieges entstanden waren. Die Konferenz über Sicherheit und Zusammenarbeit in Europa (KSZE), deren

---

31 Artemy M. Kalinovsky/Sergey Radchenko (Hrsg.), The End of the Cold War and the Third World. New Perspectives on Regional Conflict, London 2011.
32 Lukas Zidella, Das Ende von Ordnung im 20. Jahrhundert: Dekolonisierung und Zerfall des Ostblocks als Desintegrationsprozesse internationaler Ordnungen, Baden-Baden 2019.
33 Zum Streit um die finale Anerkennung der Oder-Neiße-Grenze vgl. den Beitrag von Heike Amos in diesem Band.

dritte Folgekonferenz am 19. Januar 1989 in Wien erfolgreich beendet worden war, bot Sicherheit und Stabilität in Bezug auf die Unverletzlichkeit des territorialen Status quo und die Verpflichtung, Grenzen nur friedlich und in wechselseitigem Einvernehmen zu ändern. Die KSZE ermöglichte einen gesamteuropäischen blockübergreifenden Dialograum, in dem neben den Staaten die Stimme der Menschenrechte vernommen wurde.

Die Europäische Union korrigiert als überstaatliche Organisation und als Modell einer regionalen Integration[34] die klassische Vorstellung des internationalen Systems mit (National-)Staaten als Basiseinheiten. Schon 1989 ging die Europäische Gemeinschaft weit über eine reine Wirtschaftsvereinigung hinaus, sie förderte die Institutionalisierung und Betonung europäischer Werte und eines gemeinsamen Rechtsraums.[35] Mit der Perspektive auf den bis 1992 zu verwirklichenden einheitlichen Europäischen Binnenmarkt entfaltete die Europäische Gemeinschaft unter dem Kommissionspräsidenten Jacques Delors für die sich befreienden Länder des Ostblocks eine große Anziehungskraft. Die EG erschien den mittelosteuropäischen Staaten als Verheißung, und schon 1990 zeichnete sich ihr Streben nach einem Beitritt ab.[36] Die Westeuropäer arbeiteten im multilateralen Rahmen der EG, aber auch der OECD bereits neuartige Konzepte zur Hilfe für Osteuropa aus, so beispielsweise durch die Schaffung der Europäischen Bank für Wiederaufbau und Entwicklung (European Bank for Reconstruction and Development – EBRD).[37]

Last, but not least blieb das westliche Militärbündnis, die NATO, ein unverzichtbarer Stabilitätsanker, um die Sicherheit Europas durch eine fortdauernde US-Truppenpräsenz zu gewährleisten. Die Fortdauer und Konsolidierung der NATO, in der das vereinigte Deutschland weiterhin verankert sein sollte, blieb auch ein zentrales Anliegen von Präsident Bush. So war die NATO-Zugehörigkeit des vereinten Deutschlands – mit Auflagen, was die Truppenstationierung auf dem Territorium der früheren DDR angeht – eine amerikanische (Vor-)Bedingung für die Zustimmung zur deutschen Einheit und die Aufhebung der Siegerrechte.

Viele Deutungen dieser Zeit betonten die siegreiche Behauptung des westlichen Demokratiemodells und womöglich das Ende der Geschichte.[38] Wenn der Sieg als

---

34 James A. Caporaso/John T. S. Keeler, The European Union and Regional Integration Theory, in: Carolyn Rhodes/Sonia Mazey (Hrsg.), The State of the European Union, Bd. 3: Building an European Policy, Boulder 1995, S. 29–62.
35 Kiran Klaus Patel/Hans Christian Röhl, Transformation durch Recht. Geschichte und Jurisprudenz Europäischer Integration 1985–1992, mit einem Vorwort von Andreas Wirsching, Tübingen 2020.
36 Andreas Wirsching, Der Preis der Freiheit. Geschichte Europas in unsrer Zeit, München 2012, S. 72–78; Milada Anna Vachudova, Europe Undivided. Democracy, Leverage, and Integration after Communism, Oxford 2005, S. 83, insbesondere Kap. 3. Vgl. auch den Beitrag von Wanda Jarząbek in dem vorliegenden Band.
37 Steven Weber, Origins of the European Bank for Reconstruction and Development, in: International Organization 48 (1994), S. 1–38.
38 Francis Fukuyama, The End of History and the Last Man, New York 1992.

Kategorie übernommen wird, dann stellt sich grundsätzlich die Frage, wessen Sieg sich 1989/90 abzeichnete. Im Nachhinein, auch angesichts des Scheiterns anderer Projekte[39] und der späteren Osterweiterung der NATO, lässt sich die zweite Hälfte der 1980er Jahre leicht charakterisieren: Es war ein sanfter Abschied vom Kalten Krieg, mit dem Sieg von neuen Umgangsformen, die Transformationsprozesse begleiteten. In Russland als dem Haupterben der zusammengebrochenen Sowjetunion empfinden heute viele das Ende der jahrzehntelangen Konfrontation und den „Sieg" des Westens als schmerzliche Zäsur, ja als unverdiente Niederlage.

---

[39] U. a. scheiterte das Projekt einer europäischen Konföderation, die der französische Staatspräsident François Mitterrand am 31.12.1989 lancierte, die aber keinen Erfolg bei den Partnern fand. Vgl. dazu den Beitrag von Hermann Wentker in diesem Band.

Helmut Altrichter
Aufbruch oder Untergang?
Die Sowjetunion und die Auflösung des Warschauer Paktes

Aufbruch oder Untergang? Triumph und Zerfall der Warschauer Vertragsorganisation (WVO), im Westen meist schlicht „Warschauer Pakt" genannt, bildeten keine Gegensätze, sie hingen zusammen, gingen unversehens ineinander über. Sie folgten relativ dicht aufeinander, wie in den Protokollen des Politischen Beratenden Ausschusses (PBA) der WVO nachzulesen ist, also dem höchsten politischen Entscheidungsorgan, in dem sich jährlich die General- bzw. Ersten Sekretäre des ZK der Sozialistischen oder Kommunistischen Parteien der Mitgliedstaaten trafen. Zwischen dem Treffen ihrer Staats- und Regierungschefs am 11. Dezember 1987 in Ost-Berlin, auf dem Michail Gorbatschow von seinem dritten Gipfeltreffen mit Ronald Reagan berichtete und gemeinsam die Unterzeichnung des INF-Vertrages gefeiert wurde (1.), als Triumph des „Neuen Denkens" in der sowjetischen Außenpolitik (2.), und dem Treffen des Politischen Beratenden Ausschusses am 7./8. Juli 1989 in Bukarest (3.), auf dem die unüberbrückbaren Gegensätze zwischen den Mitgliedstaaten zum Ausdruck kamen, lagen nur eineinhalb Jahre. Dass das Bündnis zu diesem Zeitpunkt bereits handlungsunfähig war, zeigt ein Blick auf den Zustand der Sowjetunion im Sommer und Herbst 1989 (4.). Was 1990 folgte, war die Auflösung der militärischen Strukturen (5.), selbst wenn die Organisation als solche erst im Folgejahr zu Grabe getragen wurde (6.).[1]

1 Die Unterzeichnung des INF-Vertrages (Dezember 1987)

Auf ihrem dritten Gipfeltreffen unterzeichneten der amerikanische Präsident Reagan und Generalsekretär Gorbatschow am 8. Dezember 1987 im Weißen Haus den Vertrag über die Vernichtung aller landgestützten nuklearen Flugkörper mittlerer Reichweite und über ein Produktionsverbot dieser Waffen. Der nachfolgende Staatsempfang[2] markierte eine Wende in den bilateralen Beziehungen und zeigte Gorbat-

---
1 Die Darstellung stützt sich zu wesentlichen Teilen, ohne dass im Einzelnen stets darauf verwiesen wird, auf ein am Erlanger Lehrstuhl für Osteuropäische Geschichte angelegtes Zeitungsarchiv. Die Anmerkungen beschränken sich auf Belege.
2 Eingehende Schilderung bei William Taubman, Gorbatschow und seine Zeit. Eine Biographie, München 2018, S. 478–490; Jonathan Hunt/David Reynolds, Geneva, Reykjavik, Washington, and Moscow, 1985–8, in: Kristina Spohr/David Reynolds (Hrsg.), Transcending the Cold War. Summits, Statecraft, and the Dissolution of Bipolarity in Europe 1970–1990, Oxford 2016, S. 151–191; ergän-

schow auf dem Höhepunkt seines internationalen Ansehens. Das Treffen sei eine „Zäsur" gewesen (so Gorbatschow), weil man nicht länger „verbissen" auf ideologischen Postulaten beharrte, sondern bestrebt war, „einander zuzuhören und zu verstehen".[3] Auf dem Südrasen des Weißen Hauses gab es 20 Kanonenschüsse Ehrensalut und eine Army-Band spielte beide Nationalhymnen. Zum anschließenden Staatsbankett erschienen Reagan und sein Gast in dunkler Abendgarderobe, begleitet von ihren Frauen, Nancy in einem mit schwarzen Perlen besetzten Designerkleid, und Raissa, in einem zweiteiligen Kleid aus schwarzem Brokat. 132 Prominente aus Politik, Kultur und Sport waren gekommen, der Pianist Van Cliburn spielte Brahms, Rachmaninow und Debussy – danach die „Moskauer Nächte", ein Lied, bei dem das Ehepaar Gorbatschow und die Mitglieder der russischen Delegation herzhaft mitsangen. Am nächsten Tag gab es in den Empfangsräumen des Außenministeriums ein Mittagessen für die „Crème de la Crème" aus Wirtschaft und Politik, zu dem, wie sich der amerikanische Außenminister George Shultz erinnerte, alle kommen wollten und entsprechende Kommentare gegenüber den Medien zum hohen Gast abgaben. Gorbatschow revanchierte sich mit einem Empfang in der russischen Botschaft, wo wiederum die beiden Gattinnen in festlicher Abendgarderobe (Raissa in Gold, Nancy in Schwarz) im Mittelpunkt standen. Bei den Fahrten von einem Ort zum anderen ließ es sich Gorbatschow nicht nehmen, trotz aller Bedenken von Secret Service und KGB, die Wagenkolonne immer wieder anzuhalten, auszusteigen und den Zuschauern am Straßenrand die Hände zu schütteln. Eine ausführliche Pressekonferenz schloss den Staatsbesuch ab. Während des Gipfels hatte der Gastgeber dem Gast angeboten, zu ihm einfach „Ronnie" zu sagen, und gebeten, ihn künftig mit „Michail" ansprechen zu dürfen. Den beiden Ehegattinnen gelang es dagegen nur mit Mühe, den Eindruck zu erwecken, sie seien inzwischen Freundinnen geworden.

Vom Gipfeltreffen in Washington hatte die Weltpresse ausführlich berichtet und den Staatsbesuch zum persönlichen Triumph Gorbatschows gemacht. Aus Washington kommend, bei einem Zwischenstopp in Ost-Berlin, berichtete er den dort versammelten befreundeten Staats- und Parteichefs von den Gesprächen und bezog sie zugleich mit ein[4]: Den „gemeinsamen Anstrengungen", der „gemeinsamen Konzeption" sei es gelungen, die „Initiative" zu ergreifen, die „Stimmung der Welt" zu ver-

---

zend, auch für das Folgende, Vojtech Mastny/Malcolm Byrne (Hrsg.), A Cardboard Castle? An Inside History of the Warsaw Pact, 1955–1991, Budapest/New York 2005.

3 Michail Gorbatschow, Erinnerungen, Berlin 1995, S. 619–630, das Zitat S. 626 f.; die sowjetische Botschaft, in der Gorbatschow während seines Aufenthalts wohnte, wurde mit Briefen und Grußtelegrammen geradezu „überschüttet"; allein 1987 habe er aus den USA über 80 000 Briefe erhalten.

4 Stenographische Niederschrift des Treffens führender Repräsentanten der Staaten des Warschauer Vertrags am Freitag, dem 11. Dezember 1987, in Berlin, BArch DY 30/11847, S. 2 ff., 5, 18, 31 ff. Vgl. dazu auch Hermann Wentker, The German Democratic Republic, Gorbachev, and the INF Treaty, in: Philipp Gassert/Tim Geiger/Hermann Wentker (Hrsg.), The INF Treaty of 1987. A Reappraisal, Göttingen 2021, S. 175–196, hier S. 190 f.

ändern, „konkrete Abkommen und Vereinbarungen" zu erzielen, den „Gegner an die Wand zu drücken", was ihn (Gorbatschow) hoffen ließ, nun auch in anderen Bereichen „den Ton in der Weltpolitik" anzugeben. Die USA schienen in die Defensive geraten zu sein, mit einem alten Präsidenten, der nur noch die Hälfte mitbekam, während es, so Gorbatschow, gäre „in der ganzen Gesellschaft, in breiten Schichten der Vereinigten Staaten, nicht nur in intellektuellen Kreisen, auch in politischen Kreisen"; hier vollziehe sich ein „Prozess des Umdenkens".

2 „Neues Denken" und Diversität

Einen solchen Prozess des „Umdenkens" angesichts der nuklearen Konfrontation hatte Gorbatschow in seinem Rechenschaftsbericht vor dem 27. Parteitag im Februar 1986 auch von der eigenen Außenpolitik gefordert.[5] Die drohende globale Katastrophe zu vermeiden, sei das „brennendste Problem", vor dem die Menschheit stehe und damit auch die wichtigste internationale Frage der KPdSU; so stand es im neuen Parteiprogramm. Daraus entwickelte sich das „Neue Denken" in der Außenpolitik, wonach die „allgemeinmenschlichen Werte" vor den Interessen einer Klasse rangierten und nur durch ein „konstruktives, schöpferisches Zusammenwirken der Staaten und Völker auf unserem gesamten Planeten" gesichert werden könnten. In die gleiche Richtung wies auch die Metapher vom „gemeinsamen europäischen Haus", in dem „jede Familie ihre eigene Wohnung" habe, zu dem es „verschiedene Eingänge" gebe, das aber nur gemeinsam vor Katastrophen bewahrt werden könne – dargelegt in Gorbatschows Buch „Perestroika. Eine neue Politik für Europa und die Welt", das im Herbst 1987 erschien.[6]

Bei den Treffen der Staats- und Parteichefs hatte Abrüstung seit 1985/86 wie keine andere Frage stets im Mittelpunkt gestanden; hier zog man an einem Strang, wie die Dankesworte auf dem Ost-Berliner Treffen im Dezember 1987 bestätigten. Insofern war das INF-Abkommen ihr gemeinsamer Erfolg.

Dass das proklamierte „Neue Denken" in der Außenpolitik im Westen als vertrauensbildende Maßnahme wirkte, war Gorbatschow durchaus bewusst. Er brachte aus Washington einen Satz Reagans mit, der durch die „gesamte Presse" gegangen war: Er (Reagan) sei „zu der Schlussfolgerung gekommen, dass diese sowjetische Führung nicht nach Weltherrschaft strebt, dass sie von der alten kommunistischen Losung der Weltrevolution abgegangen ist, dass sie realistisch eingestellt ist und man mit ihr verhandeln kann".[7] Angesichts seines Publikums, der versammelten

---
5 Für den Gesamtzusammenhang Helmut Altrichter, Russland 1989. Der Untergang des sowjetischen Imperiums, München 2009, S. 318–330.
6 Deutsche Ausgabe: Michail Gorbatschow, Perestroika. Die zweite russische Revolution. Eine neue Politik für Europa und die Welt, München 1987.
7 BArch DY 30/11847, S. 7.

Führer der kommunistischen Parteien Osteuropas, war sich Gorbatschow der Brisanz dieses Zitats durchaus bewusst und beeilte sich hinzuzufügen: „Was ist das für ein Unsinn, was der Reagan da von sich gegeben hat!" Auch eine zweite Erscheinung in der „sozialistischen Welt" suchte Gorbatschow als vertrauensbildend schönzureden: Das „Suchen nach Methoden und Formen der gesellschaftlichen Entwicklung, die der Gegenwart adäquat sind", bringe das westliche Feindbild vom „totalitären kommunistischen Monster" endgültig ins Wanken. So weit, so gut. Umgekehrt galt aber auch, dass die Suche nach zeitgemäßen „Methoden und Formen der gesellschaftlichen Entwicklung" in den sozialistischen Staaten der Warschauer Vertragsorganisation zu unterschiedlichen Ergebnissen und heftigen Diskussionen darüber geführt hatte, was daran noch „gemeinsam" und „sozialistisch" war.

3 Die PBA-Tagung in Bukarest (Juli 1989)

Die Tagung des Politischen Beratenden Ausschusses am 7./8. Juli 1989 in Bukarest war von dieser Kontroverse geprägt. Zwar versuchte das Bündnis in seinem Abschlusskommuniqué weiterhin außenpolitische Einigkeit zu demonstrieren, im Bestreben, den Abrüstungsprozess unumkehrbar zu machen. Doch damit ließ sich kaum verdecken, dass es inzwischen völlig über Kreuz lag in jenen Bereichen, die einst die Basis seines Zusammenschlusses gebildet hatten: in Fragen der innenpolitischen Entwicklung als Staaten sozialistischer Orientierung.[8]

So hatte der Gastgeber, der rumänische Staatschef Nicolae Ceaușescu, sich nicht nur vorab mehrfach „befremdet und besorgt" über die Entwicklung in einigen sozialistischen Nachbarländern gezeigt und Versuche der Verquickung von „Markt" und „Sozialismus" abgelehnt; alle Erscheinungen, die die „führende Rolle" der kommunistischen Partei schwächten, waren für ihn inakzeptabel und die „revolutionären Errungenschaften" durch den Einsatz von Miliz und Sicherheitsorganen zu schützen.

Auf der Tagung selbst war man sich weder einig, ob es überhaupt „wesentliche[r] gesellschaftspolitische[r] Veränderungen" bedurfte, noch auf welcher Grundlage sie erfolgen sollten. Beharrten die Sowjetunion, die Tschechoslowakei und Bulgarien auf „sozialistische[n] Prinzipien", legte Ungarn sein Konzept eines „demokratischen Sozialismus" dar, das auf einer Verbindung von „Marktwirtschaft, unterschiedlichen Eigentumsformen bei Wahrung der dominierenden Rolle ihrer kollektiven Formen sowie Pluralismus und Selbstverwaltung bestand", war Polen – in

---

[8] Kommuniqué in: Europa-Archiv 20 (1989), D 596–600; zu den Auseinandersetzungen auch Bericht über die Tagung des PBA am 7./8.7.1989 in Bukarest, als Anlage zu Top 2 des Protokolls Nr. 27 der Sitzung des Politbüros der SED vom 11.7.1989, in: BArch DY 30, JIV 2/2/2336. Vgl. auch die Dokumentenauszüge in: Mastny/Byrne (Hrsg.), Cardboard Castle, S. 644–654; zum Gesamtzusammenhang Altrichter, Russland 1989, S. 307–318.

der Wahrnehmung der DDR – bemüht, die Hervorhebung des sozialistischen Charakters der gesellschaftlichen Entwicklung in den Bruderländern in den Dokumenten der Tagung überhaupt zu vermeiden.

Ergebnis dieser Beratungen war die viel- (oder nichts-)sagende Bemerkung im Schlusskommuniqué, dass es „universelle Sozialismusmodelle" nicht gebe, sich jedes Land „entsprechend seiner Bedingungen, Traditionen und Erfordernisse entwickle" und das Recht habe, dazu seine eigene Linie, Strategie und Taktik ohne Einmischung von außen auszuarbeiten. Das bekundete – einmal mehr – den Abschied von der Breschnew-Doktrin einer „begrenzten Souveränität sozialistischer Länder", die als nachträgliche Rechtfertigung für den Einmarsch von Truppen des Warschauer Paktes in die Tschechoslowakei (1968) dienen sollte.

Als sich einen Monat später der Tag dieser Invasion zum 21. Male jährte, zeigte man sich nicht einmal mehr in der Lage, eine gemeinsame Erklärung dazu abzugeben. Die Warschauer Vertragsorganisation war handlungsunfähig geworden, längst vor dem stürmischen Herbst, als alle kommunistischen Regime in Osteuropa fielen, und vor der formellen Auflösung des Bündnisses am 1. Juli 1991.[9]

4 Die innere Krise der Führungsmacht Sowjetunion

Es bleibt die Frage, warum die Sowjetführung nicht ihre Führungsrolle wahrnahm und spätestens im Sommer 1989 eingriff. Die erste Antwort ist, weil sie damit alle Beschlüsse und Vereinbarungen mit den Partnern in der WVO desavouiert und zugleich das mühsam aufgebaute internationale Vertrauen verspielt hätte, das die Grundlage für die Verhandlungen und Vereinbarungen mit dem Westen bildete. Zu einem solchen Schritt, der alles über den Haufen geworfen hätte, war die Sowjetunionführung im Sommer 1989, also vor den großen Umwälzungen in Osteuropa, angesichts des Zustands im Inneren ihres Landes nicht bereit und wohl auch nicht mehr fähig. Stichwortartig zusammengefasst waren es fünf eng zusammenhängende Entwicklungen[10]:

(1.) Die 1985 so hoffnungsvoll begonnenen Wirtschaftsreformen waren gescheitert. Ihr Versprechen war gewesen, „in kurzer Frist die vordersten Positionen in der Wissenschaft und Technik und den Welthöchststand in der Produktivität der gesellschaftlichen Arbeit [zu] erreichen", in den 15 Jahren bis zur Jahrtausendwende das Nationaleinkommen und die Industrieproduktion zu verdoppeln, die Arbeitsproduktivität auf das Zweieinhalbfache und das Realeinkommen der Bevölkerung um

---

9 Archiv der Gegenwart (AdG) 59 (1989), S. 33687 ff.; im Folgenden benutzt und zitiert nach der digitalisierten Version AdG, 21.8.1989, Tschechoslowakei, 21. Jahrestag der Intervention der WVO-Truppen in Prag, S. 33687.
10 Für das Folgende: Altrichter, Russland 1989, S. 90–113, 126–138, 176–192, 213–226, 250–259, 264–290.

60 bis 80 Prozent zu steigern. Davon war die Sowjetunion Anfang 1989 weit entfernt: Statt der versprochenen Besserung war eine dramatische Verschlechterung der Lage eingetreten, und nur noch 12 Prozent der Bevölkerung trauten, wie Meinungsforscher im Februar 1989 ermittelt hatten, Gorbatschow zu, das Land aus der wirtschaftlichen Talsohle herauszuführen.[11] Die zunehmend freie Presse berichtete von leeren Regalen, langen Schlangen, Hamsterkäufen, Ökonomen sagten für den Herbst unruhige Zeiten voraus.

(2.) Wachsende Enttäuschung hatte zur Formierung einer kritischen Öffentlichkeit geführt. Sie hatte sich in „informellen Gruppen" organisiert: „informell", weil sie – um die restriktiven Regelungen der Vereinsgesetzgebung aus dem Jahr 1932 zu umgehen – sich nicht registrieren ließen. War die Zahl dieser „informellen Gruppen" 1988 landesweit auf 30 000 geschätzt worden, lag sie Anfang 1989 nach Schätzungen der „Prawda" schon mehr als doppelt so hoch, bei über 60 000. Die Gesellschaft war in Bewegung geraten, es war ein „Pluralismus der Meinungen" entstanden, wie man ihn seit den 1920er Jahren nicht mehr erlebt hatte, wobei man für die eigenen Forderungen auch auf die Straße ging.

(3.) Mit der Wahl des Volksdeputiertenkongresses, der Ende Mai 1989 erstmals zusammentrat, war in der Sowjetunion ein demokratisch legitimiertes, politisches Massenforum entstanden, in dem die Probleme des Landes so offen diskutiert wurden wie nie zuvor: die miserable Versorgungslage, die Folgen des gerade beendeten Afghanistankrieges (1979–1989), die ökologischen Katastrophen, die Auseinandersetzungen zwischen den ethnischen Gruppen, das Versagen der Staatsmacht. Die Debatten wurden von Funk und Fernsehen direkt übertragen und in der Regierungszeitung „Iswestija" nachgedruckt; an den Mikrofonen im Saal bildeten sich lange Schlangen von Abgeordneten, die von ihrer Wählerschaft aufgefordert worden waren, auch die Probleme ihrer Region zur Sprache zu bringen. Sie vermittelten einem Millionenpublikum ein schonungsloses Bild der Lage, in der sich das Land wirklich befand, nachdrücklicher als alle Publikationen zusammengenommen, so hat es der Physiker und Menschenrechtler Andrej Sacharow, selbst Abgeordneter des Kongresses, beschrieben.[12]

(4.) Die beschriebenen Entwicklungen waren begleitet von einem Verfall der Staatsautorität und Auflösungserscheinungen in der Sowjetgesellschaft: Verlautbarungen des Innenministeriums von Mitte Juni 1989 zufolge operierten auf dem Territorium der UdSSR „Tausende" von kriminellen Banden, manche mit Kontakten zum internationalen organisierten Verbrechen; Ende Juli vermeldete Innenminister Wadim Bakatin 1,1 Millionen Verbrechen zwischen Januar und Juni 1989, gemessen am Vorjahr war dies ein Anstieg um 32 Prozent.

---

11 So die Soziologin Tatjana Saslawskaja (in einem Gespräch mit dem Österreichischen Fernsehen über die Schwierigkeiten der Errichtung eines ersten unabhängigen Meinungsforschungsinstituts), hier nach Radio Liberty, Report on the USSR (1989), Vol. 1, Nr. 10, S. 51.
12 Andrej Sacharow, Mein Leben, München/Zürich 1990, S. 855.

Im Juli 1989 begannen Massenstreiks der Bergarbeiter, die in Westsibirien ihren Ausgang nahmen, rasch auf das ukrainische Steinkohle- und Industriegebiet des Donezbeckens übergriffen, und schließlich auch die Kohlereviere von Workuta im hohen Norden und von Karaganda im nördlichen Kasachstan erfassten. Der Verfall der Staatsautorität stärkte die zentrifugalen Kräfte, die sich nicht zuletzt darauf beriefen, dass die wirtschaftlichen Probleme des Riesenreiches bei den enormen unterschiedlichen Entwicklungsständen seiner Teile nicht einheitlich und vom Zentrum aus zu lösen waren. Zu den alten Konfliktgebieten (Baltikum, Armenien, Aserbaidschan) waren seit dem Frühjahr 1989 mit Moldawien, Georgien, Usbekistan und Kasachstan neue hinzugetreten, ja die Auseinandersetzungen mit und zwischen den Nationalitäten hatten mit den Vorgängen in Tiflis im April (wo bei einem Einsatz von Sicherheitskräften gegen Demonstranten 20 Menschen zu Tode kamen) und im Ferganatal im Juni (als bei einem Pogrom gegen die Minderheit der Mescheten 80 Menschen starben, Hunderte von Häusern niedergebrannt wurden und Zehntausende flohen bzw. ausgeflogen werden mussten) neue, blutige Höhepunkte erreicht. Das gleichzeitige, schreckliche Gaspipeline-Unglück im Südural Anfang Juni (mit an die 600 Toten und Hunderten von Verletzten) schien einmal mehr zu zeigen, wie marode die überkommenen industriewirtschaftlichen Grundlagen waren.

(5.) Im Baltikum spitzte sich im Sommer 1989 der Konflikt zu und nahm zugleich eine neue, prinzipielle Wende. Mit der historischen Legitimation des Gesamtstaates stellte er zugleich dessen Bestand in Frage. Anlass war der 50. Jahrestag des Hitler-Stalin-Paktes im August 1989 und seines geheimen Zusatzprotokolls (auf deren Grundlage Stalin den baltischen Staaten Truppenstationierungsverträge aufgezwungen und sie schließlich annektiert hatte), verbunden mit Demonstrationen, an denen sich Hunderttausende, ja Millionen beteiligten – Hintergrund für die grundstürzenden Ereignisse des Herbstes, als die kommunistischen Regime in den WVO-Staaten Polen, Tschechoslowakei, Ungarn, Rumänien, Bulgarien und der DDR fielen, ohne dass die sowjetische Führungsmacht eingriff oder auch nur Anstalten dazu machte.

5 Der Zerfall der WVO als militärische Organisation

Die Entwicklungen des Herbstes 1989 setzten sich im Folgejahr fort: zum einen innersowjetisch, als sich nacheinander alle 15 Unionsrepubliken für „souverän" erklärten, was sie formell nach der Verfassung von 1977 bereits waren, aber nun offenkundig wirklich sein wollten; zum anderen in der Warschauer Vertragsorganisation, in der die neuen Regierungen, vor allem jene in Prag, Budapest und Warschau, auf den möglichst zeitnahen Rückzug der sowjetischen Truppen von ihren Territorien drängten.

Am 10. Januar 1990 kündigte das Prager Außenministerium noch für den gleichen Monat Verhandlungen über den Rückzug der sowjetischen Truppen aus der Tschechoslowakei an, die nach dem Einmarsch der Warschauer-Pakt-Staaten von 1968 im Lande verblieben waren. Am 18. Januar gab der Vertreter Ungarns bei den Wiener Verhandlungen des Warschauer Paktes und der NATO über konventionelle Rüstungskontrolle in Europa bekannt, seine Regierung werde in den nächsten Tagen mit der UdSSR bilaterale Verhandlungen über den vollständigen Rückzug der Roten Armee aus Ungarn aufnehmen, der bis spätestens Ende 1991 abgeschlossen sein solle. Angesichts der Entwicklung in ganz Europa sei die Stationierung fremder Truppen nicht mehr notwendig.[13] Am gleichen Tag sprach sich auch Lech Wałęsa im Gespräch mit dem Sowjetbotschafter für den Abzug aller sowjetischen Truppen aus Polen bis Ende 1990 aus; es war vorerst seine Privatmeinung, erst Ende des Jahres wurde er zum Präsidenten Polens gewählt und seine Haltung zum Truppenabzug auch zur Haltung der polnischen Regierung.

Von der militärischen Spitze der WVO kam grünes Licht: In einem Ende Februar 1990 veröffentlichten Interview mit der Deutschen Welle sagte Armeegeneral Wladimir Lobow, seit Anfang 1989 Stabschef der Vereinigten Streitkräfte des Warschauer Paktes, die Sowjetunion habe schon 1988 mitgeteilt, dass sie danach strebe, keine Truppen außerhalb ihres Hoheitsgebiets zu unterhalten. Der Wandel – insbesondere in Europa – beschleunige diese Entwicklung. Die Sowjetunion habe die Entscheidung getroffen, ihre Truppen aus der Tschechoslowakei und Ungarn abzuziehen. Falls Polen diesen Wunsch äußere, werde man auch Verhandlungen mit Polen aufnehmen. Jedes Volk solle über sein Schicksal selbst entscheiden, das gelte auch für die „weitere Teilnahme des jeweiligen Verbündeten am Warschauer Vertrag". Für die weitere Errichtung des „Gesamthauses Europa" seien weder WVO noch NATO erforderlich. Daher sollten beide Bündnisse gleichzeitig aufgelöst werden.[14]

Selbst wenn die Verhandlungsrunden mit der Tschechoslowakei ergaben, dass die Pläne schon aus logistischen Gründen so schnell nicht umzusetzen waren (nach amtlichen Angaben handelte es sich um rund 73 000 Soldaten, zusätzlichen Zehntausenden von Familienangehörigen, über 1200 Panzer, 77 Flugzeuge und 146 Kampfhubschrauber), einigte man sich darauf, mit dem Abtransport der Kampfeinheiten noch im Februar zu beginnen, deren Übungen ab sofort einzustellen und den Prozess bis Ende des Jahres nach Möglichkeit abzuschließen, von Resteinheiten nichtkombattanten Charakters abgesehen.[15]

---

13 AdG, 18.1.1990, Sowjetunion, Truppenrückzug aus Osteuropa, S. 34141.
14 AdG, 28.2.1990, Sowjetunion, Warschauer Vertrag, Interview mit General Lobow, S. 34276. Ähnlich der Oberkommandierende der Vereinten Streitkräfte, ebenfalls seit 1989 im Amt, Armeegeneral Pjotr Luschew; Gorbatschows Mann an der Spitze. Die Ablösung Marschall Kulikows durch General Luschew, in: Süddeutsche Zeitung (SZ), 4./5.2.1989; Oberbefehlshaber Luschew: Warschauer Pakt muß umgewandelt werden, in: SZ 3./4.2.1990.
15 AdG, 9.2.1990, Sowjetunion, Tschechoslowakei, Verhandlungen über Truppenabzug, S. 34219.

Am 10. März unterzeichneten auch der ungarische und der sowjetische Außenminister, Gyula Horn und Eduard Schewardnadse, in Moskau ein Abkommen über den vollständigen Abzug der sowjetischen Truppen aus Ungarn. Der Rückzug sollte am 12. März beginnen und bis zum 30. Juni 1991 abgeschlossen sein. Die Zahl der sowjetischen Soldaten wurde dabei mit 50 000 angegeben, dazu kämen weitere 50 000 Zivilangestellte und Angehörige sowie Waffen und Militärtechnik.[16]

Im Sommer 1990, als die Weichen für die Vereinigung Deutschlands gestellt waren, der Staatsvertrag über die Währungs-, Wirtschafts- und Sozialunion zwischen der Bundesrepublik und der DDR in Kraft getreten war und Gorbatschow schließlich seine Zustimmung gegeben hatte, dass die Bundesrepublik nach Beitritt der „neuen Bundesländer" Mitglied der NATO bleiben sollte, wurde die DDR als Teilnehmerstaat des Warschauer Vertrages aller eingegangenen Verpflichtungen entbunden und auch für die in der ehemaligen DDR stationierten Sowjettruppen ein Abzugsvertrag konzipiert, der am 13. September abgeschlossen und am 12. Oktober in Bonn von Außenminister Genscher und dem sowjetischen Botschafter Wladislaw Terechow unterzeichnet wurde. Da das in der DDR stationierte sowjetische Truppenkontingent 380 000 Soldaten (und über 200 000 Familienangehörige) umfasste, wurde eine Übergangszeit bis 1994 vereinbart, die auch dazu genutzt werden sollte, um mit deutscher Finanzhilfe für die rückkehrenden Soldaten Wohnraum zu schaffen.[17]

Der Abtransport der Truppenverbände aus Ostdeutschland führte zu Verstimmungen mit Warschau, das im Januar 1991 mehreren nichtangemeldeten sowjetischen Konvois den Transit durch Polen verweigerte. Angesichts der für die nächsten drei Jahre zu erwartenden 11 000 Züge und 3000 Wagenkolonnen mit jeweils 200 Fahrzeugen hätte die sowjetische Seite, wie der polnische Außenminister Krzysztof Skubiszewski Moskau vorwarf, in Warschau vorstellig werden müssen, um gemeinsam eine Regelung zu finden. Der Rückführung werde Warschau erst dann zustimmen, wenn der Abzug der 50 000 in Polen stationierten Soldaten geregelt sei. Die Moskauer Zusage, dass bis Ende 1991 der letzte sowjetische Soldat Polen verlassen haben sollte, schien durch die neuen Rückführungsverpflichtungen gefährdet.[18]

---

16 AdG, 10.3.1990, Ungarn, Sowjetunion, Truppenrückzug vereinbart, S. 34309. Für den Wortlaut des Abkommens vgl. Lawrence Freedman, Europe Transformed. Documents on the End of the Cold War, London 1990, S. 510–512.
17 AdG, 10.11.1990, Sowjetunion, Bundesrepublik Deutschland, S. 35024. Zum Aufenthalts- und Abzugsvertrag vom 12. Oktober 1990 vgl. Runderlass Nr. 76 des VLR I Bettzuege, 18.10.1990, in: Die Einheit. Das Auswärtige Amt, das DDR-Außenministerium und der Zwei-plus-Vier-Prozess, bearb. von Heike Amos und Tim Geiger, Göttingen 2015, Dok. 168, S. 759–762; Vorlage des Vortragenden Legationsrates Westdickenberg an Ministerialdirektor Teltschik, 20.9.1990, in: Dokumente zur Deutschlandpolitik. Deutsche Einheit. Sonderedition aus den Akten des Bundeskanzleramtes 1989/90, bearb. von Hanns Jürgen Küsters und Daniel Hofmann, München 1998, Dok. 425, S. 1546–1549.
18 Wie Kriegsgefangene und Verbrecher. Moskau verärgert über polnische Forderungen beim Truppenabzug, in: FAZ, 17.1.1991; Werner Adam, Moskau zürnt den Polen. Streit um sowjetischen Trup-

Bei den Debatten über den vollständigen Rückzug der sowjetischen Truppen aus Mittel- und Osteuropa war die Zukunft der Warschauer Vertragsorganisation als solcher offengeblieben. Polen war sich unsicher ob der eigenen außenpolitischen Lage und der neuen Unübersichtlichkeit.[19] Der ungarische Außenminister Horn hatte im März 1990 bei der Verkündung des Rückzugs der sowjetischen Truppen aus seinem Land versichert, Ungarn werde vorerst Mitglied der WVO bleiben. Zugleich hatte er deren „radikale" Umstrukturierung gefordert: Im Einklang mit den politischen Veränderungen in Europa müsse aus dem Militärbündnis ein „Beratungsgremium" werden, in dem jeder Mitgliedstaat das Recht habe, seine eigene Position selbst zu den schwierigsten und heikelsten Fragen zu formulieren.[20] Der tschechoslowakische Staatspräsident Václav Havel sah in der WVO eher eine Veranstaltung der Vergangenheit als der Zukunft: Die Zukunft Europas gehöre einer Konföderation freier und unabhängiger Staaten, nicht den bisherigen Militärbündnissen, sagte er im April 1990 bei einem Treffen der Staats- und Regierungschefs sowie der Außenminister aus der Tschechoslowakei, Ungarn und Polen (wozu auch Vertreter Österreichs, Italiens und Jugoslawiens eingeladen waren, mit denen man sich zur Alpen-Donau-Arbeitsgemeinschaft zusammengeschlossen hatte). Und bei einer Rede vor dem Europaparlament im Mai sagte Havel der WVO voraus, spätestens wenn sie – von einem politischen Instrument der Aufrüstung, zu einem der Abrüstung geworden – ihre Rolle als Begleiterin einiger Länder bei ihrer Rückkehr nach Europa ausgespielt habe, werde sie ihre Berechtigung verloren haben und verschwinden.[21]

Dass die WVO ohne einen „radikalen Wandel" keine Zukunft hatte, war auch Gorbatschow bewusst. Bei der vorletzten ordentlichen Sitzung des PBA Anfang Juni 1990 in Moskau forderte er eine Annäherung an die NATO und plädierte für die Schaffung gemeinsamer Einrichtungen: „Wir haben die historische Chance, die

---

penabzug und Verbitterung über andere europäische Veränderungen, in: FAZ, 20.2.1991; AdG, 24.2.1991, Polen, Probleme mit Moskau wegen Truppenabzugs aus Europa, S. 35361.
19 Vor der Reise des neuen polnischen Ministerpräsidenten Tadeusz Mazowiecki nach Moskau im November 1989, wo er Gorbatschow traf und die polnische Delegation auch Katyn besuchte, versicherte die Regierungssprecherin auf einer Pressekonferenz in Warschau nicht nur, die Sowjetunion werde nach wie vor der erste Partner im Außenhandel bleiben, die Sowjetunion bleibe auch der Garant für die Sicherheit Polens; Premier Mazowiecki reist nach Moskau. UdSSR Garant für die Sicherheit Polens, in: SZ, 23.11.1989.
20 AdG, S. 34141; bei einem Treffen anlässlich des Besuchs des polnischen Ministerpräsidenten Tadeusz Mazowiecki in Ungarn am 8./9. Juni kündigte dessen Amtskollege Antall allerdings an, Ungarn werde die WVO verlassen; Mazowiecki trat ihm gegenüber für die Beibehaltung der WVO ein, allerdings in Form eines Bündnisses gleichberechtigter Partner, AdG, 11.11.1990, Polen, Außenpolitische Aktivitäten, S. 35032. Tim Geiger hat mich darauf hingewiesen, dass Horn schon am 22.2.1990 in Budapest öffentlich den Gedanken äußerte, sein Land könnte den politischen Gremien der Nato beitreten, vgl. Ungarische Politiker liebäugeln mit dem Beitritt zur NATO, in: FAZ, 22.2.1990; Hinweis auch in: Die Einheit, Dok. 45, Anm. 9, S. 232.
21 AdG, 9.4.1990, Tschechoslowakei, Ungarn, Polen, Treffen der Staats- und Regierungschefs, S. 34421; AdG, 10.5.1990, Tschechoslowakei, EG, Havel vor dem Europa-Parlament, S. 34504.

Nachkriegsspaltung zu überwinden und ein von Ängsten befreites, blühendes Europa aufzubauen, in dem alle Völker und Staaten zum gegenseitigen Nutzen zusammenarbeiten". Man müsse ein stabiles Gleichgewicht bei gleichzeitigem Rüstungsabbau gewährleisten, neue gesamteuropäische Strukturen schaffen und den Weg für ein umfassendes Zusammenwirken in Wirtschaft und Ökologie, Kultur und Wissenschaft sowie im Bereich der Menschenrechte finden. Die WVO könne, „natürlich gewandelt im Geist der Zeit", dabei eine konstruktive Rolle spielen. Das Kommuniqué hielt fest, die WVO müsse zu einer Organisation souveräner, gleichberechtigter Staaten werden, die auf demokratischen Prinzipien beruhe. Regierungsbeauftragte sollten dazu bis Ende Oktober entsprechende Vorschläge unterbreiten, die dann bei der nächsten Sitzung vom PBA Ende November überprüft würden. Ungarns Ministerpräsident József Antall forderte dagegen die sofortige Auflösung der militärischen Organisation der WVO und kündigte die Überprüfung der eigenen Mitgliedschaft an. Und für Havel, nach Prag zurückgekehrt, war der Moskauer Gipfel die vielleicht wichtigste Tagung der WVO in ihrer Geschichte: Sie habe den Anstoß zur Auflösung des Bündnisses in seiner bisherigen Form gegeben.[22]

6 Die Auflösung von WVO und RGW

So wichtig die WVO bei der politischen Flankierung der Gorbatschow'schen Abrüstungsinitiativen war und so hilfreich für die Wiener Verhandlungen über Konventionelle Streitkräfte in Europa (KSE) der Abzug sowjetischer Truppen samt Militärtechnik aus den Staaten Mittel- und Osteuropas gewesen sein mochte, so zweifelhaft schien, inwieweit eine – wenn auch „radikal gewandelte" – WVO zum wirksamen Instrument für die Herausbildung eines neuen Europas und koordinierenden Organs für die Integration Mittel- und Osteuropas in eine gesamteuropäische Ordnung werden konnte. Die historische Erfahrung mit dem Warschauer Pakt aus den Jahren 1956 und 1968 war eine völlig andere, vor allem für die „verbündeten Brudervölker" in Ostmitteleuropa, und die Forderung nach vollständigem Abzug aller sowjetischen Soldaten von ihren Territorien alles andere als ein Vertrauensbeweis gegenüber der bisherigen Führungsmacht gewesen. Vergleichbares galt für die Staaten im westlichen Europa. Mit Blick auf die proklamierten Ziele, eine europäische Konföderation gleichberechtigter, souveräner, demokratischer Staaten zu schaffen, lag es nahe, nicht auf WVO und NATO, sondern auf die KSZE zu setzen. So hatten die Außenminister der NATO-Staaten bei ihrem Treffen mit ihren Kollegen der Warschauer Paktstaaten Mitte Februar 1990 in Ottawa Gorbatschows Forderung nach einem

---

22 AdG, 7.6.1990, Warschauer Vertrag, Gipfel in Moskau, S. 34586. Dazu auch den Bericht über die Tagung des PBA vom 7.6.1990 im MfAA (Vermerk der Abt. I vom 8.6.1990), in: Die Einheit, Dok. 108, S. 540–545.

neuen Gipfel der KSZE-Staaten noch vor Ende des Jahres unterstützt.[23] Die Staats- und Regierungschefs der Europäischen Gemeinschaft schlossen sich bei ihrer Sondertagung Ende April in Dublin dieser Forderung an, verabschiedeten dazu Leitlinien und setzten einen Vorbereitungsausschuss ein, der im Juli seine Arbeit für den geplanten Pariser Novembergipfel aufnehmen sollte.[24]

Den Weg für das neue Gipfeltreffen machte der „Vertrag über Konventionelle Streitkräfte in Europa" (KSE) frei, den die Vertreter der 16 NATO-Mitglieder und der verbliebenen sechs Staaten des Warschauer Vertrages in Wien ausgehandelt hatten. Er legte für schwere Waffen (für Kampfpanzer, gepanzerte Kampffahrzeuge, Geschütze, Kampfflugzeuge und Kampfhubschrauber) eine für beide Seiten gleiche Obergrenze fest, die innerhalb eines Zeitraums von 40 Monaten zu erreichen war; überschüssige im Vertragsgebiet zwischen Atlantik und Ural stationierte Waffensysteme sollten zu friedlichen Zwecken umgebaut oder verschrottet werden. Dass dies auch geschah, hatten begleitende Inspektionen zu überprüfen.[25]

Nachdem die Regierungschefs der NATO- und WVO-Staaten den KSE-Vertrag am 19. November 1990 im Pariser Elysée-Palast unterzeichnet hatten, wurde am Tag darauf das KSZE-Gipfeltreffen im Centre de conférences internationales in der Avenue Kléber vom französischen Präsidenten François Mitterrand als Gastgeber eröffnet. Gemeinsam verabschiedeten die versammelten 34 Vertreter der europäischen Staaten sowie Kanadas und der USA die „Charta von Paris". In ihr erklärten sie „das Zeitalter der Konfrontation und der Teilung Europas" für beendet. Dank des „Mut[es] von Männern und Frauen", der „Willensstärke der Völker" und der „Kraft der Ideen der Schlussakte von Helsinki" sahen sie „ein neues Zeitalter" in Europa anbrechen, ein „Zeitalter der Demokratie, des Friedens und der Einheit". Sie versprachen, sich bei der Lösung der Zukunftsaufgaben von jenen 10 Prinzipien leiten zu lassen, die man in der KSZE-Schlussakte 15 Jahre zuvor in Helsinki beschlossen hatte; außerdem verpflichteten sie sich, die Demokratie als die einzige Regierungsform ihrer Nationen aufzubauen, zu festigen und zu stärken. Die Menschenrechte und Grundfreiheiten sollten als angeboren und unveräußerlich geachtet, die ethnische, kulturelle, sprachliche und religiöse Identität nationaler Minderheiten geschützt und Rechtsstaatlichkeit gewährleistet werden. Wirtschaftliche Freiheit, soziale Ge-

---

23 AdG, 12.2.1990, NATO, Warschauer Vertrag, Außenministerkonferenz in Ottawa, S. 34230. Vgl. dazu auch den Beitrag von Hermann Wentker in diesem Band.
24 AdG, 28.4.1990, Europäische Gemeinschaft, Sondergipfel in Dublin, S. 34470. Tim Geiger hat mich darauf hingewiesen, dass sich die EG-Außenminister noch vor dem Treffen in Ottawa auf einer informellen Sondersitzung (am 20.1.1990), die sich mit der Lage in Mittel- und Osteuropa beschäftigte, den Gorbatschow'schen KSZE-Gipfelvorschlag zu eigen gemacht hatten (Die EG befürwortet eine KSZE-Gipfelkonferenz noch in diesem Jahr, in: FAZ 22.1.1990); zum Sondergipfel des Europäischen Rates in Dublin auch: Die Einheit, Dok. 94 S. 463–466.
25 Text des Vertrages unter: https://www.auswaertiges-amt.de/blob/207276/b1196519ae7598a29-c873570448a59e9/kse-vertrag-data.pdf (letzter Aufruf: 28.4.2021). Vgl. dazu den Beitrag von Tim Geiger in diesem Band.

rechtigkeit und Verantwortung für die Umwelt seien als „unerlässliche Voraussetzungen des Wohlstands" zu betrachten. „Feierlich" erneuerten die Staatenvertreter das Versprechen, sich „jeder gegen die territoriale Integrität oder politische Unabhängigkeit eines Staates gerichteten Androhung oder Anwendung von Gewalt" zu enthalten. Das „nun ungeteilte und freie Europa" fordere einen Neubeginn, und die Völker wurden aufgefordert, „sich diesem großen Vorhaben anzuschließen".[26]

Am 15. Februar 1991 trafen sich die Präsidenten von Polen, Ungarn und der Tschechoslowakei in der ungarischen Stadt Visegrád, um ihre gemeinsamen Ziele und die Grundlagen ihrer Zusammenarbeit „auf dem Weg zur Europäischen Gemeinschaft" zu benennen: die volle Wiederherstellung von Unabhängigkeit, Demokratie und Freiheit; die Beseitigung der wirtschaftlichen und geistigen Strukturen des totalitären Systems; den Aufbau einer parlamentarischen Demokratie und eines modernen Verfassungsstaats sowie die Achtung der Menschenrechte und grundlegenden Freiheiten; zudem die vollständige Integration in die europäische Ordnung in den Bereichen Politik, Wirtschaft, Sicherheit und Gesetzgebung.[27]

Ursprünglich hatte auch die WVO auf ihrer Tagesordnung gestanden, doch wenige Tage zuvor hatte Gorbatschow mit Hinweis auf den Pariser Gipfel angekündigt, die militärische Organisation aufzulösen; auf einem Treffen des politischen Konsultativorgans (der Außen- und Verteidigungsminister) der sechs verbliebenen Mitglieder der WVO am 25. Februar in Budapest sollte ein entsprechender Beschluss über die Annullierung aller militärischen Verträge und Organe und deren Auflösung bis zum 31. März 1991 gefasst werden, was auch geschah.[28] Am 1. Juli 1991 bestätigten in Prag die Präsidenten und Regierungschefs Bulgariens (Schelju Schelew), Ungarns (József Antall), Polens (Lech Wałęsa), Rumäniens (Ion Iliescu) und der Tschechoslowakei (Václav Havel) die Beschlüsse vom 25. Februar und unterzeichneten das Protokoll über die Auflösung der WVO. Gorbatschow hatte dazu seinen Stellvertreter Gennadi Janajew nach Prag geschickt (der wenige Wochen später, am 21./22. August 1991, den Putschversuch gegen ihn anführen sollte). Der Gastgeber, Václav Havel,

---

26 Text unter: https://www.osce.org/files/f/documents/5/b/39518.pdf (letzter Aufruf: 28.4.2021); Literaturhinweise zur Vorgeschichte und Einordnung: Matthias Peter/Hermann Wentker (Hrsg.), Die KSZE im Ost-West-Konflikt. Internationale Politik und gesellschaftliche Transformation 1975–1990, München 2012; Helmut Altrichter/Hermann Wentker (Hrsg.), Der KSZE-Prozess. Vom Kalten Krieg zu einem neuen Europa, 1875 bis 1990, München 2011; Helmut Altrichter, Die Konferenz für Sicherheit und Zusammenarbeit in Europa, in: Pim den Boer/Heinz Duchhardt/Georg Kreis/Wolfgang Schmale (Hrsg.), Europäische Erinnerungsorte, Bd. 2: Das Haus Europa, München 2012, S. 517–524.
27 AdG, 25.2.1991, Warschauer Vertrag, Gipfel von Visegrád, Auflösung der WVO, S. 35363; Das Ende des Warschauer Pakts soll besiegelt werden. In Visegrád treffen sich die Präsidenten Ungarns, Polens und der Tschechoslowakei, in: FAZ, 14.2.1991.
28 Brief Gorbatschows zum Warschauer Pakt, in: FAZ, 12.2.1991; Viktor Meier, Europas Osten sucht eine neue Ordnung. Die Auflösung der Militärstruktur des Warschauer Pakts, in: FAZ, 27.2.1991.

der als Letzter unterschrieb, gab anschließend die Auflösung des Politischen Beratenden Ausschusses bekannt.[29]

Wenige Tage zuvor, am 28. Juni 1991, hatte in Budapest die 46. Tagung des Rates für gegenseitige Wirtschaftshilfe (RGW) stattgefunden, auf der das offizielle Auflösungsprotokoll des RGW unterschrieben wurde.[30] Anders als noch Anfang des Jahres geplant, kamen dazu nicht einmal mehr die Regierungschefs, sondern nur noch Regierungsvertreter nach Budapest.

7 Aufbruch oder Untergang?

Die Sowjetführung hatte seit Mitte der 1980er Jahre die drohende nukleare Katastrophe zum „brennendsten Problem" der Staatengemeinschaft erklärt und zu deren Vermeidung ein außenpolitisches „Umdenken", ein „konstruktives, schöpferisches Zusammenwirken der Staaten und Völker" des gesamten Planeten gefordert. Die Angehörigen der Warschauer Vertragsorganisation unterstützten die sowjetischen Abrüstungsinitiativen, insofern war die Unterzeichnung des INF-Vertrages im Dezember 1987 auch ihr Erfolg.

Gorbatschow wusste, dass die gleichzeitig im Inneren unter den Schlagworten von Glasnost und Perestroika begonnenen Reformprozesse wesentlich zur Einigung mit dem Westen beigetragen hatten. Sie hatten „vertrauensbildend" gewirkt, zumal mehrere Bruderstaaten dem Vorbild der Führungsmacht folgten, ja in ihren Reformen noch weiter gingen, und die Sowjetführung dies geschehen ließ. Sie erschütterten im Westen, so hatte Reagan bestätigt, das Feindbild einer Sowjetunion, die nach kommunistischer Weltherrschaft strebte, und das vom Warschauer Pakt als geschlossenem Block und „totalitärem Monster".

Die Suche „nach Methoden und Formen der gesellschaftlichen Entwicklung, die der Gegenwart adäquat sind", führte in der Warschauer Vertragsorganisation zu

---

29 AdG, 1.7.1991, Osteuropa, Auflösung von RGW und WVO, S. 35799. Bertold Kohler, Szenen eines Begräbnisses. Im Prager Czernin Palais wurde die Auflösung des Warschauer Paktes besiegelt, in: FAZ, 2.7.1991.

30 Seit Anfang des Jahres war der Handel der RGW-Staaten mit der Sowjetunion dramatisch zurückgegangen. Großen Anteil hatte daran die Umstellung der Verrechnungen zwischen den Handelsländern von Transfer-Rubel auf Dollarbasis, wie dies Polen, Ungarn und die ČSSR, die ihre Währungen so schnell wie möglich konvertibel machen wollten, schon seit dem Vorjahr gefordert hatten. Darauf drosselte die Sowjetunion die ohnehin schon stark reduzierten Erdöl-, Erdgas- und Rohstofflieferungen in die RGW-Länder noch einmal. Austritt aus dem RGW angekündigt, Polen, Ungarn und die ČSSR wollen sich abstimmen, in: SZ, 20.1.1990; Osteuropa kann sich auf den alten Partner nicht mehr verlassen. Die Energielieferungen aus der Sowjetunion schrumpfen unkontrollierbar, in: FAZ, 19.9.1990; Viktor Meier, Der Handel unter den RGW-Ländern droht zu versiegen, in: FAZ, 1.3.1991; Ein stilles Begräbnis für das Comecon. Der Ostblock löst seinen Wirtschaftsverbund RGW auf, in: FAZ, 28.6.1991.

heftigen Kontroversen. Die Differenzen ließen sich durch die Kompromissformel nicht überdecken, dass es einen Königsweg zum „Sozialismus" (was immer den ausmachen sollte) nicht gebe, sich jedes Land „entsprechend seinen Bedingungen, Traditionen und Erfordernissen entwickle" und das Recht habe, Strategie und Taktik dazu selbst zu bestimmen. Die gemeinsame „sozialistische" Orientierung hatte ihre Orientierung, der kapitalistische Feind seinen Schrecken verloren, die eigene Führungsmacht hatte daran ihren Anteil und war weder willens und zunehmend unfähig, daran etwas zu ändern. Der Pakt hatte seine Handlungsfähigkeit verloren, war in Auflösung begriffen, und nur wer noch an das Alte glaubte, sah diese Entwicklung als „Untergang", der dem „Aufbruch" folgte. Sie machte den Weg frei für die Ereignisse, die seit dem Herbst 1989 um sich griffen. Zu ihnen gehörten auch der Fall der Mauer und der Zwei-plus-Vier-Prozess, der für Deutschland – mit der Vereinigung der beiden Staaten, der Beendigung der alliierten Vorbehaltsrechte und der Wiedergewinnung der vollen Souveränität – das Ende der Nachkriegszeit markierte.

Mary Elise Sarotte
Führungsduo?

Spannungen zwischen den USA und der Bundesrepublik bei der Herstellung der deutschen Einheit 1990

Im Jahr 1989 bestimmten die Ereignisse auf den Straßen des geteilten Europa die Schlagzeilen: Flüchtlinge, die über Ungarn in den Westen flohen, Menschenmengen, die auf die Berliner Mauer einstürmten und den Prager Wenzelsplatz bevölkerten, und Rumänen, die ihre Diktatoren hinrichteten. Obwohl die Demonstrationen, insbesondere in der DDR, anhielten, wurde 1990 in zunehmendem Maße im Kreml, im Weißen Haus, im State Department sowie im westdeutschen Auswärtigen Amt und im Kanzleramt „Geschichte gemacht". Strategiesitzungen und Verhandlungen hinter verschlossenen Türen bestimmten immer mehr den Lauf des Geschehens, das zur Herstellung der deutschen Einheit führen sollte. Die Bedeutung dieser Gespräche stand üblicherweise im umgekehrten Verhältnis zur Zahl der Teilnehmer. Unter den verschiedenen Besprechungen war der bilaterale Kanal zwischen Bonn und Washington am wichtigsten. Die Bundesrepublik und die USA kristallisierten sich als „Führungsduo" heraus.

Doch dieser Status schloss teilweise tiefgehende Meinungsunterschiede zwischen beiden nicht aus. Einer dieser Unterschiede rief eine anhaltende Kontroverse hervor: Hatte Moskau im Februar 1990 von einer oder von beiden Seiten ein Versprechen bekommen, dass die NATO im Gegenzug für die Erlaubnis zur deutschen Wiedervereinigung nicht erweitert werden sollte? Diese Kontroverse ist von mehr als nur historischem Interesse; noch Jahrzehnte später rechtfertigte Russlands Präsident Wladimir Putin die Konfrontation seines Landes mit dem Westen immer noch als eine Reaktion auf „the deployment of [NATO] military infrastructure at our borders".[1]

Die Kontroverse dreht sich um die Entwicklungen Anfang 1990 und besonders um zwei aufeinanderfolgende Treffen in Moskau im Februar, wo zuerst US-Außenminister James Baker und danach Bundeskanzler Helmut Kohl mit dem sowjetischen Generalsekretär Michail Gorbatschow über das Verhältnis zwischen der Zukunft der NATO und der deutschen Wiedervereinigung sprachen. Es gibt bereits eine enorme Menge von Kommentaren zu dieser Kontroverse, doch es lohnt sich, die Ereignisse des Jahresbeginns 1990 unter Rückgriff auf die zeitgeschichtliche Methodologie einer sorgfältigen kritischen und (international) vergleichenden Zusam-

---

[1] Die Autorin dankt den Herausgebern, Tim Geiger, Jürgen Lillteicher und Hermann Wentker, für viele hilfreiche Anregungen zu diesem Text. Ansprache des Präsidenten der Russischen Föderation, 18.3.2014, 15:50 Uhr, offizielle Übersetzung ins Englische, http://en.kremlin.ru/events/president/news/20603 (letzter Aufruf: 7.5.2021).

menschau der reichlich überlieferten Quellen näher zu betrachten, noch einmal zu überdenken und die in den letzten Jahren hinzugekommenen historischen Belege und Forschungen zu berücksichtigen.[2] Dieser Beitrag untersucht noch einmal folgende Ereignisse: (1) das Brainstorming im Januar 1990 in Moskau, das den entscheidenden Treffen im Februar vorausging und ihnen die Tür öffnete; (2) die westlichen Strategieentwürfe Anfang Februar 1990 für die Februartreffen; (3) das bilaterale Treffen von Baker und Gorbatschow am 9. Februar; und (4) das bilaterale Treffen von Kohl und Gorbatschow am 10. Februar. Eine gründliche Untersuchung zeigt, dass die Meinungsverschiedenheiten und Spannungen innerhalb des westdeutsch-amerikanischen Führungsduos zu einer Kontroverse beitrugen, die bis heute anhält.

1 Das Brainstorming im Januar 1990 in Moskau

Bis zu den letzten Januartagen 1990 waren die sowjetischen Bemühungen, die Kontrolle über die Ereignisse nach dem Mauerfall zu behalten, an mehreren Fronten gescheitert. Die früheren Bestrebungen Moskaus, entweder eine Konferenz zu einem Friedensvertrag für den Zweiten Weltkrieg oder auch nur ein Viermächtetreffen auf bedeutender Ebene zu organisieren, fielen in sich zusammen. Die Stimmen bei seinen osteuropäischen Alliierten, die einen Abzug der sowjetischen Truppen forderten, wurden immer lauter. Julij Kwizinskij, der sowjetische Botschafter in der Bundesrepublik, erinnerte sich später an seinen Ratschlag an Moskau, dass es nicht sicher sei, sich weiter auf den Warschauer Pakt zu verlassen wegen dessen Schwäche und der zunehmenden Erwärmung seiner Mitglieder für den Westen. Kwizinskijs Meinung nach hatte Bonn einen Vorteil: „denn [die Bundesrepublik] Deutschland hatte eindeutig die Möglichkeit, den Warschauer Vertrag ohne besondere politische Anstrengungen und großen Finanzaufwand mit Hilfe der Ungarn, Polen und Tschechoslowaken in kürzester Zeit zu Fall zu bringen".[3]

Sogar Gorbatschows engste Berater beschweren sich, dass sie ihre Zeit vergeudeten, während die Probleme zunahmen. Wachsender Separatismus und zunehmende Nationalitätenkonflikte innerhalb und zwischen einzelnen Sowjetrepubliken sowie Streikdrohungen in der Sowjetunion brachten Gorbatschow zur Ankündi-

---

2 Für eine aufschlussreiche Neuerscheinung zur deutschen Sicht auf Gorbatschow von beiden Seiten der Grenze siehe Hermann Wentker, Die Deutschen und Gorbatschow. Der Gorbatschow-Diskurs im doppelten Deutschland 1985–1991, Berlin 2020.
3 Julij Kwizinskij, Vor dem Sturm. Erinnerungen eines Diplomaten, Berlin 1993, S. 24. Mehr über die Ereignisse der Jahre 1989–1990 bei Mary Elise Sarotte, Not One Inch. America, Russia, and the Making of Post-Cold War Stalemate, New Haven/London 2021; und dies., The Collapse. The Accidental Opening of the Berlin Wall, New York 2014; siehe auch Kristina Spohr, Wendezeit. Die Neuordnung der Welt nach 1989, München 2019.

gung, dass er alle ausländischen Verpflichtungen absagte, um sich auf die heimischen Probleme zu konzentrieren.⁴ Statt zu reisen, versammelte Gorbatschow seine engsten Berater Ende Januar 1990 zu einer Brainstorming-Sitzung. Diese Berater teilten sich ungefähr in drei Lager auf: eine Gruppe, die eine weitreichende Zusammenarbeit mit dem Westen als besten Weg propagierte; dann die Hardliner, die gegen eine derartige Kooperation Widerstand leisteten; und schließlich die Verfechter eines Mittelwegs, die eine gewisse Zusammenarbeit zulassen, aber den Westdeutschen nicht alles zugestehen wollten.⁵

Die einzige bekannte Aufzeichnung eines Teilnehmers ist ein ungeordneter Haufen handschriftlicher Notizen, die vom bekanntesten Mitglied des pro-westlichen Lagers unmittelbar danach angefertigt wurden, nämlich von Gorbatschows außenpolitischem Berater Anatolij Tschernjaew. Nach Angaben des Archivmitarbeiters, dem Tschernjaew später seine Notizen übergab, machte der Berater deutlich, dass bei seiner unvollständigen Aufzeichnung die Aussagen der teilnehmenden Hardliner wie des Leiters der Abteilung Internationale Beziehungen beim ZK der KPdSU, Walentin Falin, fehlten, mit denen er nicht übereinstimmte. Solche Auslassungen – es erscheint kein einziges Wort von Falin – verzerrten Tschernjaews Notizen in eine pro-westliche Richtung, ein Problem, das in der späteren Forschung nicht hinreichend erkannt wurde.⁶

---

4 Vladislav Zubok, With His Back against the Wall. Gorbachev, Soviet Demise, and German Reunification, in: Cold War History 14 (2014), S. 619–645, hier S. 626.
5 Hanns Jürgen Küsters, Entscheidung für die deutsche Einheit, in: Dokumente zur Deutschlandpolitik. Deutsche Einheit. Sonderedition aus den Akten des Bundeskanzleramtes 1989/90, bearb. von Hanns Jürgen Küsters und Daniel Hofman [im Folgenden DzD. Deutsche Einheit], München 1998, S. 86 f.
6 Die handschriftlichen russischen Originalseiten befinden sich im Archiv der Gorbatschow-Stiftung. Faksimilekopien erscheinen auch im „Confidential CNN Cold War Briefing Book", das für die Berater der Fernsehdokumentarserie „The Cold War" zusammengestellt wurde, wie z. B. für den früheren NSC-Mitarbeiter Robert Hutchings (die Autorin dankt ihm für die Ausleihe seines Exemplars). Das Briefing Book enthielt einen Verweis, dass die CNN-Kopien direkt vom Archiv der Gorbatschow-Stiftung stammten. Diese gab folgende Information zu den Notizen: „These are the notes of Gorbachev's aide A. Chernyaev. They were written down right after the meeting. The meeting was not recorded in any other way." Hinzugefügt wurde: „these notes have never been complete, even in the original version. The author did not include his own speech, as well as the remarks made by Falin, Akhromeev, [and] Shakhnazarov." Ein Vergleich der handschriftlichen Notizen mit den später veröffentlichten russischen und deutschen Versionen – jeweils in: Michail Gorbačev (Hrsg.), Michail Gorbačev i germanski vopros, Moskau 2006, S. 307–311; und in: Aleksandr Galkin/Anatolij Tschernjajew (Hrsg.), Michail Gorbatschow und die deutsche Frage. Sowjetische Dokumente 1986–1991, München 2011, Dok. 66, S. 286–291 (siehe auch ebenda, Anm. 2) – zeigte weitgehende Ähnlichkeiten. Beide Editionen enthielten sogar eine ähnliche hinzugefügte Notiz: „Im Verlaufe der Erörterung äußerten sich auch ausführlich Falin, Šachnazarov, Fedorov, Achromeev und Černjaev. Die Aufzeichnung wurde unmittelbar nach der Sitzung angefertigt, bei der kein Stenogramm (und selbst kein Protokoll) geführt wurde. Die Aufzeichnung ist unvollständig." Die Auslassung der ausführlichen Äußerungen von Hardlinern bedeutet, dass die handschriftlichen Aufzeichnungen die Ansichten der gegen die Anerkennung der Wiedervereinigung eingestellten

Den unvollständigen Notizen zufolge sprach der KGB-Vorsitzende Wladimir Krjutschkow, der während des Treffens die Fraktion des Mittelwegs unterstützte, direkt das zentrale Problem an: „Allmählich muss man beginnen, unser Volk an eine Wiedervereinigung Deutschlands zu gewöhnen." Jedoch war die letzte Hoffnung noch nicht verloren. Gorbatschow erinnerte seine Berater daran, dass die UdSSR immer noch etwa 380 000 Soldaten in der DDR stationiert und vollständige Rechte als eine der vier Siegermächte hatte: „Das Wichtigste ist, dass niemand damit rechnen sollte, dass ein vereinigtes Deutschland in die NATO eintritt. Die Anwesenheit unserer Streitkräfte wird das nicht zulassen."[7]

Da die Bemühungen gescheitert waren, die Angelegenheit auf der Vier-Mächte-Ebene zu lösen, schlug Tschernjaew eine Erweiterung auf Sechs-Mächte-Gespräche unter Einbeziehung der beiden deutschen Staaten vor. Er vermerkte in seinen Notizen keinen Widerspruch, obwohl es ihn bei den Hardlinern hätte geben können. Im Gegensatz dazu notierte Tschernjaew Gorbatschows Aussage, dass es Zeit sei, Kohl persönlich zu Gesprächen mit der sowjetischen Führung nach Moskau einzuladen: „Es gibt keine wirklichen Kräfte in der DDR. Folglich können wir auf den Prozess nur über die BRD einwirken." Wie Gorbatschow dachte, war noch genug Zeit, sich eine Vorgehensweise zu überlegen. Für die Bundesrepublik sei es eine Tatsache, „dass es einige Jahre dauern wird, die DDR wirtschaftlich zu schlucken. Also. Diese Jahre haben sowohl wir als auch ihr zur Verfügung. Lasst sie uns vernünftig nutzen." Die Herausforderung war, dies am besten zu bewerkstelligen. Am Ende dieser ausgedehnten Diskussion kam es zu keiner Abstimmung, aber Gorbatschow bemerkte abschließend: „Das Wichtigste ist jetzt, den Prozess in die Länge zu ziehen."[8] Verzögerung schien die beste Strategie.

Diese Brainstorming-Sitzung hatte eine unerwartete Wirkung. Am 30. Januar 1990, Tag eines Moskau-Besuchs des DDR-Ministerratsvorsitzenden Hans Modrow,

---

Hardliner unter- und jene der Befürworter der Wiedervereinigung (wie Tschernjaew) überrepräsentiert erscheinen lässt, womit das Treffen entschiedener in eine Richtung eingestellt wirkt. Hinzu kommt ein weiteres Problem: Die ursprünglichen Notizen waren nicht nur unvollständig, sondern auch skizzenhaft; die nachträgliche russische Veröffentlichung hat anscheinend die handschriftlichen Teilsätze stillschweigend in vollständige Sätze verwandelt, ohne die Ergänzungen zu kennzeichnen. Die spätere deutsche Übersetzung übernahm diese unerklärten (und wahrscheinlich später hinzugefügten) Ergänzungen. Wissenschaftler haben diese Probleme mit der Originalquelle noch nicht ausreichend behandelt und sehen stattdessen in dieser Quelle einen eindeutigen Beleg dafür, dass eine klare „Entscheidung Ende Januar 1990" gefällt wurde. Siehe Hanns Jürgen Küsters, Helmut Kohl, der Mauerfall und die Wiedervereinigung 1989/90, in: ders. (Hrsg.), Der Zerfall des Sowjetimperiums und Deutschlands Wiedervereinigung, Köln 2016, S. 223–245, hier S. 232. Ähnlich die Behauptung, „a position change [...] had already occurred within Gorbachev's innermost circle in late January [1990]", in: Kristina Spohr, Precluded or Precedent-Setting?, in: Journal of Cold War Studies 14 (2012), S. 4–54, hier S. 49.

7 Diskussion der deutschen Frage im Beraterstab von Generalsekretär Gorbačev am 26.1.1990, in: Galkin/Tschernjajew (Hrsg.), Michail Gorbatschow und die deutsche Frage, Dok. 66, S. 287.
8 Ebenda, S. 289.

machte Gorbatschow gegenüber den anwesenden Journalisten Bemerkungen, die mit denen beim inoffiziellen Treffen mit seinen Beratern übereinstimmten. Dabei formulierte der sowjetische Generalsekretär, die „Vereinigung der Deutschen" werde nicht „in Zweifel gezogen".[9]

Am nächsten Tag schickte Klaus Neubert, Leiter des Sowjetunion-Referats im Auswärtigen Amt, eine überschwängliche Vorlage an seinen Dienstherrn Hans-Dietrich Genscher. Neubert teilte Genscher aufgeregt mit, dass Gorbatschow sich selbst einmal mehr „mit seinem klaren und uneingeschränkten Bekenntnis zur deutschen Einheit" an die Spitze der Entwicklungen gesetzt habe. Neubert fügte hinzu: „Gorbatschows Votum überrascht allenfalls in seiner Klarheit" – wenn auch noch keine Abstimmung stattgefunden hatte und schon gar kein klares Ergebnis vorlag.[10] Es war eine Fehleinschätzung. Neubert nahm an, im Kreml sei schon eine Grundsatzentscheidung für die Einheit gefallen, ohne ein großes „Aber" dahinter zu erkennen. Es war eine Gelegenheit von vielen, bei der eine unterschiedliche Wahrnehmung der Ergebnisse entscheidender Treffen bedeutende Konsequenzen hatte.

Gorbatschows Bemerkungen und Neuberts übertriebener Bericht bestätigten anscheinend eine bereits vorhandene Tendenz in Genschers Ansicht: eine Bereitschaft, die NATO im Austausch für die Wiedervereinigung weitestgehend aus der DDR herauszuhalten.[11] Am Tag nach Gorbatschows Bemerkungen hielt der Bundesaußenminister eine Rede in Tutzing. In dieser Rede vom 31. Januar drückte er klar aus, was er dachte: „Sache der NATO ist es, eindeutig zu erklären: Was immer im Warschauer Pakt geschieht, eine Ausdehnung des NATO-Territoriums nach Osten, das heißt, näher an die Grenzen der Sowjetunion, wird es nicht geben."[12]

---

9 Die „Vereinigung der Deutschen" wird nicht „in Zweifel gezogen", MDR.de, https://www.mdr.de/zeitreise/gorbatschow-deutsche-einheit-100.html (letzter Aufruf: 7.5.2021). Die Autorin dankt Andreas Rödder für diesen Artikel. Siehe auch Botschaft von Michail Gorbatschow, in: Detlef Nakath/Gero Neugebauer/Gerd-Rüdiger Stephan (Hrsg.), „Im Kreml brennt noch Licht". Die Spitzenkontakte zwischen SED/PDS und KPdSU 1989–1991, Berlin 1998, S. 69–72.
10 Vorlage des Referatsleiters 213, Neubert, für Bundesminister Genscher, 31.1.1990, in: Die Einheit: Das Auswärtige Amt, das DDR-Außenministerium und der Zwei-plus-Vier-Prozess, bearb. von Heike Amos und Tim Geiger, Göttingen 2015, Dok. 44, S. 225. Als Gorbatschow Kohl am 2.2.1990 nach Moskau einlud, schien die Einladung Neuberts Worte zu bestätigen: siehe Schreiben des Generalsekretärs Gorbatschow an Bundeskanzler Kohl, 2.2.1990, in: DzD. Deutsche Einheit, Dok. 156, S. 748 f.
11 Schon im Dezember 1989 begann Genscher seinen NATO-Kollegen gegenüber zu unterstreichen, „daß unsere Sicherheitspolitik – die, ausgehend von Harmel, auf eine Friedensordnung vom Atlantik bis zum Ural abziele – richtig sei und sich durchzusetzen beginne". Er fügte hinzu: „Schlußfolgerung: ‚Never change a winning concept'." Siehe Genschers Ausführungen in Botschafter von Ploetz, Brüssel (NATO), an das Auswärtige Amt, 15.12.1989, in: Akten zur Auswärtigen Politik der Bundesrepublik Deutschland [künftig: AAPD] 1989, bearb. von Daniela Taschler, Tim Szatkowski und Christoph Johannes Franzen, Dok. 411, S. 1758.
12 Rede des Bundesministers des Auswärtigen, Hans-Dietrich Genscher, zum Thema „Zur deutschen Einheit im europäischen Rahmen", bei einer Tagung der Evangelischen Akademie Tutzing, 31.1.1990, in: Richard Kiessler/Frank Elbe, Ein runder Tisch mit scharfen Ecken. Der diplomatische

Genschers Worte lösten Irritationen in höchsten Regierungskreisen Washingtons aus. US-Präsident George H. W. Bush und sein Nationaler Sicherheitsberater Brent Scowcroft sahen die „obvious detour around a Four Power role in reunification" des Außenministers als besonders „troubling" an.[13] Scowcrofts Untergebene beim amerikanischen National Security Council (NSC), Robert Blackwill und Robert Hutchings, rieten besorgt, dass sofortiger amerikanischer Handlungsbedarf bestand, da „our ability to manage the process is slipping quickly".[14]

2 Die westlichen Strategieentwürfe vor den Besuchen in Moskau

Da Genscher spürte, dass seine Vorstellungen schwierig zu kommunizieren waren, nahm er sich am 2. Februar Zeit für einen Blitzbesuch in den USA, um seinen Gedankengang persönlich zu erklären. In seinen Memoiren nannte er die Reise seinen kürzesten, aber wichtigsten Besuch in Washington.[15] Dort angekommen, wiederholte er nicht nur seine Absicht, eine NATO-Ausdehnung auf das DDR-Territorium zu blockieren, sondern warf auch die Frage von Mittel- und Osteuropa auf. Nach den amerikanischen Aufzeichnungen des Gesprächs „[he] reiterated the need to assure the Soviets that NATO would not extend its territorial coverage to the area of the GDR nor anywhere else in Eastern Europe for that matter".[16] Bei einer anschließenden Pressekonferenz wiederholte Genscher, dass er und Baker „were in full agreement that there is no intention to extend the NATO area of defense and security towards the East".[17]

Weg zur deutschen Einheit, Baden-Baden 1993, S. 245 f. Siehe auch Mary Elise Sarotte, 1989. The Struggle to Create Post-Cold War Europe, Princeton 2009, S. 104.
13 George H. W. Bush/Brent Scowcroft, A World Transformed, New York 1998, S. 237.
14 Memorandum for Brent Scowcroft, from Robert Hutchings, 26.1.1990, auf meinen Freedom of Information Act-Antrag Nr. MR 2008-0655 freigegeben, George H. W. Bush Presidential Library.
15 Hans-Dietrich Genscher, Erinnerungen, Berlin, 1995, S. 715–719.
16 US State Department Cable 1990-State-036191, 3.2.1990, Subject: Baker/Genscher Meeting February 2, auf meinen Antrag Nr. 2008-0620-MR freigegeben, George H. W. Bush Presidential Library. Zur Pressekonferenz siehe auch die britische Zusammenfassung: Sir A. Acland (Washington) to Mr. Hurd, 5.2.1990, in: Documents on British Policy Overseas, Series III, Vol. VII, German Unification, 1989–1990, hrsg. von Patrick Salmon, Keith Hamilton und Stephen Twigge, [im Folgenden: DBPO], London 2009, S. 254 f.
17 Zit. in: Philip Zelikow/Condoleezza Rice, Germany Unified and Europe Transformed, Cambridge, 1995, S. 176 (siehe auch US State Department Cable 1990-State-036191). Ein ähnliches Zitat findet sich in Al Kamen, West German Meets Privately with Baker, in: The Washington Post, 3.2.1990, https://www.washingtonpost.com/archive/politics/1990/02/03/west-german-meets-privately-with-baker/f1682e37-285f-45fd-ad44-259748c8764f/ (letzter Aufruf: 7.5.2021).

Beide sprachen auch die Notwendigkeit an, auf die britischen, französischen, ostdeutschen und sowjetischen Bedenken einzugehen. Der Bundesaußenminister gab an, dass er eine Idee unterstützen würde, die er und seine Berater mit denen Bakers besprochen hatten und die der von Gorbatschows Beratern ähnelte: Verhandlungen mit allen sechs Staaten, jedoch nur, wenn sie Zwei-plus-Vier-Gespräche genannt würden, mit anderen Worten also die Bedeutung der beiden deutschen Staaten namentlich herausgestellt würde.[18] In seinen Memoiren betont Genscher zwar, der mit Baker vereinbarte Ansatz sei „später" bei seinem Empfang im Weißen Haus auch von Bush abgesegnet worden. Doch anders als suggeriert, fand dieses Treffen nicht am selben Tag, sondern erst Monate später statt.[19]

Am nächsten Tag beauftragte Baker den amerikanischen Botschafter in Bonn, Vernon Walters, den Inhalt der Gespräche des Blitzbesuchs persönlich an Kohls Sicherheitsberater und engen Vertrauten Horst Teltschik zu übermitteln, „to ensure that the Chancellery as well as the Foreign Ministry is fully up to date on the state of our dialogue on these issues".[20] Baker wollte sichergehen, dass jemand den Bundeskanzler über das Gesagte informierte – war er doch nicht sicher, dass Genscher dies selbst tun würde. Wie angewiesen, setzte Walters Teltschik am 4. Februar 1990 in Kenntnis.[21] Teltschik war dankbar für die Vorwarnung. Genscher, der es stets übel nahm, dass das Kanzleramt seine eigene Außenpolitik zu betreiben versuchte, informierte Kohl tatsächlich nicht regelmäßig über das, was er im Ausland besprach.[22] Zusammengenommen stellten der Blitzbesuch und die folgende Kommunikationskette das Überschreiten einer konzeptionellen Wasserscheide dar. Sie bedeuteten, dass der kleine Kreis von Spitzenpersönlichkeiten im Auswärtigen Amt, im Kanzleramt, im State Department und im Weißen Haus spätestens bis zum 4. Februar 1990 wusste, dass Genscher die Zukunft der NATO nicht nur in Bezug auf den Ostteil seiner eigenen Nation, sondern auch auf Mittel- und Osteuropa geklärt sehen wollte.

Nach seiner Rückkehr aus der US-Hauptstadt zog Genscher am 6. Februar auch den britischen Außenminister Douglas Hurd bei dessen Bonn-Besuch ins Vertrauen. In ihrem Gespräch erklärte Genscher seinen Gedankengang wie folgt: „Wichtig sei insbesondere die Erklärung, daß die NATO nicht beabsichtige, ihr Territorium nach Osten auszudehnen. Eine solche Erklärung dürfe sich nicht nur auf die DDR bezie-

---

18 Genscher, Erinnerungen, S. 716–719; Zelikow/Rice, Germany Unified, S. 176. Siehe auch JAB [James A. Baker] notes from 2/2/90 press briefing following 2 ½ hr meeting w/FRG FM Genscher, WDC [Washington, D. C.], folder 14, box 108, 8c/8, Seeley Mudd Manuscript Library, Princeton University. Zu Genschers Betonung auch gegenüber Moskau, dass die Gespräche entgegen den sowjetischen Wünschen Zwei-plus-Vier-Gespräche genannt werden müssten, siehe Valentin Falin, Politische Erinnerungen, München 1997, S. 491f.
19 Genscher, Erinnerungen, S. 718.
20 US State Department Cable 1990-State-036191, George H. W. Bush Presidential Library.
21 Gespräch des Ministerialdirektors Teltschik mit Botschafter Walters, Bonn, 4. Februar 1990, in: DzD. Deutsche Einheit, Dok. 159, S. 756f.
22 Interview der Autorin mit Horst Teltschik, 7.11.2019, Berlin.

hen, sondern müsse genereller Art sein. Beispielsweise brauche die S[owjet]U[nion] auch die Sicherheit, daß Ungarn bei einem Regierungswechsel nicht Teil des westlichen Bündnisses werde."[23] Genschers Gespräche mit Baker und Hurd dienten letztlich der Vorbereitung dessen, was er als Hauptpunkte in den kommenden Gesprächen mit Gorbatschow ansah. Bundeskanzler Kohl hatte da bereits eine Einladung nach Moskau zu bilateralen Gesprächen erhalten und angenommen, sodass er und Genscher am Wochenende des 10./11. Februar 1990 nach Moskau flogen.[24] Hurd antwortete Genscher, dass das Thema rechtzeitig innerhalb der NATO besprochen werden müsse.[25]

Intern war das Auswärtige Amt bis zum 8. Februar zu dem Schluss gelangt, dass es unklug wäre, „in einem Moment, in dem der Zerfall des WP [Warschauer Paktes] absehbar sei, dem Osten das auf die beiden Bündnisse gegründete Format aufzunötigen". Stattdessen sei die Institutionalisierung und Ausweitung der KSZE eine bessere Option.[26] In Übereinstimmung mit diesen Gedanken setzte Genscher vor seiner Abreise nach Moskau noch ein weiteres Zeichen. Im Rahmen einer Rede bei einer Konferenz des Think-Tanks SIPRI in Potsdam wiederholte er öffentlich ein weiteres Mal seine Vision für die Zukunft: „Was immer im Warschauer Pakt geschieht, eine Ausdehnung des NATO-Territoriums nach Osten, das heißt näher an die Grenzen der Sowjetunion heran, wird es nicht geben."[27]

Es gab eine weitere wichtige Unterhaltung direkt nach Genschers Blitzbesuch in den USA, an der der Außenminister allerdings nicht teilnahm. Das Weiße Haus er-

---

23 Gespräch des Bundesministers Genscher mit britischem Außenminister Hurd in Bonn, 6.2.1990, in: Die Einheit, Dok. 45, S. 232. In der von Hurd aufgezeichneten britischen Gesprächsversion lautet dies wie folgt: „that when he [Genscher] talked about not wanting to extend NATO that applied to other states beside the GDR. The Russians must have some assurance that if, for example, the Polish Government left the Warsaw Pact one day, they would not join NATO the next." Siehe Secretary of State's Call on Herr Genscher: German Unification, Mr. Hurd to Sir C. Mallaby, Bonn, 6.2.1990, in: DBPO, Dok. 129, S. 262. Zur weiteren Erörterung der amerikanischen Einstellungen zu Genschers Ideen siehe den Artikel, in dem ich zuerst Zitate aus dem Genscher-Hurd-Gespräch nach dem erfolgreichen Antrag auf Freigabe veröffentlicht habe: Mary Elise Sarotte, Perpetuating U. S. Preeminence. The 1990 Deals to ‚Bribe the Soviets Out' and Move NATO, in: International Security 35 (2010), S. 110–137, hier S. 116 f. Die Autorin dankt Hans-Dietrich Genscher für ein Interview am 2.6.2009 in Wachtberg-Pech.
24 Zu der am 2.2.1990 erfolgten Festlegung des Besuchs für die folgende Woche siehe Horst Teltschik, 329 Tage: Innenansichten einer Einigung, Berlin 1991, S. 124.
25 Gespräch des Bundesministers Genscher mit britischem Außenminister Hurd in Bonn, 6.2.1990, in: Die Einheit, Dok. 45, S. 232; Secretary of State's Call on Herr Genscher, 6.2.1990, in: DBPO, Dok. 129, S. 262; siehe auch Foreign Secretary's Call on Chancellor Kohl, 6./7.2.1990, in: ebenda, Dok. 133, S. 270–272.
26 Siehe diese Analyse als Teil der Deutsch-französischen Direktorenkonsultation in Bonn, 8.2.1990, in: Die Einheit, Dok. 48, S. 249–254, hier S. 253.
27 Rede von Hans-Dietrich Genscher vor der SIPRI-IPW-Konferenz in Potsdam, 9.2.1990, in: Ines Lehmann, Die Außenpolitik der DDR: Eine dokumentierte Rekonstruktion, Baden-Baden, 2010, Dok. 42, S. 456–459, hier S. 457.

fuhr aus Moskau und nicht aus Bonn, dass Kohl die Einladung in die Sowjetunion angenommen hatte – ein schwerer Vertrauensbruch. Angesichts der Tatsache, dass Kohl ihrer Ansicht nach versprochen hatte, Washington seine Karten zu zeigen, waren der Präsident und seine Berater tief verunsichert, da er dies mit dieser besonders wichtigen Karte nicht getan hatte.

Zufälligerweise sollte Scowcroft Teltschik am 3. Februar 1990 bei der Wehrkundetagung in München treffen. Dort angekommen, brachte der Nationale Sicherheitsberater den Deutschen mit der Neuigkeit in Verlegenheit, dass Washington von dem Treffen in Moskau von der sowjetischen Seite wusste.[28] Scowcroft wollte wissen, ob Moskau Druck auf Bonn ausgeübt habe. Teltschiks Verweis darauf, dass die Sowjetunion eine der vier Siegermächte sei, tat Scowcroft als unwichtig ab; er deutete an, dass Washington jegliche unerbetene Viermächteinitiative blockieren würde.[29] Scowcroft bewegte Teltschik zu der Zusage, sich enger miteinander abzustimmen. Beide waren sich auch einig, dass Baker, der direkt vor Kohls Besuch mit Gorbatschow sprechen werde, eine Möglichkeit finden sollte, über das Gespräch zu berichten, sodass der Bundeskanzler auf das, was ihn erwartete, vorbereitet sein würde. In seinem Bericht über diese Unterhaltung an den Präsidenten schrieb Scowcroft, dass sein wesentlicher Eindruck von seinem Kurzbesuch in München war, das geteilte Deutschland „is like a pressure cooker at the moment". Und er fügte hinzu: „It will take our best efforts, and those of Kohl, to keep the lid from blowing off in the months ahead."[30]

3 Baker und Gorbatschow am 9. Februar

Anfang Februar 1990 begann James Baker eine lange Reise mit vielen Zwischenstopps, die ihn schließlich vom 7. bis zum 9. Februar nach Moskau zu persönlichen Gesprächen mit Außenminister Eduard Schewardnadse und mit Gorbatschow führen sollte. Kohl und Genscher sollten ihrerseits dort landen, gleich nachdem Baker am Samstag, den 10. Februar, abgeflogen war. Das Weiße Haus erwartete, dass dies die entscheidenden Gespräche zur deutschen Einheit werden sollten. Insgeheim nannte Blackwill das bevorstehende lange Gesprächswochenende „the Beginning of the Big Game" und fand, „there is a good chance that Gorbachev will give Kohl his

---

28 Memorandum for the President, From: Brent Scowcroft, Subject: Trip Report: Wehrkunde Conference in Munich, FRG, 3./4.2.1990, auf meinen Antrag Nr. 2008-0655-MR freigegeben, George H. W. Bush Presidential Library.
29 Küsters, Entscheidung, in: DzD. Deutsche Einheit, S. 91; und Teltschik, 329 Tage, S. 127.
30 Trip Report: Wehrkunde Conference in Munich, FRG, 3./4.2.1990, George H. W. Bush Presidential Library.

bottom line on German unification", was bedeutete, „Saturday may well be an important day in postwar history".³¹

In einer Zusammenfassung für Scowcroft spekulierte Blackwill über die möglichen Ergebnisse. Wenn Gorbatschow darauf bestand, dass Deutschland für eine Wiedervereinigung neutral werden müsse, war sich Blackwill sicher, dass Kohl diese Option ablehnen würde. Noch beunruhigender würde jedoch ein kluges Angebot Gorbatschows sein, das Deutschland erlauben würde, nominell in der NATO zu bleiben, dies jedoch z. B. ohne permanent stationierte ausländische Truppen – die Art von Mitgliedschaft, die Länder wie Dänemark und Norwegen als Bedingung gestellt hatten.³² Der Nordatlantikpakt von 1949 enthielt nur generelle Richtlinien zur Mitgliedschaft und erließ keine besonderen Pflichten zum Aufbau, zur Struktur oder zur Stationierung von Truppen oder ihren Waffen.³³ Jedes Mitglied konnte theoretisch ein einzigartiges Verhältnis mit der Allianz haben, wenn es wollte.³⁴ Wenn Gorbatschow eine Art maßgeschneiderten NATO-Status für ein vereintes Deutschland anbieten sollte – vielleicht ohne auf deutschem Boden stationierte Atomwaffen, was Teltschik Scowcroft gegenüber als Möglichkeit erwähnt hatte –, „many Germans and some of our Congress would find such a deal all too tempting". Das Problem war, „such an outcome would forfeit the prime assets that have made the United States a postwar European power and thus have a devastating effect on the U.S. ability to influence Europe in ways that protect our political, commercial, and strategic interests".³⁵

Während diese Abwägung der Optionen stattfand, stellte NATO-Generalsekretär Manfred Wörner, selbst ein CDU-Politiker aus der Bundesrepublik, seine eigene Vision für die Allianz in einer Rede in Hamburg vor. Er regte „a special military status for the territory of the GDR" an, während sich die NATO nach der Wiedervereinigung nach Osten ausdehnte.³⁶ Dies war eine Idee ganz nach dem Herzen Bushs, wie die darauf folgenden Ereignisse bald zeigen sollten.

Vor seiner Abreise nach Moskau erklärte Kohl der CDU-Parteispitze am 8. Februar unverblümt, was er dachte: „egal, was kommt, wir wollen die Einheit der Nati-

---

31 Memorandum for Brent Scowcroft, The Beginning of the Big Game, von Robert Blackwill, 7.2.1990, auf meinen Antrag Nr. 2008-0655-MR freigegeben, George H. W. Bush Presidential Library.
32 Zur ausführlicheren Geschichte der Sonderbedingungen der NATO-Mitgliedschaft einzelner Staaten siehe Mary Elise Sarotte, How to Enlarge NATO, in: International Security 44 (2019), S. 7–41.
33 Siehe dazu den Vertrag in: Ian Shapiro/Adam Tooze (Hrsg.), Charter of the North Atlantic Treaty Organization, New Haven 2018, S. 3–6.
34 Michael MccGwire, NATO Expansion. „A Policy Error of Historic Importance", in: Review of International Studies 24 (1998), S. 23–42, hier S. 36.
35 Trip Report: Wehrkunde Conference in Munich, FRG, Feb. 3-4, 1990; The Beginning of the Big Game, George H. W. Bush Presidential Library.
36 Speech by NATO Secretary General Manfred Worner [sic], Hamburg, 8.2.1990, in: Lawrence Freedman (Hrsg.), Europe Transformed. Documents on the End of the Cold War, New York 1990, S. 462–466, hier S. 466.

on." Deutschland solle sich nicht darum sorgen, was es für Opfer bringen müsste, um dieses Ziel zu erreichen. Man solle sich schämen, die Kosten für zu hoch zu halten: „Natürlich tritt jetzt als erste Frage auf, wieviel Opfer wir bringen müssen. [...] Wenn ich die Struktur und die Postur der Bundesrepublik betrachte, in ihrer Wirtschaftskraft, [...] dann muß man sich eigentlich schämen, daß wir überhaupt in einer solchen Weise diskutieren."[37]

Die Deutschen sollten ihre Chance bei Gorbatschow bekommen, doch zunächst musste sich der Generalsekretär mit dem amerikanischen Außenminister auseinandersetzen. In ihrer Sitzung am 9. Februar argumentierte Baker (laut sowjetischem Wortprotokoll) gegen ein neutrales Deutschland und führte an, dass es sich entscheiden könnte, „sein eigenes atomares Potential zu schaffen".[38] Baker drückte darauf den kritischen Punkt als Frage aus. „Would you prefer to see a unified Germany outside of NATO, independent and with no US forces or would you prefer a unified Germany to be tied to NATO, with assurances that NATO's jurisdiction would not shift one inch eastward from its present position?"[39] Der Sowjetführer antwortete, dass jedwede Ausdehnung der „NATO-Zone" nicht akzeptabel sei. Laut Gorbatschow war Baker damit einverstanden.[40] Wie versprochen schickte Baker heimlich eine Zusammenfassung seiner Gespräche an Kohl, bevor der Bundeskanzler selbst mit Gorbatschow konferierte.[41]

Doch als der Text von Bakers hypothetischer Frage nicht nur an Kohl, sondern auch ans Weiße Haus ging, gab es innerhalb des NSC Bedenken, dass sich Baker zu weit aus dem Fenster gelehnt habe. Der NSC hatte bereits über die Idee diskutiert, die amerikanische Unterstützung für Kohl am Vorabend seiner Abreise nach Moskau in irgendeiner schriftlichen Form mitzuteilen. Angesichts der Rückmeldung von Baker entschied sich der NSC, auch das NATO-Thema in dieser Mitteilung anzuspre-

---

37 Helmut Kohl, Berichte zur Lage 1989–1998. Der Kanzler und Parteivorsitzende im Bundesvorstand der CDU Deutschlands, bearb. von Günter Buchstab und Hans-Otto Kleinmann, Düsseldorf 2012, S. 95 f.
38 Iz besedy s Džejmsom Bejkerom Moskva, 9 fevralya 1990 goda, in: Michail Gorbačev (Hrsg.), Otvečaja na vyzov vremeni, Moskau 2010, S. 37–380, hier S. 378. Für die entsprechende deutsche Fassung, siehe Gespräch Gorbačevs mit dem amerikanischen Außenminister, Baker, am 9.2.1990, in: Galkin/Tschernjajew (Hrsg.), Michail Gorbatschow und die deutsche Frage, Dok. 71, S. 312.
39 Schreiben des Außenministers Baker an Bundeskanzler Kohl, 10.2.1990, in: DzD. Deutsche Einheit, Dok. 173, S. 793 f. Siehe auch Gespräch Gorbačevs mit dem amerikanischen Außenminister, Baker, am 9.2.1990, in: Galkin/Tschernjajew (Hrsg.), Michail Gorbatschow und die deutsche Frage, Dok. 71, S. 315.
40 Ebenda, S. 315 f.; JAB notes from 2/9/90 mtg. w/USSR Pres. Gorbachev, Moscow, USSR, folder 12, box 176, 12b/12, Seeley Mudd Manuscript Library, Princeton University.
41 Schreiben des Außenministers Baker, in: DzD. Deutsche Einheit, Dok. 173, S. 793 f. Baker ließ Dennis Ross diesen Brief an Kohl schreiben, während seine eigenen Gespräche noch andauerten; Interview der Autorin mit Ross, 16.11.2008, Washington, D. C. Siehe auch James A. Baker, Politics of Diplomacy, New York 1995, S. 206; Helmut Kohl, Ich wollte Deutschlands Einheit. Dargestellt von Kai Diekmann und Ralf Georg Reuth, Berlin 1996, S. 268 f.; Teltschik, 329 Tage, S. 137.

chen, die schließlich die Form eines Präsidentenbriefs an Kohl annahm, der so abgeschickt wurde, dass er gerade vor der Abreise des Bundeskanzlers von Bonn nach Moskau eintreffen sollte. Im Gegensatz zu Bakers Versprechen, die NATO werde sich nicht einen Zoll nach Osten bewegen, übernahm Bushs Brief dagegen die Sprache Wörners. Der Präsident warb für einen „special military status for what is now the territory of the GDR", mit anderen Worten, einen besonderen Status für diese Region innerhalb der NATO, während die Allianz ihren Zuständigkeitsbereich ausdehnte.[42]

Das Ergebnis war, dass Kohl vor seinem Gespräch mit Gorbatschow nicht eine, sondern zwei Mitteilungen von höchster amerikanischer Ebene bekam: einen Brief vom Außenminister und einen vom Präsidenten. Unübersehbar war, dass die Briefe nicht übereinstimmten. Ein englisches Sprichwort besagt, dass ein ausländischer Führer das Tageslicht – d. h. eine Unstimmigkeit – zwischen einem Präsidenten und seinem Außenminister von der anderen Seite des Globus sehen kann, aber Kohl musste nicht so weit blicken, da er nur die beiden Briefe vor sich anzusehen brauchte. Mit diesen widersprüchlichen Briefen sah sich Kohl mit der Herausforderung konfrontiert, welche Version er in seinem eigenen Treffen mit Gorbatschow wiedergeben sollte – dass die NATO nicht nach Osten erweitert würde oder dass sie eine besondere Zone für Ostdeutschland einrichten würde, während sie sich nach Osten verschob. Welche würde es sein?

4 Kohl und Gorbatschow am 10. Februar

Wie Kohl seinen Kollegen aus der CDU-Parteispitze mitgeteilt hatte, war sein zentrales Ziel die Wiedervereinigung. Als er am 10. Februar erst einmal hinter verschlossenen Türen mit Gorbatschow sprach, verhielt er sich entsprechend. Die beiden Regierungsoberhäupter verhandelten unter vier Augen von 16 Uhr bis 18.30 Uhr die strittigsten Punkte. Kohl entschied sich dafür, die Formulierungen zu verwenden, die Gorbatschow am ehesten billigen würde, nämlich Bakers und nicht die des US-Präsidenten. Laut Kanzleramtsprotokoll der Unterredung sagte Kohl Gorbatschow klar und deutlich: „Natürlich könne die NATO ihr Gebiet nicht auf das heutige Gebiet der DDR ausdehnen."[43] Kohl verwendete also nicht die Idee Bushs und Wör-

---

[42] Schreiben des Präsidenten Bush an Bundeskanzler Kohl, 9.2.1990, Original auf Englisch, in: DzD. Deutsche Einheit, Dok. 170, S. 784. Siehe auch Speech by NATO Secretary General Manfred Worner [sic], 8.2.1990, in: Freedman (Hrsg.), Europe Transformed, S. 466; und Zelikow/Rice, Germany Unified, S. 186 f.

[43] Sowohl die deutschen als auch die russischen Aufzeichnungen dieser Unterredung sind vorhanden: Gespräch des Bundeskanzlers Kohl mit Generalsekretär Gorbatschow, Moskau, 10.2.1990, in: DzD. Deutsche Einheit, Dok 174, S. 795–807, hier S. 799; Galkin/Tschernjajew (Hrsg.), Michail Gorbatschow und die deutsche Frage, Dok. 72, S. 317–333, hier S. 322. Siehe auch Teltschik, 329 Tage, S. 137–143.

ners, dass sich die NATO nach Osten ausdehnen und damit einen besonderen Status für das ostdeutsche Gebiet schaffen würde. Der Bundeskanzler stimmte hingegen mit seinem Außenminister überein, der zur gleichen Zeit Schewardnadse weitgehend dasselbe mitteilte: „Für uns stehe aber fest: Die NATO werde sich nicht nach Osten ausdehnen."[44]

Formal gesehen, hatte weder Kohl und schon gar nicht Genscher die Autorität, die Zukunft des Nordatlantikpaktes in einem Vieraugengespräch mit einem sowjetischen Staatschef zu entwerfen, aber der Bundeskanzler sprach auf eine Weise, die annehmen ließ, dass sich die Bundesrepublik mit Unterstützung der USA in dieser Hinsicht durchsetzen werde. Nachdem er diese Zusicherung abgegeben hatte, machte Kohl deutlich, was er praktisch wollte: den Beginn der Wiedervereinigung der beiden deutschen Staaten sofort nach der bevorstehenden DDR-Wahl am 18. März 1990, und zwar durch die schnellstmöglichen Schritte zur Einrichtung einer Wirtschafts- und Währungsunion. Als ihn Gorbatschow fragte, ob für solche Veränderungen ein größerer zeitlicher Rahmen möglich sei – und darauf hinwies, dass Kohl noch im Dezember 1989 gesagt hatte, dass eine Wiedervereinigung Jahre brauchen würde –, unterstrich der Bundeskanzler das allgemein bekannte „Chaos" in der DDR als Grund für ein schnelleres Vorgehen.[45] Kohl drückte weiterhin seine Bereitschaft aus, die notwendigen diplomatischen Schritte in einem Zwei-plus-Vier-Format anzugehen, besonders wenn die Verhandlungen in Deutschland stattfinden könnten.

Der Generalsekretär schlug vor, ein wiedervereinigter deutscher Staat könne wie China oder Indien blockfrei werden, und fügte hinzu, dass solch ein Status das Gewicht solcher Staaten kaum schmälerte.[46] Ohne direkt auf diese Frage zu antworten, fragte Kohl stattdessen, ob er einen Kommentar umformulieren könnte, den Gorbatschow zuvor nebenbei abgegeben hatte: „Die Deutschen in der Bundesrepublik und in der DDR müßten es selbst wissen, welchen Weg sie gehen wollten."[47] Dieser Satz scheint aus einem Briefing zu stammen, das Falin für Gorbatschow zu dieser Sitzung vorbereitet hatte (ein Briefing, das auch die Analogie zu China und Indien beinhaltete). Genau diese Formulierung war Teil von Falins größerer Samm-

---

44 Gespräch BM mit AM Schewardnadse am 10.2.1990 im Kreml (16.00 bis 18.30 Uhr), 11.2.1990, in: Andreas Hilger (Hrsg.), Diplomatie für die deutsche Einheit. Dokumente des Auswärtigen Amts zu den deutsch-sowjetischen Beziehungen 1989/90, München 2011, Dok. 20, S. 98–105, hier S. 102.
45 Gespräch des Bundeskanzlers mit Generalsekretär Gorbatschow, Moskau, 10.2.1990, in: DzD. Deutsche Einheit, Dok. 174, S. 799.
46 Aus dem Vieraugengespräch M. S. Gorbačevs mit H. Kohl, 10.2.1990, in: Galkin/Tschernjajew (Hrsg.), Michail Gorbatschow und die deutsche Frage, S. 329. Dort sagt Gorbatschow, er sehe „ein vereintes Deutschland außerhalb der militärischen Strukturen, mit eigenen nationalen Streitkräften, die für eine ausreichende Verteidigung unerlässlich sind. Ich weiß nicht, was für ein Status das ist – ‚Unabhängigkeit', ‚Blockfreiheit'. Indien, China – das sind die Staaten, die einen solchen Status haben! Und dies erniedrigt sie nicht. Warum sollte ein solcher Status die Deutschen erniedrigen?"
47 Gespräch des Bundeskanzlers mit Generalsekretär Gorbatschow, Moskau, 10.2.1990, in: DzD. Deutsche Einheit, Dok. 174, S. 801.

lung von Gesprächspunkten für Gorbatschow, die die folgenden Worte beinhalteten: „Zwischen der UdSSR, der BRD und der DDR gibt es keine Meinungsverschiedenheiten zur Frage der Einheit der deutschen Nation und des Rechts der Deutschen, die staatliche Form dieser Einheit selbst zu bestimmen." Falin hatte jedoch in seinem Briefing klargemacht, dass die Sowjetunion für ein wiedervereinigtes Deutschland den „Status eines blockfreien Landes" wollte (was Falin für eher annehmbar hielt, als das Wort „Neutralität" zu verwenden).[48]

Anscheinend war weder Gorbatschow noch Falin klar, dass ihre Formulierung zur Selbstbestimmung der Deutschen eine wichtige Tür geöffnet hatte – doch Kohl erkannte die Chance. Laut der deutschen Aufzeichnung ließ der Bundeskanzler die Analogie zu China und Indien beiseite und fragte Gorbatschow, ob er Folgendes akzeptieren würde: „Der Bundeskanzler faßte das Gespräch zusammen und fragte den Generalsekretär, ob er mit folgender Schlußfolgerung einverstanden sei: Sie seien sich darüber einig, daß die Entscheidung über die Einigung Deutschlands eine Frage sei, die die Deutschen jetzt selbst entscheiden müßten." Für die Deutschen gelte natürlich, sie „müßten jedoch den internationalen Kontext berücksichtigen". Wäre dies richtig? Gorbatschow „bestätigte, daß alles, was der Bundeskanzler gesagt habe, sehr nahe an seinen Ausführungen liege".[49]

Obwohl Gorbatschows Antwort etwas vage war, reichte sie Kohl völlig aus. Dem Bundeskanzler war klar, dass er mit dieser Formulierung das von ihm benötigte grüne Licht für die deutsche Einheit erhalten hatte. Zur Unterstützung seines Vorgehens machte Kohl Gorbatschow auch deutlich, er könne bei Finanzhilfen auf ihn zählen. Der Bundeskanzler unterstrich, dass es der deutschen Wirtschaft sehr gut gehe: „Die letzten 8 Jahre seien die besten nach dem Krieg gewesen. Es sei deshalb nur natürlich, daß die Bundesrepublik und die Sowjetunion vieles gemeinsam machen könnten."[50]

Bald danach endete die Sitzung, ohne dass Gorbatschow irgendeinen Versuch machte, die Details des Austauschs festzuschreiben. Mit dieser Unterlassung ging Gorbatschow ein Risiko ein. Er hatte eingeräumt, dass die Frage der Einheit von den Deutschen entschieden werden musste, wogegen er im Austausch weder schriftlich noch mündlich auf irgendwelchen bedeutsamen Zugeständnissen bestand, sei es zur Zukunft der NATO oder zu irgendeinem anderen Thema.[51]

---

[48] Valentin Falin, Konflikte im Kreml. Zur Vorgeschichte der deutschen Einheit und Auflösung der Sowjetunion, München 1997, S. 156, 159. Die Autorin dankt Falin für ein Interview am 17.5.1996 in Tostedt.

[49] Gespräch des Bundeskanzlers mit Generalsekretär Gorbatschow, 10.2.1990, in: DzD. Deutsche Einheit, Dok. 174, S. 805.

[50] Ebenda, S. 807.

[51] Ein späterer russischer Spitzenpolitiker sollte besonders den Mangel an schriftlichen Ergebnissen des 10. Februar 2019 bedauern: Evgeni M. Primakov, Vstrechi na perekrestkach, Moskau 2015, S. 209–211. Für einen Auszug auf Englisch https://assets.documentcloud.org/documents/4390836/Document-22-Excerpt-from-Evgeny-Primakov-Memoir.pdf (letzter Aufruf: 7.5.2021).

Kohl und Gorbatschow trafen anschließend wieder mit ihren Delegationen zu einer gemeinsamen größeren Sitzung zusammen. Sobald sie versammelt waren, wiederholte Kohl die Zusammenfassung, auf die er sich gerade mit Gorbatschow geeinigt hatte. Der Bundeskanzler sagte der Delegation: „Er begrüße sehr die Feststellung des Generalsekretärs, daß die Frage, ob die Deutschen in staatlicher Einheit leben wollen, eine Frage der Deutschen ist, eine Frage, die sie selbst entscheiden müssen."[52] Kohl lenkte also die Aufmerksamkeit auf das grüne Licht, das er gerade von Gorbatschow bekommen hatte. Der Bundeskanzler musste sicherstellen, dass so viele Personen wie möglich es sahen, bevor die Ampel wieder auf Rot springen könnte. Wie Kohl, beschrieben im Anschluss daran sowohl Genscher als auch Teltschik die Moskauer Unterredung als Signal für grünes Licht für die deutsche Wiedervereinigung.[53] Der Bundeskanzler und der Außenminister gaben anschließend eine gemeinsame Pressekonferenz. Zuschauer auf der ganzen Welt hörten Kohls Erklärung, es sei „das alleinige Recht der Deutschen", zu entscheiden, ob sie in einem gemeinsamen Staat leben wollten.[54]

Als er die Pressekonferenz verfolgte, war Falin entsetzt. In seinen Memoiren schrieb er: „Am 10. Februar wurde die Vereinigung Deutschlands als de facto gelöste Aufgabe verkündet. Ohne jegliche Bedingungen, ohne die Zusammenhänge mit der Regelung der äußeren Aspekte aufgeklärt zu haben. Die Deutschen erhielten damit eine Carte blanche, was, wie und wann zu tun war." Er nahm an, dass Gorbatschow nachlässigerweise vergessen hatte, die Bedingung aus Falins Briefing-Dokument festzulegen – „Status eines blockfreien Landes" für ein geeintes Deutschland – und folgerte: „Unbedachtsamkeit rächt sich immer."[55]

Joachim von Arnim, Leiter der Politischen Abteilung in der bundesdeutschen Botschaft in Moskau, war besorgt, dass die sowjetische Seite die Tragweite des Geschehenen verspätet erkennen und am nächsten Tag in der Berichterstattung versuchen könnte, ihre Zusage zurückzunehmen.[56] Am nächsten Morgen eilte er früh in sein Büro, um zu erfahren, was die sowjetische Nachrichtenagentur TASS am 11. Februar berichtete. TASS veröffentlichte ein Statement, „dass es jetzt zwischen der SU, der BRD und der DDR keine Meinungsunterschiede mehr darüber gibt, dass die Frage der Einheit der deutschen Nation nur von den Deutschen selbst entschieden

---

52 Delegationsgespräch des Bundeskanzlers Kohl mit Generalsekretär Gorbatschow, Moskau, 10. Februar 1990, in: DzD. Deutsche Einheit, S. 808–811, hier S. 809.
53 Gespräch des Bundesministers Genscher mit der britischen Premierministerin Thatcher in London, 14.2.1990, in: Die Einheit, Dok. 51, S. 263–270, hier S. 268. Teltschik nannte das Kapitel seines Buches über diese Ereignisse „Grünes Licht in Moskau": Teltschik, 329 Tage, S. 137–146.
54 Siehe die Sendungen „Tagesschau" und „Heute-Journal spezial", 10.2.1990, online unter https://www.youtube.com/watch?v=AWPecuWX7Pg (letzter Aufruf: 7.5.2021); und Erklärung des Bundeskanzlers Kohl vor der Presse am 10.2.1990 in Moskau (Faksimile), in: DzD. Deutsche Einheit, S. 812f.
55 Falin, Konflikte im Kreml, S. 162.
56 Joachim von Armin, Zeitnot. Moskau, Deutschland und der weltpolitische Umbruch, Bonn 2012, S. 289.

werden soll, und dass sie selbst wählen müssen, in welchen staatlichen Formen, in welchen Fristen, mit welchem Tempo, und unter welchen Bedingungen sie diese Einheit realisieren".[57] Beim Lesen dieser Nachricht, so von Arnim, sei er voller „Euphorie" gewesen.[58] Das Auswärtige Amt begann bald darauf, die TASS-Meldung gegenüber seinen skeptischen sowjetischen Verhandlungspartnern zu zitieren, wann immer diese versuchten, Bonn im Zaum zu halten.[59]

Von Arnim wäre weniger euphorisch gewesen, hätte er am nächsten Tag die Unterhaltung von Gorbatschow und dem DDR-Ministerratsvorsitzenden Hans Modrow verfolgen können. Sie zeigte einmal mehr, dass es Unterschiede zwischen dem gab, was die Westdeutschen aus der sowjetischen Erklärung machten und was Gorbatschow intern sagte. Während Kohl und Genscher ihren Glauben (oder ihre Hoffnung) an das bedingungslose Recht der Deutschen auf Entscheidungen zur Wiedervereinigung rasch verbreiteten, teilte Gorbatschow Modrow telefonisch mit, es gebe in der Tat eine wesentliche Bedingung. Auf Kohls Wunsch nach einem wiedervereinigten Deutschland in der NATO habe „ich [Gorbatschow] ihm darauf geantwortet, dass der Verbleib eines vereinigten Deutschland in der NATO für uns unannehmbar sei". Der Generalsekretär war von Kohl enttäuscht: „Insgesamt hatte ich den Eindruck, dass Kohl sich arrogant verhielt."[60]

5 Fazit

Im Februar 1990 startete Helmut Kohl in Moskau eine unaufhaltsame Dynamik in Richtung der deutschen Einheit, und Gorbatschow konnte diesen Geist nicht wieder zurück in die Flasche zwingen. Doch als James Baker Mitte Februar nach Washington zurückkehrte und Kohl vom 24. bis 25. Februar 1990 zu Besuch nach Camp David kam, machte Bush beiden klar, dass die von ihnen gegenüber Gorbatschow gewählte Ausdrucksweise nicht akzeptabel war. Der Präsident wollte, dass sie Wörners Formulierung verwendeten. Anstatt zu sagen, die NATO werde sich nicht ostwärts über die Grenze des Kalten Krieges hinwegbewegen, würde die Allianz stattdessen einfach einen besonderen Status für die DDR aushandeln, während sie das tat.[61]

---

57 Telegramm aus Moskau, Nr. 602, 11.2.1990, Politisches Archiv des Auswärtigen Amts, ZA 151.638E.
58 Von Arnim, Zeitnot, S. 289.
59 Siehe Gespräch des Leiters der Politischen Abteilung, Kastrup, mit dem sowjetischen stellvertretenden Außenminister Adamischin in Genf, 2.3.1990, in: Die Einheit, Dok. 64, S. 313–327, hier S. 324, siehe auch S. 325, Anm. 32; die sowjetische Seite meinte, Kastrup „interpretiere falsch"; Kastrup erwiderte, „er habe zitiert".
60 Die Zeilen aus dem Gorbatschow-Modrow-Telefonat vom 12.2.1990, in: Galkin/Tschernjajew (Hrsg.), Michail Gorbatschow und die deutsche Frage, Dok. 74, S. 337–340, hier S. 339.
61 Für die Gespräche in Camp David vgl. https://bush41library.tamu.edu/files/memcons-telcons/1990-02-24-Kohl.pdf, https://bush41library.tamu.edu/files/memcons-telcons/1990-02-25-Kohl.pdf

Baker stimmte zu und sprach nicht weiter davon, die NATO-Jurisdiktion nicht einen Zoll weiter nach Osten zu bewegen.[62] Kohl hatte bereits den von ihm benötigten Durchbruch erreicht und stimmte ebenfalls zu, ab diesem Punkt sich gegenüber Moskau fortan mehr auf wirtschaftliche Anreize statt auf Versprechen im Hinblick auf die NATO zu verlassen. Als Moskau klar wurde, was geschehen war, war der Prozess der Wiedervereinigung zu deutlich fortgeschritten, um ihn noch aufhalten zu können.[63]

Aus Platzmangel kann der Rest des Jahres 1990 leider hier nicht detailliert beschrieben werden, aber interessierte Leser werden die Geschichte des weiteren Streites um die NATO-Osterweiterung im neuen Buch der Autorin zu diesem Thema finden.[64] Zusammengefasst lässt sich sagen, dass Washington und Bonn 1990 sehr erfolgreich im Doppelpass den Ball ins Tor brachten. Sowohl gemeinsam als auch getrennt haben sie – unter anderem in Gipfelgesprächen im Mai/Juni in den USA und im Juli in der Sowjetunion – auf dem „Helsinki-Prinzip" bestanden, wonach sich Deutschland sein militärisches Bündnis nach Vollzug der Einheit selber aussuchen würde: die NATO. Am Ende wurde im Zwei-plus-Vier-Vertrag vom 12. September 1990 ziemlich genau die Bush/Wörner-Linie fixiert: ein militärischer Sonderstatus für das ehemalige Gebiet der DDR, die zur einzigen vertraglich gesicherten atomwaffenfreien Zone in Europa wurde. Am 3. Oktober 1990 begann die NATO, östlich über die ehemalige Grenzlinie von 1989 hinweg Richtung Osten zu expandieren.

All dies zeigt, dass ein nuancierteres Verständnis der Rolle des amerikanisch-westdeutschen „Führungsduos" nötig ist. Trotz ihrer engen Zusammenarbeit bewegten sich die amerikanische und die westdeutsche Regierung nicht immer im Gleichschritt – und neben den Differenzen zwischen Bonn und Washington gab es auch noch solche innerhalb der jeweiligen Regierungen. Die Unterschiede in ihren Positionen trugen zur Kontroverse bei, ob im Februar 1990 ein Versprechen bezüglich einer NATO-Erweiterung in Moskau gegeben wurde oder nicht – mit noch heute andauernden Konsequenzen.

(letzter Aufruf: 7.5.2021), bzw. DzD. Deutsche Einheit, Dok. 192–194, S. 860–877. Anscheinend auf Bitten Kohls durfte Genscher nicht daran teilnehmen; mehr dazu in Sarotte, Not One Inch.
62 Mehr dazu in AAPD 1990, Dok. 60, S. 254, Anm. 10, in dem aus einem Schreiben Bakers an Genscher mit Bezug auf das Treffen in Camp David am 24./25.2.1990 zitiert wird: „It appeared in the course of this weekend's discussions that [...] the term NATO ‚jurisdiction' was creating some confusion, and we agreed therefore that it should probably be avoided in the future in describing our common position on Germany's NATO relationship."
63 Mehr dazu in Sarotte, 1989.
64 Sarotte, Not One Inch; die deutsche Fassung erscheint voraussichtlich 2023.

Teil II: **Hypotheken der Vergangenheit**

Jürgen Lillteicher
Aufgeschoben ist nicht aufgehoben

Die Bundesrepublik zwischen Reparationsblockade und Entschädigungsdiplomatie vor und nach dem Zwei-plus-Vier-Vertrag

Im Jahre 2017 wurden Reparationsforderungen aus Polen gegenüber Deutschland öffentlich. Ein auf Initiative des Vorsitzenden der Partei Recht und Gerechtigkeit (PiS) Jarosław Kaczyński eingesetzter und ausschließlich mit PiS-Politikern besetzter Ausschuss des polnischen Parlaments sollte den Umfang der polnischen Kriegsschäden ermitteln. Die Forderung wurde 2019 aus Anlass des 80. Jahrestages des deutschen Überfalls auf Polen wiederholt und auf 850 Mrd. US-Dollar (USD) beziffert.[1] Reparationsforderungen wurden im gleichen Jahr auch von Griechenland gestellt. Mit einer Verbalnote an das Auswärtige Amt forderte die griechische Regierung unter Alexis Tsipras die deutsche Regierung zur Aufnahme von Reparationsverhandlungen auf. Eine griechische Expertenkommission hatte schon im Jahr 2016 Kriegsschäden von 290 Mrd. Euro errechnet.[2]

In beiden Fällen wehrte die Bundesregierung die Forderungen ab. Dafür gebe es keine völkerrechtliche Grundlage. Man berief sich, erstens, auf die Potsdamer Erklärung; zweitens im Fall Polens auf den Reparationsverzicht der polnischen Regierung vom 23. August 1953; drittens auf das Londoner Schuldenabkommen vom 27. Februar 1953, und, viertens, auf den Vertrag über die abschließende Regelung in Bezug auf Deutschland, den sogenannten Zwei-plus-Vier-Vertrag vom 12. September 1990, den man als Quasi-Friedensvertrag verstand. Wie konnte es sein, dass der Zwei-plus-Vier-Vertrag eine abschließende Regelung in Bezug auf Deutschland war oder ein Quasi-Friedensvertrag, wenn Staaten wie Polen und Griechenland offenbar keine Reparationszahlungen erhalten hatten? Wie war es möglich, dass die deutsche Einheit ohne einen formalen Friedensvertrag gelang, der ja über Jahrzehnte als die völkerrechtliche Voraussetzung für die Einheit galt?

---

[1] Reinhold Vetter, Erinnern, aber nicht aufrechnen – Polens Forderung nach weiteren Reparationen für den Zweiten Weltkrieg ist juristisch nicht haltbar, in: NZZ, 28.8.2019, https://www.nzz.ch/meinung/erinnern-aber-nicht-aufrechnen-polens-reparationsforderungen-ld.1509871 (letzter Aufruf: 8.9.2020).
[2] Griechenland will über Entschädigungszahlungen verhandeln, in: Die Zeit, 5.6.2019, https://www.zeit.de/politik/ausland/2019-06/reparationsforderungen-griechenland-verbalnote-deutschland-zweiter-weltkrieg (letzter Aufruf: 8.9.2020), Griechenland erneuerte seine Forderungen aus Anlass des 80. Jahrestages des Angriffs der Wehrmacht auf Griechenland am 6.4.1941. Der Deutsche Bundestag beriet am 25.3.2021 zum Thema, https://www.bundestag.de/dokumente/textarchiv/2021/kw12-de-ueberfall-auf-griechenland-826512 (letzter Aufruf: 26.4.2021).

Schaut man in den Text des Zwei-plus-Vier-Vertrages, wird man tatsächlich keine Regelungen zur Reparationsfrage finden. Bedeutet dieser Befund, dass eine weitere Erörterung hier fehl am Platz ist? Ganz im Gegenteil, auch wenn der Vertrag keine expliziten Regelungen zur Reparationsfrage enthält, spielte diese Frage besonders im Vorfeld der Verhandlungen eine zentrale Rolle. Sie war sogar so wichtig, dass sie das Format der Verhandlungen und den Charakter des Vertrages wesentlich mitbestimmte. Die völkerrechtliche Einstufung des Zwei-plus-Vier-Vertrages als formaler Friedensvertrag hätte automatisch Verhandlungen über Reparationsforderungen nach sich gezogen, an denen alle Siegernationen hätten beteiligt werden müssen. Der Regierung Kohl gelang allerdings das diplomatische Kunststück, einen Vertrag auf den Weg zu bringen, der die völkerrechtlichen Voraussetzungen für die deutsche Einheit schuf, jedoch nicht alle Kriterien eines Friedensvertrages erfüllte.

Mit der deutschen Einheit kam zwar das „unfinished business" aus der Nachkriegszeit erneut auf den Tisch, so auch die mit der Reparationsfrage unmittelbar verbundenen Entschädigungsforderungen unzähliger Opfer des NS-Terrors in ganz Europa, dennoch gelang es Deutschland schon im Vorfeld, diese Fragen aus den eigentlichen Verhandlungen zum Zwei-plus-Vier-Vertrag herauszuhalten. So entkam es nach 1945 ein zweites Mal Reparationszahlungen in Milliardenhöhe.

Die Bundesrepublik gewann zwar die deutsche Einheit, ohne die Verpflichtung zu Reparationszahlungen eingehen zu müssen, setzte damit jedoch der fortwährenden Diskussion um die Verbrechen Nazi-Deutschlands während des Zweiten Weltkrieges in ganz Europa kein Ende. Diese Debatte flammte auch dann immer wieder auf, wenn es darum ging, wie der Zwei-plus-Vier-Vertrag in Bezug auf die Reparationsverpflichtungen Deutschlands zu interpretieren sei. Daraus entstand ein fortwährender moralischer Druck, der die Bundesregierung zu Konzessionen gegenüber den Opfern oder den sie vertretenden Ländern zwang.

1 Begriffsdefinitionen und die Forderungen Polens und Griechenlands

Für eine sachliche Auseinandersetzung mit der Reparationsfrage sind klare Begriffe bzw. Begriffsdefinitionen notwendig, die in einer zu Recht oft sehr emotional geführten Debatte nur sehr ungenau benutzt und verschieden interpretiert werden.

Reparationen

Hierbei handelt es sich meist um materielle und finanzielle Leistungen, die von einem besiegten Land für Kriegsschäden an ein siegreiches Land zu leisten sind. Reparationen sind also als Schadenersatz zu verstehen, der wegen Verstößen gegen das Völkerrecht erfolgt.³ Unter Kriegsschäden versteht man Schäden an Vermögen, Immobilien und Menschen. Diese Schäden sollen von den Verlierern behoben oder repariert werden. Art und Umfang der Reparationen werden in einem Friedensvertrag geregelt, der den Konflikt beenden soll. Reparationen sind damit zunächst einmal Forderungen, die zwischen Staaten verhandelt und dann befriedigt werden. Den rechtlichen Rahmen bietet das internationale Völkerrecht, das, in seiner aktuellen Auffassung, auch eine sehr kurze Definition des Begriffs liefert: Reparationen sind Zahlungen, die ein Staat leistet, um eine Verletzung des Völkerrechts wiedergutzumachen. Das Völkerrecht, welches also Rechtsbeziehungen zwischen Staaten regelt, erkannte noch lange nach dem Zweiten Weltkrieg direkte Schadensansprüche von Individuen gegenüber Staaten nicht an.

Wiedergutmachung – Entschädigung – Rückerstattung

Das Wiedergutmachungsrecht umfasst in Deutschland zwei Gebiete, auf der einen Seite das Entschädigungsrecht und auf der anderen Seite das Rückerstattungsrecht. Hierbei handelt es sich um nationales Verwaltungsrecht. Unter Entschädigung verstehen wir finanzielle Leistungen, die Deutschland Opfern zahlte, die wegen ihrer vermeintlichen Rassezugehörigkeit, wegen ihrer politischen Überzeugung, ihres Glaubens oder Weltanschauung vom NS-Regime verfolgt worden waren. Es ging um Schäden an Leben, Gesundheit und beruflichem Fortkommen. Aus Gründen der Rechtssicherheit wurde in die entsprechenden Gesetze das Territorialitätsprinzip eingeführt: Es waren nur NS-Opfer antragsberechtigt, die eine räumliche Beziehung zu Deutschland nachweisen konnten,⁴ die also ihren festen Wohnsitz in der Bundesrepublik Deutschland und in West-Berlin hatten. Später wurde diese Regelung auf die „Zughörigkeit zum deutschen Kulturkreis" und auch auf Wohnorte in Deutschland in den Grenzen von 1937 erweitert. Die Folgen waren dennoch gravierend: Verfolgte aus dem Ausland waren somit von Entschädigungszahlungen ausgeschlossen. Dies betraf Opfer des Nationalsozialismus in ganz Europa.⁵ Der völkerrechtliche Reparationsanspruch gewährt also Entschädigung gegenüber einem Staat; der nationale verwaltungsrechtliche Entschädigungsanspruch wegen typisch nationalsozialistischen Unrechts gewährt Entschädigung gegenüber einem Indivi-

---

3 Kerstin Liesem, Die Reparationsverpflichtungen der Bundesrepublik Deutschland nach dem Zweiten Weltkrieg unter besonderer Berücksichtigung der Zwangsarbeiterentschädigung, Frankfurt a. M. 2005, S. 23. Kerstin Liesem bezieht sich auf Herbert Krüger, Wesen, Grund und Höhe des Reparationsanspruchs, Hamburg 1953, S. 40.
4 Liesem, Die Reparationsverpflichtungen, S. 31.
5 Zur Entschädigungspraxis generell siehe: Norbert Frei (Hrsg.), Die Praxis der Wiedergutmachung. Geschichte, Erfahrung und Wirkung in Deutschland und Israel, Göttingen 2009; Tobias Winstel, Verhandelte Gerechtigkeit. Rückerstattung und Entschädigung für jüdische NS-Opfer in Bayern und Westdeutschland, München 2006.

duum. Ein Staat kann jedoch gegenüber einem anderen Staat individuelle Entschädigungsforderungen seiner Staatsangehörigen wegen Verstößen gegen das Völkerrecht geltend machen. Hier handelt es sich um sogenannte mediatisierte Reparationsansprüche. Staaten fordern also für ihre Staatsbürger eine Entschädigung wegen Vergehen gegen das Völkerrecht.

Globalabkommen

Hierbei handelte es sich um Abkommen, die die Bundesrepublik in den Jahren 1956 bis 1964 überwiegend mit westeuropäischen Staaten abschloss, um eine Entschädigung der NS-Opfer in den jeweiligen Ländern zu gewährleisten. Die Bundesrepublik zahlte einen Globalbetrag, dessen Verteilung an die individuellen NS-Opfer das Vertragspartnerland organisierte. Die Bundesregierung schloss jedoch aus, dass die Unterzeichnung der Verträge als eine rechtliche Anerkennung zur Zahlung von Reparationen zu verstehen war. Es sollte sich um eine freiwillige Leistung handeln. Die Beurteilung von Entschädigungsansprüchen sollte daher nach den Maßgaben des Bundesentschädigungsgesetzes (BEG)[6], also nach nationalem Recht, erfolgen. In den Verhandlungen musste folglich zwischen NS-typischem Unrecht nach BEG und völkerrechtswidrigem Unrecht, das einen Reparationsanspruch begründet hätte, unterschieden werden. Betrachtet man jedoch das NS-Unrecht in ganz Europa, also die reinen Tatbestände, so war eine saubere Trennung zwischen „normalen Kriegsschäden" wegen Verstößen gegen das Völkerrecht, die unter den Begriff Reparationen fielen, und Schäden aufgrund von spezifischen NS-Verbrechen äußerst schwierig. Darüber hinaus stellt sich die Frage, ob nationales Entschädigungsrecht mit einem spezifischen Verfolgungsbegriff auf internationaler Ebene angewandt werden konnte. Denn die nationalsozialistische Aggression, so Hans Günter Hockerts, hatte „Elemente des Rassismus, des Imperialismus und Bellizismus eng miteinander verknüpft und die Grenzen zwischen Kriegshandlungen und Zivilverfolgung verwischt".[7] Der Verfolgungsbegriff, der der nationalen Bundesentschädigungsgesetzgebung zugrunde lag, passte kaum auf Verfolgungsumstände in Osteuropa.[8]

---

6 Für den Wortlaut des Gesetzes vom 29.6.1956 zur Entschädigung für Opfer der nationalsozialistischen Verfolgung (Bundesentschädigungsgesetz) vgl. Bundesgesetzblatt 1956, Teil I, S. 562–596.
7 Hans Günter Hockerts, Die Entschädigung für NS-Verfolgte in West- und Osteuropa. Eine einführende Skizze, in: ders. (Hrsg.), Grenzen der Wiedergutmachung. Die Entschädigung für NS-Verfolgte in West- und Osteuropa, 1945–2000, Göttingen 2006, S. 7–58, hier S. 35.
8 Ebenda, S. 35.

Rückerstattung oder innere Restitution

Das Territorialitätsprinzip gilt auch für das Rückerstattungsrecht.[9] Hierbei handelt es sich um die Rückerstattung von unrechtmäßig entzogenem Eigentum an die vormaligen durch das NS-Regime verfolgten Eigentümer. Es handelte sich um Eigentum, das Verfolgten in Deutschland durch private Nutznießer entzogen oder durch den nationalsozialistischen Staat meist von dessen ideologisierter und radikalisierter Finanzverwaltung[10] eingezogen worden war. Hierbei ging es um bewegliche und nicht bewegliche Vermögensgegenstände wie Häuser, Grundstücke, Bankguthaben, Versicherungspolicen, Mobiliar und Kunstgegenstände sowie Vermögen, das der Staat aufgrund diskriminierender Maßnahmen wie Sonderabgaben eingezogen und verwertet hatte. Die Regelung der Rückerstattungsansprüche erfolgte zunächst im Rahmen alliierter Rückerstattungsgesetze, die in den einzelnen Besatzungszonen Westdeutschlands und in West-Berlin erlassen worden waren. Das spätere Bundesrückerstattungsgesetz (BRüG)[11] regelte abschließend die Rückerstattungsansprüche der Verfolgten gegenüber dem NS-Staat, die dann die Bundesrepublik Deutschland befriedigte. Das Territorialitätsprinzip wurde ebenfalls aufgeweicht und durch das Belegenheitsprinzip ersetzt, weil auch Ansprüche wegen geraubten Eigentums gestellt werden konnten, das in den von Deutschland besetzten Gebieten geraubt, aber nachweislich in das Gebiet der Bundesrepublik Deutschland verbracht worden war. Hier handelte es sich meist um die letzte Habe von NS-Verfolgten, die diesen bei Ankunft in Konzentrations- und Vernichtungslagern durch die SS abgenommen worden war. Die Auszahlung konnte jedoch nur an Personen erfolgen, die in Ländern lebten, mit denen die Bundesrepublik Deutschland diplomatische Beziehungen pflegte. Dadurch wurden viele osteuropäische Verfolgte von Zahlungen ausgeschlossen, auch wenn sie einen gerichtlich anerkannten Anspruch hatten.

Die Ausweitung des Rückerstattungsrechts auf das Gebiet der ehemaligen DDR wurde im Einigungsvertrag vom 31. August 1990 vereinbart und in dem darauffolgenden Vermögensgesetz[12] konkret geregelt. Bei den Verhandlungen zum Zwei-plus-Vier-Vertrag spielten Vermögensentziehungen aus der NS-Zeit keine Rolle, le-

---

9 Hierzu grundlegend: Jürgen Lillteicher, Raub, Recht und Restitution. Die Rückerstattung jüdischen Eigentums in der frühen Bundesrepublik, Göttingen 2007.
10 Zur neueren Forschung zur Rolle des Reichsfinanzministeriums bei der Verfolgung und Ausplünderung der Juden siehe: https://www.reichsfinanzministerium-geschichte.de. Vgl. insbesondere Christiane Kuller, Bürokratie und Verbrechen. Antisemitische Finanzpolitik und Verwaltungspraxis im nationalsozialistischen Deutschland, München 2013; Frank Bajohr, „Arisierung" in Hamburg. Die Verdrängung der jüdischen Unternehmer 1933–1945, Hamburg 1997.
11 Für den Wortlaut des Gesetzes vom 19.7.1957 zur Regelung der rückerstattungsrechtlichen Geldverbindlichkeiten des Deutschen Reichs und gleichgestellter Rechtsträger (Bundesrückerstattungsgesetz) vgl. Bundesgesetzblatt 1957, Teil I, S. 734–742.
12 Jan Philipp Spannuth, Rückerstattung Ost: Der Umgang der DDR mit dem „arisierten" und enteigneten Eigentum der Juden und die Gestaltung der Rückerstattung im wiedervereinigten Deutschland, Essen 2007.

diglich die Enteignungen der Sowjetischen Militäradministration nach 1945 gewannen eine derartige Bedeutung, dass sie in einem Zusatzartikel geregelt wurden.[13]

Wie sind nun die Forderungen Polens und Griechenlands vor diesem Hintergrund einzuordnen? Polen und Griechenland verbanden vor allem ab 1990 ihre Reparationsforderungen mit dem Hinweis auf den von Deutschen ausgeübten nationalsozialistischen Terror gegenüber ihrer Zivilbevölkerung und leiteten daraus einen rechtlichen Anspruch auf Reparationsleistungen ab. Für beide Länder waren Entschädigungsforderungen ihrer Staatsbürger, egal ob es sich um Völkerrechtsverstöße oder um NS-typisches Unrecht handelte, Teil der Reparationsschuld Deutschlands. Die Nichtbefriedigung oder nur geringe Befriedigung dieser individuellen Ansprüche in der Vergangenheit führte in den Jahren nach 1990 zu Klagen von Opfern der NS-Besatzung gegen den deutschen Staat. Weithin bekannt sind hier die Klagen von Angehörigen der Opfer des SS-Massakers im griechischen Distomo. Griechische Gerichte erkannten 1997 Schadenersatzansprüche (zivilrechtliche Ansprüche) der griechischen NS-Opfer gegenüber Deutschland an. Deutschland bzw. die deutsche Justiz wies diese Forderungen mit der Begründung zurück, dass das Völkerrecht keinen Schadenersatz für Einzelpersonen begründe.

Auf diese Abwehr reagierte Griechenland mit der Androhung, Eigentum des deutschen Staates in Griechenland zu konfiszieren und zu verwerten. Mit Vollzug der Konfiskationen wäre die völkerrechtliche Immunität des deutschen Staates gegenüber Gerichten in Griechenland verletzt worden. Die Unzulässigkeit solcher Vollstreckungsmaßnahmen wurde 2002 vom Europäischen Gerichtshof für Menschenrechte bestätigt.[14] Auch der Internationale Gerichtshof der Vereinten Nationen urteilte im Sinne der Staatenimmunität,[15] ging also von der Immunität Deutschlands gegenüber zivilrechtlichen individuellen Schadenersatzansprüchen aus, bzw. von der Immunität des deutschen Staates gegenüber Gerichten anderer Staaten.[16]

Die Themen Reparationen und Entschädigung von NS-Unrecht befinden sich also auf einem höchst komplexen juristischen, aber auch extrem schwierigen politischen Terrain. Bei allem steht außer Frage, dass aus den im Zuge des deutschen

---

[13] Zur Bedeutung der Enteignungen der sowjetischen Militäradministration (SMAD) in der sowjetisch besetzten Zone (SBZ) für den Zwei-plus-Vier-Vertrag siehe den Beitrag von Andreas Zimmermann und Jan Eiken in diesem Band.
[14] Europäischer Gerichtshof für Menschenrechte (EGMR), Kalogeropoulou and others v. Greece and Germany (12. Dezember 2002), Individualbeschwerdenr. 59021/00, http://hudoc.echr.coe.int/eng?i=001-23539 (letzter Aufruf: 5.1.2020).
[15] Internationaler Gerichtshof der Vereinten Nationen (IGH), Jurisdictional Immunities of the State, (Germany v. Italy: Greece Intervening) (3. Februar 2012) (Urteil), http://www.icj-cij.org/en/case/143 (letzter Aufruf: 5.1.2020).
[16] Grundlegend hierzu: Sachstandsbericht der Wissenschaftlichen Dienste des Deutschen Bundestages, Griechische und polnische Reparationsforderungen gegen Deutschland, 2019, S. 5, WD 2 – 3000 – 066/19, https://www.welt.de/bin/Sachstand%20WD%202-3000-066/19_bn-196643855.pdf (letzter Aufruf: 22.1.2021).

Vernichtungskrieges in Europa begangenen Verbrechen an der Zivilbevölkerung eine Verpflichtung für Deutschland resultierte. Ob diese Verpflichtung im völkerrechtlichen Sinne als von Deutschland zu begleichende Schulden zu verstehen sind oder eine rein moralische Schuld darstellen, zu deren Wiedergutmachung Deutschland freiwillig Entschädigungszahlungen an die Betroffenen leistet, ohne eine Reparationspflicht anzuerkennen, genau darüber entbrannte und entbrennt immer wieder Streit.

2 Die historische Entwicklung bis zum Zwei-plus-Vier-Vertrag

Die im Vorfeld der eigentlichen Zwei-plus-Vier-Vertragsverhandlungen vertretenen Positionen zur Reparationsfrage basieren oft auf unterschiedlichen Interpretationen zentraler historischer Ereignisse und Vertragsabschlüsse. Um diese Positionen zu verstehen, ist ein kursorischer Abriss der wichtigsten Etappen in der Entwicklung der Reparationsfrage und der damit unmittelbar verbundenen Frage der Entschädigung von NS-Unrecht notwendig.

Die Potsdamer Erklärung vom 2. August 1945 definierte den Reparationsbegriff sehr weit und sprach allgemein von „Verlusten und Leiden", die mit Reparationen repariert werden sollten. Schon im Vorfeld der Konferenz war es allerdings strittig, nach welcher Priorität die Reparationen berechnet werden sollten und wie man sie dann anschließend verteilte. Wie hoch war beispielsweise der Beitrag zum Sieg, der sich dann in Kriegskosten beziffern ließ, wie hoch die Sachschäden und wie hoch die Personenschäden? Da sich die beteiligten drei Siegermächte Sowjetunion, USA und Großbritannien in Potsdam weder über die Höhe der von Deutschland zu leistenden Reparationen noch über die Priorisierung der unterschiedlichen Reparationsforderungen einigen konnten, wurde Deutschland in ein Reparationsgebiet Ost und ein Reparationsgebiet West geteilt. Die Forderungen der Westalliierten sollten aus ihren Besatzungszonen und den entsprechenden Auslandsvermögen im Westen, die Forderungen aus dem Osten, also vor allem der UdSSR und Polens, sollten aus der Sowjetischen Besatzungszone (SBZ) und Auslandsvermögen im Osten befriedigt werden.[17] Die Sowjetunion verpflichtete sich, aus ihrem Anteil auch die Ansprüche Polens zu befriedigen. Diese Aufteilung nach Ost und West führte später dazu, dass sich auch die Entschädigungspolitik an diesen Blöcken orientierte. Diese Teilung vertiefte sich im Kalten Krieg weiter.[18]

Die Verteilung der Verfügungsmasse im westlichen Reparationsgebiet wurde auf der Pariser Reparationskonferenz vom 9. bis zum 14. Januar 1946 festgelegt. Die

---

17 Liesem, Reparationsverpflichtungen, S. 40 f.; Hockerts, Entschädigung, S. 11.
18 Hockerts, Die Entschädigung, in: ders., Grenzen der Wiedergutmachung, S. 11.

angloamerikanischen Länder bemühten sich darum, die übrigen Siegerstaaten bei der Aufstellung von Forderungen zu bremsen. Man befürchtete, dass der von Hilfen aus den USA und Großbritannien abhängige Westen Deutschlands in einer Flut von Forderungen ertrinken würde. Die neben den drei westlichen Besatzungsmächten auf der Pariser Konferenz vertretenen 15 Staaten sollten ihre Ansprüche in einer Forderung bündeln und im Rahmen der ihnen zugedachten Quote als befriedigt betrachten.

Eine zentrale Bedeutung für die Reparationsfrage kommt dem Londoner Schuldenabkommen vom 27. Februar 1953 zu.[19] Dieses Abkommen regelte die Begleichung deutscher Auslandsschulden, die vor und nach dem Zweiten Weltkrieg gegenüber ausländischen Gläubigern zustande gekommen waren. Es ging explizit nicht um Forderungen, die sich auf die Jahre des Krieges bezogen, also um Kriegsschäden, die unter den Reparationsbegriff fielen. Dennoch nahm dieses Abkommen in Artikel 5, Absatz 2, zur Reparationsfrage Stellung. Lange nicht beachtet, spielte dieser Artikel dann in der Auseinandersetzung um Entschädigungsforderungen ausländischer Opfer des Nationalsozialismus und dann auch bei den Verhandlungen um den Zwei-plus-Vier-Vertrag eine zentrale Rolle. Der Artikel lautete: „Eine Prüfung der aus dem Zweiten Weltkrieg herrührenden Forderungen von Staaten, die sich mit Deutschland im Kriegszustand befanden oder deren Gebiet von Deutschland besetzt war, und von Staatsangehörigen dieser Staaten gegen das Reich und im Auftrage des Reiches handelnde Stellen oder Personen [...] wird bis zur endgültigen Regelung der Reparationsfrage zurückgestellt."[20]

Diese Formulierung entstammte dem zuvor von der Bundesrepublik mit den Westalliierten abgeschlossenen Überleitungsvertrag,[21] der Teil jenes Vertragspakets war, das im Gegenzug zum Beitritt der Bundesrepublik zum westlichen Militärbündnis die Abgabe von Souveränitätsrechten an die Bundesrepublik regelte. Gemeint war, dass die Prüfung und Lösung der Reparationsfrage bis zum Abschluss eines Friedensvertrages zwischen Deutschland und seinen ehemaligen Kriegsgegnern verschoben wurde. Der Vertragsabschluss konnte also nur mit einem geeinten Deutschland erfolgen. Insbesondere die Alliierten machten gegenüber der Bundesrepublik deutlich, dass damit „alle aus dem Zweiten Weltkrieg resultierenden Forderungen unbegrenzt" aufgeschoben würden.[22]

---

19 Abkommen über die deutschen Auslandsschulden vom 27.2.1953, BGBl. 1953 II, S. 331–485. Hierzu grundlegend: Ursula Rombeck-Jaschinski, Das Londoner Schuldenabkommen. Die Regelung der deutschen Auslandsschulden nach dem Zweiten Weltkrieg, München 2005.
20 Zit. bei: Hockerts, Entschädigung, S. 14.
21 Vertrag zur Regelung aus Krieg und Besatzung entstandener Fragen (Überleitungsvertrag) vom 26.5.1952 in der Fassung vom 23.10.1954, in: Verträge der Bundesrepublik Deutschland, Serie A: Multilaterale Verträge, hrsg. vom Auswärtigen Amt, Bd. 7, Bonn/Köln/Berlin 1957, S. 223–279.
22 Goschler, Schuld und Schulden, S. 156; zit. aus Tripartite Commission on German Debts, Minutes of the 109th Meeting, 22.9.1952, National Archives and Records Administration (NARA), RG 56,

Die Reparationsfrage wurde also mit der Lösung der deutschen Frage gekoppelt. Der Bochumer Zeithistoriker Constantin Goschler konstatiert dazu zutreffend: „Das konnte man damals zwar nicht laut sagen, aber irgendwie war es vor dem Hintergrund der damaligen Zeit klar, dieser Friedensvertrag wird nie kommen. Das hat man zumindest geglaubt."[23] Interessanterweise vertagte das Londoner Schuldenabkommen schon die eigentliche Prüfung der Reparationsfrage auf den unbestimmten Zeitpunkt einer multilateralen Abschlussregelung. Bilaterale Alleingänge, also Einzelverträge Deutschlands mit einzelnen Vertragsstaaten, waren daher nicht möglich. Damit wurde auch die Entschädigung von ausländischen NS-Verfolgten, die man damals als Teil der Reparationen begriff, auf unbestimmte Zeit vertagt. Durch die eindeutige Priorisierung der Auslandsschulden vor Reparationen im Londoner Schuldenabkommen erhielten nach Hans Günter Hockerts „Gläubiger-Interessen den Vorrang vor der Verfolgtenentschädigung".[24] Insbesondere die USA hatten ein großes Interesse, den westdeutschen Frontstaat im Kalten Krieg nicht mit übermäßigen Reparationsforderungen zu überfrachten, sondern zu stabilisieren.

Trotz der Verschiebung der Reparationsfrage auf einen unbestimmten Zeitpunkt blieb die Entschädigung von NS-Verfolgten aus dem Ausland ein virulentes Thema, weil es das Wertefundament der Bundesrepublik berührte. Daher entschloss sich die Bundesregierung, auch aus außenpolitischen Gründen, bilaterale Globalabkommen mit Staaten Westeuropas in Sachen Entschädigung abzuschließen.

Schon seit Kriegsende war der deutsche Umgang mit der NS-Vergangenheit für die Bundesrepublik zum Prüfstein für die Aufnahme in die Wertegemeinschaft westlicher Staaten geworden. Dies machten insbesondere die Amerikaner schon sehr früh gegenüber den Deutschen unmissverständlich deutlich.[25] Neben den alliierten Rückerstattungsgesetzen ermöglichten einzelne Entschädigungsgesetze der Bundesländer eine Kompensation von NS-Unrecht. Die Bundesregierung erließ 1953 ein Bundesergänzungsgesetz, welches die Ländergesetze vereinheitlichte, eine Entschädigung von Ausländern war dennoch nicht vorgesehen. Das Bundesergänzungsgesetz richtete sich bewusst an deutsche Verfolgte, die ja keine Chance hatten, im Rahmen von Reparationen eine Befriedigung ihrer Ansprüche zu erreichen.[26] Auslandstypische Verfolgungsakte wie die Verfolgung wegen Widerstands gegen die Besatzungsarmee oder die Verschleppung zur Zwangsarbeit waren damit vom Gesetz ausgeschlossen.

450/81/2/1, b. 59; Minutes of a Meeting between the Tripartite Commission on German Debts and the German Delegation for External Debts, 23.10.1952.
23 So Goschler, in: Vivien Leue, Ein Friedensvertrag, der keiner war, Deutschlandfunk, 11.9.2020, https://www.deutschlandfunk.de/zwei-plus-vier-vertrag-vor-30-jahren-ein-friedensvertrag.724.de.html?dram:article_id=483987 (letzter Aufruf: 15.9.2020).
24 Hockerts, Entschädigung, S. 15.
25 Dies wurde auch in der Frage der Rückerstattung jüdischen Eigentums unmissverständlich klar gemacht; vgl. Lillteicher, Raub, Recht und Restitution.
26 Hockerts, Entschädigung, S. 19 f.

Die bundesdeutsche Entschädigungsgesetzgebung ließ einige Ausnahmen zu, dennoch blieben ausländische Verfolgte seit den 1950er Jahren davon ausgeschlossen bzw. konnten im Rahmen des deutschen Entschädigungsrechts keine Anträge stellen. In den Folgejahren drängten die europäischen westlichen Partner – Mitglieder der NATO und Montanunion – auf eine Entschädigung ihrer Staatsbürger. Obwohl die Bundesrepublik Teil der westlichen Staatengemeinschaft wurde und das Londoner Schuldenabkommen Bonn jeglicher völkerrechtlichen Entschädigungspflicht enthob, konnten die Entschädigungsforderungen der Partnerstaaten durchaus den Prozess der weiteren Westintegration[27] stören. Die Bundesrepublik musste also einlenken.

Die von den Staaten zunächst angedachten multilateralen Ansätze wurden nicht realisiert, sodass zahlreiche bilaterale Abkommen Bonn zur Zahlung eines Globalbetrages an den jeweiligen Vertragspartnerstaat verpflichteten. Die Verteilung der jeweils von Westdeutschland ausgezahlten Summe an die NS-Verfolgten vor Ort oblag dann diesen Staaten. Um die Gefahr einer Präzedenzwirkung wissend, machte die Bundesregierung allerdings immer wieder deutlich, dass die Zahlungen freiwillige, sogenannte Ex-Gratia-Leistungen waren und auf keinen Fall eine Anerkennung einer Reparationspflicht bedeuteten. Insgesamt zahlte die Bundesrepublik zwischen 1959 und 1964 876 Mio. DM an zahlreiche Vertragsstaaten. Das Kanzleramt war sich allerdings schon seit 1958 bewusst, welche Forderungen bei einer internationalen Regelung individueller Entschädigungsansprüche auf Deutschland zukommen würden. Es rechnete mit rund 18 bis 23 Mrd. DM.[28]

3 Der Zwei-plus-Vier-Vertrag

Mit dem Ende des Kalten Krieges und der in Aussicht stehenden deutschen Einheit drohten internationale Verpflichtungen aus dem Zweiten Weltkrieg und des nationalsozialistischen Terrors, die bis dahin eingefroren waren, gleichsam wieder aufzutauen. Insbesondere Entschädigungsforderungen aus dem Osten Europas, die man bis dahin abgewehrt hatte, wurden wieder aktuell. Die Bundesregierung fürchtete, mit enormen Forderungen insbesondere aus Osteuropa konfrontiert zu werden. Das Londoner Schuldenabkommen hatte die Prüfung und Lösung der Reparationsfrage, was alle Schulden des ehemaligen Deutschen Reiches während des Zweiten Weltkrieges umfasste, auf den Zeitpunkt „bis zur endgültigen Regelung der Reparationsfrage", also bis zur Lösung der deutschen Frage, verschoben.

---

27 Ebenda, S. 33.
28 Winstel, Die Bundesregierung und die europäischen Entschädigungsforderungen bis 1965, in: Hockerts, Grenzen, S. 83; und Aufzeichnung des Ministerialdirektors (im Folgenden: MD) Groepper, 27.4.1970, in: Akten zur Auswärtigen Politik der Bundesrepublik Deutschland [künftig: AAPD] 1970, Dok. 186, S. 679.

Woran damals niemand wirklich geglaubt hatte, war mit dem Fall der Mauer plötzlich in greifbare Nähe gerückt: die deutsche Einheit! Dies rief die Frage eines Friedensvertrages wieder auf die Tagesordnung. Zwischen West und Ost blieb umstritten, ob ein solcher Vertrag eine zwingende Voraussetzung für die deutsche Einheit war.

Die Bundesregierung wollte zwar die staatliche Einheit, aber wegen drohender Reparationsverpflichtungen keinen förmlichen Friedensvertrag.[29] Es musste also eine andere völkerrechtlich bindende Regelung getroffen werden, die Fragen wie die Garantie der polnischen Westgrenze abschließend löste oder die Vorbehaltsrechte der Alliierten im Hinblick auf Berlin und Deutschland als Ganzes ablöste, ohne formal ein Friedensvertrag zu sein. Constantin Goschler formuliert es folgendermaßen: „Die bundesdeutsche Regierung legte einen völkerrechtlichen Spagat hin, indem sie von vorneherein darauf abgezielt hatte, einen Vertrag abzuschließen, der sozusagen ein Als-ob-Friedensvertrag war, nämlich einen Vertrag, der alle Fragen regelt, die in einem Friedensvertrag normalerweise geregelt werden, aber ohne wirklich Friedensvertrag zu heißen."[30] Auch aus diesem Grund erhielt der Vertrag die Bezeichnung: „Vertrag über die abschließende Regelung in bezug auf Deutschland".

Nachdem der Generalsekretär der KPdSU, Michail Gorbatschow, am 10. Februar 1990 bei einem Gespräch mit Bundeskanzler Kohl und Außenminister Genscher der deutschen Einheit zugestimmt und auch das Zwei-plus-Vier-Format als Verhandlungsformat anerkannt hatte, einigten sich die Außenminister der beiden deutschen Staaten und der ehemaligen Hauptsiegermächte am Rande der Abrüstungskonferenz „Open Skies" von NATO und Warschauer Pakt in Ottawa am 13. Februar 1990 genau auf dieses exklusive Format.[31] Ein formaler Friedensvertrag mit Deutschland hätte mit allen Nationen abgeschlossen werden müssen, mit denen das Deutsche Reich im Krieg gestanden hatte.[32] Daher war die Einigung auf das Zwei-plus-Vier-Format und damit der Ausschluss anderer Siegernationen der erste Erfolg der Bundesregierung auf dem Weg, einen förmlichen Friedensvertrag zu verhindern und auf diese Weise die Befriedigung von Reparationsforderungen bzw. Entschädi-

---

29 Vgl. Ministervorlage des Leiters des AA-Planungsstabs, MD Citron, 23.2.1990, in: Die Einheit. Das Auswärtige Amt, das DDR-Außenministerium und der Zwei-plus-Vier-Prozess, bearb. von Heike Amos und Tim Geiger, Göttingen 2015, Dok. 59, S. 301–303; Sitzung der Arbeitsgruppe „Außen- und Sicherheitspolitik" des Kabinettsausschusses „Deutsche Einheit", 14.2.1990, in: AAPD 1990, Dok. 39, S. 159 f.
30 So Constantin Goschler, in: Vivien Leue, Ein Friedensvertrag, der keiner war, Deutschlandfunk, 11.9.2020. https://www.deutschlandfunk.de/zwei-plus-vier-vertrag-vor-30-jahren-ein-friedensvertrag.724.de.html?dram:article_id=483987 (letzter Aufruf: 15.9.2020).
31 Heike Amos/Tim Geiger, Einleitung, in: Die Einheit, S. 24 f.
32 Siehe Hanns Jürgen Küsters, Der Integrationsfriede. Viermächte-Verhandlungen über eine Friedensregelung mit Deutschland 1945–1990, München 2000, S. 801–878.

gungsansprüchen ausländischer NS-Opfer von der Tagesordnung der eigentlichen Verhandlungen zu streichen.

Besonders schwerwiegend war der Ausschluss Polens aus der Verhandlungsrunde, da nur eine friedensvertragliche Regelung mit einem vereinten Deutschland die polnische Westgrenze völkerrechtlich absichern konnte. Die vorherigen Grenzverträge Polens mit den Regierungen der DDR und der Bundesrepublik – das Görlitzer Abkommen vom 6. Juli 1950 und der Warschauer Vertrag vom 7. Dezember 1970 – besaßen keine völkerrechtliche Gültigkeit für einen gesamtdeutschen Staat. Ein Friedensvertrag hätte allerdings die bis dato nicht befriedigten Reparations- und Entschädigungsansprüche Polens bzw. polnischer NS-Opfer wieder auf die Tagesordnung gebracht. Der sowjetische Außenminister Eduard Schewardnadse, der sehr wohl um die Sorgen der Polen um ihre Westgrenze wusste, mühte sich zeitgleich zur Einigung in Ottawa um die Zustimmung Polens zum Zwei-plus-Vier-Format.[33]

Um die Grenzfrage zu regeln, Reparationszahlungen aber zu umgehen, musste Bundeskanzler Kohl die polnische Regierung davon überzeugen, dass auf einen Zwei-plus-Vier-Vertrag unter Garantie ein separater völkerrechtlicher Grenzvertrag zwischen dem vereinten Deutschland und Polen folgen würde, der die polnische Westgrenze endgültig völkerrechtlich festschrieb. Es würde eine Grenzgarantie ohne Friedensvertrag geben und somit keine rechtliche Verpflichtung zur Zahlung von Reparationen. Dass Polen in Sachen Reparationen und Entschädigung von Deutschland wenig zu erwarten hatte, bekam der polnische Ministerpräsident Tadeusz Mazowiecki schon am 14. November 1989 bei einem Gespräch mit Bundeskanzler Kohl in Warschau deutlich zu spüren.[34] Kohl wies alle Forderungen brüsk zurück. Neben dem Reparationsverzicht Polens aus dem Jahr 1953[35] bezog sich Kohl auch auf das Sozialversicherungsabkommen aus dem Jahr 1975,[36] das er ebenfalls

---

33 Amos/Geiger, Einleitung, in: Die Einheit, S. 25; NATO-Ministerratstagung in Ottawa, 13.2.1990, in: ebenda, Dok. 50, S. 260, Anm. 5.
34 Gespräch des Bundeskanzlers Kohl mit Ministerpräsident Mazowiecki, Warschau, 14.11.1989, in: Dokumente zur Deutschlandpolitik. Deutsche Einheit. Sonderedition aus den Akten des Bundeskanzleramtes 1989/90, bearb. von Hanns Jürgen Küsters und Daniel Hofmann [künftig: DzD. Deutsche Einheit], Dok. 92, S. 534 f.
35 Laut Hockerts war dieser Verzicht auf sowjetischen Druck zustande gekommen. Später war rechtlich umstritten, ob dieser Verzicht auch Individualansprüche umfasste: Hockerts, Entschädigung, S. 45, hier insbesondere Anm. 128. Krzysztof Ruchniewicz spricht von einem bewussten Solidaritätsakt Polens gegenüber dem sozialistischen Bruderstaat DDR, den man nach dem Volksaufstand vom 17. Juni 1953 durch Reparationsverzicht nicht zusätzlich belasten wollte: ders., Deutschland und das Problem der Nachkriegsentschädigungen für Polen, in: Hockerts (Hrsg.), Grenzen, S. 667–739, hier S. 699.
36 Für den Wortlaut des Abkommens vom 9.10.1975 zwischen der Bundesrepublik und Polen über die Renten- und Unfallversicherung vgl. Bundesgesetzblatt 1976, Teil II, S. 396–400 bzw. S. 401 f. Vgl. ferner Gespräch des Bundesministers Genscher mit dem polnischen Außenminister Olszowski in Warschau, in: AAPD 1975, Dok. 296, S. 1365–1376. Beide Staaten verpflichteten sich, für die Ren-

als Reparationsverzicht Polens verstanden wissen wollte. Kohl verwies auch auf insgesamt 100 Mrd. DM Wiedergutmachungsleistungen der Bundesrepublik, von denen polnische NS-Opfer aber weitgehend ausgeschlossen worden waren. Ein Sonderabkommen mit Polen, so der Kanzler, hätte eine Präzedenzwirkung auf Forderungen diverser anderer Staaten. Allenfalls denkbar sei eine humanitäre Geste für polnische NS-Zwangsarbeiter.[37]

Der polnische Ministerpräsident Mazowiecki berief sich dagegen auf eine Rechtsposition, die Polen schon länger vertrat. Neben Reparationsforderungen gebe es zivilrechtliche Ansprüche von individuellen Opfern des NS-Regimes. Hier spielte er insbesondere auf Forderungen ehemaliger polnischer Zwangsarbeiter an.[38] Diese Argumentation war als Versuch zu werten, den Schutzschild „Londoner Schuldenabkommen", mit dem Deutschland bis dato alle Forderungen abgewehrt hatte, zu durchbrechen. Bundeskanzler Kohl wollte jedoch zunächst nicht die Rechtsauffassung teilen, dass das Abkommen zwischen zivilrechtlichen und völkerrechtlichen Ansprüchen unterschieden habe. Dass diese Argumentation Kohls auf längere Sicht nicht mehr aufrechtzuerhalten war, zeichnete sich bereits im Frühjahr 1990[39] ab, zeigte sich aber vor allem bei der späteren Auseinandersetzung und vertraglichen Einigung über die Entschädigung von NS-Zwangsarbeitern während der Regierungszeit von Bundeskanzler Gerhard Schröder.[40]

Sowohl Gorbatschow als auch Schewardnadse machten auch nach der Einigung auf das Zwei-plus-Vier-Format in öffentlichen Interviews am 19. und 21. Februar 1990 deutlich, dass mit dieser Einigung die Frage eines Friedensvertrages nicht vom Tisch sei. Nur ein solcher Vertrag könne den sicherheitspolitischen Status Deutschlands in Europa völkerrechtlich fixieren, die Unverletzlichkeit der Nachkriegsgrenzen festschreiben und die Reparationsfrage regeln.[41] Kohl holte sich allerdings Rü-

---

tenansprüche der im jeweiligen Staatsgebiet lebenden Personen aufzukommen, ohne Rücksicht auf deren Staatsbürgerschaft. Man nahm für Polen eine stärkere Belastung an und zahlte eine pauschale Abgeltung von 1,3 Mrd. DM in drei Jahresraten. Siehe auch: Ruchniewicz, Deutschland, S. 728 f.
37 Zur Kanzlerzusage siehe DzD. Deutsche Einheit, Dok. 92, S. 535.
38 Gespräch des Bundeskanzlers Kohl mit Ministerpräsident Mazowiecki, Warschau, 14.11.1989, in: DzD. Deutsche Einheit, Dok. 92, S. 534–537; Gespräch des MD Kastrup mit Vertretern der Vereinigung ehemaliger polnischer Zwangsarbeiter in Warschau, 10.11.1989, in: AAPD 1989, Dok. 355, S. 1512 f.
39 Aufzeichnung des Ministerialdirigenten Höynck, 2.4.1990, in: AAPD 1990, Dok. 88, S. 370–372.
40 Zur Geschichte der Zwangsarbeiterentschädigung siehe Stuart E. Eizenstat, Unvollkommene Gerechtigkeit. Der Streit um die Entschädigung der Opfer von Zwangsarbeit und Enteignung, München 2003; Susanne-Sophia Spiliotis, Verantwortung und Rechtsfrieden. Die Stiftungsinitiative der deutschen Wirtschaft, Frankfurt a. M. 2003; Constantin Goschler (Hrsg.), Die Entschädigung von NS-Zwangsarbeit am Anfang des 21. Jahrhunderts. Die Stiftung „Erinnerung, Verantwortung und Zukunft" und ihre Partnerorganisationen, Göttingen 2012.
41 Interview Schewardnadses in der Iswestija am 19.2. und Gorbatschows in der Prawda am 21.2.1990, zit. in: Hanns Jürgen Küsters, Entscheidung für die deutsche Einheit. Einführung in die Edition, in: DzD. Deutsche Einheit, S. 115.

ckendeckung in Washington und bekräftigte seine Haltung gegenüber Polen in der Reparations- bzw. Entschädigungsfrage in einem Gespräch mit US-Präsident George H. W. Bush in Camp David am 24. Februar 1990, also einige Tage nach der Einigung auf das Zwei-plus-Vier-Verhandlungsformat und den Äußerungen aus Moskau. In der Entschädigungsfrage bezog sich Kohl nochmals auf das Sozialversicherungsabkommen mit Polen von 1975. Hier seien Polen große Summen zugeflossen, die von dem korrupten Regime verschleudert worden seien, statt den Menschen zugute zu kommen. Nach 50 Jahren könne man nun nicht noch einmal mit Reparationen anfangen.[42]

Schaut man zurück auf den Warschauer Vertrag, den Polen am 7. Dezember 1970 mit der Regierung Willy Brandt abschloss, blieben auch hier die Entschädigungsforderungen von NS-Opfern unberücksichtigt. Beide Länder waren sich damals darüber einig, dass Entschädigungsforderungen zu einer gegenseitigen Aufrechnung führen könnten, die dann den Abschluss des Vertrages hätte gefährden können. Bemerkenswert war jedoch, dass die Bundesregierung damals bereit war, die Forderungen der Vertriebenen aus den ehemaligen deutschen Ostgebieten den Forderungen der polnischen NS-Verfolgten gegenüberzustellen.[43] In jedem Falle wurden die Ansprüche der NS-Verfolgten hinter dem Primat der Verständigungspolitik zurückgestellt.[44] Das Politbüro der Polnischen Vereinigten Arbeiterpartei unter Parteichef Władysław Gomułka war sogar bereit gewesen, die Entschädigungsforderungen für einen Kredit in Höhe von 10 Mrd. DM[45] endgültig unter den Tisch fallen zu lassen. Nach der Ablösung Gomułkas fand auch die Politik des Verkaufs von Ansprüchen der NS-Verfolgten zugunsten der polnischen Staatskasse ein Ende. Das Sozialversicherungsabkommen von 1975 zielte dann direkt auf die Bedürfnisse ehemaliger polnischer NS-Verfolgter ab. Die polnische Regierung wollte dieses Abkommen dennoch nicht als Ablösung von zu Recht bestehenden zivilrechtlichen Forderungen, beispielsweise der Zwangsarbeiter, verstanden wissen.[46] Das von Kohl in seiner Abwehrargumentation aufgeführte deutsch-polnische Sozialversicherungsabkommen kam tatsächlich ehemaligen NS-Verfolgten in Polen in Form von Rentenzahlungen zugute, nur erfuhren diese nie, dass das Geld aus (West-)Deutschland stammte.

Die Weigerung Kohls hatte auch innenpolitische Gründe. Der Kanzler verwies in einem Telefonat mit US-Präsident Bush am 15. März 1990 darauf, dass Reparationsforderungen ihn in eine „innenpolitisch katastrophale Lage" brächten. Die Men-

---

42 Gespräch des Bundeskanzlers mit Präsident Bush, Camp David, 24.2.1990, in: DzD. Deutsche Einheit, Dok. 192, S. 860–873, hier S. 863.
43 Ruchniewicz, Deutschland, S. 719. Von einer Fokusverschiebung innerhalb der SPD von den Jahren 1933–1945 auf die Zeit nach 1945 berichtet Kristina Meyer, Die SPD und die NS-Vergangenheit 1945–1990, Göttingen 2015, S. 330 f.
44 Hockerts, Entschädigung, S. 47.
45 Ruchniewicz, Deutschland, S. 718–719, Anm. 140; Hockerts, Entschädigung, S. 48.
46 Hockerts, Entschädigung, S. 46–48.

schen in der Bundesrepublik würden solche Forderungen beinahe 50 Jahre nach dem Krieg nicht mehr akzeptieren.[47] In der Tat standen über 65 Prozent der Bundesbürger weiteren Entschädigungs- und Reparationsforderungen skeptisch bis ablehnend gegenüber.[48]

Dreh- und Angelpunkt aller Probleme im Zusammenhang mit der Entschädigung von ausländischen Geschädigten war die Frage, ob Schäden von Widerstandskämpfern, Zwangsarbeitern, Opfern von Repressalien und die Entschädigung von typischen NS-Opfern wegen Tötung, Freiheitsberaubung, Körperschäden, Zwangsarbeit und Vermögensschäden als Teil der Reparationsforderungen zu betrachten waren.[49] Für die Bundesregierung war aus den genannten Gründen klar, dass unter Reparationsforderungen alle „völkerrechtlichen Entschädigungsforderungen im Zusammenhang mit Kriegsereignissen einschließlich der Forderungen im Sinne der deutschen Wiedergutmachungsgesetzgebung (Bundesergänzungs- und Bundesentschädigungsgesetz)" zu verstehen waren.

Der außenpolitische Berater Helmut Kohls, Ministerialdirektor Horst Teltschik, fertigte am 15. März 1990[50] für den Bundeskanzler eine Vorlage zur Frage der Berechtigung von Reparationsforderungen von Siegern des Zweiten Weltkrieges gegen ein vereintes Deutschland an, in der er die mit dem Auswärtigen Amt abgestimmten Leitsätze zur Rechtsposition der Bundesrepublik zusammenfasste. Hier wird der völkerrechtliche Spagat besonders deutlich. In sinngemäßer Zusammenfassung beinhaltete die Vorlage folgende Punkte:

1. Reparationen umfassen alle völkerrechtlichen Entschädigungsansprüche und damit auch Individualansprüche geschädigter Staatsangehöriger der Siegerstaaten.
2. Ein Reparationsanspruch gegenüber Deutschland wird verneint. Denn: Der Anspruch entstehe dem Grund und der Höhe nach nur durch vertragliche Vereinbarungen zwischen Sieger und Besiegtem. Derartige Verpflichtungen seien bisher nicht eingegangen worden.
3. Das Londoner Schuldenabkommen regele nicht, wann „die endgültige Regelung der Reparationsfrage" erfolgen solle.
4. Der Überleitungsvertrag besage, dass die Reparationsfrage im Rahmen eines Friedensvertrages oder eines anderen Abkommens geregelt werden solle. Damit sei auch der Überleitungsvertrag keine „vertragliche Vereinbarung eines konkreten Reparationsanspruchs".

---

47 Telefongespräch des Bundeskanzlers Kohl mit Präsident Bush, 15.3.1990, in: DzD. Deutsche Einheit, Dok. 221, S. 954.
48 Goschler, Schuld und Schulden, S. 416 f. Goschler zitiert aus einer Umfrage des American Jewish Committee aus dem Jahr 1990.
49 Vorlage des Vortragenden Legationsrats I Ueberschaer an Ministerialdirektor Teltschik, Bonn, 6.3.1990, in: DzD. Deutsche Einheit, Dok. 206, S. 915 f.
50 Vorlage des Ministerialdirektors Teltschik an Bundeskanzler Kohl, Bonn, 15.3.1990, in: ebenda, Dok. 222, S. 955 f.

5. Reparationsleistungen können erst aufgrund von Verpflichtungen entstehen, die im Rahmen eines friedensvertraglichen oder sonstigen Abkommens eingegangen werden. „Die Übernahme solcher Verpflichtungen wollen wir unter allen Umständen vermeiden."
6. Wird jedoch ein Friedensvertrag abgeschlossen, sei es unvermeidbar, dass die Reparationsfrage als Ganzes und in Form konkreter Ansprüche auf den Tisch kommt.
7. Die Bundesregierung wie die Regierung eines vereinten Deutschlands habe „ein vorrangiges Interesse, sich der Forderung nach Abschluß eines Friedensvertrages zu widersetzen".[51]
8. Ohne Abschluss eines formellen Friedensvertrages könne man darauf verweisen, dass mit der Herstellung der deutschen Einheit die Reparationsproblematik nicht noch einmal aufgerollt werden müsse. Denn zum einen sei dies nirgendwo vertraglich so vereinbart und zum anderen sei die Reparationsproblematik durch Verzichtserklärungen ehemaliger Kriegsgegner und erbrachte Leistungen Deutschlands 45 Jahre nach Kriegsende *de facto* erledigt.

Der völkerrechtliche Spagat dehnte sich auch auf die Frage der polnischen Westgrenze aus, die eigentlich nur über einen Friedensvertrag völkerrechtlich fixiert werden konnte. Auch hier ging es der Bundesregierung darum, mit dem Zwei-plus-Vier-Vertrag eine Lösung für die Grenzfrage ohne den Abschluss eines formalen Friedensvertrages zu finden. Um Zweifel und Bedenken Polens auszuräumen, enthielt das Vertragswerk einen zusätzlichen Passus, in dem Deutschland versicherte, mit Polen einen völkerrechtlich gültigen Grenzvertrag abzuschließen. Zuvor sollten Resolutionen der beiden deutschen Parlamente die fortwährende Gültigkeit der polnischen Westgrenze bekräftigen und dann nach der Vereinigung der gesamtdeutsche Souverän die dann mögliche vertragliche Klarheit schaffen. Kohl einigte sich mit US-Präsident Bush am 20. März 1990 darauf, Polen grundsätzlich weiterhin von einer direkten Teilnahme an den Zwei-plus-Vier-Verhandlungen auszuschließen, jedoch dann hinzuzuziehen, wenn es um die polnische Westgrenze gehe.[52]

Noch vor den eigentlichen Verhandlungen zum Zwei-plus-Vier-Vertrag gelang es der Regierung Kohl, das eigentliche Verhandlungsformat und den Charakter des Vertrages so mitzubestimmen, dass die Reparationsfrage und damit die Entschädigungsfrage ausgeschlossen blieben. Vor 1990 war es offenbar für diese Forderungen zu früh – damals hieß es nämlich: man müsse auf die Lösung der deutschen Frage warten – und nach 1990 dann offenbar zu spät. Warum es zum Zeitpunkt der nahenden deutschen Einheit für die Lösung der Reparationsfrage zu spät sei, führte das Auswärtige Amt in einem internen Papier aus: „45 Jahre nach Beendigung des Zwei-

---

51 Ebenda.
52 Telefongespräch von Bundeskanzler Kohl mit Präsident Bush, am 20.3.1990, in: ebenda, Dok. 224, S. 961. Vgl. dazu auch den Beitrag von Heike Amos in dem vorliegenden Band.

ten Weltkrieges und weit über 30 Jahre nach der von den Alliierten zu unterschiedlichen Zeiten erklärten Beendigung des Kriegszustandes, nach Jahrzehnten friedlicher und vertrauensvoller und fruchtbarer Zusammenarbeit der Bundesrepublik Deutschland mit der internationalen Staatengemeinschaft und nach umfangreichen für die Regelung der Kriegsfolgen erbrachten Leistungen hat die Reparationsfrage ihre Berechtigung verloren."[53] Damit konnte die Bundesrepublik jedoch nicht verhindern, dass die Verhandlungspartner die Reparationsfrage immer wieder aufbrachten und Polen bei den Verhandlungen, zu denen es zugelassen war, diese Frage wieder aufrief. Die wesentlichen Entscheidungen waren aber im Vorfeld gefallen.

4 Nachwirkungen: Die Entschädigungsfrage nach Abschluss des Zwei-plus-Vier-Vertrages

Die Bundesrepublik blieb auch nach Abschluss des Zwei-plus-Vier-Vertrages mit Forderungen konfrontiert, die Jahrzehnte lang aufgeschoben worden waren. Hierbei handelte es sich im Wesentlichen um Forderungen von NS-Verfolgten, die hinter dem Eisernen Vorhang gelebt hatten. Deutschland kam nicht umhin, wie zuvor mit den westeuropäischen Staaten, Sondervereinbarungen mit Polen und der Sowjetunion abzuschließen. Schon mit dem deutsch-polnischen Nachbarschaftsvertrag von 1991 wurde eine Stiftung zur deutsch-polnischen Aussöhnung gegründet und mit 500 Mio. DM ausgestattet. Angesichts 600 000 Antragsberechtigter war klar, dass das Geld nicht reichen würde. Auch mit Moskau wurde das Stiftungsmodell vereinbart mit einer Ausstattung von 1 Mrd. DM. Dieses (Ex-Gratia-)Modell lag auch den Verträgen mit weiteren osteuropäischen Staaten zugrunde.[54]

Wie grundlegend sich jedoch die Verhandlungsposition Washingtons von der Position ostmitteleuropäischer Staaten unterschied, zeigte eine Vereinbarung mit den USA, die NS-Verfolgte betraf, die schon in der Verfolgungszeit die amerikanische Staatsbürgerschaft besessen hatten, also ebenfalls ausländische NS-Verfolgte waren. Hugo Princz, ehemaliger Zwangsarbeiter, klagte zunächst gegen die Bundesrepublik auf eine Entschädigung von 17 Mio. USD. Nach dem Scheitern der Klage vor US-Gerichten aus Gründen der Staatenimmunität verklagte er die Unternehmen Daimler-Benz, Bayer und Hoechst. Das Verfahren wurde außergerichtlich gelöst und führte zu einer als Spende deklarierten Zahlung von 800 000 USD.[55] Aufgrund des durch diesen Fall ausgelösten enorm hohen öffentlichen und auch politischen

---

53 Aufzeichnung des Ministerialdirigenten Eitel vom 21.3.1990, in: AAPD 1990, Dok. 76, S. 315. Die Aufzeichnung beruht auf einem Vermerk des Vortragenden Legationsrats Götz vom 21.3.1990, der der Ressortabstimmung in dieser Frage diente.
54 Goschler, Schuld und Schulden, S. 431 f.
55 Henning Borggräfe, Zwangsarbeiterentschädigung. Vom Streit um „vergessene Opfer" zur Selbstaussöhnung der Deutschen, Göttingen 2014, S. 240.

Interesses schloss die Bundesrepublik 1995 ein Globalabkommen mit den USA, das eine Entschädigungssumme von 3 Mio. USD umfasste. 1999 folgte ein weiteres Abkommen, nach dem weitere 240 US-Bürger im Durchschnitt rund 100 000 USD Entschädigung erhielten, also eine Gesamtsumme von 24 Mio. USD.[56] Die vom polnischen Ministerpräsidenten Mazowiecki im Zuge der sich abzeichnenden deutschen Einheit zwar thematisierte, aber bis dahin noch nicht gelöste Frage der Entschädigung von Zwangsarbeitern wurde seit 1996 wieder aktuell, als sich weitere ehemalige Zwangsarbeiter in den USA zu Sammelklagen gegen deutsche Unternehmen zusammenfanden.

Auch das Bundesverfassungsgericht kam zu einer neuen Rechtsauffassung. Es entschied am 13. Mai 1996, dass individuelle Ansprüche ehemaliger Zwangsarbeiter nicht durch allgemeine Regeln des Völkerrechts ausgeschlossen seien. Das Gericht bestätigte zwar, dass ein Anspruch wegen Vergehen gegen das Völkerrecht nicht dem Betroffenen selbst, sondern seinem Heimatstaat zustehe, es stellte aber gleichzeitig fest, dass das Grundprinzip des diplomatischen Schutzes nicht ausschließe, dass solche Ansprüche nach nationalem Recht des verletzenden Staates befriedigt werden könnten.[57] Die Reichweite des völkerrechtlichen Grundsatzes, dass die materiellen Kriegsfolgen nur aufgrund völkerrechtlicher Vereinbarungen geltend gemacht werden können, wurde in diesem Fall eingeschränkt. Die Forderungen ausländischer Zwangsarbeiter auf Arbeitsentgelt waren damit nicht mehr ausschließlich Teil zwischenstaatlicher Forderungen nach einem Krieg und damit nicht ausschließlich Teil der Reparationen. Die Bundesrepublik konnte demnach weitere gesetzliche Regelungen zur Befriedigung der Ansprüche auf Entschädigung für Zwangsarbeit schaffen oder die Anspruchsteller nach den geltenden nationalen Entschädigungsgesetzen entschädigen. Durch das Urteil des Bundesverfassungsgerichtes erhielten somit individuelle und kollektive Forderungen – also Forderungen von Staaten – eine gewisse Gleichrangigkeit.[58]

Die deutsche Wirtschaft, gegen die sich diesmal die Klagen vor US-amerikanischen Gerichten richteten, versuchte es zunächst mit den altbekannten rechtlichen Abwehrstrategien, doch drohte global agierenden Firmen ein erheblicher Imageschaden in den USA, sollten sie sich der Entschädigung verweigern. Eine neue Generation von Unternehmenslenkern zeigte sich aufgeschlossener als ihre Vorgänger. Eine vom niedersächsischen Ministerpräsidenten Gerhard Schröder vorgeschlagene

---

56 Goschler, Schuld und Schulden, S. 436.
57 Beschluss des Bundesverfassungsgerichts vom 13.5.1996 – 2 BvL 33/93, in: Entscheidungen des Bundesverfassungsgerichts, Bd. 94, Tübingen 1997, S. 315–334. Urteilstext veröffentlicht unter: https://www.servat.unibe.ch/dfr/bv094315.html (letzter Aufruf: 18.1.2020), Zusammenfassung unter: https://www.mpil.de/de/pub/publikationen/archiv/rechtsprechung-voelkerrecht/r00.cfm?fuseaction_rspr=act&act=r96_4#781 (letzter Aufruf: 8.2.2020).
58 Ebenda. Vgl. auch Matthias Arning, Späte Abrechnung. Über Zwangsarbeiter, Schlußstriche und Berliner Verständigungen, Frankfurt a. M. 2017, S. 36 f. Erwähnt auch bei Goschler, Schuld und Schulden, S. 450.

Fondslösung, in den alle Unternehmen einzahlen sollten,[59] wurde erst Realität, als dieser 1998 zum Bundeskanzler gewählt worden war. Dass jetzt auch osteuropäische Zwangsarbeiter entschädigt werden sollten, brachte wieder altbekannte Argumentationsmuster hervor, nach denen zwischen typischen NS-Verfolgten und Zwangsarbeitern zu unterscheiden sei. Im Fall Polens sollte man die einverleibten Ostgebiete Deutschlands in die Entschädigungsdiskussion mit einbeziehen oder die Zwangsarbeit Deutscher in der Sowjetunion gegenrechnen.[60]

Die wiederholte Drohung der US-Regierung, erneut die Reparationsfrage auf den Tisch zu bringen, zeigte ihre Wirkung. Im Gegenzug verzichteten die USA im Abkommen zur Errichtung der Stiftung „Erinnerung, Verantwortung und Zukunft" einseitig auf künftige Reparationsansprüche gegen Deutschland.[61] Die letztendliche Einigung auf einen Fonds in Höhe von 10 Mrd. DM – davon 5 Mrd. Staatsgelder und 5 Mrd. aus Beiträgen der deutschen Wirtschaft – war ein weiterer wichtiger Schritt in der Wiedergutmachungsgeschichte und in der Geschichte des humanitären Völkerrechts.

5 Fazit

Auch wenn es den Anschein hat, dass Deutschland nach dem Zweiten Weltkrieg und nach der Wiederherstellung der deutschen Einheit zweimal hohen Reparationszahlungen entging, so entging Deutschland nicht dem moralischen Druck und seiner Verantwortung für die Opfer des NS-Terrors. Konnte die Bundesregierung im Rahmen der Verhandlungen zum Zwei-plus-Vier-Vertrag noch erfolgreich Reparationen und damit eine Verpflichtung zur Zahlung weiterer umfangreicher Entschädigungsleistungen abwehren, blieb das Thema Wiedergutmachung für NS-Unrecht weiterhin ein „unfinished business", dem sich die Bundesregierung und die bundesdeutsche Gesellschaft immer wieder zu stellen hatte. Dies zeigten die Jahrzehnte nach dem Zweiten Weltkrieg und die Jahre nach der Wiedervereinigung. Auf insgesamt doch eher überschaubare Reparationsleistungen Deutschlands zwischen 1945 und 1950/53 und die Befreiung von Reparationen nach 1990 folgten Entschädigungsprogramme.

Wie nach dem Zweiten Weltkrieg, stellte sich auch nach 1989 die Frage, wovon Europa oder die Welt eher profitieren würde: von einer Bundesrepublik bzw. von einem Deutschland, das vor dem Hintergrund gigantischer Zerstörungen enorme Reparationsforderungen zu befriedigen hatte und womöglich unter dieser Last zusammenbrach, oder von einem Deutschland, das möglichst schnell ein integraler Bestandteil der westlichen Staatengemeinschaft werden würde? Die Entscheidung

---

59 Ebenda, S. 451.
60 Ebenda, S. 454.
61 Ebenda, S. 464, hier auch Anm. 44.

für schnelle Lösungen und der Vorrang sicherheits- und bündnispolitischer Fragen, die zum Erlass gigantischer Schulden führten, bedeuteten jedoch nicht, dass Deutschland seinen moralischen und damit auch monetären Verpflichtungen gegenüber den NS-Opfern entkam.

Die bundesdeutsche Politik einer Reparationsvermeidung, die vielleicht unbeabsichtigt in eine fortwährende politische Auseinandersetzung um Entschädigungsforderungen und Entschädigungsleistungen mündete und in Deutschland immer wieder zu Wertebekenntnissen, aber auch zu einer transnationalen proeuropäischen Politik der Aussöhnung führte, hatte durchaus positive Effekte, nicht nur für Deutschland selbst. So sind auch die neuerlichen Reparationsforderungen Polens und Griechenlands aus dem Jahr 2017 als Teil dieser Geschichte der vermutlich nie ganz beendeten Auseinandersetzung um Deutschlands Schuld und Schulden anzusehen.

Heike Amos
Die Oder-Neiße-Grenze

Vom Problem zur Verhandlungslösung 1989/90

Am 13. Februar 1990 schleuderte der bundesdeutsche Außenminister Hans-Dietrich Genscher seinen niederländischen und italienischen Amtskollegen, Hans van den Broek und Gianni de Michelis, den Satz entgegen: „You are not part of the game."[1] Denn die Verhandlungen über die äußeren Bedingungen zur Herstellung der deutschen Einheit sollten seinen Vorstellungen zufolge nur im Kreis der beiden deutschen Staaten und der vier Alliierten Mächte geführt werden. Damit brüskierte Genscher seine Amtskollegen und auch westeuropäische NATO-Partner, die als direkte und indirekte Nachbarstaaten der Bundesrepublik eine Beteiligung an den Verhandlungen wünschten. Jedoch fühlten sich auch osteuropäische Staaten vom Zwei-plus-Vier-Mechanismus ausgeschlossen, insbesondere Polen als östlicher Nachbar der DDR jenseits der Oder-Neiße-Grenze.[2] Die Beunruhigung über die Art und Weise einer deutschen Vereinigung sowie die Grenze hatte auf polnischer Seite eine längere Vorgeschichte.

1 Die Oder-Neiße-Grenze als Problem

Die DDR hatte die Oder-Neiße-Grenze als deutsch-polnische Grenze im Juli 1950 im Görlitzer Vertrag vorbehaltlos anerkannt.[3] Wenngleich Polen und die DDR als „Bruderstaaten" im Warschauer Pakt galten, blieben deren Beziehungen untereinander durch zahlreiche Konflikte in den folgenden 40 Jahren belastet. Zwar wurde 1971 der visafreie Besucherverkehr zwischen beiden Staaten eingeführt; 1980 schloss die DDR jedoch aufgrund der Entstehung der Solidarność-Bewegung die Grenze zu Polen. Die Verhängung des Kriegszustands in Polen am 13. Dezember 1981 registrierte die Führung in Ost-Berlin mit Zufriedenheit. Sie beobachtete die Entwicklung im

---
1 NATO-Ministerratstagung in Ottawa, in: Die Einheit. Das Auswärtige Amt, das DDR-Außenministerium und der Zwei-plus-Vier-Prozess, bearb. von Heike Amos und Tim Geiger, Göttingen 2015, Dok. 50, S. 263.
2 Vgl. Heike Amos/Tim Geiger, Das Auswärtige Amt und die Wiedervereinigung 1989/90, in: Michael Gehler/Maximilian Graf (Hrsg.), Europa und die deutsche Einheit. Beobachtungen, Entscheidungen und Folgen, Göttingen 2017, S. 65–90, hier S. 72.
3 Vgl. Görlitzer Abkommen vom 6.7.1950, in: Dokumente zur Deutschlandpolitik, Reihe III, Bd. 3: 1950, München 1997, S. 249–252.

Nachbarstaat seitdem mit größtem Misstrauen.⁴ Zuletzt kamen Konflikte zwischen Polen und der DDR über den Grenzverlauf in der Pommerschen Bucht hinzu.⁵

Die Bundesrepublik Deutschland und die Volksrepublik Polen unterzeichneten am 7. Dezember 1970 den Warschauer Vertrag,⁶ in Polen Normalisierungsvertrag genannt, in dem die Oder-Neiße-Linie faktisch als Grenze anerkannt wurde. So bekräftigten beide Seiten in Artikel 1 des Vertrages „die Unverletzlichkeit ihrer bestehenden Grenzen jetzt und in der Zukunft" und erklärten, „gegeneinander keinerlei Gebietsansprüche [zu] haben und solche auch in Zukunft nicht [zu] erheben". In der Bundesrepublik stand diese politische Anerkennung jedoch rechtlich unter dem Vorbehalt, nur bis zur Wiederherstellung der Einheit Deutschlands zu gelten, wie dies explizit eine parteienübergreifende Bundestagsresolution am 17. Mai 1972 im Zusammenhang mit der Ratifizierung des Moskauer und Warschauer Vertrages formulierte.⁷ Die Bonner Regierung unterstützte den sogenannten Friedensvertragsvorbehalt, der rechtlich und historisch gesehen Teil des Vorbehalts der Vier-Mächte-Rechte und -Verantwortlichkeiten in Bezug auf Berlin und Deutschland als Ganzes war. Der Friedensvertragsvorbehalt war geregelt im Vertrag zwischen der Bundesrepublik und den drei Westmächten vom 26. Mai 1952 („Deutschlandvertrag"). Bezüglich einer immer zusammengedachten deutschen Einheit, dem Abschluss eines Friedensvertrages und Grenzanerkennungen hieß es in Artikel 7, Absatz 1: „Die Unterzeichnerstaaten sind sich darüber einig, dass ein wesentliches Ziel ihrer gemeinsamen Politik eine zwischen Deutschland und seinen ehemaligen Gegnern frei vereinbarte friedensvertragliche Regelung für ganz Deutschland ist, [...] Sie sind weiterhin darüber einig, dass die endgültige Festlegung der Grenzen Deutschlands

---

4 Vgl. Dominik Pick, Deutsch-polnische Beziehungen und die deutsche Einheit, in: Gehler/Graf (Hrsg.), Europa und die deutsche Einheit, S. 599–626, hier S. 600, 602.

5 Vgl. Burkhard Olschowsky, Die SED im Drang nach Osten? Der Territorialgewässerstreit zwischen der DDR und Polen 1985–1989, in: Deutschland Archiv 24 (2001), S. 816–826; Vertrag zwischen der DDR und der VR Polen über die Abgrenzung der Seegebiete in der Oderbucht, 22.5.1989, in: Gesetzblatt der DDR, 1989, S. 150 f.

6 Vgl. Warschauer Vertrag vom 7.12.1970, in: BGBl. 1972, II, S. 362 f.; Pick, Deutsch-polnische Beziehungen, S. 601.

7 Vgl. den gemeinsamen Entschließungsantrag der Fraktionen von CDU/CSU, SPD und FDP vom 10.5.1972, in: Auswärtiges Amt (Hrsg.), Außenpolitik der Bundesrepublik Deutschland. Dokumente von 1949 bis 1994, Köln 1995, Dok. 109, S. 368 f.; für die Verabschiedung vgl. Deutscher Bundestag, Stenographische Berichte, 6. Wahlperiode, 187. Sitzung (17.5.1972), S. 10943. Die diplomatischen Vertreter Polens und der UdSSR in Bonn wurden bereits durch Vorabunterrichtung in den Entstehungsprozess dieser einseitigen Entschließung eingebunden, vgl. dazu Akten zur Auswärtigen Politik der Bundesrepublik Deutschland [im Folgenden: AAPD] 1972, bearb. von Mechthild Lindemann, Daniela Taschler und Fabian Hilfrich, München 2003, Dok. 125, 126 und 132. In der Bundestags-Entschließung hieß es in Punkt 2: „Die Verpflichtungen, die die Bundesrepublik Deutschland in den Verträgen eingegangen ist, hat sie im eigenen Namen auf sich genommen. Dabei gehen die Verträge von den heute tatsächlich bestehenden Grenzen aus, deren einseitige Änderung sie ausschließen. Die Verträge nehmen eine friedensvertragliche Regelung für Deutschland nicht vorweg und schaffen keine Rechtsgrundlage für die heute bestehenden Grenzen."

bis zu dieser Regelung aufgeschoben werden muss."[8] Polen benötigte eine solche friedensvertragliche Lösung, um die Oder-Neiße-Grenze auch für die Zukunft endgültig festzulegen. Die Bundesrepublik hingegen lehnte einen förmlichen Friedensvertrag ab,[9] um sich nicht dem Risiko erneuter hoher Reparationsforderungen ehemaliger Kriegsgegner, auch vonseiten Polens, auszusetzen.[10] Das Bundesverfassungsgericht bekräftigte 1975, dass erst ein souveränes geeintes Gesamtdeutschland den endgültigen Verzicht auf die ehemaligen deutschen Ostgebiete leisten[11] und damit die Oder-Neiße-Grenze endgültig anerkennen könne. Der Warschauer Vertrag galt demnach nur für die Bundesrepublik und nicht (automatisch) für das vereinte Deutschland. Damit war die Frage der polnischen Westgrenze rechtlich aus bundesdeutscher Sicht noch nicht endgültig geklärt; Verhandlungen darüber konnten erst nach der Wiedervereinigung wiederaufgenommen werden.[12] Die polnische Seite hingegen arbeitete jahrzehntelang darauf hin, die Endgültigkeit der Grenze herbeizuführen.[13] Die bundesdeutsche Rechtsposition zur polnischen Westgrenze blieb auch über die 1980er Jahre unverändert.

Die polnische Verschuldung gegenüber der Bundesrepublik – 24 Milliarden US-Dollar[14] – verkomplizierte die Beziehungen zwischen beiden Ländern. Polen war nicht mehr imstande, die Kredite zurückzuzahlen, gleichzeitig wurde jedoch die Vergabe neuer Kredite erwartet, die Bonn nicht mehr gewähren wollte. Kriegsrecht und Lebensmittelkarten in den 1980er Jahren sowie die internationale Zahlungsunfähigkeit zeigten die Macht- und Einflusslosigkeit Polens auch auf der europäischen politischen Bühne. In Kreisen der polnischen Opposition wurde das Recht der Deutschen auf Wiedervereinigung anerkannt, zugleich waren sich alle politischen Protagonisten aber einig, dass die Oder-Neiße-Grenze nicht in Frage gestellt werden dür-

---

8 Vertrag über die Beziehungen zwischen der Bundesrepublik Deutschland und den Drei Mächten, in der Fassung vom 23.10.1954, in: BGBl. 1955, II, S. 306–320, hier S. 306, 309.
9 Die Bundesrepublik sah den Abschluss eines förmlichen Friedensvertrages – nicht aber eine friedensvertragliche Regelung bei der Herstellung der deutschen Einheit und Ablösung der Vier-Mächte-Rechte und -Verantwortlichkeiten – als „geschichtlich überholt" an. „Der größte Teil der von einem Friedensvertrag zu regelnden Materie ist bereits durch West- und Ostverträge sowie die KSZE geregelt. Der Kriegszustand ist faktisch längst beendet. [...] der VN-Beitritt der beiden deutschen Staaten [1973], der KSZE-Prozess sowie die Entwicklung normaler, gutnachbarschaftlicher und freundschaftlicher Beziehungen zwischen den beteiligten Staaten haben in Verbindung mit dem Zeitablauf dieses Kapitel auch rechtlich abgeschlossen." Vorlage des Leiters des Planungsstabs, Citron, für Bundesminister Genscher, 23.2.1990, in: Die Einheit, Dok. 59, S. 302.
10 Vgl. ebenda, Dok. 59, S. 301–303; zur Frage der Reparationen vgl. ebenda, Dok. 99, S. 489–495.
11 Vgl. Urteil des Bundesverfassungsgerichts, 7.7.1975, in: Entscheidungen des Bundesverfassungsgerichts, Bd. 40, Tübingen 1976, S. 141–179.
12 Vgl. Pick, Deutsch-polnische Beziehungen, S. 600 f., 603, 612 f.
13 Vgl. Amos/Geiger, Einleitung, in: Die Einheit, S. 38–40.
14 Das war immerhin rund ein Viertel der Schulden, die Polen gegenüber westlichen Ländern und Banken insgesamt hatte.

fe.¹⁵ Auch fürchteten Teile der polnischen Bevölkerung und der politischen Eliten ein vereintes, ökonomisch noch stärkeres Deutschland, einen möglichen deutschen Militarismus und deutsche Expansionsbestrebungen – eine aufgrund der schrecklichen historischen Erfahrungen Polens mit dem nationalsozialistischen Deutschland durchaus nachvollziehbare Haltung, die sich – trotz aller westdeutschen Verständigungsbemühungen seit 1970 – jahrelang durch die Propaganda der kommunistischen Machthaber verfestigt hatte. Und schließlich hatte ja selbst der „realsozialistische" Bruderstaat DDR noch Anfang der 1980er unverhohlen auf eine militärische Intervention des Warschauer Paktes gegen die Liberalisierungstendenzen in Polen gedrungen, als dort mit der „Solidarność" zwischenzeitlich die erste nichtkommunistische Gewerkschaft in einem sozialistischen Staat zugelassen wurde.¹⁶

Nach den im Juni 1989 stattgefundenen halbfreien Parlamentswahlen in Polen reiste der Vorsitzende der Solidarność-Fraktion im polnischen Sejm, Bronisław Geremek, im Juli 1989 nach Bonn. Dort erklärte er gegenüber Bundeskanzler Helmut Kohl, dass die polnische Seite die Rechte der deutschen Minderheit¹⁷ in Polen respektieren werde. Gleichzeitig zeigte Geremek seine Enttäuschung darüber, dass die Grenzfrage immer noch nicht gelöst sei. Er machte gegenüber Kohl deutlich, dass auch die Solidarność eine endgültige Anerkennung der polnischen Westgrenze noch vor einer Vereinigung Deutschlands erwarte. Helmut Kohl reagierte ausweichend, indem er auf die unveränderte Gültigkeit des Warschauer Vertrages für die aktuelle Politik verwies und beharrte damit auf der bekannten westdeutschen Rechtsposition.¹⁸ Für die polnische Seite war dies nicht akzeptabel, da die dauerhafte Grenzanerkennung für sie keine akademisch-juristische Frage, sondern eine der Sicherheit war.

---

15 Vgl. *pars pro toto* den Chefredakteur der „Gazeta Wyborcza", Adam Michnik, bereits am 10.11.1989, in: Tagebuch des Protokollreferenten der Botschaft in Warschau, Freiherr von Fritsch, in: Die Einheit, Dok. 19, S. 132; Drahtbericht (im Folgenden: DB) Nr. 436 des Gesandten Bauch, Warschau, 26.2.1990, in: Politisches Archiv des Auswärtigen Amts (PA/AA), B 42 (Ref. 214), Bd. 156355.
16 Vgl. Michael Kubina/Manfred Wilke (Hrsg.), Hart und kompromißlos durchgreifen. Die SED contra Polen 1980/81. Geheimakten der SED-Führung über die Unterdrückung der polnischen Demokratiebewegung, Berlin 1995.
17 Die deutsche Minderheit wurde anerkannt, die Deutschen in Polen konnten ihre Sprache und Kultur nun uneingeschränkt pflegen, Ortsnamen konnten zweisprachig genutzt werden. Die deutsche Minderheit bekam jedoch keinen Sonderstatus, sondern sollte wie alle anderen Minderheiten behandelt werden. Dieses Thema war für Kanzler Kohl von besonderer Bedeutung, weil er sich damit die Unterstützung der Vertriebenen und ihrer Verbände für die nächste Bundestagswahl im Herbst 1990 sichern wollte. Die deutsche Minderheitenproblematik wurde oft mit der Grenzfrage zusammen angesprochen. Vgl. Pick, Deutsch-polnische Beziehungen, S. 609 f.
18 Vgl. Gespräch des Bundeskanzlers Kohl mit dem Solidarność-Fraktions-Vorsitzenden Geremek, 7.7.1989, in: Dokumente zur Deutschlandpolitik. Deutsche Einheit. Sonderedition aus den Akten des Bundeskanzleramtes 1989/90 [im Folgenden: DzD. Deutsche Einheit], bearb. von Hanns Jürgen Küsters und Daniel Hofmann, München 1998, Dok. 15, S. 339–345, hier S. 342 f.; Pick, Deutsch-polnische Beziehungen, S. 603–606.

Der Bundeskanzler besuchte vom 9. bis 14. November 1989 Warschau. Aufgrund des Falls der Berliner Mauer am Abend des 9. November unterbrach Kohl den Besuch für eineinhalb Tage.[19] Die Gespräche zwischen ihm und Ministerpräsident Tadeusz Mazowiecki sowie Staatspräsident Wojciech Jaruzelski wurden aus polnischer Warte als kompliziert und schwierig beschrieben. Kohl sprach nur sehr ungern über das Thema Oder-Neiße-Grenze. Er beschränkte sich auf die Zusicherung, dass die Grenzfrage einer für beide Seiten akzeptablen Lösung zugeführt werden müsse, vermied aber jegliche öffentliche Erklärung über die Unantastbarkeit der Grenze: „Keine deutsche Regierung [... kann] heute die Oder-Neiße-Grenze im Namen ganz Deutschlands anerkennen."[20] Er verwies auf die innenpolitisch schwierige Lage und die Vertriebenenverbände. Kohls Aussagen zufolge hatte die Mehrheit der Deutschen die Oder-Neiße-Grenze akzeptiert; er könne dies aber offiziell nicht vor einer Vereinigung bestätigen. Er müsse nicht nur die politischen, sondern auch die juristischen Aspekte dieser Frage berücksichtigen. Die polnische Seite empfand die Rhetorik der Bundesregierung bezüglich der Grenze als beunruhigend, zeigte sich jedoch optimistisch hinsichtlich der westdeutsch-polnischen Beziehungen.[21] Die am 8. November, kurz vor Antritt des Warschau-Besuchs des Kanzlers abgegebene Resolution des Deutschen Bundestages, die den Warschauer Vertrag von 1970 als festes Fundament der Beziehungen zwischen beiden Staaten bestätigte,[22] hatte dazu beigetragen.[23]

In den Monaten nach dem Warschau-Besuch unterstützte Kohl die weitere (großzügige) finanzielle Förderung Polens; 60 Prozent der polnischen Schulden gegenüber der Bundesrepublik wurden erlassen, die restlichen 40 Prozent in polnische Złoty umgewandelt – die polnische Seite sprach in dieser Sache verschleiernd von einer „Restrukturierung der Schulden".[24] Zudem bot Bonn Warschau neue Kredite und Kreditgarantien an.[25]

---

19 Vgl. Delegationsgespräch des Bundeskanzlers Kohl mit Ministerpräsident Mazowiecki in Warschau, 10.11.1989; Gespräch des Bundeskanzlers Kohl mit Staatspräsident Jaruzelski in Warschau, 12.11.1989; Gespräch des Bundeskanzlers Kohl mit Ministerpräsident Mazowiecki in Warschau, 14.11.1989, in: DzD. Deutsche Einheit, Dok. 77, S. 497–500, Dok. 89, S. 519–529, Dok. 92, S. 532–537.
20 Zitiert in: Wanda Jarząbek, Im Schatten des Grenzproblems. Polen und der Wiedervereinigungsprozeß Deutschlands in den Jahren 1989–1990, in: Forum für osteuropäische Ideen- und Zeitgeschichte 16 (2012), S. 135–164, hier S. 143.
21 Vgl. Pick, Deutsch-polnische Beziehungen, S. 612–614; Jarząbek, Im Schatten, S. 142–144.
22 Es wurde bekräftigt, „dass die Bundesrepublik Deutschland an Buchstaben und Geist des Warschauer Vertrages in allen seinen Teilen festhält. Wir können und wollen keine Rechtsposition verändern." Deutscher Bundestag, Stenographische Berichte, 11. Wahlperiode, 173. Sitzung, S. 13061.
23 Vgl. Werner Weidenfeld/Peter M. Wagner/Elke Bruck, Außenpolitik für die deutsche Einheit. Die Entscheidungsjahre 1989/90, Stuttgart 1990, S. 488 f.
24 Vgl. Jarząbek, Im Schatten, S. 138.
25 Vgl. Pick, Deutsch-polnische Beziehungen, S. 606–608. Siehe Aufzeichnung des Ministerialdirektors Jelonek, 15.3.1990, Schreiben Kohls an Mazowiecki, 5.4.1990, Aufzeichnung des Referats 422,

2 Kontroversen über die Grenzfrage (November 1989–Juni 1990)

Es verwundert wenig, dass das Zehn-Punkte-Programm von Bundeskanzler Kohl vom 28. November 1989[26] für zusätzliche Unruhe in Polen sorgte. Aber auch in anderen Staaten reagierte man zunächst vollkommen überrascht, dann skeptisch und eher kritisch-ablehnend.[27] In Warschau begann man zu realisieren, dass die Grenzfrage ein ernsthaftes Problem in den bilateralen Beziehungen werden könnte, denn im Programm des Bundeskanzlers fehlte es. Warschau war enttäuscht, dass Kohl auch in den folgenden Monaten das Thema nicht öffentlich ansprach. In dieser Zeit begann die polnische Regierung mit diplomatischen Vertretern westlicher Staaten über diese Frage zu sprechen. Bei der britischen Premierministerin Margaret Thatcher holte sich Ministerpräsident Mazowiecki am 12. Februar 1990 die volle Unterstützung für die Forderung nach endgültiger Grenzanerkennung durch Deutschland. Das gleiche Verständnis fanden die Polen in Paris.[28]

Auf der unmittelbar folgenden Open-Skies-Konferenz der Außenminister der NATO- und Warschauer-Pakt-Staaten im kanadischen Ottawa vom 12. bis 14. Februar 1990 wurde am Rande der Verhandlungen das Einverständnis erzielt, sich fortan im Zwei-plus-Vier-Format zu treffen, „um die äußeren Aspekte der Herstellung der deutschen Einheit, einschließlich der Fragen der Sicherheit der Nachbarstaaten zu besprechen".[29] Der Halbsatz „einschließlich der Frage der Sicherheit der Nachbarstaaten" war auf Intervention des polnischen Außenministers Krzysztof Skubiszewski in die Sechser-Formel aufgenommen worden.[30] Gemeint war damit die Sicherheit Polens und dessen Westgrenze. Direkt nach Ottawa konkretisierte Mazowiecki in gleichlautenden Briefen an die Staatsführer der vier Mächte, dass ein Grenzvertrag von beiden deutschen Staaten vor der Vereinigung paraphiert und nach der Vereinigung ratifiziert werden sollte, der die Dauerhaftigkeit der bestehenden Gren-

---

15.6.1990, Aufzeichnung des Vortragenden Legationsrats I. Klasse Runge, 27.7.1990, alle in: AAPD 1990, Dok. 72, S. 294 f., Dok. 94, S. 398–401, Dok. 180, S. 745–748, Dok. 235, S. 1007 f.

26 Vgl. Michael Mertens, Die Entstehung des Zehn-Punkte-Programms vom 28. November 1989, in: Heiner Timmermann (Hrsg.), Die DDR in Deutschland. Ein Rückblick auf 50 Jahre, Berlin 2001, S. 17–35.

27 Vgl. Amos/Geiger, Einleitung, in: Die Einheit, S. 17–19. Dort auch Dokumente zu den Reaktionen aus dem In- und Ausland auf das 10-Punkte-Programm, u. a. Dok. 25: Reaktionen im Ausland, S. 147–153.

28 Vgl. Jarząbek, Im Schatten, S. 145 f.; Pick, Deutsch-polnische Beziehungen, S. 614 f.; Gespräch des Bundesministers Genscher mit dem französischen Außenminister Dumas in Paris, 13.3.1990; Botschafter Pfeffer, Paris, an das Auswärtige Amt, 16.3.1990, in: AAPD 1990, Dok. 69, S. 285 f.; Dok. 73, S. 296–299.

29 NATO-Ministerratstagung in Ottawa, 13.2.1990, in: Die Einheit, Dok. 50, S. 260–263; vgl. Amos/Geiger, Einleitung, in: Die Einheit, S. 23–25.

30 Vgl. Jarząbek, Im Schatten, S. 146 f.; Pick, Deutsch-polnische Beziehungen, S. 615 f.

ze bestätigen müsse. Außerdem erachtete er die Teilnahme Polens an der Diskussion über die äußeren Aspekte der Vereinigung als unumgänglich. Auch wenn Mazowiecki einschränkte, dass Polen nicht nach einem Status strebte, der den vier Mächten und den beiden deutschen Staaten ebenbürtig war, wurde es genauso wahrgenommen.[31]

Wie groß die Vorbehalte und Ängste in Polen gegenüber der deutschen Vereinigung und der Oder-Neiße-Grenze waren, spiegelte ein Bericht des westdeutschen Botschafters, Günther Knackstedt, in Warschau vom 19. Februar 1990 wider. Er übermittelte die aufgebrachten Reaktionen zum zukünftigen Sechser-Verhandlungsformat nach Bonn: „In der polnischen Politik gibt es zur Zeit nur ein Thema: die 4+2-Formel zur Herstellung der Einheit Deutschlands. Seit MP [Ministerpräsident] Mazowiecki zum ersten Mal beim Besuch in London die Forderung aufgestellt hat, Polen müsse an diesen Verhandlungen beteiligt sein, steigert sich die Nation von Tag zu Tag mehr in eine Hysterie. [...] Es finden Krisensitzungen statt, die Botschafter der Vier Mächte werden einbestellt, es scheint der nationale Notstand ausgebrochen. Ein unbeteiligter Besucher würde beim Aufschlagen der Zeitungen oder im Gespräch mit polnischen Gastgebern meinen, eine neue deutsche Invasion über die Oder stünde kurz bevor."[32]

In Polen hegte man zu dieser Zeit zwei große Befürchtungen und diese vielleicht nicht zu Unrecht: Zum einen konnte sich Warschau nicht des Eindrucks erwehren, dass einige politische Kräfte in Westdeutschland die polnisch-deutsche Grenze dauerhaft als offene Angelegenheit betrachten wollten. Zum anderen schien es, als ob der Bundeskanzler eine Entscheidung der vier Mächte in dieser Angelegenheit erhoffte, sodass nicht er selbst endgültig über den Verlust der Ostgebiete Deutschlands befinden musste.[33] Helmut Kohl bestand weiter auf der zwar juristisch korrekten Position – die allerdings in der Praxis außenpolitisch immer weniger haltbar war –, erst eine gesamtdeutsche, frei gewählte Regierung könne den Grenzvertrag abschließen. Dabei stand für die gesamte Bonner Regierung außer Frage, dass solch ein Vertrag als eine „Neuauflage" des Görlitzer bzw. des Warschauer Vertrages die bestehende Oder-Neiße-Grenze nun endgültig bestätigen musste. Kohls Verhalten war einerseits streng formaljuristisch geprägt, da andernfalls Klagen (von Vertriebenen) vor dem Bundesverfassungsgericht unvermeidlich geworden wären, andererseits aber auch zugleich sehr stark innenpolitisch motiviert. Mit Blick auf die im Herbst 1990 stattfindenden Bundestagswahlen wollte er sich in keine Diskussion über „nationale Verzichtspolitik" zwingen lassen, die ihm Stimmenverluste im

---

31 Der Brief zitiert in: Jarząbek, Im Schatten, S. 147.
32 DB des Botschafters Knackstedt, Warschau, 19.2.1990, in: Die Einheit, Dok. 53, S. 276.
33 Vgl. Hanns Jürgen Küsters, Entscheidung für die deutsche Einheit. Einführung in die Edition, in: DzD. Deutsche Einheit, S. 120–127; Jarząbek, Im Schatten, S. 147 f.

„rechten politischen Spektrum" hätte bringen können.³⁴ Er hoffte auf die seit der sozial-liberalen Ostpolitik ganz überwiegend zu den Unionsparteien tendierenden Stimmen der organisierten Vertriebenen.

Anders als der Bundeskanzler und Teile der CDU/CSU-Fraktion zeigten sich Bundesaußenminister Hans-Dietrich Genscher und das Auswärtige Amt deutlich kompromissbereiter gegenüber den polnischen Verhandlungspartnern. Genscher versicherte seinen polnischen Kollegen regelmäßig, dass es keine ernstzunehmenden deutschen Politiker gebe, die die Oder-Neiße-Grenze in Frage stellen würden. Diese Meinung vertrat er auch in der Öffentlichkeit. Wiederholt erklärte er, was vereinigt werden sollte: „Die Bundesrepublik Deutschland, die Deutsche Demokratische Republik, das ganze Berlin – nicht weniger und nicht mehr."³⁵ Genscher sah die Position des Kanzlers als problematisch an, zumal sie auch unter westlichen Verbündeten, vor allem in London und in Paris, aber auch in den USA,³⁶ Misstrauen und Vorbehalte gegen die Einheit schürte. Für ihn und für die Diplomaten des Auswärtigen Amts war klar, dass das Problem der polnischen Westgrenze so deutlich geregelt werden musste, dass keinerlei Zweifel an der Endgültigkeit des Grenzverlaufs zwischen Polen und dem geeinten Deutschland bleiben durfte. Es musste festgeschrieben werden, dass Deutschland keine Gebietsansprüche erheben werde. Dafür sollten die Artikel 23 und 146 des Grundgesetzes sowie die Präambel mit ihrem Wiedervereinigungsgebot geändert werden.³⁷ Im Auswärtigen Amt erkannte man früh, dass die abschließende Regelung der deutsch-polnischen Grenze fast den gleichen Stellenwert in den Zwei-plus-Vier-Verhandlungen einnehmen könnte, wie die Frage der Bündniszugehörigkeit des vereinten Deutschland.³⁸

Aber auch in der bundesdeutschen Öffentlichkeit wurden im März 1990 die Probleme im Hinblick auf Polen thematisiert. „Der Spiegel" schrieb: „Das liegt an der merkwürdigen Semantik Helmut Kohls. Warum, so fragen Beamte aus Genschers Außenministerium, verrennt sich der Kanzler ‚in einem Anflug von Bockigkeit' in

---

34 Vgl. Amos/Geiger, Das Auswärtige Amt und die Wiedervereinigung, S. 80; Hanns Jürgen Küsters, Helmut Kohl, die CDU und die Wiederherstellung der deutschen Einheit, in: Gehler/Graf (Hrsg.), Europa und die deutsche Einheit, S. 27–42.
35 So lautete die Passage in Genschers Tutzinger Rede am 31.1.1990: Gespräch der Außenminister Genscher, Baker, Dumas und Hurd in Ottawa, 11.2.1990, in: Die Einheit, Dok. 49, Anm. 11, S. 257; vgl. Amos/Geiger, Einleitung, in: Die Einheit, S. 40.
36 Vgl. DB Nr. 840 des Botschafters Ruhfus, Washington, 1.3.1990, in: AAPD 1990, Dok. 57, S. 241–245; Vorlage des Ministerialdirigenten Hartmann, 13.3.1990, in: DzD. Deutsche Einheit, Dok. 216, S. 937–941.
37 Vgl. Amos/Geiger, Das Auswärtige Amt und die Wiedervereinigung, S. 80; Fassung des Grundgesetzes, 23.5.1949, bzw. mit den in Artikel 4 des Einigungsvertragsgesetzes, 23.9.1990, festgelegten Änderungen, die am 3.10.1990 in Kraft traten, in: BGBl. 1949, S. 1, bzw. BGBl. 1990, II, S. 890.
38 Vgl. Vermerk des Referats 210 im Auswärtigen Amt, 5.3.1990, in: Die Einheit, Dok. 66, S. 329–339, hier S. 332.

Rechtspositionen? Warum lässt Kohl alle Welt im Zweifel, obwohl die Endgültigkeit der Oder-Neiße-Grenze für keinen Staat in Ost und West außer Frage steht?"[39]

Obwohl die USA zunächst nicht den Wunsch Polens unterstützten, an den Zwei-plus-Vier-Verhandlungen beteiligt zu werden,[40] verstetigte sich im März 1990 nach Gesprächen zwischen Warschau, Bonn, Paris, London, Moskau und Washington das Übereinkommen, dass Polen zum Tagesordnungspunkt „Grenzfragen" zu den Verhandlungen hinzugezogen werden sollte.[41] Insbesondere Frankreich,[42] aber auch die Sowjetunion und Großbritannien machten sich in den folgenden Wochen und Monaten zu klaren Fürsprechern der polnischen Position, was man in Bonn klar realisierte.[43] Die partielle Hinzuziehung Warschaus an den Gesprächstisch der Zwei-plus-Vier-Konferenz war zweifelsohne ein wichtiger Teilerfolg von Polens diplomatischer Offensive.[44] Ministerpräsident Mazowiecki und Außenminister Skubiszewski verlangten weiterhin, einen völkerrechtlich verbindlichen Grenzvertrag noch <u>vor</u> einer deutschen Vereinigung zusammen mit beiden deutschen Staaten auszuhandeln und zu paraphieren. Der Vertrag sollte dann am besten parallel, notfalls unmittelbar nach der Vereinigung Deutschlands unterschrieben und zusätzlich die Grenze durch die vier Mächte garantiert werden.[45]

Am 18. März 1990 fanden freie Wahlen zur Volkskammer in der DDR statt. Im Zuge der anschließenden Regierungsbildung übernahm der Sozialdemokrat Markus Meckel das Ministerium für Auswärtige Angelegenheiten (MfAA). Die außenpolitische Konzeption der neuen Ministeriumsspitze wich in wesentlichen Punkten von der der Bundesrepublik ab,[46] auch hinsichtlich des Grenzvertrages.[47] Ost-Berlin

---

39 Oder-Neiße. Unehrlich und zweideutig, in: Der Spiegel, 5.3.1990, S. 23–25, hier S. 25.
40 Vgl. Jarząbek, Im Schatten, S. 148.
41 Vgl. Amos/Geiger, Das Auswärtige Amt und die Wiedervereinigung, S. 79; zum ersten Zwei-plus-Vier-Beamtengespräch am 14.3.1990 in Bonn vgl. Ines Lehmann, Außenpolitik der DDR 1989/90. Eine dokumentierte Rekonstruktion, Baden-Baden 2010, Dok. 69, S. 522–526; Gespräch des Bundesministers Genscher mit Außenminister Skubiszewski, 24.3.1990, in: Die Einheit, Dok. 77, S. 382; Jarząbek, Im Schatten, S. 148–153.
42 Vgl. Gemeinsame Pressekonferenz der Staatspräsidenten Mitterrand und Jaruzelski sowie des Ministerpräsidenten Mazowiecki und des Premierministers Rocard in Paris, 9.3.1990, in: Deutschland 1990. Dokumentation zu der Berichterstattung über die Ereignisse in der DDR und die deutschlandpolitische Entwicklung, hrsg. vom Presse- und Informationsamt, Bonn 1993, Bd. 18, S. 11467–11474.
43 Vgl. Vorlage des Ministerialdirigenten Hartmann an Bundeskanzler Kohl, Bonn, 13.3.1990, in: DzD. Deutsche Einheit, Dok. 216, S. 937–941.
44 Vgl. Jarząbek, Im Schatten, S. 154.
45 Vgl. Amos/Geiger, Einleitung, in: Die Einheit, S. 39.
46 Vgl. Lehmann, Einleitung, in: dies., Außenpolitik der DDR, S. 146–158.
47 Markus Meckel schreibt: „Die ablehnende Haltung zur Anerkennung der polnischen Grenze war noch 1990 in der CDU/CSU und in reaktionären Kreisen Westdeutschlands durchaus lebendig." Ders., Zu wandeln die Zeiten. Erinnerungen, Leipzig 2020, S. 368; für ablehnende CDU-Stimmen zur Oder-Neiße-Grenze vgl. Schreiben des CDU-Abgeordneten Abelein an Bundeskanzler Kohl, 27.6.1990, in: AAPD 1990, Dok. 200, S. 829 f.

wollte sich ganz nach den polnischen Wünschen richten, also den Grenzvertrag schnell aushandeln und bereits vor der Vereinigung paraphieren lassen. Meckel schreibt in seinen Erinnerungen dazu: „Die Anerkennung dieser Grenze im Zuge der deutschen Vereinigung war kein neuer Verzicht, sondern gehörte zu unserer historischen Verantwortung. Polen [...] sollte sicher sein, dass wir unsere Verantwortung kennen [...] Die Anerkennung sollte aus unserer Sicht freiwillig geschehen. [...] Deshalb hielt ich es für problematisch, von der Anerkennung der Grenze als ‚Preis der deutschen Einheit' zu sprechen, wie es damals Helmut Kohl und andere CDU-Politiker [...] machten."[48]

Meckels erster Auslandsbesuch führte am 23. April 1990 nach Warschau und nicht nach Bonn.[49] Dort gab er zu verstehen, dass die DDR ohne Vorbehalte die Unantastbarkeit der Oder-Neiße-Grenze bestätige.[50] In der polnischen Gesprächsnotiz zum Besuch hieß es: „Minister M. Meckel unterstützte in eindeutiger Weise unseren Vorschlag eines Vertrags, der den endgültigen Charakter der Westgrenze durch die Aushandlung und Paraphierung eines entsprechenden Vertrags mit den zwei deutschen Staaten bestätigt, sowie dessen Ratifizierung durch das vereinigte Deutschland. Er unterstrich, dass sich auf Initiative seiner Partei diese Angelegenheit in der Koalitionsvereinbarung der Regierung de Maizière wiederfand. [...] Min. Meckel unterstütze die Teilnahme Polens an den 2+4-Gesprächen in Sachen, die unsere Westgrenze betreffen, erachtete jedoch die Teilnahme Polens an den Diskussionen zum Sicherheitsproblem als ‚weitaus problematischer'."[51] Außerdem wollte sich Meckel für ein Zwei-plus-Vier-Außenministertreffen in Warschau einsetzen. Damit ging der ostdeutsche Außenminister weit über das hinaus, was die Bundesregierung bereit war, Polen zuzugestehen.[52]

Bereits Mitte März 1990, auf dem ersten Zwei-plus-Vier-Beamtentreffen, hatten die Politischen Direktoren der sechs Außenministerien vereinbart, ein trilaterales Expertentreffen – zwischen der DDR, der Bundesrepublik und Polen – über die deutsch-polnische Grenzregelung stattfinden zu lassen.[53] Polen bereitete umgehend einen Vertragsentwurf zur Anerkennung des Grenzverlaufs vor und übermittelte diesen am 27. April 1990 den beiden deutschen Staaten und vier Tage später den

---

48 Meckel, Zu wandeln die Zeiten, S. 370.
49 Vgl. Lehmann, Einleitung, in: dies., Außenpolitik der DDR, S. 146–173.
50 Vgl. Information über den Besuch von Minister Meckel in Polen am 23.4.1990; Gespräch des Bundesministers Genscher mit Außenminister Meckel in Bonn, 24.4.1990, in: Die Einheit, Dok. 87, S. 431–437, Dok. 89, S. 439–445; Meckel, Zu wandeln die Zeiten, S. 371–375.
51 So zitiert in: Jarząbek, Im Schatten, S. 153 f.
52 Vgl. Gespräch des Bundesministers Genscher mit dem französischen Außenmister Dumas in Paris, 13.3.1990, in: AAPD 1990, Dok. 69, S. 285 f.; Hermann Wentker, Die Außenpolitik der DDR im Prozess der deutschen Wiedervereinigung, in: Gehler/Graf (Hrsg.), Europa und die deutsche Einheit, S. 43–64, hier S. 54; Meckel, Zu wandeln die Zeiten, S. 372 f.
53 Vgl. Wentker, Außenpolitik der DDR, S. 54; Meckel, Zu wandeln die Zeiten, S. 372–374.

vier Mächten.⁵⁴ Die drei trilateralen Gesprächsrunden über die Ausarbeitung eines Grenzvertrages fanden am 3., 18. und 29. Mai 1990, in Warschau, Bonn und Ost-Berlin statt.⁵⁵ In den Gesprächsrunden unterstützte die DDR den polnischen Vorschlag für das Prozedere eines paraphierten Vertragsentwurfs vor der Vereinigung sowie den Text des polnischen Vertragsentwurfs. Die Bundesrepublik blieb bei ihrer Linie, der zufolge vor der Vereinigung lediglich die beiden deutschen Parlamente eine Erklärung zum wesentlichen Inhalt eines Grenzvertrages abgeben sollten, der von einer gesamtdeutschen Regierung dann abzuschließen sei. Eine Einigung wurde nicht erzielt.⁵⁶ Und obwohl die Beamten des Auswärtigen Amts hinhaltend mit der polnischen Seite verhandelten, mussten auf Weisung von Bundeskanzler Kohl vorgesehene weitere Expertengesprächsrunden abgebrochen werden. In einem Telefonat des Kanzlers mit dem Staatssekretär des Auswärtigen Amts, Jürgen Sudhoff, am 25. Mai 1990 ließ Kohl dem Außenminister ausrichten: „Er wolle klarstellen, dass Gespräche mit den Polen" über die Grenze „nicht in Frage kämen". „Dies sei auch eine Frage der Richtlinienkompetenz." Was er, Kohl, wolle, „sei eine klare unmissverständliche Erklärung beider [deutschen] Parlamente zur Oder-Neiße-Grenze. Von den Polen lasse er sich nichts vorschreiben. Er habe schon intern genug Ärger, und zwar nicht nur von den Vertriebenenverbänden."⁵⁷ Die dritte Gesprächsrunde am 29. Mai in Berlin fand nur noch pro forma statt.

Eine gleichlautende Resolution von Bundestag und Volkskammer über die Unverletzlichkeit der Grenze gegenüber Polen vom 21. Juni 1990, die das Recht des polnischen Volkes, dauerhaft in sicheren Grenzen zu leben, bestätigte und formell von beiden deutschen Regierungen in Warschau notifiziert wurde,⁵⁸ stellte die Polen – wie erwartet – nicht zufrieden. Sie sahen die von Bonn initiierte und betriebene Resolution als einen weiteren Versuch an, die Grenzfrage mit Polen nicht durch die Unterzeichnung eines Grenzvertrages zu lösen, sondern durch eine einseitige deutsch-deutsche Erklärung. Warschau nahm zwar die Resolution entgegen, erklärte aber, dass diese ein einseitiger Akt sei, der eine politische Willenserklärung dar-

---

54 Vgl. Jarząbek, Im Schatten, S. 154 f.; der polnische Entwurf, in: DzD. Deutsche Einheit, Dok. 263A, S. 1071–1073.
55 Vgl. Deutsch-deutsch-polnisches Direktorengespräch in Warschau, 3.5.1990; Vorlage des Leiters der Rechtsabteilung für Bundesminister Genscher, 31.5.1990, in: Die Einheit, Dok. 92, S. 453–458, Dok. 104, S. 519–522; auch Vermerke zu den trilateralen Treffen vom 29.5.1990, in: Lehmann, Außenpolitik der DDR, Dok. 121, S. 668–670; Aufzeichnung des Ministerialdirektors Oesterhelt, zweite Gesprächsrunde, 21.5.1990, in: AAPD 1990, Dok. 149, S. 635–637.
56 Vgl. Wentker, Außenpolitik der DDR, S. 54 f.
57 Vermerk von Staatssekretär Sudhoff für Bundesminister Genscher, 25.5.1990, in: Die Einheit, Dok. 103, S. 517; vgl. Aufzeichnung des Vortragenden Legationsrats I. Klasse Derix, 25.5.1990, in: AAPD 1990, Dok. 157, S. 660 f.
58 Vgl. Text der Entschließung des Deutschen Bundestages, gleichlautend von der DDR-Volkskammer, beide am 21.6.1990, in: Lehmann, Außenpolitik der DDR, Dok. 161, S. 746 f.

stelle, aber nicht, wie von Polen gefordert, ein Vertrag nach internationalem Recht, den Polen aber weiterhin zu seiner Sicherheit für unverzichtbar hielt.[59]

3 Die Lösung des Grenzproblems (Juli–November 1990)

Polen erhielt nach dem ersten Zwei-plus-Vier-Ministertreffen am 5. Mai 1990 in Bonn die förmliche Einladung, am dritten Außenministertreffen im Juli 1990 in Paris teilzunehmen.[60] Es war der amerikanische Außenminister Baker, der am 6. Mai 1990 in Warschau persönlich das Einladungsschreiben übergab.[61] Auf dem Ministertreffen war die Einigung auf die vier Verhandlungsgegenstände, d. h. auf die Tagesordnung der Sechser-Konferenz, erfolgt. Gleich an erster Stelle stand der Punkt „Grenzfragen"; dabei ging es jedoch ausschließlich um die deutsch-polnische Grenze.[62]

Am 17. Juli 1990 nahm der polnische Außenminister Skubiszewski – wie abgesprochen – am dritten Zwei-plus-Vier-Treffen in Paris ausschließlich zum Tagesordnungspunkt „Grenzfragen" teil.[63] Welche große Aufmerksamkeit die deutsch-polnische Grenzfrage international noch immer genoss,[64] zeigte das Zusammentreffen zwischen Bundesaußenminister Genscher und dem sowjetischen Außenminister Eduard Schewardnadse während der Besuchsreise von Bundeskanzler Kohl in Moskau und im Kaukasus Mitte Juli 1990. Fast das gesamte Gespräch am 15. Juli 1990 zwischen den Ministern – zwei Tage vor Beginn des Zwei-plus-Vier-Ministertreffens – drehte sich „ausschließlich um die polnischen Wünsche nach Zusätzen […] hinsichtlich der Regelung der Grenzfrage". Mehrfach bat Schewardnadse Genscher, die „Thematik mit Polen noch vor dem Ministertreffen von Paris soweit wie möglich zu klären".[65] Die „Klärung" kam nur bedingt zustande. Die eigentlichen Verhandlungen über den Vertragstext, mit dem der bestehende Grenzverlauf zwischen Polen und Deutschland (zunächst) im Zwei-plus-Vier-Abkommen festgeschrieben wurde,

---

59 Vgl. Jarząbek, Im Schatten, S. 156.
60 Vgl. Schreiben Genschers an Skubiszewski, 5.5.1990, in: Die Einheit, Dok. 95, Anm. 9, S. 470.
61 Vgl. James A. Baker, Drei Jahre, die die Welt veränderten. Erinnerungen, Berlin 1996, S. 218.
62 Vgl. DB des Gesandten Bächmann, Brüssel, 7.5.1990, in: Die Einheit, Dok. 95, S. 467–473.
63 Vgl. DB des Botschafters von Ploetz, 9.7.1990: Sechstes 2+4-Beamtentreffen in Ost-Berlin, 3./4.7.1990; Vermerk Politische Abteilung, Höynck, 18.7.1990: Drittes 2+4-Ministertreffen, in: ebenda, Dok. 126, S. 603–607; Dok. 130, S. 615–620.
64 Auch auf dem zweiten Zwei-plus-Vier-Ministertreffen am 22.6.1990 in Ost-Berlin hatte der französische Außenminister Dumas wieder gefordert, „die beiden deutschen Regierungen müssten jetzt in Verhandlungen über einen Vertrag [zur polnischen Westgrenze] eintreten". In: DzD. Deutsche Einheit, Dok. 325, S. 1249.
65 DB Nr. 2795 des Botschaftsrats I. Klasse von Arnim, Moskau, 15.7.1990, in: AAPD 1990, Dok. 218, S. 914–917.

gingen für die deutsche Seite auf der Nachmittagssitzung des Pariser Zwei-plus-Vier-Treffens am 17. Juli schnell und unkompliziert über die Bühne. Im Vermerk der Beamten des Auswärtigen Amts wurde festgehalten: „Die schwierige polnische Grenzfrage ist im vollen Einvernehmen aller Beteiligten gelöst."[66] Polen konnte sich auf dem Treffen aber mit dem immer wieder geforderten Junktim eines zeitgleichen Inkrafttretens des Vertrages zur Herstellung der äußeren Einheit Deutschlands – „Vertrag über die abschließende Regelung in bezug auf Deutschland" – und des deutsch-polnischen Grenzvertrages nicht durchsetzen. Auch weitergehende polnische Forderungen nach nochmaliger Festschreibung der Außengrenzen Polens, zusätzliche Änderungen von weiteren Grundgesetzartikeln und bundesdeutschen Rechtsvorschriften, wie beispielsweise die Frage der deutschen Staatsbürgerschaft, wurden von den Verhandlungsführern in Paris ignoriert.[67] In Sachen Staatsbürgerschaft hatte Polen wiederholt den Grundgesetzartikel 116[68] der Bundesrepublik moniert. Warschau hielt es für nicht angebracht, dass noch immer hunderttausende polnische Bürger als deutsche Staatsangehörige gelten konnten, und fürchtete, daraus könnten – wie in den 1930er Jahren – neue territoriale Forderungen erwachsen. Bonn hingegen blieb schon mit Blick auf deutschstämmige Spätaussiedler aus anderen Ländern Osteuropas bei seiner Position, die Frage einer deutschen Staatsbürgerschaft entscheide sich weiterhin unter Bezugnahme auf das Gebiet des Deutschen Reiches nach dem Stand vom 31. Dezember 1937.[69]

Die deutsch-polnische Grenzfestschreibung erfolgte dann im „Vertrag über die abschließende Regelung in bezug auf Deutschland" vom 12. September 1990[70] in fünffacher Weise. Ein unbefangener Betrachter käme vermutlich zu dem Schluss, dass folgender Satz ausgereicht hätte: Die bestehende deutsch-polnische Grenze wird für endgültig erklärt. Doch zeigen gerade die pleonastisch wirkenden Formulierungen, wie aufgeladen und diffizil die Grenzfrage bis zuletzt blieb: In Artikel 1, in den Abschnitten 1 bis 5,[71] wurde eine Erklärung über das Gebiet, welches vereint wird, und die Beschreibung der Außengrenzen festgehalten: „Das vereinte Deutschland wird die Gebiete der Bundesrepublik Deutschland, der Deutschen Demokrati-

---

66 Vermerk des stellvertretenden Leiters der Politischen Abteilung, Höynck, 18.7.1990: in: Die Einheit, Dok. 130, S. 615; vgl. auch Drittes 2+4-Ministertreffen in Paris, 17.7.1990, in: AAPD 1990, Dok. 224, S. 954–967.
67 Vgl. ebenda; Jarząbek, Im Schatten, S. 157–159; Amos/Geiger, Das Auswärtige Amt und die Wiedervereinigung, S. 81 f.
68 Wortlaut des Grundgesetz-Artikels 116: „(1) Deutscher im Sinne dieses Grundgesetzes ist vorbehaltlich anderweitiger gesetzlicher Regelung, wer die deutsche Staatsangehörigkeit besitzt oder als Flüchtling oder Vertriebener deutscher Volkszugehörigkeit oder als dessen Ehegatte oder Abkömmling in dem Gebiete des Deutschen Reiches nach dem Stande vom 31. Dezember 1937 Aufnahme gefunden hat."
69 Vgl. Information über den Besuch von Außenminister Meckel in Polen am 23.4.1990; Drittes 2+4-Beamtentreffen in Bonn, 22.5.1990, in: Die Einheit, Dok. 87, S. 433, Dok. 100, S. 503.
70 Vgl. Vertragstext, in: Die Einheit, Dok. 152, S. 700–706.
71 Vgl. ebenda, S. 702.

schen Republik und ganz Berlin umfassen. Seine Außengrenzen werden die Grenzen der Deutschen Demokratischen Republik und der Bundesrepublik Deutschland sein und werden am Tage des Inkrafttretens dieses Vertrages endgültig sein." Der endgültige Verzicht auf jegliche Gebietsansprüche gegen andere Staaten wurde ausgesprochen. In einem weiteren Punkt versicherten beide deutschen Regierungen, dass die „Verfassung des vereinten Deutschland keinerlei Bestimmungen enthalten wird, die mit diesen Prinzipien unvereinbar sind". Im letzten und fünften Punkt nahmen die Regierungen der vier alliierten Mächte die Verpflichtung und Erklärung der beiden deutschen Regierungen „förmlich entgegen und erklären, dass mit deren Verwirklichung der endgültige Charakter der Grenzen des vereinten Deutschland bestätigt wird".[72]

In Artikel 1 Absatz II der Abschließenden Regelung vom 12. September 1990 wurde der noch abzuschließende deutsch-polnische Grenzvertrag zwar explizit erwähnt, seine Unterzeichnung erfolgte jedoch erst <u>nach</u> der Wiedervereinigung – am 14. November 1990,[73] sechs Wochen nach dem 3. Oktober und zweieinhalb Wochen vor den Bundestagswahlen.[74] Die Verhandlungen zwischen dem nun geeinten Deutschland und der Republik Polen sowohl zum Grenzvertrag wie auch zum Großen Vertrag, dem umfassenden Nachbarschaftsvertrag, fanden zusammen statt. Die erste Gesprächsrunde begann am 30./31. Oktober 1990 in Warschau, die zweite Runde, nur noch zum Nachbarschaftsvertrag, am 26./27. November 1990 in Bonn.

Bundeskanzler Kohl war am 8. November 1990 in Frankfurt/Oder zu einem Gespräch mit dem polnischen Ministerpräsidenten Mazowiecki zusammengetroffen. Dass Unstimmigkeiten zwischen den beiden Politikern bezüglich des Oder-Neiße-Grenzvertrages noch immer nicht völlig ausgeräumt waren, zeigte sich in Kohls nochmaligem Versuch, beide Verträge, Grenz- und Nachbarschaftsvertrag, erst zu Ende zu verhandeln, um sie gemeinsam als Paket etwa Anfang 1991 zu unterzeichnen. Mazowiecki hingegen bestand auf einer sofortigen Unterzeichnung des Grenzvertrages, ohne die letzten Verhandlungsgespräche zum Nachbarschaftsvertrag abzuwarten.[75] Die Unterzeichnung des Grenzvertrages fand, wie erwähnt, sechs Tage später am 14. November in Warschau statt. Die Unterzeichnung des stärker in die gemeinsame Zukunft weisenden Vertrages über gute Nachbarschaft und freundschaftliche Zusammenarbeit[76] erfolgte erst am 17. Juni 1991 in Bonn. Infolge des Ra-

---

72 Ebenda; vgl. Amos/Geiger, Das Auswärtige Amt und die Wiedervereinigung, S. 81f.
73 Vertrag zwischen der Bundesrepublik Deutschland und Polen über die Bestätigung der zwischen ihnen bestehenden Grenze, in: BGBl. 1991, II, S. 1329f.
74 Die Bundestagswahlen am 2.12.1990 brachten Kohl und seiner CDU/CSU-Fraktion mit 43,8 Prozentpunkten Wahlstimmenanteil einen überwältigenden Sieg.
75 Vgl. Gespräch des Bundeskanzlers Kohl mit dem polnischen Ministerpräsidenten Mazowiecki in Frankfurt/Oder, 8.11.1990, in: AAPD 1990, Dok. 371, S. 1531–1545, hier S. 1534.
76 Vertrag in: BGBl. 1991, II, S. 1315–1327. Emotional verliefen die Vertragsgespräche dann nochmals in der Minderheitenfrage. Einerseits wollte die deutsche Seite keine klaren Verpflichtungen gegenüber den in Deutschland lebenden Polen eingehen. Andererseits verlangte sie mehr Rechte

tifizierungsverfahrens traten beide Verträge dann doch gleichzeitig, am 16. Januar 1992, in Kraft. Sowohl der Grenzvertrag als auch der Nachbarschaftsvertrag wurden mit wenigen Enthaltungen und mehreren Gegenstimmen im Bundestag ratifiziert.[77]

Als Außenminister Genscher am 14. November 1990 nach Warschau zur Unterzeichnung des Vertrages über die Bestätigung der deutsch-polnischen Grenze fuhr, sprach er im Vorfeld gegenüber seinem polnischen Amtskollegen Skubiszewski den Wunsch aus, entgegen den diplomatischen Gepflogenheiten die Vertragsunterzeichnung ohne festlichen Akt – kurzer Besuch von wenigen Stunden, kein offizielles Essen mit Reden – stattfinden zu lassen. Genscher bat zu bedenken, was dieser Vertrag für viele Deutsche bedeutete und erhielt von polnischer Seite dafür Verständnis.[78]

Wenn der Warschauer Historiker Włodzimierz Borodziej heute sagt, dass die Aufnahme eines elften Punkts in das Zehn-Punkte-Programm von Kanzler Kohl – die endgültige und vorbehaltlose Anerkennung der Oder-Neiße-Grenze durch Gesamtdeutschland – die Grenzproblematik bereits im November 1989 zu einem nur formalen Randthema gemacht hätte, spricht er damit sicher nicht nur für sich, sondern für viele Polen. So aber wurde das deutsch-polnische Grenzthema zu einem der Fälle in der Geschichte, in denen ein im Vorhinein klar absehbares Ergebnis sehr viele Irritationen hervorrief und es längerer Verhandlungen bedurfte, bis dieses Problem gelöst werden konnte.[79]

---

für die deutsche Minderheit in Polen. Damit war die polnische Seite nicht einverstanden, die, wie erwähnt, keinen Sonderstatus für die deutsche Minderheit in Polen wollte. Sie war aber bereit, die Frage gemäß den „europäischen Standards" zu lösen. Vgl. Pick, Deutsch-polnische Beziehungen, S. 624.
77 Vgl. Deutscher Bundestag, Stenographische Berichte, 12. Wahlperiode, 50. Sitzung (17.10.1991), S. 4098; Tischvorlage des Bundesministers Genscher für die Kabinettssitzung am 14.11.1990, in: Die Einheit, Dok. 169, S. 763–765; Pick, Deutsch-polnische Beziehungen, S. 622–624.
78 Vgl. Hans-Dietrich Genscher, Erinnerungen, Berlin 1995, S. 890 f.; Runderlaß des Vortragenden Legationsrats I. Klasse, Bettzuege, Unterzeichnung des Vertrages in Warschau, 15.11.1990, in: AAPD 1990, Dok. 385, S. 1602–1604.
79 So Borodziej in: Jonas Kaiser, Tagungsbericht: Dreißig Jahre Zwei-Plus-Vier-Vertrag: Die Internationale Gründungsgeschichte der Berliner Republik, 5.10.2020–6.10.2020, Berlin, in: H-Soz-Kult 18.11.2020. Auch der polnische Historiker Arthur Hajnicz sah die damaligen Akteure „in den Fängen eines unnötigen Konflikts" gefangen, zit. in: Jarząbek, Im Schatten, S. 159.

Andreas Zimmermann und Jan Eiken
Volle Souveränität?

Kontinuität alliierten Rechts, Eigentumsfragen und völkerrechtliche Verträge

Nach Art. 7 Abs. 1 S. 1 des Vertrages zur abschließenden Regelung in Bezug auf Deutschland vom 12. September 1990 (Zwei-plus-Vier-Vertrag)[1] beendeten die Französische Republik, die Union der Sozialistischen Sowjetrepubliken, das Vereinigte Königreich Großbritannien und Nordirland und die Vereinigten Staaten von Amerika „ihre Rechte und Verantwortlichkeiten in Bezug auf Berlin und Deutschland als Ganzes". Dies hatte, wie in dessen Art. 7 Abs. 1 S. 2 ausdrücklich niedergelegt, zur Folge, dass „die entsprechenden, damit zusammenhängenden vierseitigen Vereinbarungen, Beschlüsse und Praktiken beendet und alle entsprechenden Einrichtungen der vier Mächte aufgelöst" wurden.[2] Art. 7 Abs. 2 Zwei-plus-Vier-Vertrag stellt demgemäß fest, dass das vereinte Deutschland volle Souveränität über seine inneren und äußeren Angelegenheiten erhalten habe. Nach dem Wortlaut des Vertrages haben die Alliierten damit jegliche Rechte in Bezug auf Deutschland abgegeben, rechtliche Auswirkungen der Besatzungsgeschichte Deutschlands noch bis in die heutige Zeit scheinen danach zunächst ausgeschlossen.

In dem folgenden Beitrag soll diese aus heutiger Sicht selbstverständlich erscheinende Hypothese kritisch hinterfragt und der Frage nachgegangen werden, ob und inwieweit die Besatzungsgeschichte Deutschlands noch immer rechtliche Folgen zeitigt. Hierbei soll insbesondere auf Fragen der Fortgeltung alliierten Rechts, Eigentumsfragen sowie auf Fragen der Nachfolge in völkerrechtlichen Verträgen eingegangen werden.

---

[1] In Kraft seit dem 15.3.1991; da sich die Ratifizierung des Vertrages zunächst verzögerte, gaben die Vertreter Frankreichs, der UdSSR, Großbritanniens und der USA am 1.10.1990 in New York eine Erklärung ab, nach der ihre „Rechte und Verantwortlichkeiten in bezug auf Berlin und Deutschland als Ganzes mit Wirkung vom Zeitpunkt der Vereinigung Deutschlands bis zum Inkrafttreten des Vertrags über die abschließende Regelung in Bezug auf Deutschland ausgesetzt" seien. Vgl. Bulletin des Presse- und Informationsamts der Bundesregierung, Bonn 1990, S. 1266.
[2] Damit sind folgende alliierte Maßnahmen außer Kraft getreten: Protokoll über die Besatzungszonen in Deutschland und die Verwaltung von Groß-Berlin vom 12.9.1944; Abkommen über die Kontrolleinrichtungen in Deutschland vom 14.11.1944, 5. Berliner Erklärung vom 5.6.1945; Potsdamer Beschlüsse vom 2.8.1945; Vereinbarungen, Beschlüsse und Praktiken in bezug auf den Zugang nach Berlin; Erklärung der Alliierten Kommandatura über die Stellung von Berlin (West) vom 5.5.1955; Vier-Mächte-Abkommen vom 3.9.1971. Siehe dazu Michael Schweitzer, Verträge Deutschlands mit den Siegermächten, in: Josef Isensee/Paul Kirchhof (Hrsg.), Handbuch des Staatsrechts der Bundesrepublik Deutschland, Bd. X: Deutschland in der Staatengemeinschaft, Heidelberg u. a. ³2012, S. 707–733, v. a. S. 725.

I Fortgeltung alliierten Rechts nach der deutschen Wiedervereinigung

Art. 7 Abs. 2 Zwei-plus-Vier-Vertrag stellt fest, dass das vereinte Deutschland volle Souveränität über seine inneren und äußeren Angelegenheiten erhalten habe. Eine Kontinuität alliierten Rechts noch bis in die heutige Zeit scheint hiernach ausgeschlossen. Im Folgenden soll zunächst die Entstehung von Besatzungsrecht in Deutschland nach dem Ende des Zweiten Weltkrieges nachgezeichnet werden. Sodann wird der Frage nachgegangen, ob auch heute noch Restbestände alliierten Rechts zu finden sind.

A Entstehung von Besatzungsrecht in Deutschland und Entwicklung bis 1990

1 1945–1949

Mit der bedingungslosen Kapitulation der deutschen Streitkräfte endete am 8./9. Mai 1945 der Zweite Weltkrieg. Diese Kapitulation und die anschließende militärische Besetzung Deutschlands hatte nach ganz überwiegender Ansicht nicht den Untergang des Deutschen Reiches zu Folge.[3] Der deutsche Gesamtstaat verlor vorübergehend seine Handlungsfähigkeit. An seiner Stelle übernahmen die vier Siegermächte die Ausübung der obersten Regierungsgewalt (*supreme authority*) in und für Deutschland.[4]

Nach Maßgabe des Londoner Abkommens vom 14. November 1944, den beiden Abkommen zur Ergänzung des Londoner Protokolls vom 12. September 1944 betreffend die Besatzungszonen in Deutschland und die Verwaltung von Groß-Berlin[5] vom 14. November 1944, veröffentlicht am 26. Juli 1945,[6] sowie der Berliner Erklä-

---

3 Entscheidungen des Bundesverfassungsgerichts (im Folgenden: BVerfGE), hrsg. von den Mitgliedern des Bundesverfassungsgerichts, Bd. 36, Tübingen 1974, S. 1–37, hier S. 15 f.; BVerfGE, Bd. 77, Tübingen 1988 S. 137–170, hier S. 158 f.
4 Art. 1 des Londoner Abkommens über Kontrolleinrichtungen in Deutschland vom 14.11.1944, in: Ingo von Münch (Hrsg.), Dokumente des geteilten Deutschland. Quellentexte zur Rechtslage des Deutschen Reiches, der Bundesrepublik Deutschland und der Deutschen Demokratischen Republik, Bd. 1, Stuttgart ²1976, S. 29–32; Abschnitt III. A. 1. des sogenannten Potsdamer Abkommens (Kommuniqués über die Konferenz von Potsdam) vom 2.8.1945, in: Dokumente zur Deutschlandpolitik [im Folgenden: DzD], II. Reihe: 9. Mai 1945 bis 4. Mai 1955, hrsg. vom Bundesminister des Innern, Bd. 1: Die Konferenz von Potsdam (3 Teilbände), bearb. von Gisela Biewer, Neuwied/Frankfurt a. M. 1992, S. 2102–2148.
5 Text in: Münch (Hrsg.), Dokumente des geteilten Deutschland, Bd. 1, S. 25–27.
6 Ergänzungsvereinbarung vom 14.11.1944 zum Londoner Protokoll vom 12.9.1944, in: Münch (Hrsg.), Dokumente des geteilten Deutschland, Bd. 1, S. 27–29. Die Vereinbarung wurde erst am

rung vom 5. Juni 1945[7] sollte jeder einzelne alliierte Oberbefehlshaber in seiner jeweiligen Besatzungszone sowie alle vier Siegermächte gemeinsam in allen Deutschland als Ganzes betreffenden Angelegenheiten durch den Alliierten Kontrollrat die oberste Gewalt in Deutschland ausüben. Die gemeinsame Verwaltung Berlins sollte demgegenüber durch die Alliierte Kommandatura erfolgen, während in den einzelnen Sektoren die Gesetzgebung den jeweiligen Oberbefehlshabern oblag. Mit der Entwicklung des Kalten Krieges scheiterte aber bekanntermaßen die gemeinsame Verwaltung der vier Siegermächte; der sowjetische Vertreter zog sich 1948 aus den gemeinsamen Organen, dem Alliierten Kontrollrat für Deutschland sowie der Alliierten Kommandatura für Berlin, zurück.[8] Am 20. Juni 1949 bildeten stattdessen die drei Westmächte USA, Großbritannien und Frankreich die Alliierte Hohe Kommission, die die *supreme allied authority* in der neu entstehenden Bundesrepublik Deutschland ausüben sollte;[9] die Kompetenzen der einzelnen Zonenbefehlshaber der Westmächte wurden dabei aufgehoben und auf die Kommission übertragen. Die Kommission übte damit jene Rechte aus, die sich für die Westalliierten aufgrund des von den Alliierten anlässlich des Inkrafttretens des Grundgesetzes erlassenen Besatzungsstatuts zur Abgrenzung der Befugnisse und Verantwortlichkeiten zwischen der zukünftigen deutschen Regierung und der Alliierten Kontrollbehörde vom 10. April 1949[10] in der zukünftigen Bundesrepublik Deutschland ergaben. Gleichzeitig übernahm die Bundesrepublik Deutschland durch das Besatzungsstatut erstmals einen beträchtlichen Teil deutscher Hoheitsrechte – wenn auch natürlich weiterhin unter Obhut und strenger Beobachtung durch die Westalliierten.

In der ehemaligen Reichshauptstadt führte hingegen die Alliierte Kommandatura für Berlin mit den Vertretern der Westmächte die Arbeit fort. Sie erklärten, ihre Entscheidungen bis zur Rückkehr des sowjetischen Vertreters nur in den Westsektoren Berlins auszuführen, gingen dabei aber davon aus, dass die Rechtsakte der Kommandatura *de jure* Geltung für ganz Berlin beanspruchen konnten. Insgesamt wurde durch diese Entwicklung damit Besatzungsrecht für die einzelnen Besatzungszonen durch die einzelnen Besatzungsmächte, auf gesamtdeutscher Ebene zunächst durch den Alliierten Kontrollrat und später für die früheren Westzonen

---

26.7.1945 veröffentlicht, nachdem Deutschland bereits besetzt war, siehe Josef Becker/Theo Stammen/Peter Waldmann, Vorgeschichte der Bundesrepublik Deutschland, Zwischen Kapitulation und Grundgesetz, München ²1987, S. 66 f.
7 Berliner Deklaration in Anbetracht der Niederlage Deutschlands und der Übernahme der obersten Regierungsgewalt hinsichtlich Deutschlands vom 5.6.1945, in: Münch (Hrsg.), Dokumente des geteilten Deutschland, Bd. 1, S. 19–24.
8 Vgl. Sowjetische Erklärung vom 20.3.1948 betr. Vertagung der Kontrollratssitzungen bzw. Mitteilung über die Einstellung der sowjetischen Mitarbeit in der Alliierten Kommandantur vom 1.7.1948, in: ebenda, S. 55 f., 150.
9 Vgl. dazu das Statut der Alliierten Hohen Kommission vom 20.6.1949, in: ebenda, S. 74–81.
10 Besatzungsstatut vom 10.4.1949, in Kraft getreten am 21.9.1949, in: ebenda, Bd. 1, S. 71–74.

durch die Alliierte Kontrollbehörde und für Berlin schließlich durch die Alliierte Kommandatura gesetzt.[11]

2 Schicksal von Besatzungsrecht nach Gründung der beiden deutschen Staaten

Die Bundesrepublik Deutschland wurde am 23. Mai 1949, die Deutsche Demokratische Republik am 7. Oktober 1949 gegründet. Die jeweiligen Besatzungsmächte räumten den beiden deutschen Staaten in der Folgezeit sukzessive zumindest beschränkte Souveränität ein.

a) Besatzungsrecht in der Bundesrepublik Deutschland

Einen ersten Anknüpfungspunkt zur Hinterfragung des Schicksals zuvor erlassener besatzungsrechtlicher Vorschriften bot das Grundgesetz selbst, welches in Art. 123 bestimmt, dass „Recht aus der Zeit vor Zusammentritt des Bundestages" fortgelten solle, jedoch nur „soweit es dem Grundgesetz nicht widerspricht". Im Jahr 1949 vermochte diese Norm jedoch das Besatzungsrecht der Siegermächte nicht zu erfassen, da das Genehmigungsschreiben der Militärgouverneure der drei Mächte zum Grundgesetz[12] die Rechte aus dem Besatzungsstatut vorbehalten hatte, welches wiederum grundsätzlich vorsah, dass vor dem Inkrafttreten des Grundgesetzes erlassene gesetzgeberische Maßnahmen der Besatzungsbehörden bis zu ihrer Aufhebung oder Änderung durch die Alliierten selbst in Kraft bleiben sollten. Das Besatzungsrecht überlagerte insofern die bundesdeutsche Rechtsordnung und besaß auch Vorrang vor dem am 23. Mai 1949 verkündeten und in Kraft getretenen Grundgesetz.[13]

Mit der Aufhebung des Besatzungsstatuts und der Auflösung der Alliierten Hohen Kommission im Jahr 1955 trat der Vertrag zur Regelung der aus Krieg und Besatzung entstandenen Fragen – der sogenannte Überleitungsvertrag – in Kraft. Dieser Überleitungsvertrag bestimmte die Fortgeltung des Besatzungsrechts bis zu seiner Aufhebung beziehungsweise Änderung durch „die Organe der Bundesrepublik und der Länder".[14] Somit bestand im Grundsatz und in Übereinstimmung mit den bereits

---

11 Vgl. Dieter Schröder, Das geltende Besatzungsrecht, Baden-Baden 1990, S. 15.
12 Vgl. Schreiben der Militärgouverneure Clay (USA), Robertson (GB) und Koenig (Frankreich) an den Präsidenten des Parlamentarischen Rats, Adenauer, 12.5.1949, in: Münch (Hrsg.), Dokumente des geteilten Deutschland, Bd. 1, S. 130 f.
13 Rainer Hofmann/Tilmann Laubner, Großes Reinemachen und eine ungewöhnliche Frage: Wer darf den Besen schwingen?, in: Jahrbuch des öffentlichen Rechts der Gegenwart 55/1 (2007), S. 123–149, hier S. 127.
14 1. Teil Art. 1 Abs. 1 S. 1 und S. 2 Vertrag vom 26.5.1952 zwischen der Bundesrepublik und Frankreich, Großbritannien und den USA zur Regelung aus Krieg und Besatzung entstandener Fragen (Überleitungsvertrag) in der gemäß Liste IV zu dem am 23. Oktober 1954 in Paris unterzeichneten Protokoll über die Beendigung des Besatzungsregimes in der Bundesrepublik Deutschland geänderten Fassung; Bundesgesetzblatt 1955, Teil II, S. 406.

genannten völkerrechtlichen Grundsätzen eine Dispositionsbefugnis der alten Bundesrepublik hinsichtlich des durch die Alliierten geschaffenen Rechts. Dies galt jedoch nur, „sofern im Vertrag über die Beziehungen zwischen der Bundesrepublik Deutschland und den Drei Mächten[15] oder in den in dessen Artikel 8 aufgeführten Zusatzverträgen nichts anderes bestimmt ist". Bestimmte besatzungsrechtliche Vorschriften blieben demnach der Verfügungsgewalt deutscher Stellen entzogen. Dies galt namentlich für „versteinertes Besatzungsrecht", welches im Rahmen der Kontrollratsgesetzgebung entstanden war,[16] weil es sich hierbei um Vier-Mächte-Gesetzgebung handelte, die auch nur von den vier Mächten gemeinsam aufgehoben werden konnte. Die drei Westmächte konnten insoweit nicht einseitig über die fraglichen Normen verfügen. Gleiches galt aber auch für das andauernde Recht zur Stationierung alliierter Truppen in Deutschland sowie für Fragen betreffend die Aufrechterhaltung der alliierten Rechte in Bezug auf Deutschland als Ganzes. Nicht „versteinertes" sonstiges Besatzungsrecht sollte weiterhin in Kraft bleiben, bis es von deutschen Stellen aufgehoben wurde. Besonders bedeutsam ist ferner, dass durch Art. 2 Abs. 1 des Überleitungsvertrages „alle Rechte und Verpflichtungen, die durch gesetzgeberische, gerichtliche oder Verwaltungsmaßnahmen der Besatzungsbehörden oder auf Grund solcher Maßnahmen begründet oder festgestellt worden sind",[17] einer Kontrolle durch deutsche Stellen entzogen wurden.

Bereits nach 1955 erfolgten einige Bereinigungsbemühungen von Bund und Ländern in Bezug auf das noch fortgeltende Besatzungsrecht. So wurden zwischen 1956 und 1958 mehrere hundert Gesetzgebungsakte der ehemaligen Besatzungsmächte in Westdeutschland aufgehoben. Neben der Beseitigung von Besatzungsrechtsnormen erfolgte hier auch der Erlass deutscher Ersatzvorschriften.[18]

b) Besatzungsrecht in der DDR

Aus der Perspektive der Sowjetunion bedurfte es keiner „Versteinerung" ihrer besatzungsrechtlichen Maßnahmen in der DDR, da sich ihre Vorstellungen über die politische öffentliche Ordnung in ihrer Besatzungszone bereits etabliert hatten.[19] Demgemäß wurde bereits 1954 durch Beschluss der Sowjetunion das gesamte Besatzungsrecht der Sowjetischen Militäradministration in Deutschland (SMAD), welches das politische, wirtschaftliche und industrielle Leben in der DDR betraf, aufgeho-

---

15 Damit gemeint war der sogenannte Deutschlandvertrag, also der Vertrag über die Beziehungen zwischen der Bundesrepublik Deutschland und den Drei Mächten vom 26.5.1952 in der Fassung vom 23.10.1954; vgl. Bundesgesetzblatt 1955, Teil II, S. 305–320.
16 1. Teil Art. 1 Abs. 1 S. 3 Überleitungsvertrag: „Vom Kontrollrat erlassene Rechtsvorschriften dürfen weder aufgehoben noch geändert werden".
17 Art. 2 Abs. 1 Überleitungsvertrag vom 23.10.1954, in: Bundesgesetzblatt 1954, Teil II, S. 407.
18 Hofmann/Laubner, Großes Reinemachen, S. 143; Michael Rensmann, Besatzungsrecht im wiedervereinten Deutschland. Abbauprobleme und Restbestände, Baden-Baden 2002, S. 147 f.
19 Ebenda, S. 148.

ben.[20] Der Ministerrat der UdSSR beschloss sodann 1955, „daß die in den Jahren 1945 bis 1948 in Ausübung der Besatzungsrechte der vier Mächte vom Kontrollrat in Deutschland erlassenen Gesetze, Direktiven, Befehle und anderen Verordnungen auf dem Gebiet der Deutschen Demokratischen Republik ihre Gültigkeit verlieren. Die Außerkraftsetzung der erwähnten Verordnungen des Kontrollrats auf dem Gebiet der Deutschen Demokratischen Republik berührt nicht die Rechte und Verpflichtungen der Sowjetunion gegenüber Gesamtdeutschland, die sich aus den entsprechenden Beschlüssen der vier Mächte ergeben."[21] Damit wurden die Beschlüsse des Kontrollrats über die oberste Gewalt in Deutschland als Ganzes sowie über das Verfahren des Kontrollrats und über die Interzonenreisen nicht von der Aufhebung des Besatzungsrechts erfasst. Insgesamt ergab sich in der DDR damit seit 1955 eine ähnliche Rechtslage wie in der Bundesrepublik. Denn auch hier wurde letztlich davon ausgegangen, dass die vier Mächte im Rahmen der Vier-Mächte-Verantwortung für Deutschland gesamthänderisch gebunden waren und die Sowjetunion insoweit nicht einseitig über diese Normen verfügen konnte.[22] Im Übrigen wurde auf dem Gebiet der DDR aber bereits frühzeitig nahezu alles Besatzungsrecht aufgehoben.

c) Sonderfall: Besatzungsrecht in Berlin
Die Eigenständigkeit des Besatzungsregimes über „Groß-Berlin" macht eine gesonderte Betrachtung der Frage nach der Fortgeltung von Besatzungsrecht notwendig. Dies gilt umso mehr, als die Besetzung Berlins das Jahr 1955 überdauerte[23] und die Alliierte Kommandatura letztlich bis zum Jahr 1990 tätig war. Viele Anordnungen der Alliierten Kommandatura regelten dabei aber allein die Geltung von Bundesgesetzen in Berlin (West). Entgegen des Widerstandes der Westmächte behandelten die UdSSR und die DDR den Ostsektor Berlins seit der Staatsgründung am 7. Oktober 1949 weitgehend als Teil der DDR. Dementsprechend wurde das auch im Ostsektor geltende Besatzungsrecht im gleichen Umfang wie in der DDR als aufgehoben betrachtet;[24] lediglich einige Anordnungen der Alliierten Kommandatura aus der Zeit vor dem Rückzug des sowjetischen Vertreters 1948 wurden faktisch weiter befolgt.[25]

---

20 Vgl. Erklärung der Regierung der UdSSR über die Gewährung der Souveränität an die Deutsche Demokratische Republik, 25.3.1954, in: Münch (Hrsg.), Dokumente des geteilten Deutschland, Bd. 1, S. 329 f.
21 Beschluss des Ministerrates der UdSSR über die Auflösung der Hohen Kommission der UdSSR in Deutschland vom 20.9.1955, in: ebenda, S. 331.
22 Hofmann/Laubner, Großes Reinemachen, S. 130 f.; Rensmann, Besatzungsrecht im wiedervereinten Deutschland, S. 149.
23 Schweitzer, Verträge Deutschlands mit den Siegermächten, in: Isensee/Kirchhof (Hrsg.), Handbuch des Staatsrechts, Bd. X, S. 713.
24 Rensmann, Besatzungsrecht im wiedervereinten Deutschland, S. 151.
25 Hofmann/Laubner, Großes Reinemachen, S. 134.

In Bezug auf die Westsektoren Berlins konnte der zwischen den drei Westmächten und der Bundesrepublik Deutschland geschlossene Überleitungsvertrag keine Geltung beanspruchen. Stattdessen ordnete die Alliierte Kommandatura 1955 in ihrer Erklärung über Berlin an, dass das zu diesem Zeitpunkt in Kraft befindliche Besatzungsrecht fortgelte. Rechtsvorschriften der alliierten Behörden konnten danach entweder nur durch diese selbst oder aber mit ihrer Genehmigung durch die Berliner Legislative geändert oder aufgehoben werden.[26] In der Folgezeit erließ der Berliner Gesetzgeber mit Wirkung für Berlin (West) solche Aufhebungsgesetze, sodass in den Jahren nach 1955 ein großer Teil des in Berlin (West) geltenden Besatzungsrechts bereits außer Kraft gesetzt oder aufgehoben worden war.

d) Zwischenergebnis

Zu großen Teilen waren besatzungsrechtliche Vorschriften zum Zeitpunkt der Wiedervereinigung beider deutscher Staaten damit sowohl in der ehemaligen DDR als auch in der „alten" Bundesrepublik Deutschland aufgehoben oder außer Kraft gesetzt oder waren in die deutsche Rechtsordnung als deutsches Recht inkorporiert worden. Die geregelten Rechtsbereiche (beispielsweise Familienrecht, Erbhöferecht, Betriebsräterecht) standen nunmehr allein auf deutscher Grundlage; sie waren kein Besatzungsrecht mehr.[27] In einigen Bereichen galt von den Besatzungsbehörden gesetztes Recht jedoch fort.[28] Aber nach wie vor existierte in beiden deutschen Staaten sowie in Berlin „versteinertes Besatzungsrecht", das der deutsche Gesetzgeber nicht antasten durfte. Hierbei handelte es sich vor allem um die vor 1948 ergangene Kontrollratsgesetzgebung.

B Fortgeltung von Besatzungsrecht nach der Wiedervereinigung?

1 Obsolet gewordenes Besatzungsrecht mit endgültiger Beendigung des Besatzungszustandes

Mit dem Inkrafttreten des Zwei-plus-Vier-Vertrages und der damit einhergehenden Beendigung des Besatzungszustandes sind zunächst unzweifelhaft all jene besatzungsrechtlichen Vorschriften, die in einem Zusammenhang mit der Regelung des Besatzungszustandes standen, obsolet geworden. Dies gilt insbesondere für vormals „versteinertes Besatzungsrecht", also insbesondere Kontrollratsrecht. Ferner sind auch alle Vorschriften zur Übernahme der obersten Gewalt durch die Alliierten seit

---

26 Rensmann, Besatzungsrecht im wiedervereinten Deutschland, S. 149 f.
27 Dazu im Einzelnen ebenda, S. 156–160.
28 Dazu im Einzelnen ebenda, S. 162–165.

1990 als obsolet anzusehen,[29] da alle Staatsgewalt in Deutschland nunmehr alleinig deutsche Staatsgewalt ist.[30] Aus der Aufhebung aller Rechte und Befugnisse der Alliierten ergab sich sodann zwangsläufig auch die Aufhebung all ihrer Einrichtungen[31] und damit der Wegfall aller besatzungsrechtlichen Regelungen, welche die Einrichtung, die Organisation und das Verfahren (insbesondere auch das Gesetzgebungsverfahren) dieser Einrichtungen betreffen.[32] Gleiches gilt für alle besatzungsrechtlichen Regelungen, die sich auf die territoriale Organisation Deutschlands in Besatzungszonen oder auf die besondere Lage Berlins und alle daran anknüpfenden Regelungen bezogen[33] oder die dem Schutz der Interessen der Besatzungsmächte in Deutschland dienten.[34] Gleichermaßen entfiel 1990 das an die Besetzung Berlins anknüpfende Recht einschließlich aller organisatorischen, institutionellen und verfahrensrechtlichen Besatzungsrechtsvorschriften hinsichtlich der Alliierten Kommandatura.[35]

2 Auswirkungen des Zwei-plus-Vier-Vertrages?

Der Zwei-plus-Vier-Vertrag enthält keine ausdrückliche Regelung über das Schicksal von Besatzungsrecht nach der Wiedervereinigung Deutschlands. Teils wurde aus dem in Art. 7 Zwei-plus-Vier-Vertrag propagierten Ende der Vier-Mächte-Rechte und -Verantwortlichkeiten ein Wegfall *eo ipso* des gesamten Rests noch fortgeltenden Besatzungsrechts hergeleitet. Dieser Befund widerspricht jedoch dem allgemeinen Völkerrecht, nach dem dem ehemals besetzten Staat die Dispositionsbefugnis über solch fortgeltendes Besatzungsrecht zukommt. Der in Art. 7 Abs. 1 S. 2 Zwei-plus-Vier-Vertrag vorgesehene Wegfall der Vier-Mächte-Rechte, nach dem „die entsprechenden, damit zusammenhängenden vierseitigen Vereinbarungen, Beschlüsse und Praktiken" für beendet erklärt werden, führte nicht zu einem *ipso jure* Wegfall des gesamten Restbestandes des noch fortgeltenden Besatzungsrechts. Aus dessen Wortlaut und systematischer Stellung ergibt sich nämlich, dass damit nur die allgemeinen Regelungen zur Ausübung der den vier Mächten obliegenden Rechte und

---

29 Dies umfasst die Berliner Erklärung vom 5.6.1945, die Feststellung über das Kontrollverfahren vom 5.6.1945 und die dazugehörigen Proklamationen des Kontrollrats aus dem Jahr 1945 (Nr. 1 vom 30.8.1945 und Nr. 2 vom 2.9.1945). Ein ausführlicher Überblick über das im Jahre 1990 endgültig obsolet gewordene Recht findet sich in Rensmann, Besatzungsrecht im wiedervereinten Deutschland, S. 193–203.
30 Ebenda, S. 152.
31 Der Alliierte Kontrollrat konnte bis 1990 formal nicht aufgelöst werden, weil die Alliierten gesamthänderisch gebunden waren, eine Auflösung allein durch die Westmächte ohne Beteiligung der UdSSR also nicht möglich war.
32 Rensmann, Besatzungsrecht im wiedervereinten Deutschland, S. 153.
33 Ebenda, S. 153.
34 Ebenda, S. 154.
35 Ebenda, S. 170 f.

Verantwortlichkeiten in Bezug auf Berlin und Deutschland als Ganzes, nicht aber die von den alliierten Besatzungsbehörden erlassenen Rechtsvorschriften gemeint sind. So wird durch den Zwei-plus-Vier-Vertrag zwar die Auflösung der Einrichtungen des Besatzungsregimes und die Aufhebung der diesbezüglichen Vereinbarungen, Beschlüsse und Praktiken bestimmt, ein Wegfall von Befugnissen hat aber nicht zwangsläufig den Wegfall der in der Vergangenheit in Ausübung dieser Befugnisse erlassenen Vorschriften zur Folge. Vielmehr blieb das am 3. Oktober 1990 noch geltende Besatzungsrecht als bloßes Produkt der Ausübung alliierter Befugnisse bestehen.[36] Dies wird insbesondere auch durch einen Notenwechsel zwischen der Bundesregierung und den Regierungen der drei Westmächte vom 27./28. September 1990 gestützt.

3 Notenwechsel zwischen der Bundesregierung und den Regierungen der drei Westmächte vom 27./28. September 1990

Der Deutschlandvertrag und der Überleitungsvertrag wurden nicht gemäß Art. 7 Abs. 1 S. 2 Zwei-plus-Vier-Vertrag beendet. Denn der Begriff „Vierseitige Vereinbarungen" erfasste nur Vereinbarungen zwischen den vier Siegermächten, nicht aber Vereinbarungen zwischen der Bundesrepublik und den drei Westmächten. Dies machte eine gesonderte Anpassung dieser Verträge erforderlich.[37] Zur Regelung dieser Frage wurde am 27./28. September 1990 eine Vereinbarung in Form eines Notenwechsels zwischen der Bundesrepublik, Frankreich, den USA und dem Vereinigten Königreich getroffen.[38] Diese Vereinbarung stellt einen eigenständigen, vom Zwei-plus-Vier-Vertrag unabhängigen völkerrechtlichen Vertrag dar.[39] Erst durch diese Vereinbarung wurde der Deutschlandvertrag in Gänze (Ziffer 1) und der Überleitungsvertrag von 1952/54 mit den darin enthaltenen Fortgeltungsanordnungen zumindest größtenteils aufgehoben (Ziffer 2). Nach Ziffer 3 der Vereinbarung blieben

---

36 Hofmann/Laubner, Großes Reinemachen, S. 131 f.; Rensmann, Besatzungsrecht im wiedervereinten Deutschland, S. 125.
37 Schweitzer, Verträge Deutschlands mit den Siegermächten, S. 730.
38 Für den Wortlaut des Notenwechsels vom 27./28.9.1990 zum Vertrag vom 26.5.1952 über die Beziehungen zwischen der Bundesrepublik Deutschland und den drei Mächten in der Fassung vom 23.10.1954 (Deutschlandvertrag) sowie zum Vertrag vom 26.5.1952 zur Regelung aus Krieg und Besatzung entstandener Fragen in der Fassung vom 23.10.1954 (Überleitungsvertrag) vgl. Bundesgesetzblatt 1990, Teil II, S. 1387–1389. Zur Entstehung vgl. Vorlage der Ministerialdirektoren Kastrup und Oesterhelt, 15.8.1990, sowie Vorlage Oesterhelts vom 1.9.1990, in: Die Einheit. Das Auswärtige Amt, das Außenministerium der DDR und der Zwei-plus-Vier-Prozess, bearb. von Heike Amos und Tim Geiger, Dok. 139, S. 653 f. bzw. Dok. 158, S. 722–725; Aufzeichnung des Vortragenden Legationsrats I. Klasse Lincke, 1.10.1990, in: Akten zur Auswärtigen Politik der Bundesrepublik Deutschland [künftig: AAPD] 1990, bearb. von Tim Geiger, Michael Ploetz und Jens Jost Hofmann, Berlin/Boston 2021, Dok. 327, S. 1372–1374.
39 Rensmann, Besatzungsrecht im wiedervereinten Deutschland, S. 183.

aber wichtige Bestimmungen des Überleitungsvertrages in Kraft. Zugleich wurde die Bundesrepublik Deutschland nach Art. 1 Abs. 1 S. 1 Überleitungsvertrag ermächtigt, die „von den Besatzungsbehörden erlassenen Rechtsvorschriften aufzuheben oder zu ändern".[40] Dies gilt auch für das bis dahin „versteinerte Besatzungsrecht", sodass Deutschland seitdem in vollem Umfang bis dahin fortbestehendes Besatzungsrecht außer Kraft setzen oder ändern konnte. Insbesondere wurde bei dieser Gelegenheit aber bekräftigt, dass der Überleitungsvertrag insoweit in Kraft bleibt, als er vorsah, dass alle Rechte und Verpflichtungen sowie Maßnahmen, „die durch gesetzgeberische, gerichtliche oder Verwaltungsmaßnahmen der Besatzungsbehörden oder aufgrund solcher Maßnahmen begründet oder festgestellt worden sind", sowie Maßnahmen, „die für Zwecke der Reparation oder Restitution oder aufgrund des Kriegszustandes gegen das deutsche Auslands- oder sonstige Vermögen durchgeführt sind", sowie ferner alle „Maßnahmen, welche von den Regierungen oder mit ihrer Ermächtigung in der Zeit zwischen dem 1. September 1939 und dem 5. Juni 1945 wegen des in Europa bestehenden Kriegszustandes getroffen wurden", von deutscher Seite nicht in Frage gestellt werden und insbesondere keiner Kontrolle durch deutsche Gerichte unterliegen.[41]

War auf dem Gebiet der DDR zwar bereits frühzeitig nahezu alles Besatzungsrecht aufgehoben worden, galt auch hier nach 1948 Kontrollratsrecht fort. Der durch den bereits genannten Notenwechsel zu Teilen fortbestehende Überleitungsvertrag erstreckte sich im Widerspruch zu dem ansonsten anwendbaren völkergewohnheitsrechtlichen Grundsatz der beweglichen Vertragsgrenzen nicht auf das Gebiet der ehemaligen DDR, da der Überleitungsvertrag von einer solchen territorialen Ausdehnung vertraglich ausdrücklich ausgenommen worden war.[42] Gewissermaßen ersatzweise verpflichtete sich die Bundesregierung aber durch den Notenwechsel zwischen der Bundesregierung und den Regierungen der drei Westmächte vom 27./28. September 1990 sicherzustellen, dass die weiterhin gültigen Bestimmungen des Überleitungsvertrages auf dem Gebiet der damaligen DDR und in Berlin nicht umgangen werden.[43]

---

40 Das Bundesverfassungsgericht hat 1998 festgestellt, dass Ziffer 3 der Vereinbarung keines Zustimmungsgesetzes gemäß Art. 59 Abs. 2 S. 1 GG bedürfe, da diese lediglich klarstelle, dass eine bereits innerstaatlich gültige, völkerrechtliche Regelung fortbestehe, 2 BvR 1981/97, Rn. 10, https://www.bundesverfassungsgericht.de/SharedDocs/Entscheidungen/DE/1998/01/rk19980128_2bvr198197.html. Zur Kritik siehe Rensmann, Besatzungsrecht im wiedervereinten Deutschland, S. 183 f.
41 Hofmann/Laubner, Großes Reinemachen, S. 123–132.
42 Art. 11 S. 1 Einigungsvertrag (Vertrag vom 31.8.1990 zwischen der Bundesrepublik Deutschland und der DDR über die Herstellung der Einheit Deutschlands) in Verbindung mit Anlage I Kapitel I Nr. 2 zum Einigungsvertrag; Bundesgesetzblatt 1990, Teil II, S. 889–1245, hier S. 893, 908.
43 Vgl. dazu das in Ziffer 4 a) des Notenwechsels enthaltene Umgehungsverbot, wonach „[d]ie Regierung der Bundesrepublik Deutschland erklärt, daß sie sämtliche angemessene Maßnahmen ergreifen wird, um sicherzustellen, daß die weiterhin gültigen Bestimmungen des Überleitungsver-

4 Auswirkungen des Gesetzes zur Überleitung von Bundesrecht nach Berlin (West) vom 25. September 1990

§ 1 Gesetz zur Überleitung von Bundesrecht nach Berlin (West) vom 25. September 1990 lautet: „Bundesrecht, das in Berlin (West) auf Grund alliierter Vorbehaltsrechte bisher nicht oder nicht in vollem Umfang gilt, gilt von Inkrafttreten dieses Gesetzes an uneingeschränkt in Berlin (West), soweit sich aus §§ 2 und 3 nicht etwas anderes ergibt."[44] Mit dieser grundsätzlichen Überleitung von Bundesrecht nach Berlin sind Anordnungen der Alliierten Kommandatura in äußerst weitem Umfang entfallen. Denn alle Anordnungen der Kommandatura, die sich auf die Übernahme oder Nichtübernahme von Bundesrecht nach Berlin bezogen, sind durch das Überleitungsgesetz endgültig hinfällig geworden.[45]

5 Zwischenergebnis

Auch nach der Wiedervereinigung galt das zuvor geltende unmittelbare Besatzungsrecht damit zumindest teilweise fort. Hierbei ist insbesondere von Interesse, dass der Zwei-plus-Vier-Vertrag selbst kaum Auswirkungen auf die Fortgeltung des Besatzungsrechts hatte. Vielmehr war für jede besatzungsrechtliche Norm gesondert zu prüfen, ob sie weiter Gültigkeit beanspruchte. Dabei waren einige besatzungsrechtliche Vorschriften bereits durch den Wegfall ihres Regelungsgegenstandes obsolet geworden. Zudem konnten viele Besatzungsrechtsnormen durch Tätigwerden des deutschen Gesetzgebers nunmehr als in die deutsche Rechtsordnung inkorporiert angesehen werden. Der Wegfall von Besatzungsrecht war damit also nicht allumfassend, sondern bedurfte einer Einzelbetrachtung. Dies bedeutete aber auch, dass ein Rest von Besatzungsrecht auch im souveränen und wiedervereinigten Deutschland immer noch formell bestehen blieb, auch wenn der Großteil dessen nunmehr keine Anwendung mehr fand.

Soweit nach alledem überhaupt noch Restbestände von Besatzungsrecht fortbestanden, wurde mit Art. 4 des „Zweiten Gesetzes über die Bereinigung von Bundesrecht im Zuständigkeitsbereich des Bundesministeriums der Justiz" vom 23. November 2007[46] das restliche, möglicherweise noch bestehende Besatzungsrecht bis auf eine Ausnahme aus dem Bereich der Arbeitsgerichtsbarkeit pauschal aufgehoben. Bei dieser Ausnahme handelt es sich um das Kontrollratsgesetz Nr. 35 über Ausgleichs- und Schiedsverfahren in Arbeitsstreitigkeiten vom 20. August 1946. Auf sei-

---

trages auf dem Gebiet der gegenwärtigen Deutschen Demokratischen Republik und in Berlin nicht umgangen werden".
44 Bundesgesetzblatt 1990, Teil I, S. 2106–2109, hier S. 2106.
45 Rensmann, Besatzungsrecht im wiedervereinten Deutschland, S. 172.
46 Bundesgesetzblatt 2007, Teil I, S. 2614.

ner Grundlage wird – auf dem Gebiet der alten Bundesrepublik – seit Jahrzehnten und in einer nicht unerheblichen Zahl von Fällen das sogenannte staatliche Schlichtungsverfahren betrieben.

C Gesamtergebnis: Kontinuität alliierten Rechts?

Somit ist nach heutigem Stand bis auf das Kontrollratsgesetz Nr. 35 über Ausgleichs- und Schiedsverfahren in Arbeitsstreitigkeiten Besatzungsrecht nicht mehr in Kraft. Insofern ist tatsächlich von voller Souveränität, wie sie Art. 7 Abs. 2 Zwei-plus-Vier-Vertrag feststellt, auszugehen.

II Eigentumsfragen

Da die Aufhebung von Besatzungsrecht durch deutsche gesetzgebende Stellen aber nur Wirkung *ex nunc* entfalten konnte, mussten grundsätzlich alle Rechte und Verpflichtungen, die durch oder aufgrund von besatzungsbehördlichen Maßnahmen erfolgt waren, auch weiterhin Bestand haben. Hierzu gehörte insbesondere die Regelung von Eigentums- und Vermögensrechten.

A Regelungen des partiell fortgeltenden Überleitungsvertrages

Wie bereits erwähnt, wurde durch die am 27./28. September 1990 getroffene Vereinbarung in Form eines Notenwechsels zwischen der Bundesrepublik, Frankreich, den USA und dem Vereinigten Königreich der Deutschlandvertrag in Gänze und der Überleitungsvertrag in großen Teilen aufgehoben. Nach Ziffer 3 der Vereinbarung blieben aber wichtige Bestimmungen des Überleitungsvertrages in Kraft und zwar „ohne Rücksicht darauf, ob sie in Übereinstimmung mit anderen Rechtsvorschriften begründet oder festgestellt worden sind". Von besonderem Interesse ist dabei die Aufrechterhaltung jener Teile des Überleitungsvertrages, die alle Rechte und Verpflichtungen enthalten, „die durch gesetzgeberische, gerichtliche oder Verwaltungsmaßnahmen der Besatzungsbehörden oder aufgrund solcher Maßnahmen begründet oder festgestellt worden sind".[47] Ferner ist auch die Aufrechterhaltung aller Maßnahmen, die für „Zwecke der Reparation oder Restitution oder aufgrund des

---

47 Art. 2 Abs. 1 Erster Teil Überleitungsvertrag.

Kriegszustandes" gegen das „deutsche Auslands- oder sonstige Vermögen durchgeführt worden sind",[48] einschließlich eines diesbezüglichen Klagestopps,[49] relevant.

Auch unter Umständen völkerrechtswidrige besatzungsrechtliche Maßnahmen sollten damit endgültig Bestand haben. Dies bedeutet, dass die Maßnahmen der Alliierten auf unbestimmte Zeit umfassend rechtlich abgesichert werden sollten. Diese Regelungen dienten dabei vornehmlich dazu, Forderungen von Personen, deren vormals konfisziertes Vermögen wieder auf dem deutschen Markt auftauchte, abzuwehren und den Respekt vor besatzungsrechtlichen – aber auch vor deutschen besatzungshoheitlichen Maßnahmen – zu gewährleisten.[50]

Insbesondere der in Art. 3 Abs. 3 Sechster Teil Überleitungsvertrag geregelte Klagestopp führte in der Vergangenheit zu rechtlichen Streitigkeiten, bewirkte er doch schließlich eine Rechtsverweigerung deutscher Gerichte mangels Gerichtsbarkeit. Von besonderem, auch publizistischem Interesse war dabei der „Fall Liechtenstein".[51] 1991 war das Gemälde „Szene um einen römischen Kalkofen" des niederländischen Meisters Pieter van Laer von tschechischen Stellen an ein Kölner Museum entliehen worden. Das zuvor im Eigentum des liechtensteinischen Fürstentums stehende Bild war 1945 unter Berufung auf die Beneš-Dekrete von der damaligen Tschechoslowakei konfisziert worden. Während das Bild in Köln ausgestellt war, versuchte der liechtensteinische Fürst sein Eigentum vor deutschen Zivilgerichten geltend zu machen, da es sich 1945 um eine völkerrechtswidrige Enteignung zu Lasten eines Staatsangehörigen eines im Zweiten Weltkrieg neutralen Staates, Liechtenstein, gehandelt habe. Die Klage auf Herausgabe wurde aber von den deutschen Gerichten wegen des in dem partiell fortgeltenden Überleitungsvertrag festgeschriebenen Klagestopps als unzulässig zurückgewiesen. Eine Verfassungsbeschwerde gegen die zivilgerichtlichen Entscheidungen wurde zurückgewiesen,[52] und auch die Große Kammer des Europäischen Gerichtshofs für Menschenrechte (EGMR) wies eine hiergegen gerichtete Beschwerde 2001 als unbegründet zurück.[53] Schließlich erhob die liechtensteinische Regierung sodann eine gegen Deutschland gerichtete Klage vor dem Internationalen Gerichtshof. Dieser erklärte sich jedoch in einer 2005 ergangenen Entscheidung als in zeitlicher Hinsicht für nicht zuständig.

---

48 Art. 3 Abs. 1 Sechster Teil Überleitungsvertrag.
49 Art. 3 Abs. 3 Sechster Teil Überleitungsvertrag: „Ansprüche und Klagen gegen Personen, die auf Grund der in Absatz (1) und Absatz (2) dieses Artikels bezeichneten Maßnahmen Eigentum erworben haben, sowie Ansprüche und Klagen gegen internationale Organisationen, ausländische Regierungen oder Personen, die auf Anweisung dieser Organisationen oder Regierungen gehandelt haben, werden nicht zugelassen."
50 Dieter Blumenwitz, Deutsche Souveränität im Wandel, in: Zeitschrift für Politik 46 (1999), S. 195–215, hier S. 200.
51 Hierzu ebenda, S. 201–203.
52 2 BvR 1981/97, Rn. 8–13, https://www.bundesverfassungsgericht.de/SharedDocs/Entscheidungen/DE/1998/01/rk19980128_2bvr198197.html (letzter Aufruf: 7.5.2021).
53 Prince Hans-Adam II of Liechtenstein v. Germany (Application no. 42527/98), Judgement 12.7.2001, ECHR Reports of Judgments and Decisions 2001-VIII, S. 1 ff.

Hintergrund war dabei, dass das erst im Jahr 1980 zwischen Deutschland und Liechtenstein in Kraft getretene Europäische Übereinkommen zur friedlichen Beilegung von Streitigkeiten auf den zum Zeitpunkt der Klage weit zurückliegenden Sachverhalt der bereits nach 1945 erfolgten tschechoslowakischen Enteignungen auf der Grundlage der Beneš-Dekrete nicht anwendbar war.[54]

B Bodenreform in der Sowjetischen Besatzungszone

Einer der Streitpunkte während der Verhandlungen zum Zwei-plus-Vier-Vertrag, aber auch während der Verhandlungen zum Einigungsvertrag zwischen der Bundesrepublik Deutschland und der DDR war die abschließende Regelung von Eigentumsfragen, insbesondere im Hinblick auf (entschädigungslose) Enteignungen, die nach 1945 in der damaligen sowjetischen Besatzungszone erfolgt waren. Die andauernde Rechtswirksamkeit dieser vor der Gründung der DDR am 7. Oktober 1949 durch die Sowjetische Militäradministration (SMAD) erfolgten Enteignungen war in Art. 24 der ersten Verfassung der DDR ausdrücklich verankert worden. Bereits der Gemeinsamen Erklärung der Regierungen der Bundesrepublik Deutschland und der Deutschen Demokratischen Republik vom 15. Juni 1990 war zu entnehmen, dass nicht nur die Sowjetunion, sondern vor allem auch die DDR als Vertragspartner der Bundesrepublik Deutschland keine Möglichkeit sah, die genannten Enteignungen rückgängig zu machen. Dementsprechend hieß es dort in Ziffer 1 ferner, dass „[die] Enteignungen auf besatzungsrechtlicher bzw. besatzungshoheitlicher Grundlage (1945–1949) nicht mehr rückgängig zu machen [sind]". Zudem bekundete die Regierung der Bundesrepublik Deutschland, „dass einem künftigen gesamtdeutschen Parlament eine abschließende Entscheidung über etwaige staatliche Ausgleichsleistungen vorbehalten bleiben muss".[55] Art. 41 Abs. 1 Einigungsvertrag machte die Gemeinsame Erklärung dann zum Bestandteil des Einigungsvertrages. Überdies verpflichtete sich die Bundesrepublik Deutschland in Art. 41 Abs. 3 Einigungsvertrag, keine Rechtsvorschriften zu erlassen, die dieser Gemeinsamen Erklärung widersprechen. Möglichen verfassungsrechtlichen Bedenken aus Art. 14 GG und Art. 3 Abs. 1 GG sollte durch die im Einigungsvertrag vorgesehene Grundgesetzänderung von vornherein begegnet werden. Aufgrund des Art. 4 Nr. 5 Einigungsvertrag erhielt Art. 143 GG zusätzlich zu seiner novellierten Fassung im Absatz 1, die eine allgemeine, aber zeitlich befristete Suspension grundgesetzlicher Normen zulässt, im Absatz 3 eine die spezifische Enteignungsproblematik betreffende Regelung. Danach haben „[u]nabhängig von Artikel 143 Absatz 1 und Artikel 143 Absatz 2 Artikel 41 des Eini-

---

[54] Certain Property (Liechtenstein v. Germany), Preliminary Objections, Judgment, I.C.J. Reports 2005, S. 6.
[55] Vgl. Peter Badura, Innerdeutsche Verträge, in: Isensee/Kirchhof (Hrsg.), Handbuch des Staatsrechts, Bd. X, S. 733–765, hier S. 744.

gungsvertrags und Regelungen zu seiner Durchführung auch insoweit Bestand, als sie vorsehen, dass Eingriffe in das Eigentum auf dem in Artikel 3 dieses Vertrags genannten Gebiet nicht mehr rückgängig gemacht werden". Art. 143 Abs. 3 GG enthält damit einen unbefristeten Bestandsschutz für ebenjene Eigentumsentziehungen auf besatzungsrechtlicher beziehungsweise besatzungshoheitlicher Grundlage. Eine anderweitige Regelung dieser Frage wäre letztlich wegen der völkerrechtlichen Bindung des nunmehr vereinten Deutschlands auch nicht möglich gewesen. Dementsprechend war das Gesetz zur Regelung offener Vermögensfragen (VermG), welches Restitutionsansprüche ehemaliger Bewohner der DDR begründete, die in diskriminierender Weise von Behörden der DDR enteignet worden waren, und ebensolche Ansprüche von Verfolgten des Nationalsozialismus, deren Eigentum auf dem Gebiet der ehemaligen DDR gelegen war, dann ausweislich seines § 1 Abs. 8 (a) aber nicht auf „Enteignungen von Vermögenswerten auf besatzungsrechtlicher oder besatzungshoheitlicher Grundlage" anwendbar.[56]

Das Bundesverfassungsgericht hatte sich mehrfach mit diesem Ausschluss von Restitutionsmaßnahmen für Besatzungsenteignungen zu befassen. Da dieser Ausschluss verfassungsrechtlich, wie erwähnt, durch Art. 143 Abs. 3 GG für bestandskräftig erklärt worden war, konnte er nur am Maßstab des Grundgesetzes gemessen werden, sofern Art. 143 Abs. 3 GG seinerseits verfassungswidriges Verfassungsrecht darstellen würde. Das Bundesverfassungsgericht stellte in seinem Grundsatzurteil vom 23. April 1991 fest, dass die Grundgesetzänderung in Art. 143 Abs. 3 GG verfassungsrechtlich möglich gewesen und hierin auch kein Verstoß gegen Art. 79 Abs. 3 GG zu sehen sei.[57] Diese Feststellung wurde dann erneut 1996 in einem zweiten Bodenreform-Urteil bestätigt.[58] Das Gericht verstärkte jedoch die etwas vage Inaussichtstellung „etwaiger staatlicher Ausgleichsleistungen" in Nr. 1 der Gemeinsamen Erklärung vom 15. Juni 1990 in Verbindung mit Art. 41 Abs. 1 und 3 Einigungsvertrag und stützte dies auf Art. 3 Abs. 1 GG.[59]

Schließlich wurde dann nach teils heftigen politischen Auseinandersetzungen und zwei Vermittlungsverfahren 1994 das Entschädigungs- und Ausgleichsleistungsgesetz (EALG) geschaffen, welches solchen Personen (oder deren Erben) eine Ausgleichsleistung zuspricht, die Vermögenswerte „durch entschädigungslose Enteignungen auf besatzungsrechtlicher oder besatzungshoheitlicher Grundlage in dem in Artikel 3 des Einigungsvertrages genannten Gebiet (Beitrittsgebiet) verloren haben".[60] Die Regelungen dieses Gesetzes waren jedoch ihrerseits umstritten, insbe-

---

56 Vgl. Gesetz zur Regelung offener Vermögensfragen (VermG) vom 23.9.1990 in der Fassung der Bekanntmachung vom 9.2.2005, Bundesgesetzblatt 2005, Teil I, S. 205–228.
57 BVerfGE, Bd. 83, Tübingen 1991, S. 162–174 (Bodenreform I).
58 BVerfGE, Bd. 94, Tübingen 1997, S. 12–49.
59 Ebenda.
60 Nach § 5 EALG ist jedoch unter bestimmten Voraussetzungen auch die Rückgabe beweglicher Sachen möglich. Für den Wortlaut des Gesetzes über die Entschädigung nach dem Gesetz zur Regelung offener Vermögensfragen und über staatliche Ausgleichsleistungen für Enteignungen auf be-

sondere da häufig eine sogenannte Wertschere zwischen Wiedergutmachung durch Rückübertragung von Vermögenswerten und Wiedergutmachung durch Entschädigung oder Ausgleichsleistung bestand. Die Art und Höhe der Ausgleichsleistung wurde aber im Jahre 2000 durch das Bundesverfassungsgericht bestätigt. Es handelte sich insoweit nicht um eine Entschädigung im Sinne von Art. 14 GG oder gar um Schadensersatz im Sinne des Bürgerlichen Gesetzbuchs (BGB), sondern lediglich um im Rechts- und Sozialstaatsprinzip wurzelnde Wiedergutmachungsleistungen.[61] Dabei stehe dem Gesetzgeber ein weiter Gestaltungsspielraum zu. Mehrere gegen die Regelung des EALG gerichtete Individualbeschwerden zum EGMR blieben ebenfalls ohne Erfolg.[62]

Besonders in den Fokus der Öffentlichkeit geriet dabei in jüngster Zeit der Passus des § 1 Abs. 4 EALG, nach dem Leistungen nach dem EALG ausgeschlossen sind, wenn der Berechtigte (oder seine Erben) dem „nationalsozialistischen [...] System [...] erheblichen Vorschub geleistet hat". Spätestens seit Bekanntwerden der Rückgabe- und Entschädigungsforderungen der Familie Hohenzollern auf Grundlage des EALG wird die Erfüllung dieses Ausschlusstatbestandes durch den damals in der sowjetischen Besatzungszone enteigneten Kronprinz Wilhelm von Preußen rechtswissenschaftlich,[63] aber auch lebhaft aus historischer Perspektive diskutiert.[64]

C Zwischenergebnis

Der Umstand, dass einige besatzungsrechtliche Maßnahmen auch heute noch in Kraft sind bzw. weiterhin Rechtswirkungen entfalten, führt nicht zu dem Ergebnis, dass die Bundesrepublik Deutschland nicht vollständig souverän ist. Vielmehr ist die Bundesrepublik Deutschland im Rahmen des Prozesses der Wiedervereinigung freiwillig entsprechende völkerrechtliche Verpflichtungen eingegangen. Dass sich ein Staat anderen Staaten gegenüber Bindungen auferlegt, ist jedoch kein Zeichen seiner fehlenden Souveränität, sondern vielmehr gerade deren Ausdruck. Insgesamt lässt sich damit in einer Gesamtschau sagen, dass die Maßnahmen der ehemaligen Alliierten zwar hin und wieder noch Wirkungen entfalten, soweit es sich um Folgen

---

satzungsrechtlicher oder besatzungshoheitlicher Grundlage (Entschädigungs- und Ausgleichsleistungsgesetz) vom 27.9.1994 vgl. Bundesgesetzblatt 1994, Teil I, S. 2624–2639.

61 BVerfGE, Bd. 102, Tübingen 2001, S. 254–346.
62 Case of Jahn and others v. Germany, (Applications nos. 46720/99, 72203/01 and 72552/01), ECHR Reports of Judgments and Decisions 2005-VI, S. 1 ff.
63 Heinz Holzhauer, Der Vorschub des Kronprinzen, in: Die Öffentliche Verwaltung (DÖV) 74 (2021), S. 24–32.
64 Zur öffentlichen Debatte vgl. die Übersicht „Presseschau zur Auseinandersetzung mit den Hohenzollern" des Zentrums für Zeithistorische Forschung/Potsdam, https://zzf-potsdam.de/de/news/presseschau-zur-auseinandersetzung-den-hohenzollern.

von in der Vergangenheit durch diese erlassenen Regelungen handelt. *Ad futurum* sind sie aber ohne Relevanz.

III Schicksal völkerrechtlicher Verträge der beiden deutschen Staaten

Zuletzt soll in diesem Zusammenhang noch auf eine weitere Frage eingegangen werden. Mit der Wiedervereinigung der beiden deutschen Staaten stellte sich die Frage nach dem Schicksal der von den beiden deutschen Staaten zuvor geschlossenen völkerrechtlichen Vereinbarungen. Mit dem Wirksamwerden des Einigungsvertrages vom 31. August 1990 und dem damit zum 3. Oktober 1990 wirksam gewordenen Beitritt der DDR zum Grundgesetz war die DDR als Völkerrechtssubjekt untergegangen. Hierbei stellte sich dann die Frage, ob und inwieweit sich Verträge der Bundesrepublik Deutschland damit auf das Gebiet der DDR erstreckten und ob die Bundesrepublik Deutschland umgekehrt gegebenenfalls in völkerrechtliche Verträge der DDR sukzedierte, d.h. in deren Vertragsverpflichtungen eintrat und sie weiterführte. Das Schicksal der völkerrechtlichen Vereinbarungen beider deutscher Staaten wurde dabei in den Artikeln 11 und 12 Einigungsvertrag geregelt. Hierbei ist jedoch zu beachten, dass der Einigungsvertrag selbst keine Auswirkungen auf die von den beiden deutschen Staaten mit Drittstaaten geschlossenen Verträge haben konnte. Die beiden deutschen Staaten konnten also im Verhältnis zu Drittstaaten keine konstitutiv wirksame Entscheidung hinsichtlich des Schicksals ihrer völkerrechtlichen Vereinbarungen treffen.

A Völkerrechtliche Verträge der Bundesrepublik Deutschland

Nach dem völkerrechtlichen Prinzip der beweglichen Vertragsgrenzen bindet ein Vertrag einen Staat immer hinsichtlich seiner aktuellen Staatsgrenzen, denn auch ein Gebietswechsel lässt die Identität eines Staates unberührt.[65] Damit im Einklang ordnete Art. 11 Einigungsvertrag die grundsätzliche Erstreckung der völkerrechtlichen Vereinbarungen und Verträge der Bundesrepublik Deutschland auf das Gebiet der ehemaligen DDR an.[66] Davon ausdrücklich ausgenommen waren jedoch die in

---

[65] Vgl. Art. 29 Wiener Übereinkommen über das Recht der Verträge vom 23.5.1969; Art. 15 Wiener Konvention über die Staatennachfolge in Verträge vom 23.8.1978.
[66] Siehe Andreas Zimmermann, Staatennachfolge in völkerrechtliche Verträge, Berlin/Heidelberg 2000, S. 248. Diese Regelung, die an das Prinzip der beweglichen Vertragsgrenzen anknüpft, steht damit im Widerspruch zur Regelung des Art. 31 Wiener Konvention über die Staatennachfolge in Verträge vom 23.8.1978, der eine regional begrenzte Fortgeltung der Verträge beider Vorgängerstaaten vorsieht, vgl. ebenda, S. 248 f.

der Anlage I des Einigungsvertrages genannten Verträge. Hierzu zählen zum einen Verträge, die mit der Regelung der Besatzung der westlichen Zonen durch die Westalliierten zusammenhingen, also insbesondere der Deutschlandvertrag und der Überleitungsvertrag. Schon wegen ihres Regelungsgegenstandes stellten diese Verträge jedoch kein taugliches Objekt für die Erstreckung auf das Gebiet der ehemals sowjetisch besetzten Zone Deutschlands dar.[67]

Zum anderen aber wurden vertragliche Regelungen, welche den Aufenthalt von Truppen anderer NATO-Mitgliedstaaten auf dem Gebiet der Bundesrepublik Deutschland auf Grundlage des NATO-Vertrages vom 4. April 1949 betrafen oder mit der Stationierung französischer Truppen in Deutschland zusammenhingen,[68] von der Erstreckung auf das Gebiet der ehemaligen DDR ausgenommen. Da diese Vereinbarung zwischen der Bundesrepublik Deutschland und der DDR aber keine Wirkung für Drittstaaten entfalten konnte, musste der Ausschluss der Stationierung von NATO-Streitkräften auf dem Gebiet der ehemaligen DDR ausdrücklich mit den entsprechenden Entsendestaaten vereinbart werden. Hintergrund war dabei, dass die Bundesrepublik Deutschland sich in Art. 5 Zwei-plus-Vier-Vertrag verpflichtet hatte, keine ausländischen Streitkräfte im Beitrittsgebiet, also auf dem Gebiet der ehemaligen DDR zu stationieren. Dementsprechend kam es zwischen der Bundesrepublik Deutschland und den betroffenen Stationierungsstaaten zu Notenwechseln, in denen ausdrücklich vereinbart wurde, dass die deutsche Wiedervereinigung zu keiner Ausdehnung des geographischen Anwendungsbereiches des Aufenthaltsvertrages oder des NATO-Truppenstatuts führen sollte.[69]

B Völkerrechtliche Verträge der DDR

War damit, mit Ausnahme der soeben genannten Verträge, von einer grundsätzlichen Erstreckung bestehender völkerrechtlicher Verträge der Bundesrepublik Deutschland auf das Gebiet der ehemaligen DDR auszugehen, stellte sich sodann die Frage nach dem Schicksal der völkerrechtlichen Vereinbarungen der DDR. Da der Einigungsvertrag keine konstitutiv wirksame Entscheidung hinsichtlich des

---

67 Ebenda, S. 248.
68 Die entsprechenden Regelungen waren insbesondere kodifiziert im Abkommen vom 19.6.1951 zwischen den Parteien des Nordatlantikvertrages über die Rechtsstellung ihrer Truppen (NATO-Truppenstatut) mitsamt dem dazugehörigen Zusatzabkommen vom 3.8.1959 sowie im Vertrag vom 23.10.1954 über den Aufenthalt ausländischer Truppen (Aufenthaltsvertrag); Bundesgesetzblatt 1961, Teil II, S. 1190–1351, bzw. Bundesgesetzblatt 1955, Teil II, S. 253–255. Mit dem Ausscheiden Frankreichs aus der militärischen Integration der NATO ergab sich ein Neuregelungsbedarf für die Forces Françaises en Allemagne, der am 21.12.1966 bilateral durch Briefwechsel zwischen den Außenministern Maurice Couve de Murville und Willy Brandt geregelt wurde; Bulletin der Bundesregierung 1966, S. 1304 f.
69 Zimmermann, Staatennachfolge, S. 252 f.

Schicksals ihrer völkerrechtlichen Vereinbarungen treffen konnte, enthält dieser in seinem Art. 12 lediglich Bestimmungen über Verfahrensfragen und unterscheidet dabei zwischen bilateralen und multilateralen Vereinbarungen.

Art. 12 Abs. 1 Einigungsvertrag macht dabei zunächst deutlich, dass die beiden deutschen Staaten weder von einem grundsätzlichen Fortbestand noch von dem automatischen Erlöschen der völkerrechtlichen Vereinbarungen ausgingen.[70] Danach waren mit den jeweiligen Vertragspartnern der DDR Konsultationen bezüglich der völkerrechtlichen Vereinbarungen durchzuführen, „um ihre Fortgeltung, Anpassung oder ihr Erlöschen zu regeln beziehungsweise festzustellen". Diesbezüglich stellte sich dann die Frage, ob die Bundesrepublik Deutschland auch einseitig eine solche Fortgeltung, Anpassung oder ein solches Erlöschen feststellen konnte. Die Bundesrepublik Deutschland vertrat hier wiederholt die Auffassung, dass eine solche einseitige Feststellung möglich sei.[71]

In der Tat bestätigt die Praxis nach 1990 in Bezug auf bilaterale Verträge der DDR, dass die Bundesrepublik Deutschland und die jeweils betroffenen Drittstaaten in aller Regel davon ausgingen, dass die Verträge mit der DDR mit dem 3. Oktober 1990 *ipso facto* erloschen waren.[72] Einzelne Gruppen bilateraler Abkommen sollten aber zumindest befristet fortgelten.[73] Zudem waren sich die Bundesrepublik Deutschland und die jeweiligen Vertragspartner der ehemaligen DDR einig, dass verschiedene Regelungen in Bezug auf Seegebiete und Grenzgewässer als radizierte, also konkret an das Gebiet der DDR „gebundene" und darauf bezogene, Verträge durch den Untergang der DDR nicht automatisch erloschen waren, sondern vielmehr auf die Bundesrepublik Deutschland bzw. im Fall von Fischereiabkommen auf die Europäische Gemeinschaft übergegangen waren.

In Bezug auf multilaterale Verträge der DDR war noch vor der Wiedervereinigung im Schrifttum zum Teil davon ausgegangen worden, dass die Bundesrepublik Deutschland mit der Wiedervereinigung in die multilateralen Verträge der DDR sukzedieren würde.[74] Die Parteien des Einigungsvertrages gingen hingegen jedoch richtigerweise nicht von dieser Möglichkeit aus. Vielmehr sah Art. 12, Abs. 3 Einigungs-

---

70 Art. 12 (1) Einigungsvertrag lautet: „Die Vertragsparteien sind sich einig, daß die völkerrechtlichen Verträge der Deutschen Demokratischen Republik im Zuge der Herstellung der Einheit Deutschlands unter den Gesichtspunkten des Vertrauensschutzes, der Interessenlage der beteiligten Staaten und der vertraglichen Verpflichtungen der Bundesrepublik Deutschland sowie nach den Prinzipien einer freiheitlichen, demokratischen und rechtsstaatlichen Grundordnung und unter Beachtung der Zuständigkeiten der Europäischen Gemeinschaften mit den Vertragspartnern der Deutschen Demokratischen Republik zu erörtern sind, um ihre Fortgeltung, Anpassung oder ihr Erlöschen zu regeln beziehungsweise festzustellen."
71 Zum Ganzen Zimmermann, Staatennachfolge, S. 260 f. Vgl. dazu auch den Rund- und Hauserlass des Ministerialdirigenten Eitel, 9.8.1990, in: Die Einheit, Dok. 138, S. 647–650.
72 Zimmermann, Staatennachfolge, S. 264.
73 Ebenda, S. 266 f.
74 Nachweise ebenda, S. 274. Im Auswärtigen Amt wurde u. a. erwogen, ob sich so der im Kabinett seit Jahren blockierte Beitritt zum Dritten Seerechtsübereinkommen der Vereinten Nationen vom

vertrag vor, dass multilaterale Verträge der DDR grundsätzlich nicht im Wege der Rechtsnachfolge auf die Bundesrepublik Deutschland übergehen sollten.[75] Stattdessen war grundsätzlich davon auszugehen, dass die multilateralen Verträge der DDR mit Wirkung zum 3. Oktober 1990 erloschen waren.[76]

C Zwischenergebnis

Somit ist auch die Frage nach dem Schicksal der völkerrechtlichen Vereinbarungen beider deutscher Staaten 30 Jahre nach der Wiedervereinigung geklärt und nur noch zum einen historisch und zum anderen für die Fortentwicklung der zugrundeliegenden völkerrechtlichen Regeln im Bereich der Staatennachfolge von Bedeutung. Auswirkungen der Besatzungsgeschichte ergeben sich hier nur noch im Hinblick auf das Verbot der Stationierung von Streitkräften auf dem Gebiet der ehemaligen DDR. Mit dem Beitritt weiter östlich gelegener Staaten zur NATO ab 1999 hat dieses Verbot jedoch seine praktische Relevanz zumindest weitgehend verloren.

IV Fazit

Somit ergibt sich ein Gesamtbild, nach welchem das vereinte Deutschland heute tatsächlich volle Souveränität genießt. Die plakative Feststellung des Art. 7, Abs. 2 Zwei-plus-Vier-Vertrag entspricht damit der Wirklichkeit. 30 Jahre nach der Wiedervereinigung zeitigt die Besatzungsgeschichte Deutschlands keine besonderen rechtlichen Wirkungen mehr, von einem Fortbestand alliierten Besatzungsrechts ist nicht mehr auszugehen. Einige mit der Besatzung Deutschlands in Zusammenhang stehende Eigentumsfragen sind zwar noch immer virulent, haben aber infolge der Wiedervereinigung eine endgültige Regelung erfahren. Auch die Frage nach dem Schicksal der völkerrechtlichen Vereinbarungen beider deutscher Staaten hat sich schlussendlich weitestgehend erledigt. Zugleich belegt aber der Umstand, wie reibungslos die vorliegend untersuchten Fragen nach 1990 letztlich geklärt werden konnten, die historische Einmaligkeit der damaligen politischen Situation in Europa; eine Situation, die man sich heute vielerorts zurückwünschen mag.

10.12.1982 erwirken lasse, vgl. Aufzeichnung des Vortragenden Legationsrats I. Klasse Messner, 10.7.1990, in: AAPD 1990, Dok. 213, S. 890–893.
75 Art. 12 (3) Einigungsvertrag lautet: „Beabsichtigt das vereinte Deutschland, in internationale Organisationen oder in sonstige mehrseitige Verträge einzutreten, denen die Deutsche Demokratische Republik, nicht aber die Bundesrepublik Deutschland angehört, so wird Einvernehmen mit den jeweiligen Vertragspartnern und mit den Europäischen Gemeinschaften, soweit deren Zuständigkeiten berührt sind, hergestellt."
76 Zimmermann, Staatennachfolge, S. 276.

Teil III: **Ordnungsentwürfe für die Gegenwart**

Hermann Wentker
Die KSZE als Ordnungsfaktor

Höhenflug und Bedeutungsverlust einer Idealvorstellung europäischer Politik (1989–1991)

Die Schlussakte der Konferenz über Sicherheit und Zusammenarbeit in Europa (KSZE) vom 1. August 1975 hatte eine wichtige ordnungsstiftende Funktion für den geteilten Kontinent. Sie beruhte zum einen auf einer weitgehenden Anerkennung des politischen Status quo in Europa. Die westlichen Staaten stellten weder die diktatorischen Herrschaftsnormen in Osteuropa noch die dortige Dominanz der Sowjetunion grundsätzlich in Frage; die Sowjetunion wiederum erkannte die enge Allianz zwischen den westeuropäischen und den nordamerikanischen Staaten an, und die kleineren, neutralen und nicht-gebundenen Staaten konnten sich in diesem am Status quo orientierten Europa sicher fühlen. Damit verbunden war zum anderen ein gemeinsamer Katalog von Zielvorstellungen, Verhaltensregeln und Absichtserklärungen, dem sich alle Teilnehmerstaaten unterwarfen. Hinzu kam der prozessorientierte Charakter der KSZE: Durch die Festlegung von Folgekonferenzen nach dem Gipfel von Helsinki wurde ein Forum geschaffen, das Ost und West in einen Dauerdialog einband.[1] Der war oft nicht einfach, und das Forum lief gerade in Krisenzeiten der Ost-West-Beziehungen Gefahr, marginalisiert zu werden, wurde aber letztlich nie aufgegeben. Mit einem gewissen Recht sind daher die Regeln der KSZE als „eine ‚Magna Charta' der Ost-West-Beziehungen in Europa" bezeichnet worden.[2]

Als am 19. Januar 1989 das dritte KSZE-Folgetreffen in Wien nach zweieinhalbjähriger Dauer zu Ende ging, hatten die Verfechter der KSZE Grund zur Freude. So sah der bundesdeutsche Delegationsleiter, Detlev Graf zu Rantzau, in dem Wiener Abschlussdokument ein Verhandlungsergebnis, das die anfänglichen „westlichen, nicht zuletzt auch deutschen Erwartungen, insbesondere in der menschlichen Dimension, in einem nicht für möglich gehaltenen Maß übertrifft".[3] Die KSZE hatte damit ihre Nützlichkeit bei der Überwindung von Ost-West-Problemen bewiesen – vor

---

1 Vgl. als jüngste Gesamtdarstellung Michael Cotey Morgan, The Final Act. The Helsinki Accords and the Transformation of the Cold War, Princeton/Oxford 2018; ferner Matthias Peter/Hermann Wentker (Hrsg.), Die KSZE im Ost-West-Konflikt. Internationale Politik und gesellschaftliche Transformation 1975–1990, München 2012.
2 So Peter Schlotter, Heiße Luft oder Magna Charta? Der KSZE-Prozeß nach dem dritten Folgetreffen, in: Hanne Margret Birckenbach/Uli Jäger/Christian Wellmann (Hrsg.), Jahrbuch Frieden 1990, München 1989, S. 74–81, hier S. 76.
3 Drahtbericht (im Folgenden: DB) Nr. 99 des Botschafters Graf zu Rantzau, Wien (KSZE-Delegation), an das Auswärtige Amt, 16.1.1989, in: Akten zur Auswärtigen Politik der Bundesrepublik Deutschland [künftig: AAPD] 1989, bearb. von Daniela Taschler, Tim Szatkowski und Christoph Johannes Franzen, Berlin/Boston 2020, Dok. 7, S. 29.

allem im Hinblick auf ihre sicherheitspolitische und humanitäre Dimension. Aber auch bei der Suche nach ordnungsstiftenden Ideen, die in den beiden folgenden, international turbulenten Jahren intensiviert wurde, kam die KSZE in den Debatten der internationalen Politik immer wieder ins Spiel. Als im November 1990 die 34 Teilnehmerstaaten der KSZE in der französischen Hauptstadt die „Charta von Paris für ein neues Europa" unterzeichneten, hieß es in einem Runderlass des Leiters des Referats Öffentlichkeitsarbeit im Auswärtigen Amt, Reinhard Bettzuege: „Die Charta von Paris markiert die endgültige Überwindung der Ost-West-Konfrontation und der Spaltung unseres Kontinents. Sie legt die Grundlagen für das sich einigende Europa des Rechts und der Demokratie."[4]

Vor diesem Hintergrund geht es im Folgenden um die Rolle, die die KSZE für die unterschiedlichsten staatlichen Akteure insbesondere zwischen Ende 1989 und Ende 1990 spielte – also in der Zeit, in der einerseits um eine friedliche, im Einklang mit dem Mächtesystem stehende Lösung der deutschen Frage und andererseits um eine dauerhafte internationale Friedensordnung gerungen wurde. Der Schwerpunkt liegt dabei auf den beiden deutschen Staaten sowie den ehemaligen vier Siegermächten Sowjetunion, USA, Großbritannien und Frankreich, da diese als am Zwei-plus-Vier-Prozess beteiligten Mächte das Geschehen auf dem europäischen Kontinent maßgeblich bestimmten.

1 Die KSZE als Ergänzung: Die USA und der KSZE-Prozess 1990

Die KSZE spielte seit jeher eine untergeordnete Rolle für Washington. Henry Kissinger, der aus seiner Geringschätzung der Konferenz kein Hehl machte, sagte im Dezember 1974 in einer Stabsbesprechung über die Schlussakte: „They can write it in Swahili, for all I care."[5] Als nach dem sowjetisch-amerikanischen Gipfel von Malta am 2. und 3. Dezember 1989 ein sowjetischer Vorschlag vorlag, die laut Wiener Abschlussdokument für 1992 geplante Folgekonferenz in Helsinki auf 1990 vorzuziehen, war die Reaktion von US-Außenminister James Baker „eher lauwarm"; zunächst, so Baker gegenüber Hans-Dietrich Genscher, „wolle man [die] Wirtschaftskonferenz in Bonn und [die] Menschenrechtskonferenz in Kopenhagen als konkrete Folgeveranstaltungen abwarten".[6] Doch bereits zehn Tage später hatte sich diese

---

4 Ortez Nr. 85/86 des Referatsleiters 012, Bettzuege, 26.11.1990, in: Die Einheit. Das Auswärtige Amt, das DDR-Außenministerium und der Zwei-plus-Vier-Prozess, bearb. von Heike Amos und Tim Geiger, Göttingen 2015, Dok. 170, S. 765.
5 Zit. nach Jussi Hanhimäki, „They can write it in Swahili": Kissinger, the Soviets, and the Helsinki Accords, 1973–1975, in: Journal of Transatlantic Studies 1 (2003), S. 37–58, hier S. 37.
6 DB Nr. 1443 des Botschafters von Ploetz, Brüssel (NATO), an das Auswärtige Amt, 4.12.1989, in: AAPD 1989, Dok. 391, S. 1668.

Auffassung zum Positiven geändert. In einer Besprechung der Politischen Direktoren der „Vierergruppe" am 13. Dezember 1989 signalisierte der amerikanische Vertreter, dass die Vereinigten Staaten bestrebt seien, die „KSZE in ganzer Breite für europäische Entwicklung zu nutzen".[7]

Ein besonderes Interesse verband die amerikanische Regierung mit der für Frühjahr 1990 geplanten Konferenz über wirtschaftliche Zusammenarbeit in Europa, wo es ihrer Meinung nach um die „westlichen Hilfestellungen für den Wandel von zentral gelenkten zu marktorientierten Wirtschaften" gehen sollte.[8] Anfang 1990 setzten auch die USA auf eine Institutionalisierung der KSZE, um die Einführung der Marktwirtschaft und die Sicherung der Demokratisierung in Osteuropa zu unterstützen. Insbesondere die Wirtschaftskonferenz der KSZE in Bonn vom 19. März bis zum 11. April wurde von Washington als ideale Gelegenheit gesehen, „to affirm the principles that should guide the postcommunist economic transformations and on which the conditionality of Western assistance should be based".[9] Die Konferenz arbeitete im Sinne Washingtons und verabschiedete ein Abschlussdokument, das festlegte, dass in den osteuropäischen Staaten freie Marktwirtschaften einzuführen waren, sodass es als „Magna Carta of Free Enterprise" bezeichnet wurde.[10]

Des Weiteren engagierte sich die US-amerikanische Führung, insbesondere Außenminister Baker, auf der Kopenhagener Konferenz zur „menschlichen Dimension der KSZE" vom 5. bis 29. Juni, die sich in ihrem Abschlussdokument unter anderem auf die Einhaltung der Menschenrechte, die einzuhaltenden Prozeduren bei freien, geheimen Wahlen, Mindestanforderungen an Rechtstaatlichkeit und Minderheitenrechte für alle Mitgliedstaaten festlegte.[11] Damit waren die Ziele der innerstaatlichen

---

7 DB Nr. 1499 des Ministerialdirektors Kastrup, z. Z. Brüssel, an das Auswärtige Amt, 14.12.1989, in: ebenda, Dok. 409, S. 1750. Bei der „Vierergruppe" handelte es sich um die USA, Großbritannien, Frankreich und die Bundesrepublik, die sich seit Mitte der 1950er Jahre regelmäßig zu deutschlandpolitischen und später auch zu anderen Fragen auf den unterschiedlichsten Ebenen konsultierten. Vgl. dazu jüngst: Nicolas Lang, „Direktorium" des Westens? Die geheimen weltpolitischen Vierergespräche der USA, Großbritanniens, Frankreichs und der Bundesrepublik Deutschland, 1973–1981, Paderborn 2020.
8 DB Nr. 1499 des Ministerialdirektors Kastrup, z. Z. Brüssel, an das Auswärtige Amt, 14.12.1989, in: AAPD 1989, Dok. 409, S. 1750 f.
9 So Robert L. Hutchings, American Diplomacy and the End of the Cold War. An Insiders's Account of U. S. Policy in Europe, 1989–1992, Washington, D. C./Baltimore 1997, S. 191.
10 Das Abschlussdokument in Auszügen in: Vojtech Mastny, The Helsinki Process and the Reintegration of Europe, 1986–1991. Analysis and Documentation, New York/London 1992, S. 222–228. Hier auch die o. g. Bezeichnung. Zur Bonner Wirtschaftskonferenz aus westdeutscher Sicht vgl. Ralf Roloff, Auf dem Weg zur Neuordnung Europas. Die Regierungen Kohl/Genscher und die KSZE-Politik der Bundesrepublik Deutschland von 1986 bis 1992, Vierow 1995, S. 265–276. Vgl. ferner Aufzeichnung des Vortragenden Legationsrats I. Klasse Göckel, 9.4.1990, in: AAPD 1990, Dok. 97, S. 419–422.
11 Zur Konferenz in Kopenhagen vgl. Roloff, Auf dem Weg zur Neuordnung Europas, S. 284–291. Zum Abschlussdokument vgl. den Beitrag von Thomas Buergenthal in: Mastny, Helsinki Process, S. 245–253.

Transformation der ehemaligen Ostblockstaaten deutlich herausgestellt worden. Auch die Erhaltung der 1989 errungenen Freiheiten stand letztlich im Dienst der von den USA angestrebten europäischen Friedensordnung – genauso wie die von Baker angestrebte Stärkung und Institutionalisierung der KSZE-Mechanismen zur zwischenstaatlichen Konfliktprävention.[12]

Trotz dieser US-amerikanischen Neubewertung blieben gerade im Hinblick auf das zentrale Problem des Jahres 1990 – der im Einklang mit amerikanischen Interessen und dem internationalen Mächtesystem zu erfolgenden Lösung der deutschen Frage – erhebliche Vorbehalte gegenüber der KSZE. Daraus resultierte die bereits angesprochene Skepsis gegenüber dem Gedanken einer auf 1990 vorgezogenen Folgekonferenz in Helsinki („Helsinki II"). Bereits im Dezember 1989 drängte der National Security Council in Washington, dass Präsident George Bush bei dem bevorstehenden Treffen mit dem französischen Präsidenten François Mitterrand eine solche Idee zurückweisen solle: zum einen, weil dieser Gipfel die Aufmerksamkeit von den Verhandlungen über konventionelle Streitkräfte in Europa (KSE) ablenken werde, zum anderen aber auch, weil sich daraus „im schlimmsten multilateralen Rahmen, den man sich vorstellen kann, endlose Verhandlungen über Europa entwickeln" könnten.[13] Auch Baker bestand Ende Januar 1990 auf erheblichen Vorbedingungen für einen KSZE-Gipfel, unter anderem darauf, dass zuvor der KSE-Vertrag spruchreif sein müsse.[14] Die Führung in Washington hatte vor allem Bedenken, dass in dieser Phase der internationalen Entwicklung, in der fieberhaft nach einem Rahmen für Verhandlungen über die internationalen Aspekte der Wiedervereinigung gesucht wurde, dafür die KSZE gewählt werden könnte. Denn diese hielt Baker, wie er am 10. Februar 1990 Kohl mitteilte, für „far too cumbersome and unwieldy, to constitute a timely mechanism for addressing the issue".[15] Der auf die vier Siegermächte des Zweiten Weltkrieges und die beiden deutschen Staaten beschränkte Zwei-plus-Vier-Mechanismus entsprach sehr viel eher den US-amerikanischen Vorstellungen.

Überdies widersetzte sich die Regierung in Washington allen Bestrebungen, die KSZE zur Grundlage einer europäischen Friedensordnung zu machen. Hier setzte sie vielmehr auf die NATO mit ihren bewährten Strukturen und beäugte misstrauisch

---

12 Vgl. Hutchings, American Diplomacy, S. 192–196.
13 Philip Zelikow/Condoleezza Rice, Sternstunde der Diplomatie. Die deutsche Einheit und das Ende der Spaltung Europas, Berlin 1997, S. 203 f., das Zitat S. 204. Zu den Verhandlungen über die konventionellen Streitkräfte in Europa (KSE) vom 9.3.1989 bis zur Unterzeichnung des Vertrages am 19.11.1990 und zu dessen Inkrafttreten am 9.11.1992 vgl. Josef Holik, Abrüstung als Wegbereiter der Wende in Europa, Berlin 2017, S. 27–40, und den Beitrag von Tim Geiger in dem vorliegenden Band.
14 Vgl. Zelikow/Rice, Sternstunde der Diplomatie, S. 249.
15 Schreiben des Außenministers Baker an Bundeskanzler Kohl, 10.2.1990, in: Dokumente zur Deutschlandpolitik. Deutsche Einheit. Sonderedition aus den Akten des Bundeskanzleramtes 1989/90, bearb. von Hanns Jürgen Küsters und Daniel Hofmann, München 1998, [künftig: DzD. Deutsche Einheit], Dok. 173, S. 793. Ähnlich äußerte sich Bush gegenüber Kohl in einem Telefonat vom 13.2.1990, in: ebenda, Dok. 180, S. 828.

alle Bemühungen, die in Richtung einer KSZE-basierten Richtung gingen.[16] Ihr Ziel war die Erhaltung der von ihr geführten Allianz trotz der Auflösung des Warschauer Pakts und einer zunehmend schwächeren Sowjetunion; gleichzeitig war sie sich bewusst, dass sich die NATO, in die das vereinigte Deutschland – auch mit Blick auf entsprechende Befürchtungen der übrigen europäischen Staaten – weiterhin einzubinden war, zu einem stärker politischen Bündnis wandeln musste, um für den Osten akzeptabel zu sein.

Insgesamt gelangte Washington 1989/90 zwar zu einer partiellen Neubewertung der KSZE. Dieser sollte jedoch weder bei den Verhandlungen über die deutsche Einheit noch bei der Stabilisierung des „neuen Europa" eine tragende Rolle zukommen. Ihre unterstützende Wirkung war hingegen durchaus erwünscht.

2 Die KSZE als antideutsches Instrument: Die DDR und Großbritannien

Als am 12. Februar 1990 am Rande der Open-Skies-Konferenz in Ottawa der Zwei-plus-Vier-Rahmen begründet wurde, in dem über die äußeren Aspekte der Wiedervereinigung beraten werden sollte, amtierte in Ost-Berlin noch die Regierung des vermeintlichen Reformkommunisten Hans Modrow. Als DDR-Außenminister nahm daher der langjährige Honecker-Vertraute Oskar Fischer an der Konferenz teil. Er forderte, „durch kooperative, bündnisübergreifende Strukturen zu einer neuen, produktiven Stabilität zu gelangen", wobei man auf dem KSZE-Prozess aufbauen könne.[17] Seit Anfang 1990 konnte im Ministerium für Auswärtige Angelegenheiten der DDR (MfAA) eine Hinwendung zur KSZE beobachtet werden, was gegenüber der DDR-Position von Anfang 1989 eine Kehrtwendung um 180 Grad darstellte.[18] Nach dem Treffen von Ottawa forderte das MfAA neben den dort vereinbarten Verhandlungen im Zwei-plus-Vier-Rahmen ein rasches Expertentreffen der 35 KSZE-Staaten zur Vorbereitung des inzwischen für 1990 vorgesehenen Gipfeltreffens und regelmäßige Informationen der beiden deutschen Staaten für die anderen KSZE-Staaten über die von ihnen vorgesehenen Schritte zur deutschen Vereinigung; auf der Konferenz sollten beide einen gemeinsamen Entwurf einer Erklärung einbringen, „die

---

16 Vgl. Mary Elise Sarotte, 1989. The Struggle to Create Post-Cold War Europe, Princeton/Oxford 2009, S. 175, mit Bezug auf eine Äußerung Bakers von Anfang Juli 1990.
17 Rede Fischers, 12.2.1990, in: Ines Lehmann, Die Außenpolitik der DDR 1989/90. Eine dokumentierte Rekonstruktion, Baden-Baden 2010, Dok. 46, S. 468.
18 Memorandum des Außenministeriums der DDR über das weitere Herangehen der DDR an den KSZE-Prozeß (Auszug), in: ebenda, Dok. 35, S. 445–447. Zur Abschlussphase des Wiener Folgetreffens aus Sicht der DDR Anfang 1989 vgl. Douglas Selvage/Walter Süß, Staatssicherheit und KSZE-Prozess. MfS zwischen SED und KGB (1972–1989), Göttingen 2019, S. 621–658.

Bestandteil des Konferenzergebnisses werden soll".[19] Das ostdeutsche Außenministerium sprach sich demnach für eine enge Verklammerung von KSZE- und deutschem Vereinigungsprozess aus. Das entging dem Bonner Auswärtigen Amt nicht, das darin eine „entschlossene Flucht nach vorn [erblickte]", um eine möglichst lange Übergangsphase zu erreichen".[20] Überdies verfolgte die DDR mit dem verstärkten KSZE-Bezug das Ziel einer „systemübergreifende[n] Friedensordnung", die ohne die militärischen Bündnissysteme auskam.[21] Der KSZE-Bezug hatte für die Regierung Modrow und Außenminister Fischer vor allem taktischen Charakter: Der deutsche Vereinigungsprozess sollte in die Länge gezogen werden, indem man diesen von der Herstellung eines gesamteuropäischen Sicherheitssystems ohne NATO und Warschauer Pakt abhängig machte.[22]

Doch nicht nur die alte DDR-Führung, sondern auch die britische Premierministerin Margaret Thatcher war eine dezidierte Gegnerin der Wiedervereinigung.[23] Anfang Februar 1990, als das Format der internationalen Verhandlungen darüber noch unklar war, bekundete auch sie ihre Auffassung, dass die vier Siegermächte und die beiden deutschen Staaten ein geeignetes Forum abgeben würden; auf lange Sicht aber sah sie (wie auch Außenminister Douglas Hurd) „the CSCE as a potential framework within which to dilute German influence in Europe".[24] Gegen ein KSZE-Format bei den Verhandlungen über die deutsche Einheit sprach sich auch der Planungsstab im Foreign and Commonwealth Office (FCO) aus, der dieses Forum als zu groß „for a serious negotiation on such a sensitive issue" ansah.[25] Als auf der Open-Skies-Konferenz in Ottawa der Zwei-plus-Vier-Mechanismus etabliert wurde, der die britische Partizipation an der Herstellung der deutschen Einheit im Rahmen regulärer Konferenzen vorsah, war dies daher sowohl für die Premierministerin als auch für den Außenminister die geeignete Lösung. Hurd, der seit dem Herbst 1989 mit

---

19 Memorandum des MfAA, 23.2.1990, in: Lehmann, Außenpolitik der DDR, Dok. 54, S. 482 f.
20 Vorlage des Leiters der Unterabteilung 21, Höynck, für Bundesminister Genscher, 27.2.1990, in: Die Einheit, Dok. 61, S. 306.
21 So die Formulierung in einem Memorandum des MfAA, 22.1.1990, in: Lehmann, Außenpolitik der DDR, Dok. 35, S. 446.
22 Vgl. dazu auch Hermann Wentker, Die Außenpolitik der DDR im Prozess der deutschen Wiedervereinigung, in: Michael Gehler/Maximilian Graf (Hrsg.), Europa und die deutsche Einheit. Beobachtungen, Entscheidungen und Folgen, Göttingen 2017, S. 43–64, hier S. 45 f.
23 Zur Haltung Thatchers vgl. Norbert Himmler, Zwischen Macht und Mittelmaß. Großbritanniens Außenpolitik und das Ende des Kalten Krieges. Akteure, Interessen und Entscheidungsprozesse der britischen Regierung 1989/90, Berlin 2001; Dominik Geppert, Isolation oder Einvernehmen? Großbritannien und die deutsche Einheit 1989/90, in: Geschichte in Wissenschaft und Unterricht 67 (2016), S. 5–22; Hinnerk Meyer, Participation on limited cooperation – Großbritanniens schwierige Rolle im deutschen Einigungsprozess 1989/90, in: Gehler/Graf (Hrsg.), Europa und die deutsche Einheit, S. 141–160.
24 Powell an Wall, 8.2.1990, in: Documents on British Policy Overseas, III. Serie, Bd. 7: German Unification 1989–1990, hrsg. von Patrick Salmon u. a., London/New York 2011 [künftig: DBPO III.7], Dok. 134, S. 272 f.
25 Memorandum des Policy Planning Staff, Februar 1990, in: ebenda, Dok. 137, S. 279 f.

der politischen Linie der Premierministerin gehadert hatte, sah darin „a godsend", da diese Idee mit Thatchers Überlegungen und den seinigen übereinstimmte[26], sodass London von nun an nach außen wieder mit einer Stimme sprechen konnte.

Gleichwohl blieb für die „Eiserne Lady" ein wiedervereinigtes Deutschland bedrohlich. Daher hielt sie in einem Telefonat mit Präsident Bush am 24. Februar 1990 die Vereinigung im NATO-Rahmen für sehr wünschenswert; für die Zukunft wollte sie jedoch „a broader political framework", das die USA und die Sowjetunion einschließen müsse, und sie fuhr fort: „The best course would be to strengthen and build on the CSCE framework. Not only would this help avoid Soviet isolation, it would help balance German dominance in Europe."[27] Und bei einem Treffen mit Bush am 13. April 1990 auf den Bermudas wiederholte sie, dass sie die KSZE vor allem als „ein politisches Forum" schätze, da es „das einzige Ost-West-Forum [sei], wo wir uns mit den Osteuropäern und den Sowjets treffen". Daher müsse es gestärkt werden, auch um „die KSZE für eine Demokratisierung der UdSSR zu nutzen".[28] Mit der KSZE verfolgte sie daher zwei Ziele: Zum einen hoffte sie, in diesem Rahmen die Demokratie in Osteuropa voranzubringen, und zum anderen wollte sie klassische Gleichgewichtspolitik betreiben, um mit Hilfe der Sowjetunion das befürchtete Übergewicht eines künftigen wiedervereinigten Deutschland auszubalancieren.

Auf der Königswinter-Konferenz der Deutsch-Englischen Gesellschaft, die am 29./30. März 1990 in Cambridge stattfand, wollte sie den KSZE-Gipfel in Helsinki zu einem „major step towards the creation of a great alliance for democracy [machen], which would stretch from the Atlantic to the Urals and beyond".[29] Schon zeitgenössischen Beobachtern fiel auf, dass sie die Europäische Gemeinschaft dabei mit keinem Wort würdigte, obwohl es damals um die wichtige Frage einer Währungsunion und/oder einer Politischen Union ging.[30] Auch hier war die Absicht durchschaubar: An die Stelle der EG mit ihren integrierten Strukturen machte sie sich für den lockeren Zusammenschluss der 35 KSZE-Staaten stark, der die britische Handlungsfreiheit nicht einschränkte. Die KSZE sollte für sie daher Europa vor der deutschen Dominanz und Großbritannien vor einer Abgabe von Souveränitätselementen an die verhasste EG bewahren, die gerade im Gefolge der deutschen Einigung ihre eigene Integration mit der wenig später im Maastricht-Vertrag kodifizierten europäischen Wirtschafts- und Währungsunion entscheidend verstärkte.

---

26 So Hurd in seinen Memoiren, zit. nach Geppert, Isolation oder Einvernehmen, S. 18.
27 Powell an Wall, 24.2.1990, in: DBPO III.7, Dok. 155, S. 311.
28 Zit. nach Kristina Spohr, Wendezeit. Die Neuordnung der Welt nach 1989, München 2019, S. 380 f.
29 Für Thatchers Rede vom 29.3.1990 siehe: https://www.margaretthatcher.org/document/108049 (letzer Aufruf: 30.11.2020).
30 Vgl. etwa Theo Sommer, Die Lady läßt sich nicht erweichen, in: Die Zeit, 6.4.1990, https://www.zeit.de/1990/15/die-lady-laesst-sich-nicht-erweichen/komplettansicht (letzter Aufruf: 7.5.2021). Zur Königswinter-Konferenz vgl. Klaus-Rainer Jackisch, Eisern gegen die Einheit. Margaret Thatcher und die deutsche Wiedervereinigung, Frankfurt a. M. 2004, S. 147.

3 Mehr als ein Instrument zur Einrahmung Deutschlands: Die KSZE, Gorbatschows „gemeinsames europäisches Haus" und Mitterrands „europäische Konföderation"

Auch Gorbatschow setzte nach dem Mauerfall vom 9. November 1989 auf die KSZE als Instrument zur Einrahmung Deutschlands. Bereits am 18. November betonte er in einem Gespräch mit der Präsidentin des Deutschen Bundestags, Rita Süssmuth, und dem Präsidenten der französischen Nationalversammlung, Laurent Fabius, dass Europa „auf den Realitäten der Nachkriegszeit" aufgebaut und durch die KSZE „veredelt" sei. Dieses KSZE-Europa dürfe nicht liquidiert, sondern müsse transformiert werden, „indem man alle Möglichkeiten zu der Zusammenarbeit, wie sie in der Schlußakte und dem Wiener Schlußdokument niedergelegt seien, ausnütze". In diesem Zusammenhang nannte er Helsinki II, also das in Aussicht genommene KSZE-Gipfeltreffen, „ein weiteres Element für den Aufbau des europäischen Hauses".[31] Wie ernst es ihm damit war, angesichts der möglichen Wiedervereinigung die KSZE als einen die bestehende Ordnung konservierenden Rahmen und als westöstliches Forum weiterzuentwickeln, wird daran deutlich, dass er bereits am 30. November in Rom vorschlug, „Helsinki II" von 1992 auf 1990 vorzuverlegen.[32] Sein Ziel war dabei, den Aufbau gesamteuropäischer Strukturen zu beschleunigen. Auch gegenüber George Bush machte er sich auf dem Gipfeltreffen in Malta am 3. Dezember für die Weiterentwicklung des KSZE-Prozesses stark: „Helsinki II will be needed so that we can interpret the new situation and work out joint criteria and frameworks."[33] Dass Gorbatschow sehr daran interessiert war, ein vereinigtes Deutschland in gesamteuropäische Strukturen einzubinden, verdeutlichte er auch am 9. Februar 1990 in einem Gespräch mit Baker, der versuchte, ihn von der Einbindung Deutschlands in die NATO zu überzeugen. In seiner Antwort wies Gorbatschow damals noch eine Erweiterung der NATO-Zone als inakzeptabel zurück. Aber der Grundgedanke einer Einbindung Deutschlands leuchtete ihm ein: „Indeed, if Germany is outside European structures, history could repeat itself. The technological and industrial potential allows Germany to do this. If it will exist within the frame-

---

31 DB Nr. 4764 des Botschafters Blech, Moskau, an das Auswärtige Amt, 18.11.1989, in: AAPD 1989, Dok. 369, S. 1571.
32 Vgl. ebenda, Anm. 10; Andrei Grachev, Gorbachev's Gamble. Soviet Foreign Policy and the End of the Cold War, Cambridge 2008, S. 151.
33 Third Meeting between Gorbachev and Bush (plenary session), 3.12.1989, in: Svetlana Savranskaya/Thomas Blanton/Vladislav Zubok (Hrsg.), Masterpieces of History. The Peaceful End of the Cold War in Europe, 1989, Budapest/New York 2011, Dok. 110, S. 642.

work of European structures the process could be prevented."³⁴ Dass er mit „europäischen Strukturen" die KSZE meinte, ist sehr wahrscheinlich.

Doch es wäre verfehlt, bei Gorbatschow von einem rein instrumentellen Verständnis der KSZE auszugehen. Seit 1985 sprach er sich für ein „gemeinsames europäisches Haus" aus – ein Konzept, das allerdings ziemlich vage war und die Zeitgenossen zu den unterschiedlichsten Projektionen einlud. Zu Beginn verfolgte er damit zwar noch das in der Tradition sowjetischer Außenpolitik stehende Ziel, die USA und Kanada vom europäischen Kontinent abzutrennen; aber bis zum Ende des Jahres 1989 hatte er, so die französische Historikerin Marie-Pierre Rey, ein „pan-European concept" entwickelt. Dieses enthielt „not only an ambitious and geopolitical programme, but also a philosophical design to reconcile Russia with the European continent and with its longterm historical European identity".³⁵ Im Sommer 1989, lange bevor man ahnte, dass die Frage der Wiedervereinigung akut werden würde, hatte Außenminister Eduard Schewardnadse Präsident François Mitterrand und Außenminister Roland Dumas vorgeschlagen, Helsinki II vorzuziehen und stattdessen im November 1990 in Paris zu tagen.³⁶ In dieser Zeit, am 6. Juli 1989, hielt Gorbatschow auch eine vielbeachtete Rede vor dem Europarat. Darin bezog er sich lobend auf den „Prozeß von Helsinki", in dem es darauf ankomme, die gemeinsam „geschaffenen Voraussetzungen so umfassend wie möglich [zu] nutzen". Seine Projekte behandelten vor allem die europäische Abrüstung mit dem Ziel, die Militärblöcke zu beseitigen, eine ökonomische Annäherung von Ost und West, gesamteuropäische Umweltschutzvorhaben, die Schaffung eines europäischen Rechtsraums und die Erweiterung der kulturellen Zusammenarbeit.³⁷ Einzelne Elemente der KSZE-Schlussakte waren zwar erkennbar; aber es wurde deutlich, dass Gorbatschow darüber hinaus eine eigene Agenda verfolgte.

Frankreichs Präsident Mitterrand entschied bereits im Sommer 1989 auf den Vorschlag Schewardnadses einzugehen, auch um langfristig einen Rahmen für die gesamteuropäische Entwicklung zu schaffen.³⁸ Der Fall der Berliner Mauer und Kohls unerwartetes Zehn-Punkte-Programm vom 28. November 1989³⁹ kamen dem jedoch zuvor. Mitterrand war darüber genauso erzürnt wie Gorbatschow, den er am

---

34 Record of Conversation between Mikhail Gorbachev and James Baker, 9.2.1990, in: ebenda, Dok. 119, S. 683.
35 Marie Pierre Rey, Gorbachev's New Thinking and Europe, 1985–1989, in: Frédéric Bozo u. a. (Hrsg.), Europe and the End of the Cold War. A Reappraisal, London/New York 2008, S. 23–35, hier S. 32.
36 Vgl. Andrei Grachev, From the Common European Home to European Confederation. François Mitterrand and Mikhail Gorbachev in Search of a Road to Greater Europe, in: Bozo u. a. (Hrsg.), Europe and the End of the Cold War, S. 207–219, hier S. 215 f.
37 Rede von Michail Gorbatschow vor dem Europarat in Straßburg, in: Neues Deutschland, 7.7.1989, S. 3 f.
38 Vgl. Grachev, From the Common European Home, S. 215 f.
39 Die Rede in: Außenpolitik der Bundesrepublik Deutschland. Dokumente von 1949 bis 1994. Hrsg. aus Anlaß des 125. Jubiläums des Auswärtigen Amts, Köln 1995, Dok. 211, S. 632–638.

6. Dezember 1989 in Kiew traf. Mitterrand ging das alles viel zu schnell, denn durch Kohls übereilten Schritt kam seiner Meinung nach die Reihenfolge durcheinander: Am Anfang müsse die Vervollkommnung der EG in Westeuropa stehen, der gesamteuropäische Prozess müsse sich rascher entwickeln und „die Prinzipien der Schlussakte von Helsinki, die die Grenzen garantiert", müssten eingehalten werden.[40] Auch Mitterrand wollte folglich in dieser Situation den KSZE-Prozess nutzen, um Kohl auszubremsen und ein vereinigtes Deutschland einzurahmen.

Etwas später, am 31. Dezember, verkündete Mitterrand in seiner Neujahrsansprache seine Vision einer neuen europäischen Ordnung. In einem ersten Schritt sollte die EG verstärkt werden, und in einem zweiten hoffte er, „auf der Basis der Helsinki-Vereinbarungen, in den 1990er Jahren die Entstehung einer europäischen Konföderation im wahren Wortsinn zu sehen, die alle Staaten unseres Kontinents in einer gemeinsamen und dauerhaften Organisation des Austauschs, des Friedens und der Sicherheit vereint".[41] Kohl bekundete zwar öffentlich Interesse an der Idee, hatte aber zu diesem Zeitpunkt, wie er später in einem Gespräch mit Baker bemerkte, den Eindruck, „als liefen Clemenceau und Poincaré durch Paris, nicht Briand".[42] Kohl sah also Frankreichs politische Klasse, wie diese historische Anspielung auf die beiden antideutschen und den verständigungsbereiten Politiker der ersten Jahrhunderthälfte zeigte, zu diesem Zeitpunkt auf einem alles andere als deutschfreundlichen Kurs. Auch Dumas sprach im Kreis der EG-Außenminister die Möglichkeit eines KSZE-Gipfels an, der die Ergebnisse eines vorangegangenen „Vier-plus-Zwei"-Treffens über Deutschland prüfen und gegebenenfalls billigen sollte (was Genschers Vorschlag diametral entgegengesetzt war).[43]

Mitterrand rückte in der Folgezeit langsam von der Idee ab, die KSZE zur Eindämmung Deutschlands zu benutzen. So stimmte er Kohl am 15. Februar zu, als dieser feststellte, die KSZE würde das Ergebnis der Sechser-Gespräche „nur billigen, aber nicht gestalten".[44] Die Wiederannäherung Mitterrands an Kohl im Zuge der zugesagten verstärkten EG-Integration (einschließlich einer Währungsunion) führte

---

40 Gespräch Gorbačevs mit dem französischen Staatspräsidenten Mitterrand, 6.12.1989, in: Aleksandr Galkin/Anatolij Tschernjajew (Hrsg.), Michail Gorbatschow und die deutsche Frage. Sowjetische Dokumente 1986–1991, München 2011, Dok. 62, S. 266–271, hier S. 268. Auszüge aus dem Gespräch auch in: Savranskaya/Blanton/Zubok (Hrsg.), Masterpieces of History, Dok. 114, S. 657–659. Bozo zufolge stimmte Mitterrand hier (nochmals) Gorbatschows Vorschlag eines vorgezogenen KSZE-Gipfeltreffens 1990 zu, was aus den Auszügen in beiden Editionen nicht hervorgeht: Frédéric Bozo, The Failure of a Grand Design: Mitterrand's European Confederation, 1989–1991, in: Contemporary European History 17 (2008), S. 391–412, hier S. 398.
41 Zit. ebenda, S. 392 (Übersetzung vom Verfasser).
42 Vgl. Ulrich Lappenküper, Mitterrand und Deutschland. Die enträtselte Sphinx, München 2011, S. 278. Für das Zitat siehe Gespräch des Bundeskanzlers Kohl mit Außenminister Baker, 4.5.1990, in: DzD. Deutsche Einheit, Dok. 266, S. 1083.
43 Vgl. Lappenküper, Mitterrand und Deutschland, S. 281.
44 Gespräch des Bundeskanzlers Kohl mit Präsident Mitterrand in Paris, in: DzD. Deutsche Einheit, Dok. 187, S. 852.

letztlich dazu, dass er in den ersten Monaten des Jahres 1990 von der Idee abrückte, die KSZE zur Blockierung der Wiedervereinigung beziehungsweise zur Einrahmung Deutschlands zu nutzen.

Die Konföderationsidee blieb freilich auf dem Tisch. Dabei ging es Mitterrand nicht nur darum, ein vereinigtes Deutschland einzudämmen und dessen Einfluss in Ostmitteleuropa zu vermindern. Denn nicht eine Weiterentwicklung der KSZE, sondern die der EG stand im Mittelpunkt seiner Überlegungen. Diese galt es angesichts der ungewissen Zukunft durch eine engere Integration zu stärken. Eine vorzeitige Aufnahme der ostmitteleuropäischen Staaten hätte dies möglicherweise behindert, sodass Letztere mit der Aussicht auf Aufnahme in diese Konföderation vorerst zufriedengestellt werden sollten. Über deren genaue Ausgestaltung ließ er die Welt noch bewusst im Unklaren.[45] Da sich dank des Entgegenkommens von Helmut Kohl die Möglichkeit einer engeren Integration der EG durch das Ziel einer Währungsunion bot und sich gleichzeitig die Eindämmung Deutschlands durch die fortdauernde Integration in die NATO als durchsetzbar erwies, kooperierte Mitterrand im Zwei-plus-Vier-Rahmen und stellte die europäische Konföderation zurück. Dieses Vorhaben ging er erst Ende 1990 an. Jetzt stellte sich heraus, dass diese auf eine sehr lockere Koordinierung nationaler Politiken bei projektgebundener Zusammenarbeit auf ausgewählten Gebieten hinauslief. Wenngleich im März 1990 der tschechoslowakische Präsident Václav Havel positiv auf die Idee reagiert hatte, waren die französischen Bemühungen im Jahre 1991 letztlich erfolglos. Prag drängte angesichts der Öffnung der Konföderation für die Sowjetunion auf die Teilnahme der USA und hegte den zutreffenden Verdacht, dass damit sein Streben nach Aufnahme in die EG gebremst werden sollte; dem Konföderationsprojekt fehlte auch die Unterstützung Deutschlands, das auf die NATO und die KSZE setzte; und es stieß auf Widerstand aus Washington, das fürchtete, damit aus Europa verdrängt zu werden. Kurzum, Mitterrands Projekt, über das auf einer Konferenz in Prag im Juni 1991 noch einmal beraten wurde, scheiterte – nicht zuletzt weil die ostmitteleuropäischen Staaten sich eben nicht auf eine Art „dritten Weg" zwischen Eigenständigkeit und europäischer Integration einlassen wollten, sondern mit Macht in die EG und die NATO strebten.[46]

Sowohl Gorbatschow als auch Mitterrand hatten zwar vorgegeben, auf die KSZE als europäischen Ordnungsfaktor zu setzen und verfolgten zunächst das Ziel, den Wettlauf zur deutschen Einheit abzubremsen und Deutschland einzudämmen. Auf lange Sicht aber zielten beide auf etwas anderes ab: Gorbatschow auf ein eher wolkiges Projekt europäischer Kooperation, mit dem die Sowjetunion enger in Europa eingebunden werden sollte, und Mitterrand auf einen lockeren, kaum integrierten Staatenbund, mit dem Ziel, die Ostmitteleuropäer vorerst aus der EG herauszuhalten.

---

45 Vgl. Bozo, Failure of a Grand Design, S. 398–400; Gespräch des Bundeskanzlers Kohl mit Präsident Mitterrand in Paris, 15.2.1990, in: DzD. Deutsche Einheit, Dok. 187, S. 849.
46 Vgl. Bozo, Failure of a Grand Design, S. 404–412.

4 Die KSZE als europäische Friedensordnung? Ostdeutsche und westdeutsche Konzepte

Am ernsthaftesten verfolgten die Außenminister der demokratischen DDR, Markus Meckel, und der Bundesrepublik, Hans-Dietrich Genscher, die Idee, die KSZE zur Grundlage einer neuen gesamteuropäischen Friedensordnung zu machen. Doch trotz einer Reihe von Gemeinsamkeiten entwickelte sich daraus keine gemeinsame außenpolitische Strategie.

Markus Meckels Ost-SPD war bereits mit dem außenpolitischen Grundsatz, die Zukunft des vereinigten Deutschland „in Zusammenarbeit mit den KSZE-Staaten" zu gestalten, in die Koalitionsverhandlungen nach den ersten und letzten demokratischen Wahlen in der DDR am 18. März 1990 gegangen. Ziel war ein „gesamteuropäisches Sicherheitssystem" auf KSZE-Basis, das die bestehenden Bündnissysteme ablösen und in das Deutschland langfristig eingegliedert sein sollte. Nur „für eine Übergangszeit" sollte Deutschland einer reformierten NATO angehören.[47] Diese Formulierungen wurden weitgehend in den Koalitionsvertrag und in die Regierungserklärung des neuen DDR-Ministerpräsidenten Lothar de Maizière (CDU) übernommen, und Meckel machte sich an der Spitze des MfAA daran, dieses Programm umzusetzen.[48] Auf dem ersten Zwei-plus-Vier-Ministertreffen am 5. Mai 1990 in Bonn stellte er eine Weiterentwicklung der Grundgedanken aus dem Koalitionsvertrag vor. Die Vereinigung Deutschlands, so Meckel, sollte zur Initialzündung der Einigung von West- und Osteuropa werden; gleichzeitig sollte das vereinigte Deutschland in europäische Sicherheitsstrukturen eingebunden bleiben. Für beides wollte er auf den KSZE-Prozess zurückgreifen: zum einen, indem den sicherheitspolitischen Prinzipien der Schlussakte „ein völkerrechtlich verbindlicher Charakter verliehen" wurde, und zum anderen durch eine Institutionalisierung dieses Prozesses.[49] Der NATO-Beitritt der DDR im Zuge der Vereinigung war für ihn dabei kein Selbstzweck, sondern lediglich eine Zwischenlösung. Meckel hoffte, mit den neuen Sicherheitsstrukturen „ein Leben ohne Furcht vor einer militärischen Bedrohung in den nächsten Jahrzehnten" zu gewährleisten: Die Vereinigung Deutschlands und Europas sollte gleichzeitig ein Zeitalter langjährigen Friedens einleiten.[50]

Mit der Institutionalisierung der KSZE glaubte Meckel auch beginnen zu können, da sowohl Polen als auch die Tschechoslowakei im März und April mit entspre-

---
[47] Außen- und sicherheitspolitische Grundpositionen der SPD für die Koalitionsverhandlungen, in: Lehmann, Außenpolitik der DDR, Dok. 73, S. 532–534.
[48] Vgl. Wentker, Außenpolitik der DDR, S. 48.
[49] Rede Meckels auf dem ersten Außenministertreffen im Rahmen 2+4, 5.5.1990, in: Lehmann, Außenpolitik der DDR, Dok. 97, S. 611–615.
[50] Address by Markus Meckel to the IEWSS annual Conference, 9.6.1990 [sic, eigentlich 8.6.1990], in: Die Einheit, Dok. 110-ZD A, https://www.ifz-muenchen.de/fileadmin/user_upload/Forschung/AA/AA_Dokumente/110-ZD%20A_1990-06-09_Rede%20Meckels%20vor%20der%20IEWSS%20Annual%20Conference.pdf (letzter Aufruf: 3.12.2020), Übersetzung vom Verfasser.

chenden Vorschlägen an die KSZE-Staaten herantraten.[51] Obwohl diese Vorschläge nicht auf große Resonanz stießen, ergriff nun Meckel die Initiative und stimmte sich mit Warschau und Prag ab. Ende Mai verständigten sich alle drei Staaten auf eine Initiative „zur schrittweisen Institutionalisierung des KSZE-Prozesses", die am 12. Juni allen in Kopenhagen tagenden KSZE-Staaten übergeben wurde.[52] Doch das Projekt scheiterte, vor allem weil die USA ihm eine klare Absage erteilten. Denn sie hielten es zur Regelung der anstehenden Fragen für zu kompliziert und sogar für destabilisierend, „weil NATO-Funktionen untergraben würden".[53] Nun rückten auch Prag und Warschau davon ab. Angesichts der drängenden Zeit wollten die westlichen KSZE-Staaten lieber auf das bewährte Bündnis zur Einbindung Deutschlands zurückgreifen als in einer Periode der Unsicherheit neue Strukturen aufbauen.[54] Auch der Vorstoß von Ministerpräsident Lothar de Maizière bei Präsident Bush am 11. Juni 1990, angesichts des Zerfalls des Warschauer Pakts aus der KSZE „eine Art [sicherheitspolitischer] Dachorganisation" für West und Ost zu machen, hatte keinen großen Erfolg.[55] Meckels Kalkül scheiterte zum einen, weil er zu viel auf einmal wollte: Gemeinsam mit der deutschen Vereinigung auch eine neue gesamteuropäische, KSZE-basierte Friedensordnung zu schaffen, war angesichts der Umstände ein geradezu vermessenes Ziel. Zum anderen basierte sein Kalkül auf dem Axiom, dass Moskau einer NATO-Mitgliedschaft des vereinigten Deutschland nur zustimmen werde, wenn es Garantien bekam, dass dies nur eine Zwischenlösung auf dem Weg zu einer blockfreien Friedensordnung darstelle. Da Moskau anders entschied, machte das einen dicken Strich durch seine Rechnung.

Hans-Dietrich Genscher, anders als Meckel einer der dienstältesten Außenminister Europas, war ebenfalls ein Fürsprecher der KSZE, und das spätestens seit 1978. War der KSZE-Prozess nach dem Folgetreffen von Belgrad (4. Oktober 1977 – 9. März 1978) für ihn ein wichtiger „Kommunikationsraum" zur Beeinflussung des östlichen Krisenverhaltens, avancierte er nach dem Folgetreffen von Madrid (11. November 1980 – 9. September 1983) zum „Kernstück" bundesdeutscher Außen- und Sicherheitspolitik, mehr noch: zu einem „Ordnungsrahmen zur Überwindung der

---

51 Polnische Vorschläge für die Schaffung eines „Rats für Europäische Zusammenarbeit", 13.3.1990, und Memorandum über die Europäische Sicherheitskommission, 6.4.1990, beide in: Lehmann, Außenpolitik der DDR, Dok. 67, S. 519f., Dok. 74, S. 534–537.
52 Vorschlag der Tschechischen und Slowakischen Föderativen Republik, der DDR und der Republik Polen zur Institutionalisierung des KSZE-Prozesses, 7.6.1990, in: ebenda, Dok. 122, S. 670–675; Rotstrichinformation der Unterabteilung Information des MfAA, 19.6.1990, in: Die Einheit, Dok. 115, S. 570f.
53 Zur Reaktion der KSZE-Teilnehmerstaaten auf die trilaterale Initiative zur Institutionalisierung des KSZE-Prozesses, 4.7.1990, in: Lehmann, Außenpolitik der DDR, Dok. 182, S. 822–825, hier S. 822f.
54 Vgl. Wentker, Außenpolitik der DDR, S. 55–58.
55 Vgl. Spohr, Wendezeit, S. 395f. Für das Gespräch vgl. die amerikanische Gesprächsaufzeichnung; https://bush41library.tamu.edu/files/memcons-telcons/1990-06-11-de%20Maiziere%20[1].pdf (letzter Aufruf: 5.5.2021).

Ost-West-Konfrontation".[56] Durch die Ergebnisse des Wiener Folgetreffens sah Genscher sich in seiner KSZE-Euphorie bestätigt, sodass er am 29. Januar 1989 die Schlussakte von Helsinki und den KSZE-Prozess als „unser[en] Fahrplan zur europäischen Friedensordnung" bezeichnete. Und er fügte hinzu: „Freiheit, Toleranz, Dialog, Menschenrechte und Demokratie müssen das Fundament des Gemeinsamen Europäischen Hauses bilden."[57] Geschickt hatte er damit Gorbatschows Formulierung aufgegriffen und dem „Gemeinsamen Europäischen Haus" ein KSZE-Fundament gegeben.

Doch was zu Beginn des Jahres 1989 trotz des erfolgreich abgeschlossenen Wiener Folgetreffens noch reichlich abstrakt klang, wurde angesichts der Revolutionen in Ostmitteleuropa und der Auflösungserscheinungen des Warschauer Pakts ein Jahr später zu einer Aufgabe der Tagespolitik. Nun wandelte sich auch die Funktionsbestimmung der KSZE für Genscher. Am 31. Januar 1990 sprach er nicht nur von der „Architektur Gesamteuropas", die im KSZE-Prozess entstehe; darüber hinaus müsse der KSZE-Rahmen angesichts der dramatischen Entwicklungen „zu einem Stabilitätsrahmen werden".[58] Neun Tage später bezeichnete er den KSZE-Prozess gar als „Magna Charta einer auf Menschenrechten und Grundfreiheiten aufbauenden Stabilitätsordnung für Europa".[59] Das war durchaus ernst gemeint, hatte aber auch einen taktischen Hintergrund. Wie Genscher sowohl James Baker als auch Douglas Hurd erläuterte, ging es ihm auch darum, damit der Sowjetunion entgegenzukommen.[60] Gleichzeitig ließ er nie einen Zweifel daran, dass eine Neutralisierung Deutschlands für ihn nicht in Frage kam: Der Verbleib eines vereinigten Deutschland in der NATO war für ihn eine *conditio sine qua non*.

Doch seine Reden enthielten immer auch visionäre Elemente.[61] So sprach er seit dem 31. Januar 1990 wiederholt von der Notwendigkeit, dass die Bündnisse sich wandeln müssten, um von einem konfrontativen zu einem kooperativen Verhältnis

---

56 Vgl. Matthias Peter, Die Bundesrepublik im KSZE-Prozess. Die Umkehrung der Diplomatie, Berlin/München/Boston 2015, S. 535–542, die Zitate S. 536, 539, 541.
57 Rede vor dem World Economic Forum, Davos, in: Hans-Dietrich Genscher, Unterwegs zur Einheit. Reden und Dokumente aus bewegter Zeit, Berlin 1991, S. 183–193, hier S. 188–190.
58 Rede von Genscher „Zur deutschen Einheit im europäischen Rahmen" in Tutzing, 31.1.1990, Mitteilung für die Presse Nr. 1026/90; Politisches Archiv des Auswärtigen Amts, B 7 (Ref. 013), Bd. 179077; Teilabdruck in Karl Kaiser, Deutschlands Vereinigung. Die internationalen Aspekte. Mit den wichtigsten Dokumenten, bearb. von Klaus Becher, Bergisch Gladbach 1991, S. 190 f.
59 Rede vor der SIPRI-IPW-Konferenz, Potsdam, 9.2.1990, in: Genscher, Unterwegs zur Einheit, S. 242–256, hier S. 243.
60 Hans-Dietrich Genscher, Erinnerungen, Berlin 1995, S. 717; Gespräch des Bundesaußenministers Genscher mit dem britischen Außenminister Hurd in Bonn, 6.2.1990, in: Die Einheit, Dok. 45, S. 232.
61 Für Wolfgang J. Mommsen war Genscher „in Sachen der bundesrepublikanischen Außenpolitik eher ein Visionär als ein Agent im harten Tagesgeschäft": ders., Hans-Dietrich Genscher, Visionär der Außenpolitik in einer demokratischen Weltgesellschaft, in: Hans-Dieter Lucas (Hrsg.), Genscher, Deutschland und Europa, Baden-Baden 2002, S. 395–411, hier S. 403.

überzugehen.⁶² Am deutlichsten formulierte er diese Vision am 23. März, als er zwei Schritte für die Zukunft nannte: Zunächst müsse die von den Bündnissen gewährte militärische Sicherheit „durch kooperative Sicherheitsstrukturen verstärkt werden", um in einer zweiten Etappe „die kooperativ strukturierten Bündnisse in einen Verbund gemeinsamer kollektiver Sicherheit" zu überführen, in dem diese schließlich aufgehen könnten. Und die Bundesrepublik müsse sich selbstverständlich in ein solches „System gemeinsamer kollektiver Sicherheit einordnen". Daran, dass dies alles im Rahmen des KSZE-Prozesses stattfinden sollte, ließ Genscher keinen Zweifel.⁶³ Als Helmut Kohl davon erfuhr, schrieb er postwendend an den Außenminister, dass er diese Position nicht teile, da er offensichtlich das Bekenntnis zur NATO verwässert sah.⁶⁴ Genscher stellte kurz danach in einem Zeitungsinterview klar, dass er nicht von einer „Auflösung der Bündnisse" gesprochen habe und widersprach auch nicht, als Bush ihm erklärte, „daß die KSZE bei den Sicherheitsstrukturen eine komplementäre Rolle zur NATO spielen könne, die NATO aber nicht ersetzen dürfe".⁶⁵ Genscher hatte durch seinen starken rhetorischen Einsatz für eine KSZE-basierte Friedensordnung sowohl in Washington als auch beim Bundeskanzler offensichtlich den Eindruck erweckt, die NATO-Zugehörigkeit Deutschlands nicht so ernst zu nehmen. Das war freilich nicht der Fall, was allein daran deutlich wird, dass sein Ministerium genau wie er alles daran setzte, die sowjetische Zustimmung zu dieser Lösung zu bekommen. Deutschlands NATO-Mitgliedschaft und das Vorantreiben des KSZE-Prozesses waren für Genscher durchaus miteinander vereinbar.

Gleichwohl war es für Genscher zweifellos enttäuschend, dass im Zwei-plus-Vier-Vertrag nur in sehr allgemeiner Form auf „die Schaffung geeigneter institutioneller Vorkehrungen im Rahmen der Konferenz über Sicherheit und Zusammenarbeit" zur Herstellung eines kooperativen Miteinanders hingewiesen wurde. Und Genschers Erklärung vom 12. September enthielt auch nur den Satz, dass auf den folgenden KSZE-Treffen jeder Teilnehmerstaat erkennen werde, „daß die abschließende Regelung in vollem Umfang KSZE-Prinzipien entspricht".⁶⁶ Anders als von

---

62 Rede von Genscher „Zur deutschen Einheit im europäischen Rahmen" in Tutzing, 31.1.1990, Mitteilung für die Presse Nr. 1026/90, in: PA/AA, B 7 (Ref. 013), Bd. 179077.
63 Rede vor der Westeuropäischen Union in Luxemburg, 23.3.1990, in: Genscher, Unterwegs zur Einheit, S. 258–268, hier S. 265 f.
64 Schreiben des Bundeskanzlers Kohl an Bundesminister Genscher, 23.3.1990, in: Die Einheit, Dok. 76, S. 380 f.
65 Vgl. Gerhard A. Ritter, Hans-Dietrich Genscher, das Auswärtige Amt und die deutsche Vereinigung, München 2013, S. 100; Gespräch des Bundesministers Genscher mit Präsident Bush in Washington, 4.4.1990, in: Die Einheit, Dok. 79, S. 393.
66 Vertrag über die abschließende Regelung in bezug auf Deutschland mit vereinbarter Protokollnotiz, 12.9.1990, in: Außenpolitik der Bundesrepublik, Dok. 236.1, S. 699 f.; Erklärung nach dem abschließenden „2+4"-Außenministertreffen in Moskau, 12.9.1990, in: Genscher, Unterwegs zur Einheit, S. 270–272, hier S. 272.

Genscher vorgeschlagen, erhielt die KSZE auch keinen Sicherheitsrat nach dem Vorbild der Vereinten Nationen.[67]

5 Die Charta von Paris: Höhe- und Wendepunkt der KSZE-Idee

Angesichts der Bedeutung, die die Bundesrepublik dem KSZE-Prozess beimaß, überrascht es nicht, dass sie dessen Institutionalisierung in den Gesprächen des Jahres 1990 mit am intensivsten betrieb. Sie konnte zwar aufgrund des Widerstands der westlichen Staaten nicht alle ihre Ideen durchsetzen; in modifizierter Hinsicht wurden diese jedoch in die „Charta von Paris für ein neues Europa" vom 21. November 1990 aufgenommen, die von den Staats- und Regierungschefs aller jetzt 34 KSZE-Staaten unterzeichnet wurde.[68] Damit schienen die Ziele Genschers vorerst erreicht: Denn darin wurden nicht nur die zehn Prinzipien der KSZE-Schlussakte von Helsinki bekräftigt und der Zusammenhang zwischen KSZE-Prozess, deutscher Einheit und der Einheit Europas hergestellt, sondern auch der Grundstein für eine Institutionalisierung der KSZE gelegt. Bundeskanzler Kohl hatte am Vortag erklärt, dass sich das geeinte Deutschland auch „zur Zukunft der KSZE als Motor gesamteuropäischer Friedenspolitik" bekenne.[69] Die Institutionalisierung der KSZE manifestierte sich zunächst in der Schaffung dauerhaft (und nicht länger nur periodisch) tagender Institutionen, wie einem mindestens alle zwei Jahre zusammentretenden Rat der Außenminister, einer eigenen parlamentarischen Versammlung, der Errichtung eines Sekretariats in Prag, eines (stark mit militärischen Verifikationsmaßnahmen befassten) Konfliktverhütungszentrums in Wien und eines Büros für freie Wahlen in Warschau. Auch danach schritt der Ausbau der KSZE weiter voran: Die Mitgliedstaaten beschlossen auf ihrem Gipfeltreffen vom 5./6. Dezember 1994 in Budapest, ab dem 1. Januar 1995 die KSZE in OSZE umzubenennen. Aufgrund des Zerfalls der Sowjetunion und Jugoslawiens hat sie heute 57 Mitgliedstaaten. Die OSZE erfüllt zwar eine Reihe wichtiger Funktionen, etwa die Organisation von Wahlbeobachtungen und die Entsendung von Beobachtermissionen in die seit 2014 umkämpften ukrainischen Gebiete. Von der Bedeutung, die ihr 1989/90 zugeschrieben wurde, ist das jedoch weit entfernt.

Die Ursachen für diesen Bedeutungsverlust hängen eng mit dem Scheitern der KSZE bereits an ihrer ersten Herausforderung nach 1990 zusammen. Denn als es in der Jugoslawienkrise 1991/92 darum ging, zwischen Slowenien und Kroatien auf der

---

67 Hans-Dieter Heumann, Hans-Dietrich Genscher. Die Biographie, Paderborn u. a. 2012, S. 278 f.
68 Vgl. Roloff, Auf dem Weg zur Neuordnung Europas, S. 299–312. Die Charta von Paris in: Außenpolitik der Bundesrepublik, S. 757–767.
69 Vgl. Ortez des Referatsleiters 012, Bettzuege, 26.11.1990, in: Die Einheit, Dok. 170, S. 768 f.

einen und der jugoslawischen Föderationsregierung auf der anderen Seite zu vermitteln, kam sie nicht weiter und übertrug der Europäischen Gemeinschaft diese Aufgabe. Auch als die KSZE im September 1991 ein Waffenembargo über das frühere Jugoslawien verhängte, konnte sie ihr Konfliktverhütungszentrum in Wien lediglich anweisen, entsprechende Daten zu sammeln. Auch eine Ausweitung des Konflikts in den Jahren 1992/93 konnte sie nicht verhindern.[70] Insgesamt erwiesen sich die EG/EU und die NATO in diesem Zusammenhang als weitaus wichtiger.

Das lag nicht nur daran, dass im Entscheidungsjahr 1990 letztlich nur Meckel und Genscher die KSZE aus vollem Herzen unterstützt hatten, während bei den Regierungen der anderen vier Staaten damit eher taktische Zielsetzungen verbunden gewesen waren. Auch Ralf Roloffs Erklärung, dass die KSZE zu Beginn der 1990er Jahre, wie in der Vergangenheit, vor allem auf Konfliktprävention und nicht auf Konfliktmanagement gesetzt habe, greift zu kurz.[71] Entscheidend war vielmehr etwas anderes: Die KSZE war letztlich ohne die bipolare Welt nicht denkbar. Hier hatte sie ihre Funktion erfüllt und ihren eigenen Beitrag zum Zusammenwachsen Europas geleistet. Nach dem Zerfall des Ostblocks, insbesondere aber der Sowjetunion, verlor sie ihre Funktion als Brücke zwischen Ost und West. Denn nun entfalteten die bestehenden westeuropäischen und transatlantischen Strukturen eine ungeheure Sogkraft auf die Staaten Mittel- und Osteuropas, die in der EU nach Wohlstand und in der NATO nach Sicherheit strebten. Die KSZE/OSZE geriet demgegenüber ins Abseits.

---

70 Vgl. Predrag Simic, Die OSZE und die Bundesrepublik Jugoslawien, in: OSZE-Jahrbuch 1997, S. 81–92, hier S. 86 f.
71 Roloff, Auf dem Weg zur Neuordnung Europas, S. 380.

Tim Geiger
Friedensdividende

Abrüstung und der Wandel der Militärallianzen

Eine der strittigsten Fragen bei der Vereinigung beider deutscher Staaten 1990 war die von der Bundesrepublik und anderen westlichen Staaten, voran von den USA, geforderte NATO-Mitgliedschaft eines vereinten Deutschland. Im Kalten Krieg hatte stets die Logik des Nullsummenspiels vorgeherrscht: Der Zugewinn der einen Seite galt unweigerlich als Verlust für die Gegenseite. Insofern schien es zunächst ausgeschlossen, dass die UdSSR einer NATO-Mitgliedschaft Gesamtdeutschlands, mithin dem faktischen Wechsel des bisherigen Verbündeten DDR in die westliche Militärallianz, zustimmen könne. Die künftige Form des politisch-militärischen Status Deutschlands galt auf internationaler Ebene daher als „die Frage aller Fragen", wie es der sowjetische Außenminister Eduard Schewardnadse im Mai 1990 gegenüber Bundesaußenminister Hans-Dietrich Genscher formulierte.[1]

Neben Wirtschafts- und Finanzhilfen waren es vor allem Abrüstungsvereinbarungen und sicherheitspolitische Zusagen des Westens und im Besonderen der Bundesrepublik, die es dem Kreml ermöglichten, der deutschen Einheit und schließlich sogar der zunächst kategorisch abgelehnten NATO-Mitgliedschaft zuzustimmen. Die späten 1980er bis Mitte der 1990er Jahre wurden *die* Dekade der Rüstungskontrolle. Zwischen 1987 und 1992 entstand jenes Netz internationaler Abrüstungsverträge, auf denen die Sicherheitsarchitektur der nördlichen Hemisphäre in den letzten 30 Jahren beruhte – und die in letzter Zeit leider dramatisch erodiert.[2]

Abrüstung und das Ende des Kalten Krieges stehen in einem untrennbaren Zusammenhang. Doch war Abrüstung mehr eine Folge oder eher eine der zentralen Voraussetzungen für die Verbesserung der Ost-West-Beziehungen? Abrüstung schuf international Vertrauen, indem durch rüstungskontrollpolitische Praxen und Verifikationsstrukturen bildlich gesprochen „Fleisch auf die Knochen der Entspannungs-

---

1 Vgl. Gespräch Genscher – Schewardnadse in Genf, 23.5.1990, in: Andreas Hilger (Hrsg.), Diplomatie für die deutsche Einheit. Dokumente des Auswärtigen Amts zu den deutsch-sowjetischen Beziehungen, München 2011, Dok. 30, S. 154.
2 2001 kündigten die USA den Anti-Ballistic Missile (ABM) Vertrag von 1972. Russland setzte 2007 den Vertrag über Konventionelle Streitkräfte in Europa (KSE-Vertrag) von 1990 aus und kündigte ihn 2015. Nachdem die USA seit 2014 Russland beschuldigt hatten, gegen den INF-Vertrag von 1987 zu verstoßen, kündigte die Trump-Administration das Abkommen 2019. Im Folgejahr stieg Washington, im Januar 2021 auch Russland aus dem Open-Skies-Vertrag von 1992 aus. Das „Wiener Dokument über Vertrauens- und Sicherheitsbildende Maßnahmen" ist, wie die russische Krim-Invasion 2014 zeigt, trotz mehrerer Überarbeitungen veraltet. Das einzig verbliebene amerikanisch-russische nukleare Rüstungskontrollabkommen, New START von 2010, wurde von der neuen Biden-Administration im Januar 2021, kurz vor Vertragsende, um fünf Jahre verlängert.

politik" kam; umgekehrt ermöglichte bei und zwischen den politischen Entscheidungsträgern gewachsenes Vertrauen erst Abrüstungsergebnisse – zweifelsohne eine Wechselwirkung, die methodisch dem Henne-Ei-Problem gleicht.

1990 jedenfalls hätte die Sowjetunion die NATO-Mitgliedschaft des vereinigten Deutschland nicht zugelassen, wenn nicht das westliche Bündnis einen Wandel seiner Struktur und Militärstrategie zugesagt und eine weit unterhalb der damaligen Stärke der Bundeswehr liegende deutsche Streitkräftehöchstgrenze zugestanden hätte. In der Geschichtsschreibung über die deutsche Einheit spielt der Konnex zur Abrüstung gleichwohl eine unterbelichtete Rolle, wohl auch, weil die teils sehr technisch-komplexen Abrüstungsfragen in Verkennung ihrer hochpolitischen Folgen als exotisches Spezialgebiet für einen eng begrenzten Expertenkreis wahrgenommen werden. Im Folgenden sollen zunächst die Auswirkungen der nuklearen Abrüstung ausgeleuchtet werden, bevor im zweiten Abschnitt die zumeist in ihrer Bedeutung unterschätzte konventionelle Abrüstung, insbesondere die Verhandlungen über Konventionelle Streitkräfte in Europa (VKSE), behandelt wird.

1 Abrüstungserfolge im Bereich von Nuklear- und Chemiewaffen

Am 8. Dezember 1987 unterzeichneten der amerikanische Präsident Ronald Reagan und der Generalsekretär des ZK der KPdSU, Michail Gorbatschow, den Vertrag über „Intermediate-Range Nuclear Forces" (INF-Vertrag), den ersten echten Abrüstungsvertrag des Kalten Krieges. Vorherige Rüstungskontrollabkommen der beiden Supermächte wie SALT (Strategic Arms Limitation Talks) hatten nur die weitere Aufrüstung begrenzt. Nun wurde erstmals eine ganze Kategorie Nuklearwaffen, nämlich landgestützte Mittelstreckenwaffen kürzerer und weiterer Reichweite (Flugweiten 500 bis 5500 km), abgeschafft und verboten, nicht nur in Europa, sondern global (allerdings nur für die Vertragsparteien USA und UdSSR).[3]

Dieser radikale Schnitt betraf nur drei bis vier Prozent des damaligen Nuklearwaffenarsenals.[4] Doch es war das hoffnungsvolle Fanal, dass Abrüstung funktio-

---

[3] Vgl. Philipp Gassert/Tim Geiger/Hermann Wentker (Hrsg.), The INF Treaty of 1987. A Reappraisal, Göttingen 2020. Für den Wortlaut des Abkommens vgl. https://fas.org/nuke/control/inf/text/index.html (dieser und alle folgenden Internet-Belege des Artikels wurden zuletzt am 11.2.2021 überprüft).
[4] Drahtbericht [im Folgenden DB] Nr. 2448 des Botschafters Hellbeck, Peking, über Gespräch Strauß mit chinesischem Ministerpräsidenten Zhao Ziyang, 15.10.1987, in: Akten zur Auswärtigen Politik der Bundesrepublik Deutschland [im Folgenden AAPD], bearb. von Tim Szatkowski, Tim Geiger und Jens Jost Hofmann, Berlin 2018, Dok. 288, S. 1469; Eduard Schewardnadse, Die Zukunft gehört der Freiheit, Reinbek bei Hamburg 1991, S. 170; Aleksandr G. Savel'ev/Nikolaj N. Detinov, The Big Five. Arms Control and Decision Making in the Soviet Union, Westport/Connecticut 1995, S. 137.

nierte. Beseitigt wurden damit all jene sowjetischen Waffensysteme (vor allem die berüchtigten SS-20), die den NATO-Doppelbeschluss von 1979 entscheidend mitverursacht hatten, sowie die technisch innovativen US-Nuklearwaffen wie die Pershing-II-Raketen und die landgestützten Marschflugkörper (Ground-Launched Cruise Missiles – GLCM), über deren Stationierung in fünf westeuropäischen Ländern im Zuge der Nachrüstungsdebatte zu Beginn der 1980er Jahre so erbittert gestritten worden war.[5] Als entscheidend für den Erfolg des Abkommens erwies sich das neu geschaffene, umfassende und systemdurchdringende Verifikationssystem, mit dem – auch durch Vor-Ort-Inspektionen – die Vertragsimplementierung überprüft werden konnte.[6] Ein ausgeklügeltes Inspektionsregime trug in den folgenden 13 Jahren wesentlich dazu bei, dass das viel beschworene Vertrauen zwischen Spitzenpolitikern und Militärs in Ost und West wachsen und sich verfestigen konnte.

Davon profitierten besonders die beiden deutschen Staaten, da es an der Schnittstelle der feindlichen Blöcke eine weit überdurchschnittliche Massierung an Waffen gab.[7] Die Nuklearraketen beider Supermächte verschwanden allerdings nicht über Nacht, sondern erst in den drei Jahren nach Inkrafttreten des Abkommens am 1. Juni 1988. Vertragskonform abgezogen und unter Überwachung verschrottet wurden bis 31. Mai 1991 – also noch über das Datum der deutschen Einheit hinaus – insgesamt 1846 sowjetische und 846 amerikanische Mittelstreckensysteme, die in der Bundesrepublik, in Großbritannien, Italien und Belgien bzw. in der UdSSR, der DDR und der ČSSR stationiert gewesen waren.

Da zunächst bis Ende 1989 Mittelstreckenwaffen kürzerer Reichweite (Shorter-Range INF – SRINF) zu vernichten waren, verschwand das „Teufelszeug", wie SED-Generalsekretär Erich Honecker die Raketen tituliert hatte[8], zuerst aus der DDR. In der Bundesrepublik, wo vorwiegend weiterreichende Mittelstreckensysteme (Long-Range INF – LRINF) stationiert waren, verließ die letzte der 64 amerikanischen landgestützten Cruise Missiles am 26. September 1990 das Land, 14 Tage nach Unterzeichnung des Zwei-plus-Vier-Vertrags. Bei der Vereinigung Deutschlands am

---

5 Vgl. dazu Philipp Gassert/Tim Geiger/Hermann Wentker (Hrsg.), Zweiter Kalter Krieg und Friedensbewegung. Der NATO-Doppelbeschluss in deutsch-deutscher und internationaler Perspektive, München 2011; Christoph Becker-Schaum/Philipp Gassert/Martin Klimke/Wilfried Mausbach/Marianne Zepp (Hrsg.), „Entrüstet Euch!" Nuklearkrise, NATO-Doppelbeschluss und Friedensbewegung, Paderborn u. a. 2012; Leopoldo Nuti/Frédéric Bozo/Marie-Pierre Rey/Bernd Rother (Hrsg.), The Euromissile Crisis and the End of the Cold War, Washington, D. C./Stanford 2015.
6 Vgl. Wolfgang Richter, Implementing the INF Treaty. The Elimination and Verification Process, in: Gassert/Geiger/Wentker (Hrsg.), INF Treaty, S. 277–314.
7 Die Waffenkonzentration in Deutschland, so der Leiter der Abteilung Internationale Beziehungen im ZK der KPdSU, Valentin Falin, am 8.5.1990 zum Abrüstungs- und Verteidigungsminister der DDR, Rainer Eppelmann, übertraf das Niveau anderer Länder um das Zehnfache. Vgl. Ines Lehmann, Die Außenpolitik der DDR 1989/1990. Eine dokumentierte Rekonstruktion, Baden-Baden 2010, Dok. 99, S. 618.
8 Vgl. Hermann Wentker, The German Democratic Republic, Gorbachev, and the INF Treaty, in: Gassert/Geiger/Wentker (Hrsg.), INF Treaty, S. 175–195, hier S. 175.

3. Oktober gab es dort noch 66 der ursprünglich 108 Pershing II, also jener ballistischen Raketen mit 1800 km Reichweite, die die Sowjetunion wegen ihrer kurzen Flugzeit und entsprechend minimaler Vorwarnzeit besonders fürchtete. Erst im April 1991 wurde die letzte Pershing II zerstört.[9]

Die „doppelte Null-Lösung" des INF-Vertrags, also der Totalabbau nuklearer Mittelstreckenwaffen längerer wie kürzerer Reichweite, war in der christlich-liberalen Regierungskoalition heftig umstritten gewesen – auch weil die UdSSR 1987 ultimativ den Einbezug jener 72 Pershing-IA-Raketen der Bundeswehr verlangte, die im Kriegsfall mit amerikanischen Nuklearsprengköpfen bestückt worden wären und so Bonns Nuklearteilhabe garantierten. Dabei umfasste der INF-Vertrag an sich nur amerikanische und sowjetische Nuklearwaffen, also nicht sogenannte Drittstaatensysteme anderer Mächte.

Angesichts massiven sowjetischen Drucks, aber auch um eine ernste Koalitionskrise zu vermeiden, hatte Bundeskanzler Helmut Kohl am 26. August 1987 den Weg für den INF-Deal der Supermächte freigemacht, in dem er vorab einen „freiwilligen" Verzicht auf die deutschen Pershing IA für den Fall der erfolgreichen Implementierung eines entsprechenden amerikanisch-sowjetischen Abkommens bekanntgab.[10] Dieses Zugeständnis Bonns trug wiederum zu einer Enteisung des bilateralen Verhältnisses bei, da sich Moskau nunmehr endgültig von dem „Bestrafungskurs" abwandte, den die UdSSR gegenüber der christlich-liberalen Bundesregierung seit der von ihr verantworteten Implementierung der „Nachrüstung" 1983 verfolgt hatte.[11] So wuchs, auch bei Besuchen Kohls in Moskau 1988 bzw. Gorbatschows in Bonn 1989, jenes Vertrauen, das in den entscheidenden Umbruchmonaten 1989/90 von so zentraler Rolle war.[12] Um eben dieses Signal zu verstärken, leitete die Bundesregierung bereits im Frühjahr 1990 die Verschrottung ihrer Pershing-IA-Bestände ein, obwohl dieser Schritt eigentlich erst nach dem vollständigen Abbau der US- und Sowjet-Raketen angestanden hätte.[13]

Rücksicht auf Moskau dominierte auch, als im Frühjahr 1990 bekannt wurde, was der westlichen Aufklärung bis dahin entgangen war: Ab 1985 hatte die UdSSR den Warschauer-Pakt-Staaten DDR, ČSSR und Bulgarien moderne, treffgenaue Kurz-

---

9 Vgl. Richter, Implementing the INF Treaty; und Tim Geiger, Controversies Over the Double Zero Option. The Kohl-Genscher Government and the INF Treaty, in: ebenda, S. 306 und 150.
10 Für die Erklärung vgl. Bulletin der Bundesregierung 1987, Bonn 1987, S. 682. Zum Hintergrund Geiger, Controversies, sowie Philipp Gassert, West German Politics, the INF Treaty, and the Popular Dynamcis of Peace, in: ebenda, S. 123–153 und S. 259–274.
11 Vgl. Andreas Wirsching, Abschied vom Provisorium. Geschichte der Bundesrepublik 1982–1990, München 2006, S. 508–513.
12 Zum Kontext vgl. Hermann Wentker, Die Deutschen und Gorbatschow. Der Gorbatschow-Diskurs im doppelten Deutschland 1985–1991, Berlin 2020.
13 Vgl. Bundeswehr beginnt mit dem Abbau der Pershing-Raketen, in: FAZ, 5.4.1990, S. 3; Aufzeichnung des Vortragenden Legationsrats I. Klasse (im Folgenden: VLR I) Seibert, 18.5.1990, in: AAPD 1990, Dok. 143, S. 611–613. Die letzten Pershing IA wurden ein Jahr nach der Wiedervereinigung verschrottet, vgl. Deutsche Pershing- und SS-34-Raketen zerstört, in: FAZ, 15.11.1991, S. 15.

streckenraketen SS-23 „Oka" zur Verfügung gestellt, die konventionell, aber auch mit nuklearen oder chemischen Sprengköpfen bestückt werden konnten.¹⁴ In gewissem Sinn waren diese „kooperativen Systeme" mit der westdeutschen Nuklearteilhabe in Form der Pershing IA vergleichbar. Doch während die UdSSR auf dem Abbau der westdeutschen Raketen insistiert hatte und nun gemäß dem INF-Vertrag (zum Entsetzen ihrer militärischen Führung¹⁵) ihre eigenen SS-23 verschrottete, blieben diese Raketen im Besitz der Verbündeten, von denen der Westen nichts wusste, intakt. Dies verstieß zwar nicht gegen den Wortlaut, wohl aber den Geist des INF-Vertrags und hätte unter anderen Umständen gewiss für Verwerfungen im Ost-West-Verhältnis gesorgt. 1990 nahm der Westen nur zur Kenntnis, dass in der DDR der letzte SED-Ministerpräsident Hans Modrow vor Jahresende 1989 angeordnet hatte, die SS-23 binnen Jahresfrist zu verschrotten.¹⁶ Die letzten sowjetischen Atomwaffen verließen Deutschland ohnehin erst nach der Wiedervereinigung im Sommer 1991.¹⁷

Im Rückblick erwies sich die NATO-interne Kontroverse 1988/89 um eine Modernisierung der nuklearen Kurzstreckensysteme, der SNF (Short-Range Nuclear Forces) mit einer Reichweite unter 500 km, als eine folgenreiche Weichenstellung.¹⁸ Nach Abschaffung der Mittelstreckenwaffen im INF-Vertrag fürchteten Amerikaner und Briten, die Sowjetunion wolle mittels einer „dritten Null-Lösung" für die SNF eine komplette Denuklearisierung in der Verteidigung Westeuropas herbeiführen. Statt entsprechenden Reduzierungsverhandlungen sollte das überschaubare, dem Osten weit unterlegene westliche SNF-Potenzial modernisiert werden, indem es vergrößert und die Raketenreichweite gesteigert wurde. Für die Deutschen war das inakzeptabel. Die Bundesregierung, voran Außenminister Genscher, lehnte eine SNF-Modernisierung dezidiert ab: Kurzstreckensysteme hätten nicht die den Nuklearwaf-

---

14 Vgl. Harald Nielsen, Die DDR und die Kernwaffen, Baden-Baden 1998, S. 139; Ivo Pejčoch, Kernwaffenträger in der tschechoslowakischen Armee, in: Oliver Bange (Hrsg.), Zwischen Bündnistreue und staatlichen Eigeninteressen. Die Streitkräfte der DDR und der ČSSR 1968 bis 1990, Potsdam 2016, S. 151–163, hier S. 158.
15 Vgl. Svetlana Savranskaya/Thomas Blanton, The Nuclear Abolition Package of 1986 and the Soviet Road to INF, in: Gassert/Geiger/Wentker, INF Treaty, S. 71–87, hier S. 83.
16 Vgl. Aufzeichnung des VLR I Seibert, 20.3.1990, in: AAPD 1990, Dok. 75, S. 305–307; Kein Geheimnis um Raketen der NVA, in: Neues Deutschland, 8.3.1990, S. 3. Die Verschrottung der SS-23 der DDR zog sich indes bis über die Vereinigung hinaus, vgl. Deutsche Pershing- und SS-34-Raketen zerstört, in: FAZ, 15.11.1991, S. 15.
17 Vgl. Oliver Bange, Sicherheit und Staat. Die Bündnis- und Militärpolitik der DDR im internationalen Kontext 1969 bis 1990, Berlin 2017, S. 492.
18 Zur SNF-Kontroverse vgl. Michael Broer, Die nuklearen Kurzstreckenwaffen in Europa. Eine Analyse des deutsch-amerikanischen Streits über die Einbeziehung der SRINF in den INF-Vertrag und die SNF-Kontroverse, Frankfurt am Main 1991; Wirsching, Abschied vom Provisorium, S. 570 f.; Stefan Fröhlich, „Auf den Kanzler kommt es an". Helmut Kohl und die deutsche Außenpolitik. Persönliches Regiment und Regierungshandeln vom Amtsantritt bis zur Wiedervereinigung, Paderborn u. a. 2001, S. 176–186; Josef Holik, Die Rüstungskontrolle. Rückblick auf eine kurze Ära, Berlin 2008, S. 61–66.

fen in der Logik der NATO-Strategie zugedachte politische Funktion der Abschreckung erfüllt (denn das Territorium des potenziellen Hauptaggressors – der Sowjetunion – wäre nicht betroffen), sondern hätten allenfalls rein militärisch der „effektiveren" Führung eines doch generell zu verhindernden Krieges gedient; alles andere konnte nicht im nationalen Interesse der Deutschen liegen, zumal die SNF primär deutsches Territorium dies- wie jenseits des „Eisernen Vorhangs" vernichten würden. Eine erneute Nuklearwaffenmodernisierung, so argumentierte die Bundesregierung weiter, wirke zudem kontraproduktiv, weil dies nur den in vollem Schwung befindlichen Transformationsprozess im Ostblock gefährden würde.

Im Kurzstrecken-Streit widersetzte sich die Bundesrepublik erfolgreich dem Drängen der Anglo-Amerikaner. Das hinterließ im Osten Eindruck. Die drohende Spaltung der Allianz wurde beim NATO-Gipfel im Mai 1989 durch einen dilatorischen Formelkompromiss abgewendet: Die Entscheidung über eine SNF-Modernisierung wurde auf 1992 vertagt und stattdessen eine umfassende Initiative für konventionelle Abrüstung eingeleitet.[19]

Der weitere Zeitverlauf löste den Streit. Angesichts des Zusammenbruchs der sozialistischen Diktaturen in Mittelosteuropa, dem seit Frühjahr 1990 absehbaren Ende der DDR im sich immer weiter beschleunigenden deutschen Vereinigungsprozess und dem offensichtlichen Zerfall des Warschauer Pakts war jede Notwendigkeit zu neuer Nuklearrüstung hinfällig geworden. Anfang Mai 1990 verkündete US-Präsident George H. W. Bush den Verzicht auf eine Modernisierung landgestützter nuklearer Kurzstreckenraketen.[20] Beim amerikanisch-sowjetischen Gipfeltreffen am Ende des Monats in Washington einigten sich die Supermächte auf ehrgeizige weitere Abrüstungsschritte, u. a. auf den Beginn von SNF-Verhandlungen nach dem für Jahresende anvisierten Abschluss eines Vertrags über konventionelle Streitkräfte in Europa, über den in Wien verhandelt wurde.

Zu diesen SNF-Verhandlungen kam es allerdings nicht. Nach Auflösung des Warschauer Pakts im März 1991 und aus Sorge, wie die von Nationalitätenkonflikten erschütterte und nach dem August-Putsch gegen Gorbatschow bereits in Auflösung befindliche Sowjetunion ihr Nukleararsenal gegen unerlaubten Zugriff kontrollieren könne, kündigte Bush am 27. September 1991 einen massiven unilateralen Abbau aller bodengestützten amerikanischen SNF sowie eine weitgehende Reduzierung seegestützter taktischer Nuklearwaffen an. Innerhalb einer Woche stellte Gorbatschow entsprechende sowjetische Schritte in Aussicht. Nach Auflösung der UdSSR zum 31. Dezember 1991 erneuerte der russische Präsident Boris Jelzin diese Zusage

---

19 Vgl. die Erklärung des NATO-Gipfels, 29./30.5.1989, in: Europa-Archiv 1989, D 337–344. Zur Konferenz vgl. AAPD 1989, Dok. 153, S. 680–694, Dok. 154, S. 694–699, und Dok. 156, S. 704–710.
20 Vgl. Bushs Pressekonferenz, 3.5.1990, bzw. seine Rede am Folgetag an der Oklahoma State University, in: Public Papers of the Presidents. George Bush 1990, Washington, D. C. 1991, S. 608–617 und S. 625–629.

Gorbatschows noch im Januar 1992.[21] Auf diese Weise schmolzen die Arsenale der beiden größten Nuklearmächte um mehrere tausend Sprengköpfe.

1990 war das noch Zukunftsmusik. Dafür herrschte nach dem Besuch des US-Außenministers James A. Baker in Moskau im Mai 1990 die Erwartung vor, im Bereich der beide Supermächte unmittelbar berührenden nuklearen Interkontinentalraketen bis Jahresende ein unterschriftsreifes Abkommen zu erreichen.[22] Am Ende konnte START I (Strategic Arms Reduction Treaty), über das seit 1982 in Genf verhandelt wurde, aufgrund der noch komplizierteren Verifikationsverfahren als bei den Mittelstreckenwaffen erst im Juli 1991 unterzeichnet werden. START führte zu dramatischen Nuklearwaffenreduzierungen, da sich beide Seiten auf einen niedrigeren Maximal-Level von 6000 Sprengköpfen auf 1600 strategischen Trägersystemen einigten.[23] Beim Bush-Gorbatschow-Gipfel vom 30. Mai bis 3. Juni 1990 in Washington wurden indes andere wichtige Abrüstungserfolge erzielt: Durch die Unterzeichnung von Verifikationsprotokollen wurde die Ratifizierung der Jahrzehnte lang auf Eis liegenden „Schwellenverträge", also des amerikanisch-sowjetischen Vertrags vom 3. Juli 1974 über die Begrenzung unterirdischer Kernwaffenversuche (TTBT) bzw. vom 28. Mai 1976 über unterirdische Kernsprengungen zu friedlichen Zwecken (PNET), möglich, sodass beide Verträge als Zwischenstufe für einen Umfassenden Teststoppvertrag (Comprehensive Test Ban Treaty – CTBT) am 11. Dezember 1990 in Kraft treten konnten.[24] Zudem verständigten sich beide Supermächte auf die Einstellung ihrer Chemiewaffenproduktion und den weitgehenden Abbau dieser Arsenale (bis 5000 t). Anvisiert wurde der rasche Abschluss eines globalen Chemiewaffenverbotsabkommens, das dann am 3. September 1992 bei der Genfer Abrüstungskonferenz (Conference on Disarmament – CD) der Vereinten Nationen in Form der Chemiewaffenkonvention erreicht wurde.[25]

---

21 Zu den „Presidential Nuclear Initiatives" vgl. Oliver Bange, A Swan Song. The INF Treaty and Europe's Security Architecture, 1987–2019, in: Gassert/Geiger/Wentker (Hrsg.), INF Treaty, S. 315–338, S. 330; Arms Control Association, The Presidential Nuclear Initiatives (PNIs) on Tactical Nuclear Weapons at a Glance. Fact Sheets & Briefs, https://www.armscontrol.org/factsheets/pniglance.
22 Vgl. Aufzeichnung des Ministerialdirigenten (im Folgenden: MDg) Roßbach, 25.5.1990, in: AAPD 1990, Dok. 156, S. 655–659, hier S. 655.
23 Vgl. dazu https://fas.org/nuke/control/start1/.
24 Vgl. AAPD 1990, Dok. 156, S. 655 f.; Federation of American Scientists: Comprehensive Test Ban Treaty Chronology, https://fas.org/nuke/control/ctbt/chron.htm. Vgl. die amerikanisch-sowjetischen Gipfelerklärungen vom 1. bzw. 4.6.1990, in: Europa-Archiv 1990, D 461–470. Der Umfassende Teststoppvertrag wurde 1996 unterzeichnet, ist aber noch nicht in Kraft getreten.
25 Vgl. Aufzeichnung der VLR I von Moltke und Neubert, 5.6.1990, bzw. des VLR I von Butler, 27.6.1990, in: AAPD 1990, Dok. 166, S. 695–701, und Dok. 197, S. 817-820. Zur Chemiewaffenkonvention vgl. Barry R. Schneider, Chemical Weapons Convention, https://www.britannica.com/event/Chemical-Weapons-Convention.

Im Sommer 1990 erfolgte zudem der bilateral 1986 am Rande des Weltwirtschaftsgipfels in Tokio vereinbarte[26] Abzug aller amerikanischen Chemiewaffen aus der Bundesrepublik, die zu ihrer Vernichtung in die USA zurückverfrachtet wurden. Ende September, unmittelbar vor Vollzug der deutschen Einheit, war diese aus Sicht Moskaus vertrauensfördernde Aktion abgeschlossen.[27]

2 Die Wiener Verhandlungen über konventionelle Abrüstung und der Wandel der NATO

Gegenüber diesem nuklearen und chemischen Waffenabbau treten die ebenso spektakulären Erfolge bei der konventionellen Abrüstung häufig zurück. In der Historiographie zur deutschen Einheit sucht man entsprechende Hinweise darauf in der Regel vergebens.[28] Jahrzehntelang besaß der Warschauer Pakt im konventionellen Bereich unstritten die numerische Überlegenheit. NATO-Truppen galten dagegen als qualitativ besser gerüstet. Ob dies im Ernstfall die erdrückende Überzahl ausgeglichen hätte, bleibt fraglich.

Die konventionellen Abrüstungsverhandlungen stagnierten jedenfalls. 16 Jahre lang, von 1973 bis Februar 1989, hatten die wichtigsten Mitgliedstaaten von NATO und Warschauer Pakt im neutralen Wien über Mutual and Balanced Force Reductions, kurz MBFR, verhandelt, ohne eine Einigung zu erzielen.[29] Das lag erstens an dem zu eng gefassten Vertragsgebiet: Verhandelt wurde nur über Streitkräfte im

---

26 Vgl. Schreiben Kohls an Reagan, 13.5.1986, in: AAPD 1986, Dok. 139; Aufzeichnung des MDg von Ploetz, 6.2.1987, in: AAPD 1987, Dok. 27, S. 125–127.
27 Vgl. dazu Vernon A. Walters, Die Vereinigung war voraussehbar. Hinter den Kulissen eines entscheidenden Jahres. Die Aufzeichnungen des amerikanischen Botschafters, Berlin 1994, S. 100–110; Aufzeichnung des VLR I Dreher, 11.9.1990, in: AAPD 1990, Dok. 296, S. 1253 f. Joachim von Arnim, Zeitnot. Moskau, Deutschland und der weltpolitische Umbruch, Bonn 2012, S. 388, datiert diesen Abzugsbeginn auf den 26.7.1990.
28 Pars pro toto vgl. die sonst konzise Studie von Andreas Rödder, Deutschland einig Vaterland. Die Geschichte der Wiedervereinigung, München 2009. In Standardwerken wie Eckart Conze, Die Suche nach Sicherheit. Eine Geschichte der Bundesrepublik Deutschland von 1949 bis in die Gegenwart, München 2009, oder Ulrich Herbert, Geschichte Deutschlands im 20. Jahrhundert, München 2014, bleibt der für die Vereinigung Deutschlands und die Sicherheitsstruktur Europas zentrale KSE-Vertrag unerwähnt. Am deutlichsten würdigen den Konnex zwischen konventioneller Abrüstung und deutscher Einheit Philip Zelikow/Condoleezza Rice, Germany Unified and Europe Transformed. A Study in Statecraft, Harvard 1995; ferner Josef Holik, Abrüstung als Wegbereiter der Wende in Europa, Berlin 2017. Diese Darstellung des ehemaligen Abrüstungsbeauftragten der Bundesregierung wiederholt freilich nur dessen frühere Darstellung (Holik, Rüstungskontrolle) mitsamt zahlreichen Detailfehlern.
29 Zum Folgenden P. Terrence Hopmann, From MBFR to CFE. Negotiating Conventional Arms Control in Europe, in: Encyclopedia of Arms Control and Disarmament, Bd. 2, hrsg. von Richard Dean Burns, New York 1993, S. 970–977; Holik, Rüstungskontrolle, S. 34–40.

zentraleuropäischen Konfrontationsraum, also in den beiden deutschen Staaten, den Benelux-Staaten, Polen und der ČSSR. Nicht erfasst wurde so sowjetisches Territorium – und damit das Aufmarschgebiet jener im Westen gefürchteten „Zweiten Staffel" des Warschauer Pakts, die im Kriegsfall den Durchbruch erzwingen sollte, sobald die erste Angriffswelle der östlichen Militärallianz von NATO-Kräften gestoppt worden wäre.

Das zweite MBFR-Dilemma blieb die Datenfrage, da NATO und Warschauer Pakt sich nie einigen konnten, über welche Streitkräftezahlen eigentlich verhandelt werden sollte. Die jeweiligen Angaben über eigene und gegnerische Streitkräftezahlen lagen weit auseinander. Strittig blieb drittens der Reduzierungsmodus: Während der Osten paritätische Reduzierungen auf beiden Seiten forderte, bestand der Westen – getreu dem Motto: Wer mehr hat, muss auch mehr abbauen – auf proportionalen Reduzierungen, um zu gleichen kollektiven Höchstgrenzen für beide Militärbündnisse zu gelangen. Aus der Sackgasse, in die MBFR früh geriet, konnten sich diese Verhandlungen nicht mehr befreien, auch wenn sie sich in Wien noch über Jahre hinschleppten.

Insofern überraschte 1986 der erfolgreiche Abschluss der seit zwei Jahren im Rahmen der KSZE (Konferenz über Sicherheit und Zusammenarbeit in Europa) in der schwedischen Hauptstadt durchgeführten Konferenz über Vertrauens- und Sicherheitsbildende Maßnahmen und Abrüstung in Europa (KVAE). Als Vermittler verhalfen hier die neutralen und nichtgebundenen Staaten dem westlichen Konzept schrittweiser militärischer Vertrauensbildung durch größere Transparenz zum Durchbruch. Das dabei verabschiedete Stockholmer Dokument regelte detailliert Manöverankündigungen und -beobachtungen sowie Verifikationsfragen (und schuf damit ein Modell, auf das beim INF-Vertrag zurückgegriffen werden konnte).[30] Erstmals akzeptierte die UdSSR Vor-Ort-Inspektionen ohne Ablehnungsrecht des inspizierten Staates – selbst auf ihrem eigenen Territorium. Der zweite entscheidende Durchbruch bei der KVAE war, dass Gorbatschow erstmals der Einbeziehung des gesamten europäischen Territoriums der UdSSR diesseits des Ural zustimmte. Der Geltungsraum „vom Atlantik bis zum Ural" war aus NATO-Perspektive zentral, erlaubte er doch Erkenntnisse aus dem sowjetischen Aufmarschraum.

Der überraschende Wechsel der bisherigen sowjetischen Position dürfte – neben der Konzessionsbereitschaft Gorbatschows – auf die „Revolution in Military Affairs" zurückgehen. Neue konventionelle Waffensysteme der NATO, wie eine verbesserte Panzerabwehr, Minenwerfer und Streumunition verwandelten die bislang so gefürchtete Panzerwaffe des Warschauer Pakts mehr oder weniger in rollende Särge. Dank der Cruise Missiles als zielgenauen Fernlenkwaffen mit gesteigerter konventioneller Sprengkraft konnte die NATO von Beginn eines Kriegsfalls an die

---

30 Für das Stockholmer Dokument der KVAE vom 19.9.1986 vgl. Europa-Archiv 1986, D 625–638. Ferner AAPD 1986, Dok. 253, S. 1337–1343, und Dok. 267, S. 1399–1403, sowie Holik, Abrüstung als Wegbereiter, S. 40–44.

„Zweite Staffel" bereits tief im sowjetischen Raum bekämpfen, wenn nicht gar ausschalten.[31] Der Warschauer Pakt zog daraus militärisch die Konsequenz und stellte ab Mitte der 1980er Jahre seine bisherige Offensivplanung in ein konsequentes Verteidigungsdispositiv um.[32] Doch hielt der Westen diese 1987 offiziell verkündete neue Verteidigungsdoktrin zunächst für wenig glaubwürdig.[33]

Jenseits des bekannten ökonomischen Motivs, dem zufolge die Sowjetunion abrüsten musste, um die dadurch eingesparten Mittel an wichtigerer Stelle einzusetzen, besaß sie inzwischen auch ein akutes militärisches Interesse an konventioneller Abrüstung. Gorbatschow unterstrich dies, indem er am 7. Dezember 1988 vor der UNO-Generalversammlung den einseitigen Abzug einer halben Million Sowjetsoldaten und von 5000 Panzern aus den Warschauer-Pakt-Staaten binnen zwei Jahren ankündigte.[34]

Im März 1989, nur einen Monat nach der im wechselseitigen Einvernehmen getroffenen Einstellung der hoffnungslos festgefahrenen MBFR-Verhandlungen wurden – wieder in Wien – zwei neue Ost-West-Abrüstungsforen eröffnet: Von diesen sogenannten Wiener Gesprächen erhoffte man sich neuen Schwung in der konventionellen Rüstungskontrolle. Da waren zum einen die Verhandlungen aller 35 KSZE-Staaten über Vertrauens- und Sicherheitsbildende Maßnahmen (VSBM), also gleichsam die Fortsetzung der KVAE. Noch wichtiger waren die Verhandlungen über Konventionelle Streitkräfte in Europa (VKSE) zwischen den 23 Mitgliedstaaten von Warschauer Pakt und NATO.

---

31 Vgl. dazu Oliver Bange, SS-20 und Pershing II. Waffensysteme und die Dynamisierung der Ost-West-Beziehungen, in: Becker-Schaum u. a. (Hrsg.), „Entrüstet Euch", S. 75–81; Dieter Krüger, Am Abgrund? Das Zeitalter der Bündnisse: Nordatlantische Allianz und Warschauer Pakt 1947 bis 1991, Fulda 2013, S. 167–174. Zum Wandel des Kriegsbilds hin zu einer „Rekonventionalisierung der Kriegsführung" seit den 1980er Jahren auch Florian Reichenberger, Der gedachte Krieg. Vom Wandel der Kriegsbilder in der Bundeswehr, Berlin/Boston 2018, S. 369–443.
32 Dazu Bange, Sicherheit und Staat, S. 419–427.
33 Geradezu idealtypisch für diese, in gewohnten traditionalistischen Schemata verhaftete Perzeption im Westen war die vom Vertreter des Verteidigungsministeriums im Bonner AA-Planungsstab gefertigte Analyse, die freilich Außenminister Genscher nicht überzeugte: Aufzeichnung des Oberstleutnant i. G. Graf von Pfeil, 26.5.1987, bzw. die erneute Stellungnahme vom 1.7.1987, die nun vom Planungsstabsleiter, Ministerialdirektor Seitz, verantwortet wurde, aber erneut nur mit „Klassikern" der sowjetischen Militärtheorie aus früheren Jahrzehnten argumentierte, in: AAPD 1987, Dok. 154, S. 768–774, und Dok. 192, S. 967–973.
34 Vgl. Europa-Archiv 1989, D 23–37. Dazu AAPD 1988, Dok. 359, S. 1864–1867. 1989 gaben auch die anderen Warschauer-Pakt-Staaten (außer Rumänien) einseitige Truppenabbauschritte und auf die Defensive ausgerichtete Umstrukturierungen bekannt, vgl. Aufzeichnung des Legationssekretärs Sulzer, 8.2.1990, in: Politisches Archiv des Auswärtigen Amts [im Folgenden: PA/AA], B 14 (Ref. 201), Bd. 151142; der Nationale Verteidigungsrat der DDR beschloss eine NVA-Reduzierung um 10 000 Mann. Vgl. Christoph Nübel (Hrsg.), Dokumente zur deutschen Militärgeschichte. Bundesrepublik und DDR im Ost-West-Konflikt, Berlin 2019, Dok. 190, S. 824.

Was unterschied die KSE-Verhandlungen von MBFR?[35] Erstens ihr erweitertes Anwendungsgebiet, das das ganze „Europa vom Atlantik bis zum Ural" umfasste. Dieses Vertragsgebiet war wiederum unterteilt in vier, wie Matrjoschka-Puppen ineinander gestaffelte Zonen: die Zentralregion, eine sie umgebende Region Mitte, die erweiterte Region und die Flankenregion. Zweitens: Während bei MBFR das schwer eindeutig zu ermittelnde Militärpersonal im Vordergrund gestanden hatte, ging es bei KSE um konventionelle Waffensysteme der Land- und Luftstreitkräfte (Seestreitkräfte blieben ausgeklammert). Gemeinsames Verhandlungsziel war diesmal drittens von Anbeginn, ein Gleichgewicht auf niedrigerem Niveau zu erzielen, um so die Gefahr von Überraschungsangriffen zu bannen. Behandelt wurden die fünf gefährlichsten, da offensiv verwendbaren Waffenkategorien: Panzer, gepanzerte Fahrzeuge, Artilleriewaffen großer Reichweite (Haubitzen, Mehrfachraketenwerfer, Mörser etc.), Kampfflugzeuge und Kampfhubschrauber. Innerhalb dieser Kategorien sollte es absolute sowie regional aufgeschlüsselte Obergrenzen geben.

Ab Frühjahr 1990 sah sich die UdSSR mit einer Situation konfrontiert, in der der Warschauer Pakt zusehends zerfiel: Ungarn und die Tschechoslowakei strebten immer offener aus dem Bündnis; schon im Februar und März regelten entsprechende bilaterale Verträge den Abzug der sowjetischen Truppen aus beiden Ländern.[36] In Polen, wo bis Sommer 1990 Sowjetsoldaten vor Ort als Garanten gegen einen weiter befürchteten deutschen Revisionismus bezüglich der Oder-Neiße-Grenze galten, setzte diese Entwicklung zeitverzögert, dann aber umso schneller ein.[37] Das Auswärtige Amt prognostizierte bereits im Frühjahr 1990, „daß der W[arschauer]V[ertrag] sich zumindest faktisch in eine befristete Abwicklungsorganisation für den Abzug sowjetischer Streitkräfte aus den N[icht]S[owjetischen]W[arschauer]P[akt]-Staaten

---

35 Zum Folgenden Hopmann, From MBFR to CFE, S. 977–989; Holik, Rüstungskontrolle, S. 67–75; Nikolaus Meyer-Landrut, Die Entstehung des Vertrags über konventionelle Streitkräfte in Europa und die Herstellung der deutschen Einheit, Bonn 1992; Presse- und Informationsamt der Bundesregierung (Hrsg.), Der Vertrag über konventionelle Streitkräfte in Europa. Mehr Sicherheit mit weniger Waffen, Bonn o. J. [1991]. Aus DDR-Sicht der damalige Leiter der VKSE-Delegation Dieter Ernst, Die DDR und die Abrüstung, in: Siegfried Bock/Ingrid Muth/Hermann Schwiesau (Hrsg.), Alternative deutsche Außenpolitik? DDR-Außenpolitik im Rückspiegel (II), Münster 2006, S. 211–214.
36 Am 26.2.1990 wurde in Moskau ein Abkommen über den Abzug sowjetischer Truppen aus der Tschechoslowakei bis Juli 1991 unterzeichnet, am 10.3.1990 mit Ungarn über deren Abzug bis 30.6.1991. Vgl. Europa-Archiv 1990, Z 58, Z 68; Lawrence Freedman (Hrsg.), Europe Transformed. Documents on the End of the Cold War, London 1990, S. 510–512. Vgl. auch Aufzeichnung des VLR I Dreher, 23.1.1990, in: AAPD 1990, Dok. 13, S. 60–63. Am 26. Juni beschloss das ungarische Parlament, den Austritt des Landes aus dem Warschauer Pakt zu beantragen. Vgl. Europa-Archiv 45 (1990), Z 140.
37 Am 6.9.1990 beschloss die polnische Regierung, den Abzug der Sowjettruppen aus dem Land bis Ende 1991 zu verlangen. Vgl. DB Nr. 1906 des Botschafters Knackstedt, Warschau, 7.9.1990, in: PA/AA, B 38 (Ref. 210), Bd. 140772.

umwandeln wird".[38] Die US-Geheimdienste konstatierten im April 1990: „The Warsaw Pact as a military alliance is essentially dead, and Soviet efforts to convert it into a political alliance will ultimately fail."[39]

Mit der deutschen Vereinigung drohte Moskau darüber hinaus den bislang wichtigsten militärischen Verbündeten, die noch rund 100 000 Mann starke Nationale Volksarmee (NVA) der DDR, zu verlieren. Schlimmer noch, dabei würde zugleich die gegnerische Bundeswehr verstärkt. Damals galt die rund 450 000 Mann starke, gut ausgerüstete und ausgebildete Bundeswehr als die nach den USA stärkste konventionelle Armee der NATO.[40] Und all das geschah vor dem Hintergrund der durch die immensen Verluste im Zweiten Weltkrieg nachvollziehbaren und politisch noch immer virulenten Ängste und Traumata der Sowjetunion.

Es lag auf der Hand, dass der Kreml als Vorbedingung für die deutsche Einheit auf einer Begrenzung und Reduzierung deutscher Streitkräfte bestehen würde – erst recht im Falle einer NATO-Mitgliedschaft des vereinten Deutschland. Umgekehrt wollten Bundesregierung und Westmächte eine Singularisierung Deutschlands vermeiden. Daher sollten die erwartbaren Bundeswehr-Begrenzungen durch eine entsprechende Streitkräfte-Deckelung der übrigen Staaten abgefedert werden. Zudem sollte über die Bundeswehr nur bei den Wiener KSE-Gesprächen verhandelt werden und nicht im Zwei-plus-Vier-Format – schon um den Eindruck einer Friedensvertrags-Regelung à la Versailles zu vermeiden.[41]

---

38 Vgl. Aufzeichnung des VLR I Dreher, 7.2.1990, in: Die Einheit. Das Auswärtige Amt, das DDR-Außenministerium und der Zwei-plus-Vier-Prozess, bearb. von Heike Amos und Tim Geiger, Göttingen 2015, Dok. 47, S. 248.
39 Vgl. National Intelligence Estimate 12–90 „The Future of Eastern Europe", 26.4.1990, in: Benjamin B. Fischer (Hrsg.), At Cold War's End. US Intelligence on the Soviet Union and Eastern Europe, 1989–1991, Washington, D. C. 1999, S. 183 f. Der Vertraute des sowjetischen Außenministers, Tejmuras Stepanow-Mamaladse, urteilte nach der Außenministersitzung des Pakts in Prag: „Der Warschauer Pakt ist nur ein Begriff, ein Vorhang mit Löchern, durch die die auseinanderfallende Konstruktion der Organisation sichtbar ist." Tagebucheintrag, 17.3.1990, in: Stefan Karner/Mark Kramer/Peter Ruggenthaler/Manfred Wilke u. a. (Hrsg.), Der Kreml und die deutsche Wiedervereinigung 1990. Interne sowjetische Analysen, Berlin 2015, Dok. 16, S. 223.
40 Vgl. Tim Geiger, Die Bundesrepublik Deutschland und die NATO in den Siebziger- und Achtziger Jahren, in: Oliver Bange/Bernd Lemke (Hrsg.), Wege zur Wiedervereinigung. Die beiden deutschen Staaten in ihren Bündnissen 1970 bis 1990, München 2013, S. 165–182, hier S. 168.
41 Vgl. Gespräch der vier westlichen Politischen Direktoren in Brüssel, 10.4.1990, in: Die Einheit, Dok. 81, S. 400–416, hier S. 408–412. Die sowjetische Seite beharrte lange auf ihrer Forderung, Obergrenzen für die Bundeswehr im Rahmen der Zwei-plus-Vier-Gespräche festzulegen, so noch der sowjetische Stellvertretende Außenminister Kwizinskij beim dritten Zwei-plus-Vier-Beamtengespräch in Bonn am 22.5.1990 oder Schewardnadse gegenüber Genscher am Folgetag in Genf. Vgl. Vermerk des VLR I Elbe, 23.5.1990, in: ebenda, Dok. 101, S. 507; Hilger (Hrsg.), Diplomatie, Dok. 30, S. 153. Allerdings schwenkte Schewardnadse in der Pressekonferenz nach dem Genscher-Gespräch auf die westliche Linie ein, vgl. Richard Kiessler/Frank Elbe, Ein Runder Tisch mit scharfen Kanten. Der diplomatische Weg zur deutschen Einheit, Baden-Baden 1993, S. 145–146; Gespräch Genschers mit Baker in Washington, 25.5.1990, in: Die Einheit, Dok. 102, S. 509.

Allerdings wurde bei den VKSE nur über Waffenzahlen, nicht aber über Mannschaftsstärken verhandelt. Letztere sollten erst in Folgeverhandlungen („Wien II") konkretisiert werden, auch wenn sich die beiden Supermächte für ihre eigenen Verbände in der Zentralzone bereits beim Open-Skies-Treffen in Ottawa im Februar 1990 auf eine Höchststärke von jeweils 195 000 Mann geeinigt hatten.[42] Am Rande jener Tagung der NATO- und Warschauer-Pakt-Staaten, die über eine weitere Rüstungskontrollmaßnahme – freien Überflug bei der Gegenseite zum Zwecke militärischer Verifikation – beriet, erfolgte am 13. Februar 1990 die Einigung auf den entscheidenden Sechser-Rahmen aus den beiden deutschen Staaten und den vier Siegermächten, in dem die äußeren Aspekte der deutschen Einigung verhandelt werden sollten – ein weiteres Indiz für den engen Konnex von Abrüstung und Wiedervereinigung, und sei es nur, dass – wie in diesem Fall – die Open-Skies-Konferenz alle Außenminister an demselben Ort versammelte und so die Ergebnisfindung beschleunigte.

Die Lösung für die zentrale Frage einer deutschen Streitkräfteobergrenze erfolgte letztlich nicht im Sechser-Rahmen der Zwei-plus-Vier, sondern bilateral zwischen der Sowjetunion und der Bundesregierung, wobei Letztere sich eng mit den USA und den NATO-Partnern abstimmte. Im Mai 1990 verlangte der sowjetische Außenminister, die Deutschen sollten ihre Streitmacht innerhalb von drei Jahren auf 200 000 bis 250 000 Mann reduzieren. Das hätte die Bundeswehr halbiert.[43] Genscher signalisierte zwar eine klare Bereitschaft zum Truppenabbau, forderte aber, dies ins Verhältnis zur Reduktion anderer Streitkräfte zu setzen; eine Singularisierung Deutschlands lehnte er ab. Dem Bundesverteidigungsministerium gingen ohnehin schon die vom Auswärtigen Amt in Aussicht genommenen Reduzierungen zu weit.

Anfang Juni machte Schewardnadse seinem amerikanischen Kollegen Baker am Rande eines KSZE-Treffens unmissverständlich klar, die UdSSR benötige eine ihr Sicherheitsbedürfnis befriedigende niedrigere Bundeswehr-Höchststärke. Unter diesen Umständen und bei einer entsprechenden Transformation der NATO hin zu einem stärker politischen Bündnis könne Moskau sogar „einer Wiedervereinigung mit NATO-Zugehörigkeit zustimmen".[44] Bei derselben Gelegenheit riet Schewardnadse Genscher, die Bundesregierung solle sich am besten in einer „freiwilligen Erklärung" auf eine neue Streitkräfteobergrenze verpflichten. Nur dann werde ein KSE-Abkommen zustande kommen.[45] Auch bei Genschers und Schewardnadses nächs-

---

42 Vgl. James A. Baker, Drei Jahre, die die Welt veränderten. Erinnerungen, Berlin 1996, S. 191 f.; Zelikow/Rice, Germany Unified, S. 192.
43 Gespräch in Genf, 23.5.1990, in: Hilger (Hrsg.), Diplomatie, Dok. 30, S. 154, 157; Hans-Dietrich Genscher, Erinnerungen, Berlin, 1995, S. 788–796, besonders S. 792 f.
44 Gespräch Genschers mit Baker beim KSZE-Treffen über die menschliche Dimension in Kopenhagen, 5.6.1990 (mit Bericht Bakers über sein vorangehendes Gespräch mit Schewardnadse), in: AAPD 1990, Dok. 165, S. 694.
45 Gespräch Genscher – Schewardnadse in Kopenhagen, 7.6.1990, in: Hilger (Hrsg.), Diplomatie, Dok. 32, S. 164–168, hier S. 167; Genscher, Erinnerungen, S. 817 f.

tem Treffen in Brest am 11. Juni nahm das Thema deutscher Streitkräfteumfang eine prominente Rolle ein. Diese Frage, die für die sowjetische Seite „augenscheinlich das Kernproblem bildete", wurde ausführlich im (zweiten) Vier-Augen-Gespräch der Minister erörtert.[46]

Letztlich waren die unterschiedlichen Foren und Gesprächsebenen unauflöslich miteinander verwoben – und eine Lösung gab es nur als Gesamtpaket. Ein unterschriftsfertiges KSE-Abkommen hatten nämlich die USA zur Voraussetzung für jene gegen Jahresende anvisierte KSZE-Gipfelkonferenz gemacht, bei der allen Teilnehmerstaaten die bis dahin zu erzielende Lösung der deutschen Frage zur Kenntnisnahme (nicht zur Billigung) unterbreitet werden sollte.[47]

Wichtig, gerade auch in der Frage der deutschen NATO-Mitgliedschaft, wurden die Signale der NATO, angesichts der veränderten Weltlage zu einem grundlegenden Wandel ihrer Struktur und Militärstrategie bereit zu sein:

- Hier sei an Bushs Verzicht auf eine Modernisierung nuklearer Kurzstreckenwaffen vom Mai 1990 erinnert, die der NATO-Gipfel am 5./6. Juli bekräftigte.
- Am 22./23. Mai entschieden die NATO-Verteidigungsminister zudem, das 1977 eingeführte 3-Prozent-Ziel für die nationalen Verteidigungshaushalte auszusetzen.[48]
- Am 8. Juni reichten die Außenminister der NATO-Staaten in der „Botschaft von Turnberry" offiziell der Sowjetunion und allen übrigen Warschauer-Pakt-Staaten „die Hand zu Freundschaft und Zusammenarbeit".[49]
- Noch bedeutsamer war die Erklärung des Londoner NATO-Gipfels vom 5./6. Juli: Die NATO versprach eine Überprüfung ihrer Strategie der „flexible response", die vom Osten wegen der Möglichkeit eines nuklearen Ersteinsatzes stets als besonders bedrohlich empfunden worden war. Die NATO kündigte eine (freilich

---

46 Vgl. Hilger (Hrsg.), Diplomatie, Dok. 36, S. 189–194; Genscher, Erinnerungen, S. 812.
47 Zum amerikanischen Junktim zwischen dem von der UdSSR forcierten und gewünschten KSZE-Gipfel und einer vorherigen KSE-Einigung vgl. Zelikow/Rice, Germany Unified, S. 262; Schreiben Baker an Genscher, 24.4.1990, in: PA/AA, B 1 (Ministerbüro), Bd. 178925, bzw. an den französischen Außenminister Dumas, 21.9.1990, in: Nicolas Badalassi/Jean-Philippe Dumas (Hrsg.), Reconstructing Europe, 45 Years after Yalta. The Charter of Paris (1990), Paris 2020, Dok. 6, S. 119 f. Beim zweiten Zwei-plus-Vier-Ministertreffen in Berlin-Niederschönhausen war es Genscher gelungen, die UdSSR darauf zu verpflichten, die Zwei-plus-Vier-Gespräche vor dem für November anvisierten KSZE-Gipfel zum Abschluss zu bringen, vgl. Aufzeichnung des MDg Hartmann, Bundeskanzleramt, 22.6.1990, in: Dokumente zur Deutschlandpolitik. Deutsche Einheit. Sonderedition aus den Akten des Bundeskanzleramtes 1989/90 [im Folgenden DzD. Deutsche Einheit], bearb. von Hanns Jürgen Küsters und Daniel Hofmann, München 1998, Dok. 325, S. 1251.
48 Vgl. Kommuniqué der Ministertagung des Verteidigungsplanungsausschusses (DPC) der NATO, 22./23.5.1990, in: Europa-Archiv 1990, D 445–447; Michael Alexander, Managing the Cold War. A View from the Front Line, London 2005, S. 214.
49 Vgl. Botschaft von Turnberry, 8.6.1990, in: Europa-Archiv 1990, D 447–448. Zur Tagung AAPD 1990, Dok. 171, S. 715–717, und Dok. 173, S. 720–723; ferner Genschers Pressekonferenz, 8.6.1990, in: Die Einheit, Dok. 109, S. 545–549.

unspezifisch bleibende) Reduzierung ihrer Streitkräfte an, gab ein Nichtangriffsversprechen und lud Gorbatschow und andere Staats- und Regierungschefs des Warschauer Pakts nach Brüssel ein. Kurzum: Die Allianz bereitete den Boden für eine „Entfeindung" des bisherigen Verhältnisses.[50]

Zeitgleich kündigten Frankreich und Großbritannien starke Reduzierungen ihrer Truppen in Deutschland an.[51] Das war psychologisch wichtig, da die Sowjetunion damit nicht die einzige Siegermacht blieb, die Truppen aus Deutschland abziehen würde.

Der Durchbruch zur deutschen Einheit gelang schließlich am 15./16. Juli 1990 beim „Strickjacken-Gipfel" von Kohl und Gorbatschow in Moskau und im Kaukasus. Auch hier ging es nicht zuletzt um die Bundeswehrstärke. Der Bundeskanzler, der das „Einstiegsangebot" seines Außenministers von 350 000 Soldaten für zu niedrig hielt,[52] erreichte, dass Deutschland sich auf eine in drei bis vier Jahren zu erzielende Obergrenze von insgesamt 370 000 Mann verpflichtete. Da bei den VKSE jedoch nur über die konventionelle Bewaffnung von Land- und Luftstreitkräften verhandelt wurde, spezifizierte man, dass diese Obergrenze im Falle Deutschlands nicht mehr als 345 000 Soldaten betragen dürften.[53] Eine entsprechende Erklärung gab Außenminister Genscher am 30. August 1990 im Wiener VKSE-Forum ab. Die DDR schloss sich dieser Erklärung ausdrücklich an.[54]

Welches Gewicht diese Streitkräfte-Erklärung als Vorbedingung der Einheit hatte, zeigt sich darin, dass sie *in toto* in Artikel 3 des Zwei-plus-Vier-Vertrags inkorpo-

---

50 Kommuniqué des NATO-Gipfels am 5./6.7.1990 (Londoner Erklärung), in: Europa-Archiv 1990, D 456–460. Zur Tagung vgl. DB Nr. 1399 des Botschafters von Ploetz (NATO), z. Z. London, 6.7.1990, in: AAPD 1990, Dok. 210, S. 871–884; Runderlass Nr. 50 des VLR Trautwein, 11.7.1990, in: Die Einheit, Dok. 128, S. 609–613. Für die Wortprotokolle https://www.nato.int/cps/en/natohq/news_116133.htm.
51 Vgl. Gerhard A. Ritter, Hans-Dietrich Genscher, das Auswärtige Amt und die deutsche Vereinigung, München 2013, S. 137. Für Mitterrands entsprechende Ankündigung in London, unmittelbar nach dem NATO-Gipfel, vgl. La Politique Étrangère de la France. Textes et Documents, hrsg. vom Ministère des Affaires Étrangères, Paris 1991, Juin/Août, S. 9–12. Premierministerin Margaret Thatcher informierte Bundeskanzler Kohl mit Schreiben vom 24.7.1990, die britische Rheinarmee solle bis 1995 auf die Hälfte ihrer bisherigen Stärke reduziert werden, vgl. DzD. Deutsche Einheit, Dok. 368, S. 1410 f.
52 Vgl. Helmut Kohl, Erinnerungen 1990–1994. München 2005, S. 157. Über diese Bundeswehr-Höchstgrenze kam es noch beim Flug nach Moskau zu einer lautstarken Kontroverse zwischen Kohl und Genscher, vgl. Die Einheit, Dok. 161, Anm. 12. Stand Dezember 2020 umfasst die Bundeswehr noch 184 000 Soldaten, vgl. https://www.bundeswehr.de/de/ueber-die-bundeswehr/zahlen-daten-fakten/personalzahlen-bundeswehr.
53 Vgl. Delegationsgespräch von Kohl und Gorbatschow in Archyz, 16.7.1990, in: DzD. Deutsche Einheit, Dok. 353, S. 1355–1367, hier S. 1363–1365; DB des Botschafters von Ploetz, Brüssel (NATO), 18.7.1990, in: Die Einheit, Dok. 131, S. 621–626.
54 Vgl. DB des Botschafters, Hartmann (Wien/VKSE), 30.8.1990, in: Die Einheit, Dok. 147, S. 681–684.

riert wurde. Auch dem KSE-Vertrag vom 19. November 1990 ist Genschers Streitkräfte-Erklärung beigefügt.[55] Beigefügt war ferner die Verpflichtungserklärung aller übrigen Teilnehmerstaaten, bestehende Streitkräftezahlen für die Dauer der Wiener Folgeverhandlungen nicht zu erhöhen. Diese Wien-II-Verhandlungen mündeten 1992 in einer entsprechenden Festlegung der Streitkräftehöchstzahlen aller Teilnehmer.[56] So gelang es, eine Singularisierung der Bundesrepublik zu vermeiden.[57]

Der am 19. November 1990 von den Staats- und Regierungschefs sowie den Außenministern zum Auftakt des Pariser KSZE-Gipfels unterzeichnete KSE-Vertrag schuf erstmals konventionelle Parität auf niedrigerer Stufe: Jeder Block[58] durfte nur noch ein begrenztes Kontingent an Offensivwaffen besitzen, die nochmals in nationale Obergrenzen aufgeschlüsselt wurden. Um jeder Dominanz vorzubeugen, sollte zudem kein Staat künftig mehr als ein Drittel aller im Anwendungsgebiet noch zulässigen Waffen besitzen – was primär die UdSSR betraf. Jeder „Vertragsgruppe" standen fortan maximal 20 000 Panzer (bislang NATO: 24 217, Warschauer Pakt – WP: 31 988), 30 000 gepanzerte Kampffahrzeuge (NATO: 34 481, WP: 41 582), 20 000 schwere Artillerie-Waffen (NATO: 20 766, WP: 25 065), 6800 Kampfflugzeuge (NATO: 5719, WP: 8462) und 2000 Kampfhubschrauber (NATO: 1594, WP: 1719) zu, was für beide Seiten Reduzierungen von zum Teil fast einem Drittel des Ist-Bestandes bedeutete. Insgesamt wurden bis Mitte der 1990er Jahre über 60 000 schwere Waffensysteme verschrottet.[59] Die Bundesrepublik, die sich zusätzlich das komplett übernommene Gerät der NVA anrechnen lassen musste, lag in absoluten Zahlen nach der UdSSR an zweiter Stelle. Relativ zum Streitkräfteumfang hatte Deutschland daher den höchsten Reduzierungsanteil aller Vertragsstaaten.[60]

---

55 Für den Wortlaut vgl. Europa-Archiv 1990, D 607–654; zum Abkommen vgl. Aufzeichnung des MDg Roßbach, 16.11.1990, in: AAPD 1990, Dok. 385, S. 1605–1609; Runderlass Nr. 87 des VLR I Bettzuege, 26.11.1990, in: PA/AA, B 5 (Ref. 012), Bd. 161322.
56 Für den Wortlaut der Abschließenden Akte vom 10.7.1992 vgl. Auswärtiges Amt (Hrsg.), 20 Jahre KSZE 1973–1993. Eine Dokumentation, Bonn 1993, S. 440–451.
57 Dieses Konzept („Holik-Plan") war in der AA-Abrüstungsabteilung bereits im Mai 1990 entwickelt und am Rande der NATO-Ministerratstagung am 7./8. Juni 1990 in Turnberry im engsten Kreis zirkuliert worden. Die USA bremsten vor Bushs Gipfelgespräch mit Gorbatschow diese Überlegungen, weil sie einen Rückfall in unselige Personalstärkendebatten à la MBFR fürchteten. Vgl. dazu AAPD 1990, Dok. 170, Anm. 5; Holik, Abrüstung als Wegbereiter, S. 34; Zelikow/Rice, Germany Unified, S. 286 f.
58 Trotz des erkennbaren Zerfalls des Warschauer Pakts hatte man aus Praktikabilitäts- und Zeitgründen am ursprünglich vereinbarten Block-zu-Block-Ansatz festgehalten, auch wenn die Gespräche, wie der westdeutsche VKSE-Delegationsleiter am 20.7.1990 konstatierte, längst „einer Verhandlung der westlichen Allianz mit der Sowjetunion und den anderen östlichen Staaten" glichen, „wobei die westlichen Positionen häufig bei letzteren Unterstützung" fanden, vgl. DB Nr. 985 des Botschafters Hartmann, Wien (VKSE), in: AAPD 1990, Dok. 231, S. 989.
59 Vgl. Aufzeichnung des MDg Roßbach, 16.11.1990, in: AAPD 1990, Dok. 385, S. 1605–1609; BPA: Vertrag über Konventionelle Streitkräfte, S. 19, https://www.auswaertiges-amt.de/de/aussenpolitik/themen/abruestung-ruestungskontrolle/uebersicht-konvalles-node/kse-vertrag-node.
60 Vgl. Meyer-Landrut, Entstehung des Vertrags über konventionelle Streitkräfte, S. 49.

Der KSE-Vertrag beseitigte dauerhaft das in den 40 Jahren des Kalten Krieges zu Lasten des Westens bestehende konventionelle Ungleichgewicht. Die detaillierten Melde- und Verifikationsvorschriften, ergänzt durch das zwei Tage zuvor von allen KSZE-Staaten unterzeichnete „Wiener Dokument" über VSBM,[61] beseitigten die Gefahr von Überraschungsangriffen oder großangelegten Offensivhandlungen – eben durch ein umfassendes Informations- und Verifikationssystem. Vorgeschrieben wurde, jährlich *en detail* über Streitkräfte, die wichtigsten Waffensysteme, den Militärhaushalt und künftige Planungen zu informieren sowie Großmanöver anzumelden, um Manöverbeobachtung zu ermöglichen. Tausende Vor-Ort-Inspektionen wurden in den Folgejahren durchgeführt, um durch Transparenz Vertrauen, Berechenbarkeit und Stabilität zu erzeugen.

Beim Erfolg der „Wiener Gespräche" und den dadurch geschaffenen strukturellen Sicherheiten durch Abrüstung und Kontrollen bestehe für die NATO nicht länger die Gefahr eines Überraschungsangriffs durch sowjetische Streitkräfte, konstatierte der Vorsitzende des NATO-Militärausschusses, General Vigleik Eide, bereits im Sommer 1990.[62] In der Tat schufen KSE-Vertrag und „Wiener Dokument" für die NATO erst die Sicherheiten, um den von ihr versprochenen Strukturwandel bzw. die Abkehr von ihrer bisherigen Strategie mitsamt der darin stets offengehaltenen Option des nuklearen Ersteinsatzes ab 1990 zu realisieren – was, wie gezeigt, wiederum eine zentrale Voraussetzung für die sowjetische Zustimmung zur deutschen Einheit war. Für die Deutschen wurde Abrüstung so zur ertragreichen Friedensdividende, denn ohne entsprechende Rüstungskontrollbeschränkungen, die das Ost-West-Klima allgemein und insbesondere das sowjetisch-amerikanische bzw. sowjetisch-westdeutsche Klima entspannten und zuvor ungekanntes Vertrauen schufen, wäre es 1989/90 kaum möglich gewesen, den Weg zur deutschen Einigung erfolgreich zu beschreiten.

---

[61] Für den Wortlaut vgl. Europa-Archiv 1991, D 463–484. Vgl. dazu Aufzeichnung des MDg Roßbach, 16.11.1990, in: AAPD 1990, Dok. 386, S. 1610–1613; Runderlass Nr. 88 des VLR Koenig, 28.11.1990, in: PA/AA, B 5 (Ref. 012), Bd. 161322; Bruce George, Die Verhandlungen über Vertrauens- und Sicherheitsbildende Maßnahmen. Das Wiener Abkommen und seine Zukunft, in: NATO-Brief 39 (1991), Januar/Februar, S. 15–20.
[62] Vgl. DB Nr. 1011 des Botschafters von Ploetz, Brüssel (NATO), 2.7.1990, in: AAPD 1990, Dok. 204, S. 845f.

Wanda Jarząbek
Nationalstaat oder supranationale Strukturen?

Die Positionen der mittelosteuropäischen Staaten nach dem Umbruch

1989 war ein Jahr des Wandels, der die politische und ideologische Landkarte Mittel- und Osteuropas radikal verändert hat. Mitglieder der antikommunistischen Opposition nahmen Positionen in der Regierung ein und trafen Entscheidungen, die für die Zukunft der Region von maßgeblicher Bedeutung waren. Die folgenden Ausführungen sollen zeigen, wie die damaligen Länder der Region ihre Zukunft nach dem Kommunismus sahen und welchem Entwicklungsmodell sie folgen wollten. Die in diesem Zusammenhang getroffenen Entscheidungen waren nicht nur eine Reaktion auf die Ereignisse dieser Zeit, sondern in gewissem Maße auch ein Versuch, Programme umzusetzen, die zuvor im Untergrunddiskurs entwickelt worden waren. Die Oppositionsgruppen hatten keine sehr spezifischen Programme, aber sie hatten eine Vision davon, wie Staaten sowohl intern als auch im internationalen Zusammenhang funktionieren sollten. Gegen das System gerichtete Gruppierungen spielten eine wichtige Rolle als politische Protoparteien. In der Zeit des Umbruchs und der Vorbereitungen auf Parlamentswahlen begannen sie, sich in Parteien zu verwandeln, und die vormaligen Aktivisten wurden zu professionellen Politikern, die die politische Szene in den mittelosteuropäischen Staaten für viele Jahre dominieren sollten. Einige Aktivisten blieben im Exil, weil sie Angst vor Repressionen in ihren eigenen Ländern hatten.[1] Vor diesem Hintergrund sollen hier die politischen Vorstellungen der antikommunistischen Opposition in Bezug auf Fragen der transnationalen Zusammenarbeit erläutert werden. Überlegungen dieser Art erschienen in dem in Polen sogenannten „zweiten Umlauf" bzw. dem Samisdat. Ab 1989 waren die neuen politischen Zielsetzungen der mittelosteuropäischen Staaten in den Erklärungen der Politiker präsent, sie wurden in den Medien kommuniziert und in die neu erstellten Parteiprogramme integriert. Und sie stießen auch in der Öffentlichkeit auf großes Interesse.

Das Konzept von Mittelosteuropa ist nicht präzise, denn es handelt sich teilweise um einen geographischen, teilweise aber auch um einen kulturellen Begriff. Mitteleuropa war seit Jahrhunderten eine Region mit fließenden Grenzen zwischen dem Osten und dem Westen des Kontinents. Dies bedeutet nicht, dass die Länder dieser Region die gleiche Distanz zum westlichen und zum östlichen Teil Europas

---

1 Vgl. Heinrich Olschowsky/Ludwig Richter (Hrsg.), Im Dissens zur Macht. Samizdat und Exilliteratur der Länder Ostmittel- und Südosteuropas, Berlin 1995.

einnahmen. Im kulturellen (einschließlich religiösen) und wirtschaftlichen Sinne waren sie enger mit dem Westen verbunden und fühlten sich als dessen integraler Teil. Für die Zwecke dieses Artikels werde ich hauptsächlich die drei Länder Tschechoslowakei, Polen und Ungarn unter dem Begriff Mittelosteuropa subsumieren. Schon in den 1980er Jahren begann man, die Grenzen zwischen Mittel- und Osteuropa entlang der Ostgrenzen dieser Länder zu definieren. Diese Festlegung wird auch durch das besondere Engagement dieser Länder für einen raschen politischen und wirtschaftlichen Wandel und die Tatsache bestimmt, dass sie in der Zeit nach dem Fall des Kommunismus eine institutionalisierte Zusammenarbeit aufgebaut haben.

1 Ursprünge der Diskussion vor 1990

Die Tschechoslowakei, Ungarn und Polen weisen zwar zahlreiche historische Gemeinsamkeiten auf; ihr Verhältnis untereinander war aber auch von Differenzen und Rivalitäten bestimmt. Die Erfahrung des Kommunismus war ein Faktor, der die heutige Region und den Bewusstseinszustand der Gesellschaften dieser Länder stark beeinflusst hat. In diesen Ländern gab es gesellschaftlichen Widerstand gegen Versuche der Sowjetisierung und damit gegen die Verdrängung ihrer jeweiligen nationalen Geschichte und Traditionen zugunsten sowjetischer Muster. In den 1980er Jahren gewann hier gleichzeitig mit der sich vertiefenden Krise des „real existierenden Sozialismus" die Idee der kulturellen Zugehörigkeit zum Westen an Stärke. Man bezeichnete sich zunehmend als „Mitteleuropa". Das Entfernen des Präfixes „Ost" war Ausdruck des Willens, sich vom „Osten" oder Osteuropa zu lösen und vom Kommunismus loszusagen. Der Begriff „Osteuropa" galt infolge der sich im Zuge des Kalten Krieges vertiefenden Spaltung Europas als sprachliche Konsequenz der Beschlüsse von Jalta. Bereits in den 1980er Jahren gab Milan Kundera eine bestimmte Interpretation vor, als er über die „Entführung des Westens" schrieb.[2] Nach dieser Interpretation bedeutete die sowjetische Eroberung die Herauslösung dieser Länder aus Westeuropa und ihre Zwangsintegration in eine ihnen fremde Region und ein ihnen fremdes System. Nach Kundera lag Mitteleuropa „geographisch im Zentrum, kulturell im Westen und politisch im Osten". Der ungarische Philosoph István Bibó wies auch auf die Besonderheit dieser Region hin, obwohl es in seinem Fall schwierig ist, von einer eindeutigen und konsequenten Verbindung zwischen den drei Ländern dieser Region und dem Westen zu sprechen.[3] Über die Geschichte

---

2 Milan Kundera, Zachód porwany albo tragedia Europy Środkowej, in: Zeszyty Literackie 5 (1984) (erste Ausgabe: The Tragedy of Central Europe, in: New York Review of Books, 26.4.1984; dt. Ausgabe: Die Tragödie Mitteleuropas, in: Erhard Busek/Gerhard Wilflinger [Hrsg.], Aufbruch nach Mitteleuropa. Rekonstruktion eines versunkenen Kontinents, Wien 1986, S. 133–144).
3 István Bibó, Nędza małych państw wschodnioeuropejskich, alcano, (o. O.) 2010, S. 105–107.

Mittelosteuropas zu sprechen, bedeutet jedoch vor allem, über die Geschichte der „imaginierten Region" zu reflektieren, die eher in der menschlichen Vorstellung als in der geographischen Realität verwurzelt ist. Der Begriff wurde hauptsächlich von Schriftstellern wie Milan Kundera, Czesław Miłosz und Claudio Magris verbreitet. Die Diskussionen über Besonderheiten und Spezifiken Mittelosteuropas nahmen in den 1980er Jahren zu, als die Gesellschaften dieser Länder sich nicht mehr dem sogenannten Ostblock zugehörig fühlten. Das Streben nach Wiedererlangung der staatlichen Souveränität war mit dem Versuch verbunden, die Frage nach den Traditionen und Interessen dieser Nationen unter Bezugnahme auf deren kulturelle und historisch-politische Zugehörigkeit zu beantworten.[4] Auf diese Weise konnte man sich auch auf gemeinsame Erfahrungen und Traditionsbestände beziehen. Ungeachtet der zahlreichen Unterschiede in der sozialen Struktur und in der historischen Erfahrung wurde in der Zeit vor 1989 in Polen, Ungarn und der Tschechoslowakei der größte Widerstand gegen den real existierenden Sozialismus im Ostblock verzeichnet, der durch die Jahre 1956 in Ungarn, 1968 in der Tschechoslowakei und die zahlreichen Proteste in Polen (1956, 1968, 1970, 1976, 1980) symbolisiert wurde.

Als sich in diesen Ländern Oppositionsgruppen zu bilden begannen, besonders intensiv in den 1970er Jahren in Polen und der Tschechoslowakei und in der zweiten Hälfte der 1980er Jahre in Ungarn, bedeutete deren Entstehung auch die Genese neuer Formen von transnationalen Beziehungen. Während nach 1945 Kontakte hauptsächlich auf der Ebene der Parteien und Staaten sowie deren Behörden und auf reglementierte Weise auch auf der Ebene bestimmter ausgewählter sozialer Gruppen stattfanden, entstanden auch Beziehungen zwischen den oppositionellen Bewegungen dieser Länder. Nachdem Charta 77 in der Tschechoslowakei gegründet worden war, trafen sich ihre Gründer mit polnischen Aktivisten des Komitet Obrony Robotników (KOR), des Komitees zur Verteidigung der Arbeiter.[5] 1981 wurde die Organisation „Polnisch-tschechoslowakische Solidarität" gegründet.[6] In Polen wurden im sogenannten Untergrund Publikationen gedruckt und dann in die Tschechoslowakei geschmuggelt. Im Februar 1989 erfolgte unter Beteiligung von Oppositionsaktivisten aus der Tschechoslowakei die Gründung der „Polnisch-ungarischen Solida-

---

4 Vgl. Csaba G. Kiss, Powinowactwa wyszehradzkie, Warschau 2016, insbesondere das Kapitel: Europa Środkowa jako wspólnota pamięci, S. 165–172.
5 KOR wurde 1976 gegründet, um entlassenen und nach Streiks verurteilten Arbeitern rechtliche und materielle Hilfe zu leisten. Die Gruppe bestand aus Menschen mit unterschiedlichen Weltanschauungen z. B. Antoni Macierewicz, Piotr Naimski, Antoni Pajdak (Minister in der polnischen Untergrundregierung während des Zweiten Weltkrieges), Józef Rybicki (einer der Kommandanten der Heimatarmee während des Zweiten Weltkrieges), Aniela Steinsbergowa (Rechtsanwältin), Halina Mikołajska (Schauspielerin), Jacek Kuroń, Jan Zieja (Priester), Jan Józef Lipski, Adam Michnik, Leszek Kołakowski (Philosoph). Viele KOR-Mitglieder wurden zu Beratern der Solidarność und ihrer Aktivisten.
6 Andrzej Kobus, My i Oni. Opozycja polityczna w PRL wobec analogicznych ugrupowań demokratycznych w Europie Środkowo-Wschodniej lat 80. XX wieku. Kontakty, współpraca, podobieństwa, Łódź 2012, S. 40 f.

rität", in der spätere Minister beider Länder, darunter der ungarische Präsident Árpád Göncz, aktiv waren.[7] Es gab Kontakte zwischen Studenten, Aktivisten pazifistischer und grüner Bewegungen sowie zwischen Mitgliedern religiöser Bewegungen und Konfessionen, hauptsächlich von Katholiken. Im politischen Denken der Gruppen, die sich den kommunistischen Regimen widersetzten, findet man auch eine Reflexion über die Zukunft der Drei-Länder-Region.

Der Diskursraum außerhalb der kontrollierten Öffentlichkeit war in der Volksrepublik Polen am weitesten entwickelt. Dies war darauf zurückzuführen, dass in Polen der Samisdat die meisten und unterschiedlichsten Publikationen hervorbrachte und der Meinungsaustausch seit Kriegsende von zahlreichen polnischen Emigrationszentren im Westen unterstützt wurde. In den drei Ländern interessierte sich die organisierte Opposition hauptsächlich für Fragen der Systemreform, die Demokratisierung der Gesellschaften, die Einhaltung der Menschenrechte und die internationalen Verpflichtungen in Bezug auf deren Schutz sowie für wirtschaftliche Fragen. So wurde die Berichterstattung von „Beszélő", einer wichtigen Zeitschrift der ungarischen Opposition, von innenpolitischen und sozialen Themen dominiert.[8] Die relativ stabile wirtschaftliche Lage beeinflusste die öffentliche Meinung. Es gab auch keine alternative Verlagsbewegung. Der Schriftsteller István Csurka behandelte Themen von großer Bedeutung für die Gesellschaft, wie etwa die ungarische Minderheit außerhalb Ungarns und den Rückgang der ungarischen Bevölkerung. In der Tschechoslowakei thematisierte der Samisdat sowohl die Einstellung des Einzelnen zum Regime als auch die Nationalitätenproblematik, die in der Slowakei aufgrund der ungarischen und polnischen Minderheit auf besonderes Interesse stieß.[9] Viele Menschen standen der Idee des Tschechoslowakismus kritisch gegenüber.[10]

Die polnische Untergrundpresse veröffentlichte die meisten Texte und Diskussionen zur Zukunft Mittel- und Osteuropas. In der polnischen Untergrundpublizistik waren die diesbezüglichen Überlegungen dominiert von den Beziehungen zu Ländern und Nationen, an die Polen im Osten grenzte; unter Berücksichtigung der Geschichte Polens war das verständlich. Es gab aber auch Überlegungen zu künftigen

---

7 Kobus, My i Oni, S. 239 f.; Deklaracja założycielska – Dokument 7, in: ebenda, S. 355.
8 Aleksander Gubrynowicz, Węgry – przemiany niedokończone, in: Adam Burakowski/Aleksander Gubrynowicz/Paweł Ukielski (Hrsg.), 1989 – jesień narodów, Warschau 2009, S. 50–55; Pierre Kende, Leistungen und Ansichten der demokratischen Opposition in Ungarn, in: Pierre Kende/Aleksander Smolar, Die Rolle oppositioneller Gruppen am Vorabend der Demokratisierung in Polen und Ungarn (1987–1989), Köln 1989, S. 64–93; Rudolf Tökés, Hungary's Negotiated Revolution. Economic Reform, Social Change and Political Succession, Cambridge 1999, S. 178 f.
9 Robert B. Pynsent, Question of Identity. Czech and Slovak Ideas of Nationality and Personality, Budapest 1994, S. 146 f.; Oldřich Tůma, Czechoslovakia, in: Detlef Pollack/Jan Wielgohs (Hrsg.), Dissent and Opposition in Communist Eastern Europe. Origins of Civil Society and Democratic Transition, Aldershot 2004, S. 29–49; Paweł Ukielski, Aksamitny Rozwód. Rola elit politycznych w procesie podziału Czechosłowacji, Warschau 2007, S. 66–68.
10 Gregor Feindt, Auf der Suche nach politischer Gemeinschaft. Oppositionelles Denken zur Nation im ostmitteleuropäischen Samizdat 1976–1992, Berlin/Boston 2015, S. 179–182.

Beziehungen zu anderen Ländern des Ostblocks, mit denen Polen keine gemeinsame Grenze hatte, wie auch zu den Beziehungen zwischen diesen nach dem Untergang des Kommunismus. Einige der Texte der polnischen Untergrundpublizistik können als Berater- bzw. Expertentexte angesehen werden. Polnische Magazine versuchten auch, Oppositionsjournalisten aus Ungarn und der Tschechoslowakei einzuladen, in ihren Foren zu publizieren. Das Postulat einer tieferen Zusammenarbeit zwischen den drei Ländern der Region erschien bereits in den 1960er Jahren in den Erklärungen der antikommunistischen, katholischen polnischen Organisation Ruch (die Bewegung). Das Ziel der Zusammenarbeit war es, nach dem Fall des Kommunismus zur Etablierung einer dritten Kraft zwischen den vermeintlich expansiven Staaten Russland und Deutschland beizutragen.[11] Die Aktivisten des im Jahre 1976 gegründeten KOR haben der Zukunft der Region viel Aufmerksamkeit geschenkt. Sie wollten eine Gemeinschaft von Oppositionellen aufbauen, die sich gegenseitig unterstützen sollten. Die Vertreter von KOR und Chartě 77 (Charta 77) trafen sich im Jahr 1978 in Karkonosze (Riesengebirge).[12] Der Tschechoslowakei wurde die erste Ausgabe des „zweiten Umlaufs" der Vierteljahreszeitschrift „Krytyka" (Die Kritik) gewidmet, und dort wurden auch später Texte von Václav Havel (z. B. Die Macht der Machtlosen) und von anderen Oppositionellen veröffentlicht. Das Redaktionskomitee war international. 1981 erschien eine ganze Ausgabe mit Texten ungarischer Aktivisten.[13] Interviews mit Oppositionsaktivisten aus anderen Ländern wurden in KOR-Magazinen veröffentlicht. Im „Biuletyn Dolnośląski", in dem es eine regelmäßige Kolumne „Wir und unsere Nachbarn" gab, wurde internationalen Themen große Aufmerksamkeit gewidmet.

In diesen Ländern war das Gefühl eines „Sicherheitsdefizits" stark ausgeprägt. Daher drehten sich geopolitische Überlegungen häufig um eine engere Zusammenarbeit, die auf Dauer auch wirtschaftlich zu stärken war, um ein höheres Niveau an Sicherheit zu erreichen. Noch Ende der 1970er Jahre tauchten in Zeitschriften des „zweiten Umlaufs" Meinungen auf, dass Polen und die Länder der Region, gelegen zwischen Russland und dem sich integrierenden Westeuropa, sich den Luxus der vollen Souveränität nicht leisten könnten. Drei Hauptoptionen wurden zur Diskussion gestellt – eine Allianz mit Ost- oder mit Westeuropa oder die Etablierung einer eigenen Struktur, z. B. einer Föderation.[14]

---

11 Jan Skórzyński, Na przekór geopolityce. Europa Środkowo-Wschodnia w myśli politycznej polskiej opozycji demokratycznej 1976–1989, Warschau 2014, S. 16.
12 Kobus, My i Oni, S. 25–29; Jan Skórzyński, Siła bezsilnych. Historia Komitetu Obrony Robotników, Warschau 2012, S. 356 f.; „List do Przyjaciół Czechów i Słowaków" (Brief an unsere tschechischen und slowakischen Freunde), in: Komunikat nr 15, w: Andrzej Jastrzębski (Hrsg.), Dokumenty Komitetu Obrony Robotników i Komitetu Samoobrony Społecznej „KOR", Warschau/London 1994, S. 186–187.
13 Krytyka 9 (1981).
14 Es ist erwähnenswert, dass während des Zweiten Weltkrieges solche Gespräche auf Regierungsebene geführt wurden und eine entsprechende Vereinbarung zwischen der in London tätigen pol-

Einige der Autoren waren der Meinung, dass auch die Situation in Westeuropa für eine regionale Integration in Mittel- und Osteuropa sprach: „Mit einem Beitritt zur EWG wären wir zur Rolle eines wirtschaftlichen und politischen Aschenputtels verdammt. Es ist richtig, dass diese Rolle eine bezahlte sein wird. Mit Hilfe unserer westlichen Partner würden wir einen schnellen wirtschaftlichen Sprung machen. Schwierigkeiten bei der Zusammenführung von Wirtschaftssystemen mit sehr unterschiedlichen Ursprüngen, Strukturen, kulturellen Unterschieden, unterschiedlichen Traditionen – all das würde den Integrationsprozess lang, schwierig und konfliktreich machen."[15] Für die mit der Polskie Porozumienie Niepodległościowe (Polnische Unabhängigkeitsallianz) verbundenen Personen, unter denen sich Wissenschaftler und Historiker befanden, führten die Überlegungen über eine Zukunft nach dem Kommunismus im Allgemeinen zu dem Fazit, dass die Möglichkeit zur Schaffung eigener Nationalstaaten für die Völker Mitteleuropas wichtig sei. Die Gründung von suprastaatlichen Unionen in diesem Teil Europas wurde nicht in Betracht gezogen. Den Problemen der laufenden (west-)europäischen Integration widmete man keine große Aufmerksamkeit, sondern sah den Platz der postkommunistischen Region aufgrund ihrer Geschichte und Kultur in einer Zusammenarbeit mit Westeuropa.[16] Manche Publizisten ließen sich von den Prozessen in Westeuropa inspirieren und nahmen an, dass ähnliche Prozesse auch in diesem Teil des Kontinents auftreten könnten. In einer Union wie in Westeuropa, in der die Grenzen allmählich verschwimmen würden, verschwänden Territorialkonflikte wie auch Konflikte um nationale Minderheiten.[17] Es gab aber auch Stimmen, die darauf hinwiesen, dass das Sowjetimperium nicht so bald zusammenbrechen würde und dass es vorerst notwendig sei, sich mit der UdSSR und nicht mit den anderen Völkern der Region zu verständigen.[18] Im Allgemeinen hat man während der „ersten" Solidarność 1980/81 eingesehen, dass eher die Regierung der sozialistischen Staatspartei in außenpolitischen Angelegenheiten das Sagen hatte und nicht die Gewerkschaft. Nach Verhängung des Kriegszustandes im Dezember 1981 schenkten die polnische Opposition oder zumindest ihre intellektuellen Kreise der Zukunft und der internationalen Lage mehr Aufmerksamkeit in ihren Diskussionen und Programmen. Die Debatte in diesen Magazinen ersetzte die Leerstelle vieler außenpolitischer

---

nischen Exilregierung und dem Tschechoslowakischen Komitee unterzeichnet wurde. Vgl. Piotr Wandycz, Czechoslovak-Polish Confederation and the Great Powers 1940–43, Bloomington 1956.
15 Jan Waszkiewicz, Jaka Europa (Biuletyn Dolnośląski, 1980), in: J. Skórzyński (Hrsg.), Na przekór geopolityce, S. 76.
16 Zu den Mitarbeitern gehörten z. B. Władysław Bartoszewski, Jerzy Holzer, Leszek Kołakowski, Marcin Król, Wojciech Roszkowski. Im Jahr 1979 wurde eine Studie „Polen und Europa" erstellt; Łukasz Bertam (Hrsg.), PPN/1976–1981. Język niepodległości, Warschau 2012.
17 Veröffentlicht in: Lech Bądkowski, Twarzą do przyszłości. Kaszubsko-pomorskie drogi, Gdynia 1990.
18 Diskussionen dieser Art fanden auf den Seiten von „Opinia" (Meinung, Ansicht, hrsg. von ROBCiO) und „Bratniak" (Brüderlich helfend, hrsg. von RMP) statt. Vgl. Jakub Czułba (Hrsg.), Bratniak. Pismo Ruchu Młodej Polski 1977–1981. Wybór publicystyki, Warschau 2009.

Themen in der gelenkten offiziellen Presse. Auch der Pressemarkt für soziale und politische Zeitschriften wuchs erheblich. 1984 wurde eine neue Zeitschrift gegründet: „ABC. Adriatyk. Bałtyk. Morze Czarne" (ABC. Adria. Die Ostsee. Schwarzes Meer). Der Leitgedanke ihrer Gründer (einschließlich des späteren polnischen Präsidenten Bronisław Komorowski) war die Annahme, dass ohne die vereinten Aktivitäten der mittelosteuropäischen Staaten keiner von diesen allein seine volle Souveränität aufrechterhalten könne. Daher sollten diese Länder, entgegen dem Moskauer Herrschaftsprinzip des *divide et impera* enger miteinander kooperieren. Ein wichtiger Ort für Reflexionen über die Zukunft der mittelosteuropäischen Region war die Zeitschrift „Obóz" (das Lager). Bis 1989 wurden 16 Ausgaben veröffentlicht. Auch Texte von Autoren aus der Tschechoslowakei und Ungarn wurden hier abgedruckt.

Zu berücksichtigen bleibt, dass sich die kommunistischen Regierungen sehr wohl darüber im Klaren waren, dass neben einer Stärkung der Region neue Formen der Zusammenarbeit mit Westeuropa notwendig waren. Seit den 1970er Jahren führte die (west-)europäische Integration zu Problemen, etwa bei der Unterzeichnung von Handelsabkommen zwischen Ländern des Warschauer Pakts und der EG, da diese Abkommen auch auf Drittländer angewendet werden sollten. Die gemeinsame Politik der Europäischen Gemeinschaft umfasste Landwirtschaft, Fischerei, Textilien und Handel. In der Propaganda der kommunistischen Regierungen wurde die europäische Integration, soweit sie von den gelenkten Medien aufgegriffen wurde, oft als ein negatives Phänomen dargestellt.[19] Die Alternative, also eine engere Zusammenarbeit mit den im Rat für gegenseitige Wirtschaftshilfe (RGW) vereinten kommunistischen Ländern, war jedoch keine Strategie, mit der man deren wirtschaftliche Probleme hätte lösen können.[20] Die betroffenen Staaten benötigten einen Zugang zu modernen Technologien, und auf Regierungsebene war der Ansatz pragmatischer, besonders in Ungarn.[21] Michail Gorbatschows Reformen sahen vor, Moskaus Wirtschaftshilfe für die Länder im Einflussbereich der UdSSR zu begrenzen, worüber deren Regierungen informiert wurden. Die Regierungen aller mittelosteuropäischen Länder waren daher sehr stark an Möglichkeiten einer Zusammenarbeit mit den EG-Ländern interessiert, konnten diese jedoch allein nicht realisieren. Nachdem Moskau die Regeln und Grundsätze der Zusammenarbeit mit

---

19 Christian Domnitz, Europavorstellungen der Kommunistischen Partei der Tschechoslowakei 1968–1989, in: Francesco Di Palma/Wolfgang Mueller (Hrsg.), Kommunismus und Europa. Europapolitik und -vorstellungen europäischer kommunistischer Parteien im Kalten Krieg, Paderborn 2016, S. 75–77.
20 Pál Germuska, Failed Economic Integration and Partly Successful Opening Up to the West. The Economic Re-Orientation of Hungary during the 1970s, in: European Review of History 21 (2014), S. 255, 283, 288; Wanda Jarząbek, Polish Economic Policy at the Time of Détente, 1966–1978, in: ebenda, S. 302–304; Pavel Szobi, Between Ideology and Pragmatism. The ČSSR, the GDR and West European Companies in the 1970s and 1980s, in: ebenda, S. 261–263.
21 Gábor Szilágyi, From Ignorance to a (Delayed) Strategy. Hungarian Communists and European Integration, 1957–1989, in: Di Palma/Mueller (Hrsg.), Kommunismus und Europa, S. 89–101.

der Europäischen Gemeinschaft ausgehandelt hatte, nahmen Budapest, Prag und Warschau im September 1988 ebenfalls diplomatische Beziehungen zur EG auf.[22] Die kommunistischen Regierungen vermieden es, im Rahmen der bestehenden Ostblock-Strukturen neue Verpflichtungen einzugehen, und waren insgesamt daran interessiert, die Zusammenarbeit mit Moskau zu lockern. Sie hatten kein Interesse u. a. am sowjetischen Vorschlag einer Reform des Warschauer Pakts, die ihnen theoretisch größere Mitentscheidungsmöglichkeiten geboten, aber auch neue Verpflichtungen eingehandelt hätte. Es gab auch kaum Begeisterung für Gorbatschows Konzept des „Gemeinsamen Europäischen Hauses", da es in der Tat die Akzeptanz der Veränderungen von 1945 in beiden Teilen des Kontinents zur Voraussetzung hatte.[23]

2 Geopolitische Ziele der mittelosteuropäischen Länder während der friedlichen Transformation

Nach dem Runden Tisch und den halbfreien Wahlen im Juni 1989 in Polen kamen dort mit der Solidarność verbundene Oppositionsaktivisten an die Macht. Die Regierung von Premierminister Tadeusz Mazowiecki hatte Koalitionscharakter, und die Ministerien, die für die Aufrechterhaltung der Kontrolle im Innern wichtig waren, blieben in den Händen von Mitgliedern der Polnischen Vereinigten Arbeiterpartei (PVAP). Außenminister wurde jedoch der Rechtswissenschaftler Krzysztof Skubiszewski, obwohl dieser mit der Opposition zusammenarbeitete. Die Regierung Mazowiecki nahm ihre Tätigkeit zu einer Zeit auf, als in den anderen mittelosteuropäischen Ländern noch kein politischer Wandel stattgefunden hatte. Daher wurden ihre Willenserklärungen zur erweiterten Zusammenarbeit mit den westlichen Ländern mit der Zusicherung verbunden, dass das bestehende Bündnis mit Moskau nicht aufgegeben werde. Moskau machte deutlich, dass es an inneren Veränderungen in Polen interessiert war, aber auch daran, die Volksrepublik Polen im Warschauer Pakt zu halten.[24]

In Ungarn erfolgte der Wandel durch Gespräche zwischen den Oppositionsgruppen und der kommunistischen Partei. Das ungarische Demokratische Forum der Opposition war bei den im März 1990 abgehaltenen völlig freien Wahlen erfolgreich.

---

22 Zum Weg zur EG vgl. Ivan Berend, From the Soviet Bloc to the European Union. The Economic and Social Transformation of Central and Eastern Europe since 1973, Cambridge 2009.
23 Tamás Péter Baranyi, Perestroika Made in Hungary? The HSWP's Approach to the Soviet Reform of the Late 1980s, in: Francesco di Palma (Hrsg.), Perestroika and the Party. National and Transnational Perspectives on European Communist Parties in the Era of Soviet Reforms, New York/Oxford 2019, S. 93–96; Wanda Jarząbek, The Polish United Workers' Party and Perestroika, in: ebenda, S. 122–123, 126.
24 Antoni Dudek, Historia polityczna Polski, Krakau 2007, S. 53.

József Antall wurde Premierminister und Árpád Göncz Präsident.[25] Im November 1989 zwang die Demonstrationswelle in der Tschechoslowakei die Regierung, Gespräche mit der Opposition aufzunehmen. Oppositionsmitglieder wurden in die Regierung kooptiert, und es wurde vereinbart, Václav Havel zum Präsidenten zu wählen. Freie Wahlen fanden im Juni 1990 statt. Ab dem Frühjahr gab es auch interne Veränderungen, die zur Lockerung der Beziehungen zwischen der Tschechischen Republik und der Slowakei und dann 1993 zur Teilung der Tschechoslowakei in zwei eigenständige Staaten führten. Damit wurden die Bestrebungen der Slowaken nach Selbstständigkeit verwirklicht.[26]

In der Tschechoslowakei und in Ungarn spielten nationale und symbolische Fragen während des Wandels von 1989 eine sehr wichtige Rolle, besonders solche, die mit dem Widerstand gegen die Sowjetisierung verbunden waren. In Prag skandierten die Demonstranten „Dubček auf die Burg". Sie wollten die Ikone des Prager Frühlings von 1968 als neuen Präsidenten sehen.[27] Gespräche zwischen dem oppositionellen „Bürgerforum"[28] und den regierenden Kommunisten führten dazu, dass Václav Havel zum Jahreswechsel das Präsidentenamt übernahm, der nicht lediglich für Reformen im kommunistischen System, sondern für eine vollständige Demokratisierung und damit die Überwindung des bisherigen Systems kämpfte.

In Ungarn nahmen im Juni 1989 Menschenmassen an der Beerdigung von Imre Nagy, dem Symbol der Revolution von 1956, teil, und die Opposition erlaubte Reformern aus der Ungarischen Sozialistischen Arbeiterpartei, an seinem Sarg Wache zu stehen, was auch als Wunsch nach einer gemeinsamen Reform des Landes gewertet wurde.[29] Im Falle Polens ist es dagegen für das Jahr 1989 schwierig, Gesten oder Ereignisse herauszustellen, die sich auf die Geschichte des Widerstands gegen den Kommunismus beziehen oder Menschenmassen anzogen. Diskussionen über historische Fragen, die für die nationale Identität wichtig waren wie z. B. die Morde von Katyn, gab es hier schon seit Jahren, aber in der ersten Hälfte des Jahres 1989 wurden sie zweitrangig gegenüber den Gesprächen am Runden Tisch und den Vorbereitungen für halbfreie Wahlen. Der gesellschaftliche Aufbruch im Jahr 1989 orientierte sich eher an der Zukunft als an Fragen nationaler Identität. Die Ereignisse von 1989 waren primär politische Umwälzungen.[30] Ihr Ziel war die Einführung der parlamen-

---

25 Gubrynowicz, Węgry, S. 68–78.
26 Ukielski, Aksamitna, S. 69–138.
27 Jacques Lévesque, The Enigma of 1989. The USSR and the Liberation of Eastern Europe, Berkeley/Los Angeles/London 1997, S. 177.
28 Das Bürgerforum wurde am 19.11.1989 in Prag gegründet. Es bot eine Plattform für politische und zivilgesellschaftliche Kreise sowie für Einzelpersonen, die das kommunistische Regime ablehnten und eine Demokratisierung des Landes anstrebten; es hatte eine lose Struktur und ihr informeller Führer war Václav Havel. Zur gleichen Zeit wurde in der Slowakei sein Gegenstück, die politische Bewegung Gesellschaft gegen Gewalt (VPN) gegründet.
29 Lévesque, The Enigma of 1989, S. 134.
30 Timothy Garton Ash, Wiosna obywateli. Rewolucja 1989 widziana w Warszawie, Budapeszcie, Berlinie i Pradze, Warschau 1990, S. 9. Garton Ash hat zu Recht darauf hingewiesen, dass Fragen

tarischen Demokratie und von Grundrechten wie Rede-, Presse- und Versammlungsfreiheit. Die gesetzlichen Änderungen sollten die Menschenrechte garantieren, die auch für die nationalen Minderheiten gelten sollten.

Alle Länder der Region mussten eine schwierige wirtschaftliche Situation meistern, die vor allem eine Folge der kommunistischen Planwirtschaft war. Sie waren entschlossen, sich einer wirtschaftlichen Transformation zu unterziehen, führten schrittweise Elemente der freien Marktwirtschaft ein und zählten auf die Hilfe der Länder Westeuropas und der Vereinigten Staaten von Amerika. Für die UdSSR hatte ihre Einflusssphäre in Europa nicht nur strategische oder politische, sondern auch große wirtschaftliche Bedeutung. Moskau hielt es zwar für möglich, dass seine bisherigen Verbündeten die Strukturen des gemeinsamen sozialistischen Wirtschaftsbereichs verlassen könnten, wollte dies aber vermeiden. Anfang 1989 äußerte das Zentralkomitee der Kommunistischen Partei der Sowjetunion (KPdSU) die Idee, den Warschauer Pakt in ein eher partnerschaftliches Bündnis umzuwandeln (u. a. unter Bezugnahme auf die NATO und deren Praxis der politischen Konsultationen zwischen den Partnerländern).[31] Es gab auch Stimmen, die den vollständigen Rückzug der Sowjetarmee aus Ungarn und der Tschechoslowakei, nicht aber aus Polen, befürworteten.[32] In diesem Geist fanden die Gespräche in den Strukturen des Warschauer Pakts im Sommer 1989 statt.[33] Ungarn war der Meinung, dass die KSZE-Prinzipien – einschließlich der souveränen Gleichheit – innerhalb des Bündnisses übernommen werden sollten. Es wies auf die Notwendigkeit hin, internationale Standards für den Schutz der Menschenrechte zu übernehmen. Der Hintergrund der Gespräche zwischen Polen und der UdSSR ist nicht bekannt, wohl aber, dass Premierminister Mazowiecki, der sich am 24. November 1989 in Moskau mit Gorbatschow traf, seine Bereitschaft bekräftigte, die aus der Mitgliedschaft Polens im War-

---

des Regimes im Vordergrund standen. Er schrieb, dass im schlimmsten Fall neue Diktatoren auftauchen könnten, aber es würden andere Diktatoren sein. „Wir werden dieses eigentümliche System, das durch die Konzentration der politischen und wirtschaftlichen Macht und der Zwangsinstrumente in den Händen einer einzigen leninistischen Partei gekennzeichnet ist, deren soziologische Manifestation eine neue privilegierte Klasse war, nicht mehr in Staaten mit willkürlich begrenzter Souveränität sehen." Ebenda, S. 91 (Übersetzung Wanda Jarząbek).
31 Memorandum of CC CPSU International Department: On a Strategy for Relations with the European Socialist Countries (February 1989), in: Svetlana Savranskaya/Thomas Blanton/Vladislav Zubok (Hrsg.), Masterpieces of History. The Peaceful End of the Cold War in Europe, Budapest/New York 2011, S. 363.
32 Ebenda, S. 364.
33 Archiwum Ministerstwa Spraw Zagranicznych (AMSZ), Dep. I, z. 37/39, Notatka informacyjna, 10.7.1989, ebenda, Notatka informacyjna, 19.9.1989. Zum Treffen des Politischen Beratenden Ausschusses am 7./8.7.1989 in Budapest vgl. ferner https://www.php.isn.ethz.ch/lory1.ethz.ch/collections/colltopic4001.html?lng=en&id=17114&navinfo=14465 (letzter Aufruf: 6.5.2021). Vgl. dazu ferner den Beitrag von Helmut Altrichter in dem vorliegenden Band.

schauer Pakt und im RGW resultierenden Verpflichtungen einzuhalten.[34] In vielen Kreisen, auch im Westen, wurde es als sinnvoll erachtet, den Warschauer Pakt als Element des Kräftegleichgewichts beizubehalten.[35] Die Tschechoslowakei und Ungarn drängten während der Treffen des östlichen Bündnisses hingegen auf die Auflösung der militärischen und später der politischen Strukturen des Warschauer Pakts. Im Sommer 1990 zögerte man in Warschau noch, diese Strukturen schnell aufzulösen, was Prag und Budapest damals nicht verstanden.[36] Polen war zur Zeit der Wiedervereinigung Deutschlands anderer Auffassung als die übrigen Länder der Region und forderte zunächst noch nicht den Abzug der sowjetischen Truppen aus seinem Staatsgebiet.[37] Die rasanten Veränderungen in Europa, hervorgerufen durch die deutsche Wiedervereinigung und den sukzessiven Zusammenbruch der Sowjetunion, gaben den mittelosteuropäischen Staaten allerdings mehr Handlungsfreiheit. Doch sobald die Macht Moskaus infolge der Wandlungsprozesse in der Sowjetunion nachließ, wurde beschlossen, die internationale Wirtschaftslage zu nutzen, um ein Netzwerk von Beziehungen zum Westen aufzubauen, das eine dauerhafte Befreiung vom Einfluss der UdSSR garantieren würde. Noch 1989 legte die EG einen speziellen Fonds zur Unterstützung des wirtschaftlichen Übergangs auf (PHARE, Poland and Hungary: Assistance for Restructuring their Economies), der 1990 auf die Tschechoslowakei ausgeweitet wurde.

Der Rückzug aus den ehemaligen Blockstrukturen warf die Frage auf, wodurch diese ersetzt werden sollten. Die Rückkehr nach Europa war eine Art mentale Kurzformel und betraf in erster Linie formale Angelegenheiten; sie wurde verstanden als die Schaffung verschiedener Ebenen der Zusammenarbeit mit europäischen Ländern und internationalen Organisationen auf der Grundlage zwischenstaatlicher Vereinbarungen. Während seines Aufenthalts in Warschau im Januar 1990 und in seiner Rede im NATO-Hauptquartier im März 1991 deutete Präsident Havel an, dass die Tschechen und Slowaken und andere Nationen in der Region nach Europa zurückkehren wollten. Er verwies auf objektive Schwierigkeiten in der Zusammenarbeit mit Westeuropa und in der transatlantischen Dimension.[38] Anfang 1990 unterbreitete Premierminister Mazowiecki den Vorschlag, einen Rat für Europäische Zusammenarbeit als Plattform für die Zusammenarbeit zwischen den damals be-

---

34 Antoni Dudek (Hrsg.), Zapis rozmowy sekretarza generalnego KC KPZR Michaiła Gorbaczowa z premierem Tadeuszem Mazowieckim, in: Zmierzch dyktatury. Polska lat 1986–1989 w świetle dokumentów, Bd. 1, Warschau 2009, S. 440.
35 Robert Hutchings, American Diplomacy and the End of the Cold War: An Insider's Account of U. S. Policy, Washington, D. C. 1997, S. 138.
36 AMSZ, Dep.I, z. 37/39, Pilna notatka, 24.8.1990.
37 Vgl. Wanda Jarząbek, Im Schatten des Grenzproblems. Polen und der Wiedervereinigungsprozess Deutschlands in den Jahren 1989–1990, in: Forum für osteuropäische Ideen und Zeitgeschichte 16 (2012), H. 1, S. 149.
38 Rede im Sejm, 25.1.1990, http://old.hrad.cz/president/Havel/speeches/1990/2501_uk.html (letzter Aufruf: 17.1.2021); Rede in Brüssel, 21.3.1991, http://old.hrad.cz/president/Havel/speeches/1991/2103_uk.html (letzter Aufruf: 17.1.2021).

stehenden politischen Zusammenschlüssen zu gründen.[39] Die Politiker erkannten, dass die wirtschaftliche Rückständigkeit ein Hindernis für eine schnelle Mitgliedschaft in den Strukturen eines sich vereinigenden Europas sein könnte, sodass in den Jahren 1989/90 ein Beitritt zur EG noch nicht gefordert wurde. So sprach Mazowiecki in seiner Rede vor dem Europäischen Parlament im Februar 1990 vom Interesse Warschaus an einer Assoziierung mit der EG, erwähnte aber auch die Beziehungen Polens zu den mitteleuropäischen Ländern.[40] In Ungarn gab die Regierung von Ministerpräsident Antall die Mitgliedschaft in der EG nicht als Hauptziel an, was aus einer gewissen Zurückhaltung gegenüber raschen Marktreformen resultierte, auf die die ungarische Gesellschaft nicht vorbereitet war. Überdies befürchtete die neue Regierung deren hohe soziale und politische Kosten.[41] Man glaubte, dass eine Zusammenarbeit mit den Kleinstaaten der Region von der Ostsee bis zu den Dardanellen langfristig sehr vorteilhaft sein könnte.[42] Das bedeutet nicht, dass überhaupt nicht über einen Beitritt zur EG nachgedacht wurde. Diese Bestrebungen wurden unter anderem in öffentlichen Reden, auch im Ausland, zum Ausdruck gebracht.[43]

Führende Politiker der Region wollten zwar die Zusammenarbeit zwischen den Ländern Mittelosteuropas vertiefen, sahen darin aber keine Alternative zur Entwicklung der Zusammenarbeit mit Westeuropa. Allem Anschein nach verfolgten sie das Ziel eines Beitritts zu einem vereinten Europa, obwohl dies nicht öffentlich, etwa in den Medien, diskutiert wurde. In dem Beitritt zu den europäischen Institutionen wurde bis zu einem gewissen Grad ein Prozess gesehen, an dem man ohne den Kommunismus früher teilgenommen hätte. Die EG wurde weitgehend als Struktur zur Förderung der wirtschaftlichen Zusammenarbeit betrachtet, da auch viele der Beitrittskriterien wirtschaftlicher Natur waren. Fragen im Zusammenhang mit der Einführung demokratischer Mechanismen, einschließlich der Einhaltung der Menschenrechte, schienen eine natürliche Richtung für Veränderungen nach dem Fall

---

39 Mazowieckis Exposé, 18.1.1990, in: Zbiór dokumentów (1) 1991, S. 9–13. Zu diesem polnischen Vorschlag vgl. auch Ines Lehmann, Die Außenpolitik der DDR 1989/90. Eine dokumentierte Rekonstruktion, Baden-Baden 2010, Dok. 67, S. 519 f.
40 Mazowieckis Rede, 1.2.1990, in: Zbiór dokumentów (1) 1991, S. 31.
41 Lãszlõ Lengyel, Foreign Policy or National Policy, in: Csaba Gombár (Hrsg.), Balance. The Hungarian Government 1990–1994, o. O. 1994, S. 356 f.
42 Lengyel, Foreign Policy, S. 373 f.
43 In der Presse wurde berichtet, der ungarische Außenminister Jeszenszky habe am 15. Oktober 1990 bei der Konrad-Adenauer-Stiftung erklärt, sein Land wolle 1995 EG-Mitglied werden und sei bereit, „dafür auch die sicherheitspolitischen Bedingungen zu akzeptieren [...]. Ungarn sei selbstverständlich auch zur Aufgabe von Souveränitätsrechten bereit, wie dies von allen EG-Mitgliedern erwartet werde. Der östliche Rat für gegenseitige Wirtschaftshilfe (RGW) sei so gut wie funktionsunfähig. Das treffe auch für die militärische Bündnisorganisation Warschauer Pakt zu. Deshalb könne sich Ungarn auch nicht im Fall von Minoritätenkonflikten auf den Pakt verlassen. [...] Es sei Ziel der ungarischen Außenpolitik einen Minderheitenkodex aufzustellen. Dies sei eine Aufgabe für die KSZE." Vgl. Ungarn strebt für 1995 EG-Mitgliedschaft an, in: FAZ, 16.10.1990, S. 6.

des Kommunismus zu sein. Polen, die Tschechoslowakei und Ungarn erklärten ebenfalls ihren Willen, dem Europarat beizutreten. (Ungarn wurde am 6. November 1990, Polen am 26. November 1991, die Tschechoslowakei am 21. Februar 1991 Mitglied.)

Der Beitritt zu den politischen und militärischen Strukturen eines vereinten Europa, einschließlich der NATO, wurde zu dieser Zeit nicht als Alternative zur eigenen staatlichen Souveränität gesehen. Nach Jahren der Existenz im Einflussbereich der UdSSR schienen die Fragen der Souveränität, der Wiedererlangung von vollständigem Einfluss auf die Innen- und Außenpolitik, der Möglichkeit einer internen Demokratisierung und der Wiederherstellung demokratischer Freiheiten die wichtigsten politischen Ziele zu sein. Auch in der Wirtschaft wurde ein Wandel erwartet; dabei würden die Ostblockländer die Kontrolle über ihre Wirtschaftspolitik wiedererlangen und Marktregeln einführen. Natürlich gab es hier idealisierte Vorstellungen, und man war sich nicht aller neuen Probleme bewusst.[44]

Über kulturelle Fragen wurde weniger nachgedacht. Diese Länder hatten ein ausgeprägtes Zugehörigkeitsgefühl zu Europa, das sich aus ihrer eigenen Geschichte und Kultur ergab.[45] Sie waren sich auch ihrer Besonderheit bewusst, die auf sozialer Ebene oft auf Fragen des Lebensstandards und ihrer Traditionen reduziert wurde. In Diskussionen der Presse und Fachzeitschriften wurden die für diesen Teil Europas spezifischen Merkmale aufgezeigt, die sich aus der Entwicklungsgeschichte dieser Region und vor allem aus den Erfahrungen des Kommunismus ergaben. Zu dieser Zeit wurde der EG-Beitritt in den mittelosteuropäischen Staaten als Mittel zur weiteren Stärkung der eigenen Souveränität angesehen. Kurz nach der „Wende" wurde die EG als freiwilliger Bund demokratischer Staaten gedeutet, die in bestimmten Bereichen, vor allem in wirtschaftlichen Angelegenheiten, zusammenarbeiten. Diskussionen über eine mögliche Einschränkung der eigenen Souveränität durch den Beitritt zur EU kamen erst zu Beginn des 21. Jahrhunderts auf und führten zur Entstehung von Parteien, die sich der Integration widersetzten.

In der Zeit des politischen Wandels in den Ländern des Ostblocks und in der Struktur des Warschauer Pakts einigten sich die Tschechoslowakei, Polen und Ungarn häufig, aber nicht immer auf eine gemeinsame Position. Ihre Zusammenarbeit hatte sich vielmehr aus der Annahme ergeben, dass im Beitrittsprozess die EG mit diesen drei Ländern gleichzeitig verhandeln würde. Als sich später herausstellte, dass die Beitrittsverhandlungen mit jedem dieser Länder separat geführt wurden, konkurrierten sie miteinander um die besten Beziehungen zur EG.[46]

---

[44] Interview der Verfasserin mit Georges Rencki, Paris, April 2015. Rencki war ehemaliger hoher Beamter der Europäischen Kommission, der während seiner Pensionierung die polnische Regierung beriet.
[45] Vgl. What Europe means to us, in: József Antall, Selected Speeches and Interviews (1990–1993), hrsg. von Géza Jaszenszky, Budapest 2008, S. 299–301.
[46] Lengyel, Foreign Policy, S. 369. Es gab Ideen, eine Art wirtschaftliche Zusammenarbeit in der Region zwischen einigen der ehemaligen RGW-Länder wiederherzustellen. Die Idee, ein Sekretariat

Die Einsicht, dass der Beitritt zum vereinten Europa aufgrund des Fortschritts der Integrationsprozesse und der sozioökonomischen Besonderheit Mittel- und Osteuropas schwierig sein könnte, führte zu Forderungen, sich auf die regionale Zusammenarbeit – aber nicht immer nur unter den drei Ländern – zu konzentrieren. Ungarn war stark an solch einer intensivierten Zusammenarbeit interessiert.[47] Ein Beispiel für eine solche Zusammenarbeit war die auf Initiative Italiens im November 1989 gegründete Vereinigung von vier Ländern – Österreich, Jugoslawien, Ungarn und Italien – zur Quadragonale, die 1990, nachdem sich die Tschechoslowakei angeschlossen hatte, zur Pentagonale wurde. Ursprünglich war Prag nicht daran interessiert, Warschau in die Zusammenarbeit einzubeziehen, doch änderte es seine Meinung, und 1991 erfolgte die Erweiterung um Polen. An einer vertieften (auch politischen) Zusammenarbeit im mitteleuropäischen Format war Österreich nicht interessiert, das sich seinerseits bereits um Aufnahme in die EG bemühte.[48] Bei seinem Besuch in Prag im Januar 1990 begründete Ministerpräsident Mazowiecki die Notwendigkeit einer Annäherung zwischen Polen und der Tschechoslowakei. Zu dieser Zeit gab es in der tschechoslowakischen politischen Elite jedoch andere Ansichten über die zukünftige Zusammenarbeit in Mitteleuropa. Diese fürchteten die Entstehung eines „kleinen Europa" in der Region, da dies den Eintritt in das „große Europa" behindern könnte. Die Führung in Prag war der Meinung, dass sich Polen auf die Zusammenarbeit mit dem Norden Europas und sie selbst sich auf die Zusammenarbeit mit dem Süden konzentrieren sollte.[49] Unterschiede in der Sichtweise über die Kooperation in der Region zwischen Budapest, Prag und Warschau traten während der Diskussionen auf dem Gipfel der mitteleuropäischen Staaten in Bratislava am 9. April 1990 zutage. Die Tschechoslowakei war an einer engeren Zusammenarbeit im Donauraum und mit den Ländern Südeuropas mehr interessiert als an der bilateralen oder trilateralen in der Region. Aber allmählich zwang die Konfrontation mit ähnlichen Problemen auch zu Dreiecksgesprächen. Polen, Ungarn und die Tschechoslowakei wurden zudem von westlichen Ländern, einschließlich der Vereinigten Staaten, aufgefordert, enger zusammenzuarbeiten. US-Präsident George Bush erklärte bei seinem Besuch in Prag im Dezember 1990, dass kein mitteleuro-

---

für wirtschaftliche Angelegenheiten innerhalb des Visegrád-Vierecks einzurichten, wurde z. B. von Vladimir Mečiar vorgebracht. Vgl. Stefan Meller, Świat według Mellera. Życie i polityka: ku przyszłości, Warschau 2008, S. 23 f., 32. Nach Meller wurde nicht ausgeschlossen, dass solch ein „RGW 2" eine russische Idee war. Meller war ab 1992 Mitarbeiter des polnischen Außenministeriums, Botschafter in Paris und Moskau und 2005/06 selbst Außenminister.

47 Accomplishing Cooperation in Central Europe, in: Antall, Selected Speeches, S. 309.

48 Ladislav Cabada, The Visegrad Cooperation in the Context of Other Central European Cooperation Formats, in: Politics in Central Europe 14 (2018), H. 2, S. 165–179, hier S. 166 f. Vgl. auch Michael Gehler/Maximilian Graf (Hrsg.), Österreich und die deutsche Frage 1987–1990, Göttingen 2018, S. 58 und Dok. 158 (Gespräch Vranitzky mit Mazowiecki und Jaruzelski, 5.7.1990), S. 644 und 646.

49 Radosław Grodzki, Strategiczne porozumienia ponad podziałami – grupa wyszehradzka jako przykład integracji emancypacyjnej w ramach Unii Europejskiej, in: Przegląd Strategiczny 9 (2017), S. 375 f.

päisches Land bei der Integration in die Strukturen Westeuropas auf eine bevorzugte Behandlung zählen könne; die Zusammenarbeit zwischen Polen, der Tschechoslowakei und Ungarn werde ein Test für ihre politische und organisatorische Reife sein.[50] Die Gipfeltreffen in Budapest und Visegrád am 12. und 15. Februar 1991 leiteten eine nicht institutionalisierte Kooperation ein. Während der Gipfeltreffen in Krakau am 5. und 6. Oktober 1991 und in Prag am 6. Mai 1992 begannen die Visegrád-Länder, gemeinsame Ziele zu formulieren, namentlich den Beitritt zum europäischen politischen, wirtschaftlichen und rechtlichen System sowie zum Sicherheitssystem und zur Entwicklung der Beziehungen zur NATO bzw. zur Westeuropäischen Union (WEU). Der Zerfall Jugoslawiens brachte eine andere Dimension in die Zusammenarbeit mit diesem Teil des Balkans, was die Konsultationen innerhalb des Dreiecks begünstigte. Obwohl Polen, Ungarn und die Tschechoslowakei seit Dezember 1991 den Status von mit der EG assoziierten Staaten hatten, war deutlich geworden, dass der Beitritt zu den EU-Strukturen Zeit erfordern würde. Daher wurde am 21. Dezember 1992 eine Plattform für regionale Kooperation eingerichtet – das mitteleuropäische Freihandelsabkommen (CEFTA), das die Tschechoslowakei, Polen, Slowenien und Ungarn umfasste. Diese regionale Kooperation wurde als Schritt auf dem Weg zur EU angesehen, nie aber als Hauptziel. Als diese Länder Mitglieder der EU wurden, kehrten sie allerdings nach einiger Zeit zum Konzept der Zusammenarbeit untereinander zurück, um ihre Stimme innerhalb der europäischen Strukturen zu stärken. Diese Zusammenarbeit blieb jedoch hauptsächlich taktischer Natur.

Im Jahre 1989 war der Begriff „Europa" in Mittelosteuropa nicht auf die EG-Länder beschränkt. In den folgenden Jahren verengte er sich aber für manche Politiker aus der Region auf die EU-Mitgliedstaaten. Dahinter stand der Wunsch, vielfältige wirtschaftliche und militärische Verbindungen mit dem Westen aufzubauen, um die Trennung von Russland zu perpetuieren. Der Wunsch, der 1992 formell von der EG zur „Europäischen Union" (EU) fortentwickelten Gemeinschaft beizutreten, wurde in den mittelosteuropäischen Staaten – aber nicht nur dort – von Forderungen begleitet, auch Zutritt zu den militärischen Strukturen des Westens zu erhalten, sprich: NATO und WEU beitreten zu können. Auf der politischen Ebene, aber auch in der damaligen Mediendebatte, gab es in den hier betrachteten Ländern keinen Zweifel daran, dass das Hauptziel der Außenpolitik in einer engen Bindung an den Westen bestand.[51] Mitte der 1990er Jahre glaubte man, dass ein Beitritt zur NATO aufgrund deren sicherheitspolitischer Ausrichtung einfacher sei als zur EU, die als eine primär wirtschaftliche Organisation angesehen wurde, in der sich entwickelte

---

50 Ebenda, S. 377.
51 Krzysztof Skubiszewski, Polska i sojusz północnoatlantycki w latach 1989–1991, in: Sprawy Międzynarodowe 1 (1999), S. 9–11; Bogdan Góralczyk, Współpraca Wyszehradzka: geneza, doświadczenie, perspektywy, Warschau 1999.

Länder zusammenschließen, denen man anmerkte, dass sie von der Idee einer Erweiterung der europäischen Strukturen nicht begeistert waren.[52]

Der Kommunismus, der den Internationalismus propagierte, hatte nationale Themen in den Hintergrund gerückt. Dennoch erleichterte dies eine Beendigung von Streitigkeiten, die ihren Ursprung in der Vergangenheit hatten, nicht. Themen, für die es vor 1989/90 keinen Platz in der offiziellen Medienlandschaft gab, wurden häufig im Samisdat angesprochen. Versuche der Gleichschaltung auf der Ebene des Ostblocks und der einzelnen Staaten führten dazu, dass eine Form des Widerstands gegen den Kommunismus darin bestand, lokale Traditionen zu pflegen und sich für die Geschichte der eigenen Nationen zu interessieren. Als Bewegungen entstanden, die die Beachtung der Bürger- und Menschenrechte sowie einen demokratischen Wandel forderten – d. h. das Machtmonopol der kommunistischen Parteien schwächten –, wurde dies oft mit der Überzeugung in Verbindung gebracht, dass diese Ziele in den eigenen Nationalstaaten besser erreicht werden könnten. Mit dem Jahre 1989 fiel die Ablehnung des kommunistischen Systems in vielen Ländern des bisherigen Ostblocks mit der Neuformulierung nationaler Forderungen zusammen. Zum Zeitpunkt des Umbruchs gab es in keinem der drei betrachteten Länder scharfe interne Konflikte. Nationalitätenfragen spielten während der Ereignisse von 1989 in Polen, das fast keine nationalen Minderheiten aufwies, keine Rolle. Nach Bildung der neuen Regierung begann die Arbeit an neuen gesetzlichen Regelungen. Warschau wollte jedoch nicht, dass eine der Minderheiten einen anderen Status als die anderen erhielt. Auch die Rechte der deutschen Minderheit zur Pflege der eigenen Traditionen und der eigenen Sprache, die eine Quelle langjähriger Probleme in den Beziehungen zwischen Polen und der Bundesrepublik gewesen waren, sollten innerhalb der allgemeinen (europäischen) Normen geregelt werden, etwa der Menschenrechtskonvention des Europarats.[53] In der Tschechoslowakei hingegen hatten schon zur Zeit der Proteste im Jahr 1989 nationale Fragen eine große Bedeutung. Weitergehende Forderungen wurden bei Demonstrationen im tschechischen und slowakischen Teil des Staates laut. Die Slowaken forderten mehr Kompetenzen, was schließlich zur (ausgehandelten) friedlichen Spaltung des Landes ab dem 1. Januar 1993 führte.[54] In Ungarn spielte die Nationalitätenfrage aufgrund der Präsenz ungarischer Minderheiten in Rumänien, der Slowakei, Jugoslawien (bzw. Serbien) und der UdSSR (bzw. der Ukraine) eine ganz andere Rolle. Aus diesem Grund waren Nationalitätenfragen für die Regierungsarbeit Budapests von besonderer Bedeutung. Die Bestrebungen, Nationalstaaten zu schaffen oder Rechte für Minderheiten zu er-

---

52 Meller, Świat, S. 23 f.
53 Tomasz Browarek, Uwarunkowania polityki etnicznej państwa polskiego po 1989 r., Lublin 2015.
54 Eric Stein, Czecho/Slovakia. Ethnic Conflict, Constitutional Fissure, Negotiated Breakup, Ann Arbor 2000, S. 64. Der Konflikt entstand aus sozialen, nationalen und wirtschaftlichen Gründen. Die Slowakei fühlte sich im gemeinsamen Staat schlechter behandelt, ebenda, S. 301.

langen, hatten keinen Einfluss auf den Wunsch dieser Staaten, mit dem sich integrierenden Europa zusammenzuarbeiten.

3 Fazit

Bereits vor 1990 gab es in Polen, Ungarn und der Tschechoslowakei Überlegungen zur Verortung dieser Länder in Europa. Aufgrund der Zugehörigkeit zum Ostblock wurde man sich zweifellos der Notwendigkeit enger Zusammenarbeit bewusst. In den Gesellschaften aller drei Länder trugen Dissidenten dazu bei, dass der Kommunismus als ein System, das die persönliche Freiheit einschränkte, abgelehnt wurde. Die Tendenz, den real existierenden Sozialismus in der sowjetischen Version abzulehnen, hing zudem mit der Erkenntnis der wirtschaftlichen Ineffizienz des Systems zusammen.

Nach 1989 wurden mehrere Tendenzen sichtbar: Der Wunsch, souveräne Nationalstaaten aufzubauen, die am besten für die Belange ihrer Bürger eintreten konnten, wurde mit der Überzeugung verbunden, dass diese in der Lage waren, ihre Interessen im Rahmen der Europäischen Gemeinschaft am besten zu schützen. Überdies sollte die EU-Mitgliedschaft die mittelosteuropäischen Länder vor einem erneuten Abrutschen in die russische Einflusssphäre bewahren. Die regionale Zusammenarbeit erschien demgegenüber als ein zu schwaches Instrument, um ihre Interessen zu sichern. Alle drei befanden sich in einer schwierigen wirtschaftlichen Lage und konnten einander bei der wirtschaftlichen Modernisierung nicht gegenseitig helfen. Kooperation und Assoziierung und langfristig der Beitritt zur EU sollten bessere Bedingungen für die Entwicklung der Nationen schaffen, aber auch ihre Unabhängigkeit gewährleisten. Diese Anbindung an die EU wurde – unter Ausblendung der offensichtlichen supranationalen Elemente im europäischen Integrationsprozess – nicht als Verzicht auf nationale Souveränität betrachtet. Um die Jahreswende 1989/90 wurde die Alternative Nationalstaat oder Mitgliedschaft in der EG, abgesehen von einigen Stimmen, nicht diskutiert. Die Europäische Gemeinschaft, die als eine Vereinigung demokratischer Staaten angesehen wurde, die die Rechte des anderen respektierten, erschien vielmehr als Faktor zur Stärkung der Mitglieder und sollte es diesen ermöglichen, ihre Eigenheit zu bewahren. Diese Länder fühlten sich europäisch und mit dem Westen verbunden. Nach ihren jüngsten Erfahrungen waren sie darauf bedacht, sich nicht in einer Grauzone zwischen Russland und Westeuropa wiederzufinden. Aus diesem Grund wurde eine fortgeschrittene regionale Kooperation, die während der kommunistischen Ära in Betracht gezogen wurde, nicht als Alternative zur Vereinigung mit dem Westen angesehen. Aber auch der Beitritt zu den Strukturen des sich vereinigenden Westeuropa wurde nicht als Eintritt, sondern als Rückkehr zu einer kulturellen Gemeinschaft gesehen, für die man sich schon früher entschieden hatte, von der man aber in der Vergangenheit losgerissen worden war.

Teil IV: **Bilder von Deutschland nach 1990**

Dominik Geppert
Viertes Reich oder Normalisierung?
Die britische Wahrnehmung Deutschlands nach 1990

Anthony J. Nicholls, einer der besten Deutschlandkenner unter den britischen Historikern, hat das deutsch-britische Verhältnis nach 1945 einmal als gute Nachbarschaft beschrieben, der die gefühlsmäßige Bindung enger Freundschaft fehlte: „always good neighbours, never good friends". Diese Beschreibung impliziert eine von gegenseitigem Einvernehmen und etwas reservierter Zweckmäßigkeit geprägte Beziehung ohne die existenzielle Bedeutung und emotionale Grundierung, wie sie etwa dem deutschen Verhältnis zu Frankreich zukommt oder wie sie lange Zeit beispielsweise auch für das britische und deutsche Verhältnis zu den Vereinigten Staaten von Amerika bestimmend war. Zwischen der Bundesrepublik und dem Vereinigten Königreich, so beobachtete Nicholls, gab es keine gravierenden Interessenunterschiede, sondern im Gegenteil viele übereinstimmende Anliegen von der Außen- und Verteidigungspolitik bis zur Handels- und Wirtschaftspolitik. Als wichtigstes Hindernis für eine enge Freundschaft machte er, wie andere auch, die unterschiedlichen Ansichten über Ziel und Zweck der europäischen Integration aus, die in der Bundesrepublik und in Großbritannien vorherrschend waren.[1]

Nicholls' Analyse hat manches für sich. Dennoch setzt mein Beitrag die Akzente anders. Aus der Perspektive des Jahres 2021 erscheint die britische Sicht auf Deutschland keineswegs so wohltemperiert-rational und freundlich-distanziert, wie es Nicholls' Beschreibung nahelegt. Vielmehr war die britische Deutschlandpolitik immer wieder durchaus mit starken Gefühlen aufgeladen – und zwar nicht erst seit 1990. Während des Flottenwettrüstens vor 1914 und in den beiden Weltkriegen beispielsweise, aber eben auch nach der deutschen Wiedervereinigung berührte sie aus britischer Sicht Fragen von höchster nationaler Priorität, die heftige Emotionen auslösten: Krieg und Frieden, Wirtschaft und Währung, Demokratie und Souveränität. Er habe, heißt es in den Memoiren von Sir Christopher Mallaby, in seiner diplomatischen Laufbahn wenige politische Entscheidungen erlebt, die allein auf Logik und kühler Kalkulation beruht hätten.[2] Das gilt mit Sicherheit für die britische Deutschlandpolitik, die Mallaby von 1988 bis 1992 als britischer Botschafter in der Bundesrepublik aus der Nähe miterlebte.

Sowohl die deutsch-britischen Unstimmigkeiten über Wesen und Zweck der europäischen Integration als auch die starke gefühlsmäßige Aufladung des Verhältnisses auf britischer Seite sind auf drei Motivbündel zurückzuführen. Erstens spielte

---
1 Anthony J. Nicholls, Always Good Neighbours – Never Good Friends. The 2004 Annual Lecture, German Historical Institute, London 2005, S. 27.
2 Christopher Mallaby, Living the Cold War. Memoirs of a British Diplomat, Stroud 2017, S. 16.

die deutsche Geschichte – nicht nur die NS-Vergangenheit, sondern auch der deutsche Beitrag zur Entwicklung der europäischen Integration – eine bedeutsame und emotionalisierende Rolle in der britischen Wahrnehmung: in Populärkultur und Medienberichterstattung ebenso wie auf der politischen Ebene. Zweitens war die britische Politik von einem Gleichgewichtsdenken geprägt, das mit deutschen Föderationshoffnungen inkompatibel war. Drittens schließlich stellten divergierende Vorstellungen vom Rechtsstaat und des *rule of law*, genauer gesagt: vom richtigen Verhältnis zwischen Recht und Politik, eine Quelle deutsch-britischer Irritationen dar. Was alle drei Motive miteinander verband, war ein Gefühl der Frustration – genauer gesagt: der Enttäuschung vorgefertigter Erwartungen an Deutschland. Enttäuschung wird dabei mit der israelischen Soziologin Eva Illouz als „kulturelle Praxis" definiert, um die Inkongruenz zwischen kulturell verfestigten Idealvorstellungen und konkreter Erfahrung zu bewältigen.[3]

Sowohl die regierungsamtliche Deutschlandpolitik als auch die britischen Deutschlandbilder und -perzeptionen früherer Epochen sind inzwischen breit erforscht, teils in Form von Überblicksdarstellungen[4], teils als epochenspezifische Detailstudien[5]. Für die Zeit nach der Wiedervereinigung existieren hingegen kaum geschichtswissenschaftliche Untersuchungen. Archivalische Quellen sind trotz der prinzipiellen Verkürzung der Sperrfrist für britische Regierungsakten auf zwanzig Jahre für die 1990er Jahre immer noch nicht durchgängig verfügbar.[6] Mein Beitrag stützt sich neben der zeitgenössischen Publizistik und sozialwissenschaftlichen Zeitdiagnostik vor allem auf die Erinnerungsschriften der fünf britischen Premierminister zwischen 1990 und 2016: Margaret Thatcher (1979 – 1990)[7], John Major (1990 – 1997)[8], Tony Blair (1997 – 2007)[9], Gordon Brown (2007 – 2010)[10] und David Cameron (2010 – 2016)[11]. Zeitlich liegt der Schwerpunkt der Analyse auf den frühen

---

3 Eva Illouz, Warum Liebe wehtut. Eine soziologische Erklärung, Berlin 2011, S. 387–393.
4 Vgl. etwa Wolfgang Mommsen, Die ungleichen Partner. Deutsch-britische Beziehungen im 19. und 20. Jahrhundert, Stuttgart 1999; Gerhard A. Ritter, Rivalität und Partnerschaft. Studien zu den deutsch-britischen Beziehungen im 19. und 20. Jahrhundert, München 1999; Manfred Görtemaker (Hrsg.), Britain and Germany in the Twentieth Century, London 2005; John Ramsden, Don't Mention the War. The British and the Germans since 1890, London 2006.
5 Vgl. Paul M. Kennedy, The Rise of the Anglo-German Antagonism 1860–1914, London 1980; Thomas Wittek, Auf ewig Feind? Das Deutschlandbild in den britischen Massenmedien nach dem Ersten Weltkrieg, München 2005; Sabine Lee, Victory in Europe. Britain and Germany since 1945, Harlow 2001.
6 https://www.nationalarchives.gov.uk/about/our-role/transparency/20-year-rule/ (letzter Aufruf: 3.2.2021).
7 Margaret Thatcher, Downing Street No. 10, Düsseldorf 1994; dies., Die Erinnerungen 1925–1979, Düsseldorf 1995; dies., Statecraft. Strategies for a Changing World, London 2003.
8 John Major, The Autobiography, London 1999.
9 Tony Blair, A Journey, London 2010.
10 Gordon Brown, My Life, Our Times, London 2017.
11 David Cameron, For the Record, London 2019.

1990er Jahren. Da die weltpolitische „Wendezeit"[12] die britische Wahrnehmung Deutschlands jedoch für die folgenden Dekaden maßgeblich prägte, werden auch die folgenden zweieinhalb Jahrzehnte bis zum Brexit-Referendum wenigstens kursorisch in die Betrachtung einbezogen.

1 Längere und kürzere Schatten der Geschichte

Die 1990er Jahre brachten einen Aufschwung deutschfeindlicher Emotionen und Perzeptionen in der britischen Öffentlichkeit, der teils der Verunsicherung durch die Wiedervereinigung, teils der mit einer Mischung aus Sorge und Bewunderung betrachteten Wirtschaftskraft der Bundesrepublik, teils aber auch der zentralen Stellung Deutschlands im europäischen Vereinigungsprozess geschuldet war. Die Stereotype, die zur Erklärung der neuartigen Lage aufgerufen wurden, verwiesen oft auf die Hitler-Diktatur und den Zweiten Weltkrieg. Robert Harris feierte 1992 mit dem Thriller „Fatherland", dessen Handlung in einem Europa nach dem Sieg des nationalsozialistischen Deutschland spielt, einen Bestseller-Erfolg.[13] Die Boulevardpresse appellierte besonders vor Spielen der deutschen und englischen Fußballnationalmannschaften an germanophobe Gefühle ihrer Leserschaft.[14] Ähnliches lässt sich in anderen Bereichen der Populärkultur feststellen. Eine Biermarke namens „Spitfire" warb auf Plakaten mit Slogans wie „Downed all over Kent, like the Luftwaffe". Fernsehserien über den Zweiten Weltkrieg erlebten eine Blütephase, wie John Ramsden in seiner kulturhistorischen Untersuchung über die deutsch-britischen Beziehungen im langen 20. Jahrhundert für die 1990er Jahre nachgewiesen hat.[15] „We are a nation fixated with the Second World War", hieß es noch in einem Leitartikel des „Daily Telegraph" zum 60. Jahrestag des Kriegsendes 2005, „and are becoming more so."[16]

Die Vorbehalte und Verunsicherungen, die sich seit Anfang der 1990er Jahre in Referenzen an die NS-Zeit und Rückgriffen auf den Zweiten Weltkrieg niederschlugen, blieben nicht auf den Bereich der Populärkultur beschränkt. Auch in Teilen der politischen Elite weckte oder verstärkte die deutsche Wiedervereinigung alte Res-

---

12 Kristina Spohr, Wendezeit. Die Neuordnung der Welt nach 1989, München 2019.
13 Robert Harris, Fatherland, New York 1992.
14 Vor dem Halbfinale der Europameisterschaft 1996 in England druckte der Daily Mirror als Balkenüberschrift auf der Titelseite „ACHTUNG! SURRENDER! For you Fritz, ze Euro 96 Championship is over"; daneben waren die englischen Spieler Paul Gascoigne und Stuart Pearce mit Stahlhelmen abgebildet, während der Chefredakteur Piers Morgan in einer Glosse die Kriegserklärung Neville Chamberlains aus dem September 1939 imitierte, in: Daily Mirror, 24.6.1996. Vgl. Joe Brooker, Stereotypes and National Identity in Euro 96, in: Rainer Emig (Hrsg.), Stereotypes in Contemporary Anglo-German Relations, Basingstoke/London 2000, S. 79–94.
15 Ramsden, War, S. 382.
16 Zit. ebenda, S. 364.

sentiments. Die Abneigung der Premierministerin Margaret Thatcher gegenüber Deutschland ist bekannt. Es habe sich nicht um eine rationale Einstellung gehandelt, urteilte Botschafter Mallaby im Rückblick, sondern um ein Bauchgefühl, das auf den Zweiten Weltkrieg zurückging.[17] Bundeskanzler Helmut Kohl schnappte im Dezember 1989 bei einer Sitzung der Staats- und Regierungschefs der Europäischen Gemeinschaft (EG) in Straßburg eine Bemerkung auf, die Thatcher im Vertrauen, nicht gehört zu werden, von sich gegeben habe: „Zweimal haben wir die Deutschen geschlagen! Jetzt sind sie wieder da!"[18]

Da die Premierministerin mit ihren Bestrebungen, die deutsche Einheit zu verhindern oder wenigstens auf unbestimmte Zeit zu verzögern, in Washington auf taube Ohren stieß und auch in Paris oder Moskau keine Verbündeten fand, die zu entschiedenen Schritten bereit waren, ließ sie sich von ihrem Außenministerium widerstrebend vom Format der „Zwei-plus-Vier-Verhandlungen" überzeugen.[19] Diese Form der Verhandlungen hatte aus Thatchers Sicht den Vorzug, dass sie den britischen Siegerrechten aus dem Zweiten Weltkrieg Rechnung trug und es den Briten ermöglichte, gleichberechtigt mit den beiden Siegermächten USA und Sowjetunion an der Lösung der völkerrechtlichen Ausgestaltung der deutschen Einheit mitzuwirken. Sie stellte darüber hinaus sicher, dass keine Absprachen zwischen der Bundesrepublik und der Sowjetunion hinter dem Rücken Großbritanniens und der USA getroffen werden konnten – eine Sorge, die sich als „Rapallo-Komplex" über Jahrzehnte in der britischen und französischen, weniger der amerikanischen Politik, gehalten hatte.[20]

Die Premierministerin war klug genug, ihre antideutschen Ressentiments öffentlich nicht allzu deutlich zu äußern.[21] Nicht alle ihre Minister ließen ähnliche Vorsicht walten. Für einen Skandal sorgte vor allem ein Interview, das Nicholas Ridley im Juli 1990 dem konservativen „Spectator" gab. Darin bezeichnete der britische Handels- und Industrieminister die Vorschläge einer europäischen Währungsunion, die damals diskutiert wurden, als deutsche Gaunerei („German racket") zur Übernahme Europas: Wer zu diesem Zweck britische Souveränität aufgebe, könne sie gleich Adolf Hitler überantworten. Die Angelegenheit wurde dadurch nicht besser,

---

[17] Mallaby, Cold War, S. 208.
[18] Helmut Kohl, Erinnerungen 1982–1990, München 2005, S. 1013.
[19] Hierzu und zum Folgenden siehe Dominik Geppert, Isolation oder Einvernehmen? Großbritannien und die deutsche Einheit, in: Geschichte in Wissenschaft und Unterricht 67 (2016), S. 5–22.
[20] Klaus Larres, The „Rapallo Factor" in German Foreign Policy from the 1950s to the 1990s, in: ders./Panikos Panayi (Hrsg.), The Federal Republic of Germany since 1949. Politics, Society and Economy Before and After Unification, London 1996, S. 285–301; siehe auch Dominik Geppert, Großbritannien und die Neue Ostpolitik der Bundesrepublik, in: Vierteljahrshefte für Zeitgeschichte 57 (2009), S. 385–412.
[21] In Interviews mit dem Nachrichtenmagazin Der Spiegel vom 23.3.1990 und mit der BBC am 18.6.1990 äußerte Thatcher ihre Vorbehalte freilich deutlich genug. Vgl. „Alle gegen Deutschland – nein!", in: Der Spiegel, 26.3.1990, S. 182–187; Verweis in: https://www.margaretthatcher.org/document/107933 (letzter Aufruf: 3.2.2021).

dass die Redaktion das Interview auf dem Titelbild mit einer Karikatur ankündigte, auf der zu sehen war, wie Ridley einem Poster mit dem Konterfei Helmut Kohls einen Hitler-Schnurrbart anpinselte.[22] In dem folgenden Empörungssturm sah sich die Regierungschefin genötigt, ihren Minister zum Rücktritt zu drängen, um diplomatische Weiterungen zu vermeiden. Wie sie die Sache wirklich beurteilte, machte sie in ihren Erinnerungen deutlich, in denen sie spitz bemerkte, Ridley sei durch „seine zu große Ehrlichkeit" zu Fall gekommen; wenn er einen Fauxpas begangen habe, dann durch die „Mitteilung einer unbequemen Wahrheit".[23]

Für die britische Regierung war das Timing des Vorfalls besonders peinlich, weil (wohl aus Ridleys Umfeld aus Rache für die erzwungene Demission) am Tag nach dessen Rücktritt das Protokoll eines Expertenseminars an die Presse durchgestochen wurde, in dem sich die Premierministerin einige Monate zuvor auf ihrem Landsitz in Chequers mit führenden Deutschlandkennern über historische Lehren aus der deutschen Geschichte beraten hatte.[24] Die wenig schmeichelhaften Attribute eines vermeintlichen deutschen Volkscharakters, die in dem Dokument aufgelistet wurden („in alphabetical order: *angst*, aggressiveness, assertiveness, bullying, egotism, inferiority complex, sentimentality"), ließen sich unschwer als Thatchers Vorurteile und nicht als die Ansichten ihrer Gesprächspartner erkennen, zumal sich alle Wissenschaftler hinterher öffentlich von derartigen stereotypen Zuschreibungen distanzierten.[25]

Nach dem Rücktritt der „Eisernen Lady" im November 1990 bemühte sich John Major als neuer Regierungschef gemeinsam mit Außenminister Douglas Hurd um eine Verbesserung der Beziehungen zur Bundesrepublik.[26] 1943 geboren und unbelastet von eigenen Erinnerungen an den Zweiten Weltkrieg, wurde Major weniger von der Sorge vor einem übermächtigen und zugleich unberechenbaren Deutschland umgetrieben als seine Vorgängerin. Aufzeichnungen der Treffen Majors und Kohls, die in den National Archives in Kew jüngst zugänglich wurden, lassen erkennen, wie sich der neue Premierminister bemühte, Thatchers konfrontativen Stil durch konziliantere, kooperativere Umgangsformen zu ersetzen. Die Betonung lag jetzt auf deutsch-britischen Gemeinsamkeiten, etwa in der Inflationsbekämpfung oder der wirtschaftlichen Konvergenz als Voraussetzung einer funktionierenden eu-

---

22 The Spectator, 14.7.1990, Zitat S. 8.
23 Thatcher, Downing Street No. 10, S. 445.
24 Für das Durchstechen aus Ridleys Umfeld siehe Charles Moore, Margaret Thatcher. The Authorized Biography, Bd. 3: Herself Alone, London 2019, S. 552.
25 Das Originalprotokoll vom 24.3.1990 ist veröffentlicht von der Margaret Thatcher Foundation unter: https://www.margaretthatcher.org/document/111047 (letzter Aufruf: 27.1.2021); für die spätere Veröffentlichung in der Presse siehe: The Independent on Sunday, 15.7.1990.
26 Siehe Major, Autobiography, S. 267; Douglas Hurd, Memoirs, London 2003, S. 409–443; siehe auch die biographische Studie von Kevin Hickson und Ben Williams, John Major. An Unsuccessful Prime Minister? Reappraising John Major, London 2017.

ropäischen Währungsunion.²⁷ In einer Rede vor der Konrad-Adenauer-Stiftung in Bonn nahm Major im März 1991 bewusst Anleihen bei Kohls Europa-Rhetorik, als er erklärte, er wolle Großbritannien wieder dort etablieren, wo es hingehöre, im Herzen Europas („at the heart of Europe").²⁸

Zugleich stand Major jedoch an der Spitze einer Partei, die spätestens seit der kritischen Rede Thatchers vor dem Europa-Kolleg in Brügge in Fragen der Europapolitik zunehmend gespalten war und auf deren dezidert euroskeptischen Flügel der neue Premierminister Rücksicht nehmen musste.²⁹ Den Vertrag von Maastricht vermochte er im Angesicht heftiger Widerstände von den konservativen Hinterbänken nur durchs Unterhaus zu steuern, indem er zahlreiche Ausnahmen („opt outs") für das Vereinigte Königreich sicherstellte, etwa mit Blick auf den Beitritt zur Wirtschafts- und Währungsunion oder das Sozialprotokoll (Social Chapter).³⁰ Dass die europakritischen Tendenzen in der Konservativen Partei sich nicht zuletzt gegen Deutschland richteten, wurde in der Währungskrise vom Herbst 1992 augenfällig, als das Pfund Sterling aus dem Europäischen Wechselkursmechanismus ausscheiden musste, dem es erst knapp zwei Jahre zuvor zu einem – wie sich herausstellte – überhöhten Wechselkurs beigetreten war. Als die Deutsche Bundesbank im Gefolge der Wiedervereinigung zu einer Hochzinspolitik überging, um die inflationären Tendenzen nach dem Vereinigungsboom zu dämpfen, gerieten andere Währungen, neben dem Pfund vor allem der französische Franc und die italienische Lira, unter enormen Druck, entweder abzuwerten oder aus dem Wechselkurssystem auszuscheiden.³¹

Bundesbank und Bundesregierung äußerten zwar ihr Bedauern, unternahmen aber wenig, um der britischen Währung beizustehen: Erstere weil sie allein der Preisstabilität in Deutschland verpflichtet war, Letztere weil sie jeden Anschein vermeiden wollte, die Unabhängigkeit der Bundesbank anzutasten. Entsprechend feindselig war die Stimmung in der britischen Öffentlichkeit und Politik. „I don't

---

27 Siehe Stephan Kieninger, ‚At the Very Heart of Europe'. New Evidence on John Major's Foreign Policy, https://www.wilsoncenter.org/blog-post/the-very-heart-europe-new-evidence-john-majors-foreign-policy (letzter Aufruf: 27.1.2021).
28 Major, Autobiography, S. 268 f.
29 Oliver Daddow/Christopher Gifford/Ben Wellings, The Battle of Bruges. Margaret Thatcher, the Foreign Office and the Unravelling of British European Policy, in: Political Research Exchange 1/1 (2019), S. 1–24. Für Thatchers Rede vom 20.9.1988 vgl. https://www.margaretthatcher.org/document/107332 (letzter Aufruf: 3.2.2021).
30 Siehe etwa Majors Pressekonferenz nach Abschluss der Maastricht-Verhandlungen im Dezember 1991: http://www.johnmajorarchive.org.uk/1990-1997/mr-majors-press-conference-in-maastricht-11-december-1991/ (letzter Aufruf: 3.2.2021); vgl. auch Hugo Young, This Blessed Plot. Britain and Europe from Churchill to Blair, London 1998, S. 412–471.
31 Zum Hintergrund siehe William Keegan/David Marsh/Richard Roberts, Six Days in September. Black Wednesday, Brexit and the Making of Europe, London 2017; vgl. auch die zeitgenössische Einschätzung von Anthony Glees, The Diplomacy of Anglo-German Relations. A Study of the ERM Crisis of September 1992, in: German Politics 3 (1994), S. 75–90.

think we can rely on the Germans", lautete die Einschätzung im britischen Schatzamt nach einem Treffen britischer Offizieller mit dem Bundesbankpräsidenten auf dem Höhepunkt der Krise Anfang September 1992.[32] Nachdem die britische Regierung mehr als drei Milliarden Pfund zur Stützung ihrer Währung ausgegeben hatte[33], nur um sich am Ende doch zum Austritt aus dem Europäischen Währungssystem (EWS) gezwungen zu sehen, machten viele in London die Bundesbank und speziell deren Präsidenten Helmut Schlesinger verantwortlich; dieser hatte wenige Tage zuvor durch unbedachte Äußerungen gegenüber der internationalen Finanzpresse einen spekulativen Run auf die britische Währung befeuert, dem die Regierung nichts mehr entgegenzusetzen hatte.[34] Nicht nur NS-Vergangenheit und Zweiter Weltkrieg warfen somit Schatten auf die britische Deutschlandwahrnehmung, auch Entwicklungen jüngeren Datums trübten das Bild.

Im Rückblick erwies sich das politische Desaster freilich als ein ökonomischer Glücksfall, denn mit einem deutlich abgewerteten Pfund Sterling begann für die britische Volkswirtschaft in den folgenden eineinhalb Jahrzehnten die längste Wachstumsphase der Nachkriegsgeschichte. Die britische Wahrnehmung Deutschlands hellte sich aufgrund des konjunkturellen Daueraufschwungs seit Mitte der 1990er Jahre allmählich auf – nicht zuletzt weil zwischenzeitlich nicht mehr (wie in den 1970er Jahren) Großbritannien als kranker Mann Europas galt, sondern die Bundesrepublik.[35] Die Briten erreichten in der Ära Blair einen höheren Lebensstandard und ein höheres Pro-Kopf-Einkommen als die Bundesrepublik. Die neue Prosperität Großbritanniens im Zeitalter von New Labour bildete den Hintergrund, vor dem sich mit der Fußballweltmeisterschaft 2006 ein neues, positiveres Deutschlandbild durchzusetzen begann.[36] Das latente Minderwertigkeitsgefühl gegenüber dem „Modell Deutschland" wich einer neuen Selbstgewissheit, im Zeitalter des digitalen Finanzkapitalismus die Nase vorn zu haben.[37]

Das Überlegenheitsgefühl verminderte sich, nachdem die von den Finanzdienstleistungen der City of London abhängige Volkswirtschaft Großbritanniens ungleich härter von der Weltwirtschafts- und -finanzkrise 2008 getroffen worden war als die Bundesrepublik mit ihrer Exportstärke im Maschinenbau- und Automobilsektor. Bald war wieder von Deutschland als – unfreiwilliger bzw. zögerlicher – Vor-

---

32 Major, Autobiography, S. 323.
33 Siehe die Dokumente auf https://webarchive.nationalarchives.gov.uk/20130403000951/http://www.hm-treasury.gov.uk/foi_erm4_2005.htm sowie https://www.margaretthatcher.org/document/137077 (letzter Aufruf: 3.2.2021).
34 Craig R. Whitney, Blaming the Bundesbank, in: The New York Times Magazine, 17.10.1993.
35 Zur Krisendiagnose der 1970er Jahre vgl. Dominik Geppert, Thatchers konservative Revolution. Der Richtungswandel der britischen Tories 1975 bis 1979, München 2002.
36 Und das obwohl die deutsche Nationalmannschaft die englische Auswahl im Achtelfinale 4:1 besiegte.
37 Diese Sichtweise wurde seinerzeit zunehmend auch in Deutschland geteilt, siehe etwa Wolfgang Münchau, Das Ende der Sozialen Marktwirtschaft, München 2006.

macht Europas die Rede.[38] Mit einem Mal erschien die Bundesrepublik geradezu als Inkarnation von Leichtigkeit und Lebensfreude gegenüber einem von Austerität gebeutelten Goßbritannien.[39] Der Wandel der Attribute, die man in der britischen Öffentlichkeit mit Deutschland neu zu verbinden lernte, war 2014 in einer großen Ausstellung im British Museum zu besichtigen: Nicht mehr Hitler und die Nazis standen im Vordergrund der von Neil MacGregor kuratierten Schau, sondern kulturelle Artefakte wie Dürers Nashorn, der VW-Käfer oder die Werke des Bauhaus.[40] Statt eines autoritären oder gar totalitären Staates und einer im Gleichschritt marschierenden, vielleicht effizienten, aber in ihrer Unberechenbarkeit unheimlichen Gesellschaft wurde dem britischen Publikum dort Reichtum und Vielfalt deutscher Kultur, Geschichte und Erinnerung vorgeführt.

Eine weitere Transformation der britischen Deutschlandwahrnehmung war im Zuge der großen Flüchtlingskrise 2015/16 zu konstatieren: Die Berichterstattung in einem großen Teil der britischen Leitmedien (von der BBC über die „Financial Times" und den „Guardian" bis zum „Economist") blieb ausgesprochen freundlich und kontrastierte das Offenhalten der deutschen Grenzen positiv mit der als hartherzig und engstirnig kritisierten Haltung der eigenen Regierung. Für einen anderen Teil der britischen Öffentlichkeit kam die deutsche Willkommenskultur hingegen einer unerklärlichen Selbstaufgabe und politischen Kapitulationserklärung gleich; das böse Wort von der Bundesrepublik als verrückt gewordenem *hippie state* (Anthony Glees) machte ebenso die Runde wie der Vorwurf der „Tugendprotzerei", die letztlich gefährlich und unmoralisch sei, weil sie Menschen in großer Zahl nach Europa locke, die nicht akzeptabel aufgenommen werden konnten.[41] Auf dem Titelbild der konservativen Zeitschrift „The Spectator" wurde Bundeskanzlerin Angela Merkel als Loreley abgebildet, deren Sirenengesang ahnungslose Flüchtlinge anlockte und auf hoher See ertrinken ließ.[42] In diesen stark kontrastierenden Deutschlandbildern zeichnete sich bereits die gesellschaftliche Polarisierung ab, die im Brexit-Referendum ihren Niederschlag fand.

---

38 Die Rede von Deutschland als „widerwilligem Hegemon" prägten die britischen Politikwissenschaftler Simon Bulmer und William Paterson: Germany as the EU's Reluctant Hegemon? Of Economic Strength and Political Constraints, in: Journal of European Public Policy 20 (2013), S. 1387–1405; siehe auch die Titelgeschichte in: The Economist, 13.6.2013.
39 „Cool Germany", titelte „The Economist" am 14.4.2018.
40 Vgl. auch das Buch zur Ausstellung von Neil McGregor, Germany. Memories of a Nation, London 2014.
41 Siehe mit weiteren Nachweisen Dominik Geppert, Die Europäische Union ohne Großbritannien. Wie es zum Brexit kam und was daraus folgt, in: Jürgen Rüttgers/Frank Decker (Hrsg.), Europas Ende, Europas Anfang. Neue Perspektiven für die Europäische Union, Frankfurt a. M. 2017, S. 117–130.
42 The Spectator, 12.9.2015.

2 Deutschlandpolitik und Gleichgewichtsdenken

Die „deutsche Frage" stand im britischen Diskurs nicht nur im Schlagschatten des Nationalsozialismus. Sie war immer auch eine Frage der richtigen geopolitischen Ordnung des europäischen Kontinents, die man in Großbritannien traditionell im Sinne einer Doktrin der Stabilität durch Gleichgewicht beantwortete.[43] Die Einpassung der deutschsprachigen Territorien in eine europäische (und globale) Friedensordnung war schon im Zeichen der Pax Britannica des 19. Jahrhunderts von Bedeutung für die britische Außenpolitik. Das galt für die Regelung der mitteleuropäischen Angelegenheiten im Rahmen des Deutschen Bundes[44] und erst recht für die Beziehungen Großbritanniens zum Deutschen Reich zwischen 1871 und 1945.[45] Nach der Katastrophe des „Dritten Reiches" wurde die „deutsche Frage" als europäische Ordnungsfrage gleichsam auf Eis gelegt; aufgrund der Spaltung Deutschlands im Kalten Krieg und der Einbindung zweier deutscher Staaten in antagonistische Militärblöcke bestand die Aufgabe nicht mehr darin, eine Machtzusammenballung in Mitteleuropa auszubalancieren, sondern mit der deutschen Teilung und der Grenzfrage im Osten im Rahmen einer bipolaren Weltordnung umzugehen, während sich zugleich seit den 1950er Jahren die Staaten Westeuropas in den Europäischen Gemeinschaften immer enger zusammenschlossen.[46]

Vor diesem Hintergrund waren sowohl die Deutschland- als auch die Europapolitik Großbritanniens von einer tiefgehenden Ambivalenz gekennzeichnet. In der Deutschlandpolitik bekannte man sich zwar zum Fernziel der Wiedervereinigung, setzte aber darauf, dass dies unter den Bedingungen des Ost-West-Konflikts auf absehbare Zeit nicht zur Debatte stand. In der Europapolitik war man zwar 1973 einer Gemeinschaft beigetreten, die sich 1957 in den Römischen Verträgen auf das Ziel einer „immer engeren Union" festgelegt hatte. Der Übertragung weiterer Souveränitätsrechte auf eine supranationale Ebene stand man jedoch ablehnend gegenüber. Die von der Bundesrepublik und Frankreich seit der zweiten Hälfte der 1980er Jahre vorangetriebene Intensivierung der europäischen Integration hatte bereits vor dem Herbst 1989 die Aporien in der europapolitischen Strategie Großbritanniens offengelegt. Mit der friedlichen Revolution in der DDR trat auch die Doppelbödigkeit der britischen Deutschlandpolitik offen zutage.[47]

---

43 In diesem Sinne Brendan Simms, Britain's Europe. A Thousand Years of Conflict and Cooperation, London 2016. Zur Theorie des Gleichgewichts der Kräfte vgl. etwa Michael Sheehan, Balance of Power. History and Theory, New York 1996.
44 Frank Lorenz Müller, Britain and the German Question. Perceptions of Nationalism and Political Reform, 1830–1863, London 2002.
45 Kennedy, Rise of Anglo-German Antagonism.
46 Jeremy Noakes/Peter Wende/Jonathan Wright (Hrsg.), Britain and Germany in Europe 1949–90, Oxford 2002.
47 Geppert, Isolation, S. 20 f.

Damit gelangte die deutsche Frage zurück auf die europäische Agenda – und zwar in einem neuen oder vielmehr: in einem ganz alten Gewand. Wieder ging es, wie zwischen 1871 und 1945, um die Frage, wie der deutsche Nationalstaat in der Mitte Europas sich in die Statik und Dynamik des Kontinents einfügen, wie er politisch stabil sein und wirtschaftlich prosperieren konnte, ohne die Sicherheit und das Wohlergehen der anderen Länder Europas zu gefährden. Somit stellte sich die „neue deutsche Frage" immer noch (oder wiederum) als Frage einer ausgewogenen europäischen Ordnung, allerdings unter entscheidend veränderten politischen, wirtschaftlichen und kulturellen Rahmenbedingungen.[48] Ein beträchtlicher Teil der Schwierigkeiten, die sich für die britische Deutschland- und Europapolitik nach 1990 ergaben, resultierte aus dem Problem, wie man das traditionelle Gleichgewichtsdenken mit den neuen Handlungsbedingungen der europäischen Integration vereinbaren konnte und wie in diesem Rahmen die Unwucht auszugleichen war, welche die deutsche Einheit in den europäischen Verhältnissen aus britischer Perspektive hatte entstehen lassen.

Besonders deutlich lassen sich sowohl die zentrale Bedeutung des *balance of power*-Gedankens als auch die daraus resultierende Schwierigkeit, die deutsche Frage im Rahmen der europäischen Einigung zu lösen, in den Memoiren Margaret Thatchers erkennen. Dort verhandelte die Politikerin die deutsche Einheit explizit unter der Überschrift „das Gleichgewicht der Kräfte". In einem föderativen Europa, schreibt die Politikerin, wäre Deutschland „viel zu groß und mächtig, als daß es nur einer von vielen Mitspielern auf dem europäischen Spielfeld wäre"; ihm würde in einem derartigen Gefüge zwangsläufig die Führungsrolle zuwachsen. Deutschland sei von seinem Wesen her eher eine destabilisierende als eine stabilisierende Kraft im europäischen Gefüge. Nur das militärische und politische Engagement der USA in Europa und die engen Beziehungen zwischen den beiden anderen starken, souveränen Staaten Europas, nämlich Großbritannien und Frankreich, könnten ein Gegengewicht zur Stärke der Deutschen bilden.[49]

Unter Thatchers Beratern dominierten in den turbulenten Wochen des Winters 1989/90 ebenfalls Gleichgewichtsmetaphern. „For the Germans, this is the breakthrough", schrieb ihr Chefberater Charles Powell in einem Lagebericht, den er am 9. Februar 1990 aus Bonn an die Premierministerin schickte. „After decades of sober

---

[48] Siehe aus britischer Warte Timothy Garton Ash, The New German Question, in: New York Review of Books, 15.8.2013; Hans Kundnani, German Power. Das Paradox der deutschen Stärke, München 2016; aus amerikanischer Sicht Robert Kagan, The New German Question. What Happens When Europe Comes Apart?, in: Foreign Affairs 98 (2019), H. 3, S. 108–120; aus französischer Perspektive Valéry Denoix de Saint Marc, The „New German Question". Which Germany in Which Europe? A French Perspective, in: Zeitschrift für Staats- und Europawissenschaften 11 (2013), S. 263–280; als deutsche Standpunkte Herfried Münkler, Macht in der Mitte. Die neuen Aufgaben Deutschlands in Europa, Hamburg 2015; Dominik Geppert, Halbe Hegemonie. Das Deutsche Dilemma, in: Aus Politik und Zeitgeschichte B 6–7/2013, S. 11–16.
[49] Thatcher, Downing Street No. 10, S. 1095 f.

and cautious diplomacy and adjusting themselves to fit in with decisions taken by others, they are in the driving seat and Toad is at the wheel." Die Bemerkung bezog sich auf den selbstverliebten Kröterich („Toad") aus Kenneth Grahames Kinderbuchklassiker „Der Wind in den Weiden" von 1908: Toad ist stolzer Besitzer eines etwas protzigen Herrenhauses und fährt gern schnelle Autos, obwohl seine Ausflüge in aller Regel mit einem Totalschaden enden. Es fällt nicht schwer, sich vorzustellen, wie Powells Bericht in der Vorstellung seiner Premierministerin die Illustration einer übergewichtigen Kröte am Steuer eines gefährlich schlingernden Fahrzeugs, die in England jedes Kind kennt, mit dem Bild eines deutschen Bundeskanzlers verschmelzen ließ, der sich als tollkühner, aber ungeübter Fahrer ins Verkehrschaos der internationalen Politik stürzt und dabei Kontrolle und Gleichgewicht verliert. „Nationalism, n'est-ce pas" und „nationalism with a vengeance", notierte die Premierministerin am Rand.[50]

Gegenüber Kohls außenpolitischem Berater Horst Teltschik befleißigte sich Powell einer nicht so despektierlichen, aber kaum weniger deutlichen Ausdrucksweise. Die britische Regierung sorge sich, so Powell, dass Deutschland den Kontinent ein weiteres Mal in Konflikt und Zerstörung („conflict and destruction") stürzen könnte. Außerdem drohe die wirtschaftliche Macht eines vereinigten Deutschlands Europa zu dominieren. Die Deutschen verhielten sich egoistisch, wenn sie ihr eigenes Interesse an der Vereinigung wichtiger nähmen als das allgemeine Interesse an Stabilität und Sicherheit in Europa. Großbritannien und die anderen westlichen Siegermächte müssten intensiver in die deutschen Planungen einbezogen werden, sonst wären sie gezwungen, sich ihrerseits mit anderen zu beraten, „including the Russians, without the Germans" – eine kaum verhüllte Drohung, zum Format des Sommers 1945 zurückzukehren und damit Adenauers „Albtraum von Potsdam" ein weiteres Mal wahr werden zu lassen.[51]

Thatcher spielte wenig später selbst die sowjetische Karte. Gegenüber dem amerikanischen Präsidenten sprach sie sich im Februar 1990 für eine Stärkung der Konferenz über Sicherheit und Zusammenarbeit in Europa (KSZE) aus, weil man in Europa mittel- und langfristig die Sowjetunion als Gegengewicht gegenüber einem wiedervereinigten Deutschland benötige: „In practical terms – and looking well into the future – only the Soviet Union could provide balance in the political equation", erklärte sie einem verblüfften George Bush, der nicht verstand, warum der Westen in der Stunde des Triumphs über die Sowjetunion ausgerechnet den Rivalen des Kalten Kriegs gegen den deutschen Verbündeten zurück ins Spiel bringen sollte.[52] Deutschland liege inmitten eines Kontinents von Ländern, die es in der Vergan-

---

50 Charles Powell an Margaret Thatcher, 9.2.1990, https://www.margaretthatcher.org/document/212634 (letzter Zugriff am: 27.1.2021) bzw. Documents on British Policy Overseas, Reihe 3, Bd. 7: German Unification, London/New York 2010, Doc. 136, S. 274–278, hier S. 274.
51 Ebenda.
52 Charles Powell an Stephen Wall, 24.2.1990, in: Documents on British Policy Overseas, Reihe 3, Bd. 7: German Unification, London/New York 2010, Doc. 155, S. 310–314, Zitat S. 311.

genheit angegriffen und besiegt habe, so Thatcher: „Germany has colossal wealth and trade surpluses. So we must include a bigger country, the Soviet Union [or] you, in the political arena."[53]

So weit wie die „Eiserne Lady" ging keiner von Thatchers Nachfolgern. Aber auch für John Major spielte der Gleichgewichtsgedanke eine wichtige Rolle bei seinem Plädoyer für Großbritanniens Beitritt zum Europäischen Wechselkursmechanismus. Die Einbeziehung des Pfund Sterling in das EWS werde die Dominanz der D-Mark mildern und die deutsch-französische Achse in der Währungspolitik abschwächen. Letztlich könnten nur Frankreich und Großbritannien gemeinsam das deutsche Gewicht ausbalancieren, lautete sein Argument schon als Schatzkanzler 1989/90, dem er auch als Premierminister treu blieb.[54] Selbst Gordon Brown, in dessen Erinnerungen sich sonst wenige Überlegungen zur internationalen Staatenordnung finden lassen, notierte, ihm sei bei seinem Amtsantritt als Premierminister bewusst gewesen, dass er die richtige Balance in den Beziehungen zu Deutschland und Frankreich finden musste, weil beide gleichermaßen wichtig für die britische Europapolitik seien.[55] In Tony Blairs außenpolitischer Konzeption tauchte der Gedanke der *balance of power* ebenfalls auf – freilich in einer charakteristischen Wendung als Argument für eine gemeinsame europäische Rolle in der Weltpolitik. Nur ein außenpolitisch geeintes Europa könne seinen Platz zwischen den USA, China, Indien, Brasilien und anderen großen Schwellenländern behaupten, um das internationale Gleichgewicht („equilibrium") in der Welt zu wahren.[56]

Die Verfechter eines britischen Austritts aus der Europäischen Union (EU) drehten Blairs Gedanken später um und plädierten für den Brexit, damit ein „globales Britannien" seine angemessene Rolle in der Welt spielen könne, an deren Ausübung das Vereinigte Königreich durch die Bindung an ein provinzielles, auf die eigene Nabelschau fixiertes „Europa" gehindert werde. Auch wenn offene Empire-Nostalgie und explizite Visionen einer revitalisierten Anglosphäre im Referendums-Wahlkampf 2016 keine große Rolle spielten, stellten sie untergründig doch einen wichtigen Möglichkeitshorizont und ein emotional ansprechbares Ideologiereservoir für Brexit-Anhänger dar.[57] Auch das Argument von Stabilität und Gleichgewicht bzw. deutschem Übergewicht tauchte bei einigen Befürwortern des EU-Austritts auf. Der Historiker Brendan Simms argumentierte ganz im Sinne Winston Churchills für eine Kombination aus Brexit und Politischer Union auf dem Kontinent „to reconcile Britain's need for stability on the continent, which can be achieved only through the

---

53 George H. W. Bush/Brent Scowcroft, A World Transformed, New York 1998, S. 248 f. bzw. amerikanisches Protokoll des Telefonats Thatchers mit Bush, 24.2.1990, https://bush41library.tamu.edu/files/memcons-telcons/1990-02-24-Thatcher.pdf (letzter Aufruf: 19.2.2021).
54 Major, Autobiography, S. 314.
55 Brown, My Life, Our Times, S. 199.
56 Blair, Journey, S. 502.
57 Michael Kenny/Nick Perace, Shadows of Empire. The Anglosphere in British Politics, Cambridge 2018, S. 157.

complete political integration of the eurozone, with the British people's desire to preserve the sovereignty of the United Kingdom". Im Unterschied zu Großbritannien, so Simms, seien fast alle anderen europäischen Staaten zu schwach, um als unabhängige Akteure prosperieren zu können, „while Germany is too large to be permitted to do so".[58]

3 Recht und Politik

In der Bundesrepublik stieß die britische Neigung, in Gleichgewichtssystemen zu denken, auf Unverständnis und Ablehnung, weil die führenden Politiker seit Konrad Adenauer dazu tendierten, die europäische Einigung nicht als Fortsetzung einer *balance of power*-Politik mit anderen Mitteln zu betrachten. Vielmehr verstanden sie einen europäischen Bundesstaat oder Staatenverbund ganz im Gegenteil geradezu als Beendigung der unseligen Tradition einer Geopolitik, die in Kategorien von Gewicht und Gegengewicht dachte. Diese Neuerung nach dem Zweiten Weltkrieg hatte Wurzeln, die weit in die Vergangenheit zurückreichten. Wo die britische Tradition zur Ordnung der Staatenwelt auf den Gleichgewichtsgedanken zurückgriff, vertraute das deutsche Ordnungsdenken auf die Macht des Rechts. Schon Leopold von Ranke hatte 1837 in der Überordnung des Rechts über die Politik eine Besonderheit des Alten Reiches ausgemacht. In allen anderen Staaten und Imperien sei die Idee des Rechts an den Inhalt der Gewalt selbst geknüpft gewesen, so Ranke, wodurch sie nicht selten „gewaltig ins Gedränge gekommen [sind]: in Deutschland gab es immer über all den einzelnen Staatsgewalten noch etwas, was nicht Gewalt war, sondern den Einwirkungen derselben so viel als möglich entrückt, auf dem Boden der Reichsgesetze, der Vergangenheit und der Gelehrsamkeit ruhend, die Idee eines rechtlich, juridisch gesicherten Zustandes an und für sich repräsentierte."[59]

Der tief im deutschen Staatsbewusstsein verankerte Vorrang des Rechtlichen wurde nach 1945 noch dadurch verstärkt, dass die neugegründete und von fremden Truppen besetzte Bundesrepublik in ihren Anfangsjahren den Siegermächten Souveränitätsrechte mit juristischen Mitteln in zähen Verhandlungen erst Stück für Stück abringen musste: vom Ruhrstatut zur Einrichtung einer internationalen Ruhrbehörde 1949 über die Revision des Besatzungsstatuts 1951 bis zum Deutschlandvertrag von 1952 bzw. den Pariser Verträgen 1954, die 1955 in Kraft traten. Dementsprechend beharrte die Bundesrepublik auch später durchgängig auf der Rechtsposition einer Wiedervereinigungsperspektive, zu der sich die Westmächte, inklusive Groß-

---

58 Simms, Britain's Europe, Zitate S. xvi und 237.
59 Zitiert nach Hans-Christof Kraus, Die Spätzeit des Alten Reiches im Blick der deutschen Historiker des 19. Jahrhunderts, in: Matthias Asche/Thomas Nicklas/Matthias Stickler (Hrsg.), Was vom Alten Reiche blieb... Deutungen, Institutionen und Bilder des frühneuzeitlichen Heiligen Römischen Reiches Deutscher Nation im 19. und 20. Jahrhundert, München 2011, S. 33–62, hier S. 40 f.

britanniens, 1952/54 verpflichtet hatten. Tatsächlich war die britische Regierung Ende der 1940er Jahre zu der Ansicht gelangt, nur eine Aussicht auf die deutsche Einheit könne die besiegten Deutschen dauerhaft befrieden.[60] Je stärker sich die Spaltung des Landes im Kalten Krieg jedoch verfestigte, desto bereitwilliger arrangierte sich Großbritannien mit der deutschen Teilung. Britische Diplomaten gaben in den 1950er Jahren intern ziemlich unverblümt zu, dass „ein geteiltes Deutschland zur Zeit die sichere Lösung ist", wie Selwyn Lloyd, Staatsminister im Foreign Office, im Juni 1953 an den damaligen Regierungschef Winston Churchill schrieb.[61]

Der britische Ex-Premierminister Edward Heath bekräftigte diese Einstellung 1989, indem er feststellte: „Wir haben natürlich gesagt, daß wir an die deutsche Wiedervereinigung glauben, weil wir wußten, daß sie nicht passieren würde."[62] Auf derselben Linie bewegte sich Margaret Thatcher, als sie bei einem Moskau-Besuch im September 1989 (außerhalb des Protokolls) zum sowjetischen Parteichef Michail Gorbatschow sagte, weder die Briten noch die anderen Westeuropäer seien an einer Vereinigung Deutschlands interessiert: „The words written in the NATO communiqué[63] may sound different, but disregard them. We do not want the unification of Germany. It would lead to changes in the post-war borders, and we cannot allow that because such a development would undermine the stability of the entire international situation, and could lead to threats to our security."[64] Diese Aussage ist nicht nur bemerkenswert, weil sie noch einmal unterstreicht, wie sehr der Primat von Stabilität und Sicherheit das Denken der britischen Premierministerin in der deutschen Frage seinerzeit bestimmte, sondern auch weil deutlich wird, dass aus ihrer Sicht rechtliche Bindungen in Verträgen oder öffentliche Festlegungen in Kommuniqués im Ernstfall hinter eine politische Bewertung der internationalen Situation zurückzutreten hatten.

Die Bundesregierung leitete bei den Verhandlungen über die äußeren Aspekte der deutschen Einheit die Formel „Zwei-plus-Vier" nicht zuletzt aus dem Selbstbestimmungsrecht der Deutschen ab und weigerte sich, einer „Katzentischlösung" zuzustimmen, bei der „über unsere Köpfe hinweg" über das deutsche Schicksal ent-

---

60 Victor Mauer, Brückenbauer. Großbritannien, die deutsche Frage und die Blockade Berlins 1948–1949, Berlin/Boston 2018, S. 66.
61 Zit. nach Josef Foschepoth, Churchill, Adenauer und die Neutralisierung Deutschlands, in: Deutschland Archiv 17 (1984), S. 1286–1301, hier S. 1300.
62 Zit. nach: Wir müssen Kurs halten, in: Der Spiegel, 25.9.1989, S. 16 f.
63 Gemeint ist die Brüsseler Erklärung der Staats- und Regierungschefs der NATO-Mitgliedstaaten vom 30.5.1989, abrufbar unter: https://www.nato.int/docu/comm/49-95/c890530a.htm (letzter Aufruf: 2.2.2021).
64 Anatoli Tschernajew, Gesprächsprotokoll, 23.9.1989, einsehbar in: https://www.margaretthatcher.org/document/112005 (letzter Aufruf: 2.2.2021). Die zitierte Passage wurde auf Thatchers Bitte nicht in das offizielle Protokoll aufgenommen und später vom (sowjetischen) Protokollanten aus dem Gedächtnis nachgetragen.

schieden würde.⁶⁵ Thatcher hingegen legte in internen Besprechungen größten Wert darauf, die Formel umzukehren und von „Vier-plus-Zwei" zu sprechen, um die Prärogative bzw. die Vorrechte der Siegermächte des Zweiten Weltkriegs zu betonen, die 1990 gleichsam auf das um die Vertreter der beiden deutschen Staaten erweiterte Format der Potsdamer Konferenz von 1945 zurückgriffen. Sie hätte jeden erschossen, erinnerte sich Powell später, der es gewagt hätte, von „Zwei-plus-Vier" zu sprechen.⁶⁶

Divergierende Vorstellungen von der Bedeutung des Rechts in der internationalen Politik, genauer gesagt: vom richtigen Verhältnis zwischen allgemein verbindlichen rechtlichen Regeln und politischer Dezision in Einzelfällen stellten somit eine weitere Quelle für deutsch-britische Fehlwahrnehmungen dar. Es ist kein Zufall, dass aus deutscher Sicht bei der europäischen Integration der Gedanke einer Rechtsgemeinschaft bestimmend war.⁶⁷ Aus britischer Sicht hingegen dominierte die Idee der Wirtschafts- und Handelsgemeinschaft (womöglich auch das Konzept der Verteidigungsgemeinschaft im Kalten Krieg gegen die Sowjetunion).⁶⁸ Diese Präferenzen wurzelten nicht nur in unterschiedlichen historischen Erfahrungen, sie hatten auch mit unterschiedlichen Verfassungsordnungen und Formen der Staatsorganisation zu tun. In einem Zentralstaat werden Differenzen in aller Regel durch Machtausübung innerhalb etablierter Institutionen politisch geklärt und nicht auf dem Wege höchstrichterlicher Rechtsprechung; das gilt umso mehr für das Vereinigte Königreich, das keine geschriebene Verfassung besitzt und dem bereits jede Vorstellung eines eigenständigen, anderen Rechtsformen übergeordneten Verfassungsrechts fehlt: Wichtige politische Entscheidungen werden mit Mehrheit im Parlament getroffen und nicht durch höchstrichterliche Neuinterpretationen alter Gesetze oder Gebräuche.⁶⁹

Es habe ihn immer wieder fasziniert, schrieb David Cameron in seinen Erinnerungen, dass zwei Länder wie Deutschland und Großbritannien auf dieselbe Europäische Union schauen und dabei etwas derart Unterschiedliches wahrnehmen könnten. Als Beispiel nannte Cameron das Europäische Parlament, das aus deutscher Sicht als Quelle von Demokratie, legitimer Macht und Verantwortlichkeit er-

---

65 So Bundesaußenminister Hans Dietrich Genscher im Gespräch mit seinen amerikanischen, französischen und britischen Amtskollegen in Ottawa, 11.2.1990, abgedruckt in: Die Einheit. Das Auswärtige Amt, das DDR-Außenministerium und der Zwei-plus-Vier-Prozess, bearb. von Heike Amos und Tim Geiger, Göttingen 2015, Dok. 49, S. 254–259, Zitate S. 256 f.
66 Zitat bei Moore, Thatcher, Bd. 3, S. 516.
67 Grundlegend etwa in den Schriften von Walter Hallstein, Der unvollendete Bundesstaat. Europäische Erfahrungen und Erkenntnisse, Düsseldorf/Wien 1969; ders., Die europäische Gemeinschaft, Düsseldorf/Wien, 1973; ders., Europäische Reden, Stuttgart 1979.
68 Dominik Geppert, Die Rolle Deutschlands und Europas in Margaret Thatchers politischem Weltbild, in: Jürgen Luh/Vincent Czech/Bert Becker (Hrsg), Preußen, Deutschland und Europa 1701–2001, Groningen 2003, S. 234–250.
69 Dominik Geppert, Der Brexit in historischer Perspektive, in: Merkur 74 (März 2020), S. 75–84, hier S. 78.

scheine, während es in britischen Augen allenfalls ein nützliches Forum hauptsächlich wirtschaftlicher Kooperation zwischen Nationalstaaten sei und legitime parlamentarische Entscheidungsgewalt nur in Westminster ausgeübt werden konnte.[70] Cameron hätte auch auf den Europäischen Gerichtshof (EuGH) verweisen können, der aus deutscher Sicht nicht viel mehr als eine weitere Ebene justizieller Zuständigkeit über den Amts-, Landes-, Oberlandes- und Bundesgerichten darstellte, während er aus britischer Sicht als gefährliche Bedrohung nationaler Souveränität erschien.[71] Den Vereinheitlichungs- und Standardisierungstendenzen, die vom EuGH ausgingen, stellten sich die britischen Premierminister – ungeachtet ihrer Parteizugehörigkeit – entgegen. Ihm schwebe ein Europa verschiedener Geschwindigkeiten, verschiedener Bedürfnisse und verschiedener Entwicklungsrichtungen vor, schrieb Gordon Brown in seinen Erinnerungen, ein Europa, das unterschiedliche Grade der Integration auf allen möglichen Politikfeldern in den verschiedenen Mitgliedsländern akzeptiere.[72]

Greifbar wurden die Unterschiede auch bei der Bewertung der Eurokrise seit 2010. Die föderale Tradition Deutschlands sah ein verbindliches Regelwerk als Rahmen der Konfliktaustragung in einem heterogenen Gemeinwesen vor. Für die ordoliberale Schule der deutschen Volkswirtschaftslehre war überdies der Grundsatz der Haftung wichtig. Daraus ergab sich in Krisensituationen die Empfehlung von Sparmaßnahmen, um grundlegende Verhaltensänderungen zu bewirken. Britische Ökonomen schenkten Haftungsfragen weniger Aufmerksamkeit. Sie veranschlagten die Gefahren des *moral hazard* geringer und forderten in Krisenlagen das tatkräftige Eingreifen des Staates. Diese Präferenzen helfen zu erklären, warum die englische Wirtschaftspresse vom „Economist" bis zur „Financial Times" kaum Sympathien für die deutsche Position in der Eurokrise aufbrachte.[73]

4 Fazit

Derartige Diskrepanzen in den Sichtweisen auf zentrale Probleme der europäischen Politik blieben nicht ohne Auswirkungen auf das Gefühlsleben der beteiligten Akteure. Die vorherrschende Emotion auf britischer Seite war dabei Frustration. Man kann den Wandel der Deutschlandwahrnehmung britischer Premierminister von Thatcher bis Cameron (und womöglich bis Boris Johnson) mit guten Gründen als

---

70 Cameron, For the Record, S. 519.
71 Siehe hierzu Vernon Bogdanor: Britain & Europe in a Troubled World, New Haven/London 2020, S. 117.
72 Brown, My Life, Our Times, S. 408.
73 Vgl. Markus Brunnermeier/Harold James/Jean-Pierre Landau, Euro. Der Kampf der Wirtschaftskulturen, München 2018; siehe auch Adam Tooze, Chrashed. Wie die Finanzkrise die Welt verändert hat, München 2018.

langwierige Frustrationsgeschichte interpretieren. Thatchers Enttäuschung wurzelte nicht zuletzt im Scheitern ihrer Bestrebungen, ihre Amtskollegen in Washington, Paris und Moskau davon zu überzeugen, dass ein wiedervereinigtes Deutschland wie bereits mehrmals zuvor in der Geschichte eine ernsthafte Bedrohung für die europäische Stabilität darstellte.[74] John Majors Desillusionierung war anderer Art. Er wurde in seinem Bemühen, Großbritannien mit deutscher Unterstützung wieder ins „Herz Europas" zu führen, nicht zuletzt von der Bundesbank ausgebremst. Mehr als Mitleid und freundliche Worte habe es für die Verheerungen, die dadurch angerichtet wurden, weder aus Frankfurt noch aus Bonn gegeben, notierte der Premierminister in seinen Erinnerungen.[75] Ähnlich erging es ein Vierteljahrhundert später David Cameron bei den Brüsseler Verhandlungen im Vorfeld des Referendums über den Verbleib Großbritanniens in der EU. Die Hoffnungen auf deutsches Entgegenkommen, die er gehegt hatte, erfüllten sich nicht – nicht zum ersten Mal. Schon bei seinem Versuch, Jean-Claude Juncker als EU-Kommissionspräsidenten zu verhindern, hatte Cameron auf die Bundeskanzlerin gesetzt – und war enttäuscht worden. Die Halbwertszeit von Merkels Versprechen werde kürzer, bemerkte der britische Premierminister gegenüber der deutschen Delegation.[76]

So unterschiedlich die Umstände in allen drei Fällen waren, lässt sich doch ein Grundmuster entdecken: Deutschland war für zentrale britische Anliegen – die geopolitische Ordnung des Kontinents, die Währungsstabilität und die EU-Mitgliedschaft Großbritanniens – von entscheidender Bedeutung. Die britischen Regierungschefs identifizierten ein gemeinsames deutsch-britisches Interesse in der jeweiligen Angelegenheit und mussten feststellen, dass die deutsche Politik anders funktionierte und entsprechend anders reagierte, als man in Whitehall und Westminster angenommen oder gehofft hatte. Das Ergebnis war Enttäuschung, die wahlweise auf deutsche Heuchelei, Wortbruch, Pfennigfuchserei oder eine naive Verkennung ureigener deutscher Interessen zurückgeführt wurde – oder auch auf einen besonders perfiden deutschen Nationalismus, der sich als europäischer Idealismus tarnte. Diese Wahrnehmungsblockaden dürften für das deutsch-britische Verhältnis künftig mindestens so bedeutsam sein wie die Erinnerung an den Zweiten Weltkrieg.

---

[74] Zwei weitere Enttäuschungen habe ich an anderer Stelle untersucht; siehe Dominik Geppert, Beziehungsprobleme. Margaret Thatcher, Helmut Kohl und die schlechte Chemie, in: Hélène Miard-Delacroix/Andreas Wirsching (Hrsg.), Emotionen und internationale Beziehungen im Kalten Krieg, Berlin/Boston 2020, S. 255–274.
[75] Major, Autobiography, S. 314.
[76] Cameron, For the Record, S. 518 f.

Wolfgang Mueller
Die deutsche Wiedervereinigung als sowjetische Niederlage?
Der Wandel des Geschichtsbildes in Russland 1990–2020

In seiner Ansprache anlässlich der Unterzeichnung des „Großen" oder auch „Umfassenden" Vertrages über gute Nachbarschaft, Partnerschaft und Zusammenarbeit zwischen der Bundesrepublik Deutschland und der Union der Sozialistischen Sowjetrepubliken (UdSSR) am 9. November 1990 im Bonner Palais Schaumburg sagte der sowjetische Staatspräsident:

> „Heute ist ein besonderer Tag in der jahrhundertelangen Geschichte unserer Länder – und, wie ich meine, auch in der europäischen Geschichte. Indem wir dieses Dokument, an welches man noch vor kurzem kaum zu denken wagte, mit unseren Unterschriften versehen, haben wir offiziell einen Schlussstrich unter den ganzen geschichtlichen Prozess gezogen und eine für uns gemeinsame, in die Tiefe gehende Perspektive aufgezeichnet. [...] Besonders wichtig ist es, dass der Vertrag über gute Nachbarschaft, Partnerschaft und Zusammenarbeit zwischen der Sowjetunion und der Bundesrepublik Deutschland zur gleichen Stunde geboren wurde wie auch der Vertrag über die abschließende Regelung in Bezug auf Deutschland, der in Moskau vor zwei Monaten [am 12. September] unterzeichnet werden konnte. Ich bin überzeugt: Wir haben die einzig richtige Wahl getroffen. Wir haben eine langfristig angelegte, reiflich überlegte Entscheidung getroffen, die den lebenswichtigen Interessen und ureigenen Traditionen unserer beiden Völker und Staaten entspricht. Ebenso bin ich davon überzeugt, dass der ‚Große' – wie man ihn bereits getauft hat – sowjetisch-deutsche Vertrag keine Episode, sondern eine Konstante der neuen Friedensordnung sein wird, die durch gemeinsame Anstrengungen aller Beteiligten des KSZE-Prozesses gestaltet wird."[1]

Obschon auch 30 Jahre später der Präsident Russlands den Spitzen Deutschlands das übliche Glückwunschtelegramm zum Tag der Deutschen Einheit übermittelt und die Bedeutung des Ereignisses sowie die Bereitschaft zum Dialog betont hat,[2] so ist von der Euphorie Michail Gorbatschows vom November 1990 nur mehr wenig

---
1 Besuch des Präsidenten der Sowjetunion vom 9. bis 10. November 1990, in: Bulletin des Presse- und Informationsamtes der Bundesregierung Nr. 133, 15.11.1990, https://www.bundesregierung.de/breg-de/service/bulletin/besuch-des-praesidenten-der-sowjetunion-vom-9-bis-10-november-1990-788570. (Dieser und alle folgenden Internet-Belege wurden zuletzt am 6.5.2021 überprüft). Der Verfasser dankt Dr. Alexander Golovlëv, Moskau, ohne dessen wertvolle Medienrecherche dieses Projekt nicht durchgeführt hätte werden können, und dem Georg-Eckert-Institut für internationale Schulbuchforschung der Leibniz-Gemeinschaft, Braunschweig, für die freundliche Hilfe bei der Schulbuchrecherche. Im Text wird die für deutsche Leser gebräuchliche Transkription russischer Namen (Gorbatschow) verwendet, in den Anmerkungen die wissenschaftliche Transliteration (Gorbačëv).
2 Pozdravlenie rukovodstvu FRG s dnëm Germanskogo edinstva, 3.10.2020, in: Prezident Rossii, http://kremlin.ru/events/president/news/64147.

festzustellen. Zum Jahrestag der Unterzeichnung des deutsch-deutschen Einigungsvertrages am 31. August veröffentlichte die Russländische Informationsagentur (RIA) Nowosti eine eher trockene Darstellung seiner Inhalte.[3] Dieser Kontrast sollte aber nicht zu der Annahme verleiten, die Wiedervereinigung Deutschlands und ihre Umstände seien 1990 in Russland einhellig begrüßt worden: Flammende Anklagen sowjetischer Konzessionen gegenüber Deutschland, Verschwörungstheorien über angeblich gebrochene Versprechen des Westens sowie bittere rhetorische Fragen, was Russland denn im Gegenzug erhalten habe, gab es bereits damals. Schon damals prognostizierte der Journalist Josef Joffe, die Russen würden die nächsten Jahrzehnte damit verbringen, eine Antwort auf die Frage zu suchen: „Wer hat Deutschland verloren?"[4] Tatsächlich bilden kritische Stimmen aber nur einen Teil des Diskurses; der andere erkennt in der Verwirklichung des Selbstbestimmungsrechtes und in der Überwindung der Teilung Europas Ziele, welche die sowjetische Zustimmung zur Wiedervereinigung rechtfertigen.

Die sowjetische Politik in der Frage der Wiedervereinigung ist relativ gut erforscht.[5] Der vorliegende Aufsatz geht daher der Frage nach, wie das Ereignis im politischen Diskurs Russlands, von der Geschichtswissenschaft und durch die breite Bevölkerung wahrgenommen wurde und wird. Als Material dienen Verlautbarungen des Präsidenten der Russländischen Föderation, Sitzungsprotokolle der Staatsduma, Meinungsumfragen, die zentrale Presse wie „Iswestija", „Rossiskaja Gaseta",

---

[3] Dogovor ob ob"edinenii meždu FRG i GDR (1990), in: RIA Novosti, 31.8.2020, https://ria.ru/20200831/obedinenie-1576418774.html.
[4] Zit. nach Aleksej M. Filitov, Germanija v Sovetskom vnešnepolitičeskom planirovanii 1941–1990, Moskau 2009, S. 305.
[5] Für die deutsche und englische Literatur in Auswahl: Vyacheslav Dashichev, On the Road to German Reunification. The View from Moscow, in: Gabriel Gorodetsky (Hrsg.), Soviet Foreign Policy 1917–1991. A Retrospective, London 1994, S. 170–182; Philip Zelikow/Condoleezza Rice, Germany Unified and Europe Transformed. A Study in Statecraft, Cambridge 1995; Rafael Biermann, Zwischen Kreml und Kanzleramt. Wie Moskau mit der deutschen Einheit rang, Paderborn 1997; Anatolii Cherniaev, The Unification of Germany. Political Mechanisms and Psychological Stereotypes, in: Russian Politics and Law 36 (1998), H. 4, S. 23–38; Dokumente zur Deutschlandpolitik: Deutsche Einheit. Sonderedition aus den Akten des Bundeskanzleramtes, bearb. v. Hanns Jürgen Küsters und Daniel Hoffmann, München 1998; Angela Stent, Russia and Germany Reborn. Unification, the Soviet Collapse, and the New Europe, Princeton 1999; Alexander von Plato, Die Vereinigung Deutschlands – ein weltpolitisches Machtspiel, Berlin 2002; Andreas Rödder, Deutschland einig Vaterland. Die Geschichte der Wiedervereinigung, München 2009; Mary E. Sarotte, 1989. The Struggle to Create Post-Cold War Europe, Princeton 2009; Andreas Hilger (Hrsg.), Diplomatie für die deutsche Einheit. Dokumente des Auswärtigen Amts zu den deutsch-sowjetischen Beziehungen 1989/90, München 2011; Vladislav Zubok, With His Back Against the Wall. Gorbachev, Soviet Demise, and German Reunification, in: Cold War History 14 (2014), H. 4, S. 619–645; Stefan Karner u. a. (Hrsg.), Der Kreml und die deutsche Wiedervereinigung 1989/90, Berlin 2015; Die Einheit: Das Auswärtige Amt, das DDR-Außenministerium und der Zwei-plus-Vier-Prozess, bearb. v. Heike Amos und Tim Geiger, Göttingen 2015; Wolfgang Mueller, „Die Lage gleitet uns aus den Händen". Motive und Faktoren in Gorbatschows Entscheidungsprozess zur Wiedervereinigung Deutschlands, in: Zeitschrift des Forschungsverbundes SED-Staat 39 (2016), S. 3–28.

„Sowjetskaja Rossija", „Moskowski Komsomolez" und „Komersant", Memoiren, Fachliteratur, Hochschularbeiten und Schulbücher. Für die Historiographiegeschichte bis 2004 kann auf die Studien von Boris Petelin und Marija Wladymzewa zurückgegriffen werden.[6] Bei der Interpretation der Ergebnisse ist zu berücksichtigen, dass politische Stellungnahmen, wissenschaftliche Standpunkte und öffentliche Meinungen sich unter dem Eindruck eines sich stark wandelnden innen- und außenpolitischen Umfeldes gebildet haben. Erstens wird die deutsche Einheit, wie Walentin Falin 2009 feststellte, in Russland von vielen Angehörigen der älteren Generation mit dem Zerfall der Sowjetunion und des Warschauer Paktes assoziiert, mit der Wirtschafts- und Staatskrise der 1990er Jahre und damit generell mit als Degradation oder – in den Worten Präsident Wladimir Putins – als „größte geopolitische Katastrophe des 20. Jahrhunderts" empfundenen Phänomenen.[7] Zweitens fand die Formierung russischer Sichtweisen vor dem Hintergrund neuer Belastungen im russisch-westlichen Verhältnis statt, wie etwa der Kontroversen über die politische und Menschenrechtslage in Russland, über die Aufnahme von Staaten Ostmitteleuropas in das Nordatlantische Bündnis (NATO), den Georgienkrieg, die Aggression Russlands gegen die Ukraine, Cyberangriffe, politische Attentate und feindselige Propaganda. Innenpolitisch ist drittens in Russland eine Zunahme staatlicher Interventionen zur Formung des Geschichtsbildes feststellbar, die u. a. mit der Einrichtung der Kommission gegen Geschichtsfälschung 2009, der Einführung von Artikel 354.1 „Rehabilitierung des Nazismus" im Strafgesetzbuch Russlands 2014 und einer Tendenz zur Rehabilitierung des Stalinismus einhergehen.[8] Trotz alledem hat die Forschung viertens von einer großen Menge publizierter Erinnerungen und Archivakten profitiert, was aber nicht überall zu einer Entscheidung der heiß debattierten Fragen

---

6 Vgl. z. B. Boris V. Petelin, Ob"edinenie Germanii v predstavlenijach rossijskich i nemeckich avtorov, in: Rossija i Germanija 3, hrsg. von Boris M. Tupolev, Moskau 2004, S. 346–373; Marija Valer'evna Vladymceva, Rossijskaja istorijografija 1990-ch godov o probleme ob"edinenija Germanii, in: Istoričeskie, filosofskie, političeskie i juridičeskie nauki, kul'turologija i iskusstvovedenie 39 (2014), H. 2, S. 48–51. Zur allgemeinen Entwicklung der Historiographie nach 1991 vgl. u. a. Jutta Scherrer, Das postsowjetische Russland, in: Wolfgang Küttler/Jörn Rüsen/Ernst Schulin (Hrsg.), Geschichtsdiskurs, Bd. 5, Frankfurt a. M. 1999, S. 46–72; Kathleen Smith, Mythmaking in the New Russia. Politics and Memory during the Yeltsin Era, Ithaca 2002; Lars Karl/Igor Polianski (Hrsg.), Geschichtspolitik und Erinnerungskultur im neuen Russland, Göttingen 2009; Nina A. Friess, Russlands widersprüchliche Vergangenheiten, in: Przeglad Humanistyczny (2013), H. 6, S. 5–18; Andrei Kolesnikov, Erinnerung als Waffe: Die Geschichtspolitik des Putin-Regimes, in: Osteuropa 70 (2020), H. 6, S. 3–28.
7 Guzel' Agiševa, Valentin Falin: „My govorim o edinstve Germanii, a dumaem o raspade SSSR", in: Izvestija, 1.10.2009, https://iz.ru/news/353706.
8 Grigorij Levčenko, Kak v Rossii sudjat za „falsifikaciju istorii": Doklad „Agory", in: Meduza, 10.5.2018, https://meduza.io/feature/2018/05/10/kak-v-rossii-sudyat-za-falsifikatsiyu-istorii-doklad-agory. Die Verurteilung gemäß Art. 354.1 ist laut Medien von 238 Fällen im ersten Jahr auf 2063 im Jahr 2017 angestiegen.

über die deutsche Einheit geführt hat, kreisen diese doch weniger um die Rekonstruktion als um die politische Interpretation der Ereignisse.

Um diese Entwicklung des Geschichtsbildes in ihrem chronologischen Verlauf, aber auch unter Berücksichtigung widerstreitender Standpunkte zu analysieren, geht die vorliegende Untersuchung chronologisch vor und folgt dabei pragmatisch gewählten politischen Zäsuren wie dem Ende der Sowjetunion, dem Rücktritt Boris Jelzins als Präsident Ende 1999 und der Rückkehr Wladimir Putins in das Präsidentenamt 2012. Für jede der genannten vier Epochen werden Politik, öffentliche Meinung, Mediendiskurs und Historiographie dargestellt.

1 Die öffentliche Debatte um die deutsche Einheit in der UdSSR 1990–1991

Bereits die Verhandlungen über die Wiedervereinigung, das Bekanntwerden der Ergebnisse und die Debatte über deren Ratifizierung wurden in der Sowjetunion ab Mai/Juni 1990 von einer zunehmend polarisierten Debatte und wachsender Kritik an der sowjetischen Führung, vor allem an Gorbatschow und Außenminister Eduard Schewardnadse, begleitet. Militärs wie der ehemalige Generalstabschef und nunmehrige Militärberater des Präsidenten, Marschall Sergei Achromejew, und sein Nachfolger General Michail Moissejew erklärten, dass der Westen der UdSSR wie eh und je feindlich gegenüberstehe und Letztere daher keine einseitigen Zugeständnisse machen dürfe. Der Militärkommandant des Wolga-Ural-Distriktes, General Albert Makaschow, griff die Staatsspitze an, indem er sich in der Tageszeitung „Sowjetskaja Rossija" vom 21. Juni 1990 „empört über die Passivität des ZK, des Politbüros und der Regierung" zeigte.[9]

Sehr bald rückte auch Deutschland stärker in den Fokus der Debatte. Das konservative Politbüromitglied Jegor Ligatschow fragte am 12. Mai 1990 in der „Bonner Rundschau" rhetorisch: „Waren wir es, die in Deutschland einmarschiert sind, oder waren es die Deutschen, die unser Land überfallen haben? 26 Millionen Menschen haben wir verloren, 1700 Städte wurden zerstört und mehr als hunderttausend Dörfer [...]. Und jetzt wollen 78 Millionen Deutsche wieder in einem Staate leben, und zugleich soll dieser Staat der NATO angehören!"[10] Um derartige Aspirationen zurechtzustutzen, erinnerte Verteidigungsminister Dmitri Jasow an die „vernichtende Niederlage", welche die UdSSR Deutschland beigebracht habe, aber auch daran, dass die Entspannung nicht irreversibel sei – bei einer Änderung der internationalen Großwetterlage könnten sich Zugeständnisse an den Westen bitter rächen.

---

9 Zit. nach Biermann, Zwischen Kreml und Kanzleramt, S. 465 f.
10 Zit. ebenda, S. 585.

Die Argumente waren sowohl militärstrategischer als auch historischer Natur. Nikolai Portugalow von der Internationalen Abteilung des Zentralkomitees (ZK) der Kommunistischen Partei (KPdSU) meinte, die sowjetischen Streitkräfte würden nur gemeinsam mit den westlichen abziehen. Der zweite Mann der Botschaft in der DDR, Botschaftsrat Igor Maximytschew erinnerte an den „fürchterlichen Blutzoll" der UdSSR im Zweiten Weltkrieg und erklärte, „es wäre sicher eine Demütigung und Verletzung des Andenkens an Millionen von Toten im Kampf gegen Faschismus und Krieg, wenn die kommende deutsche Einigung als eine Art Korrektur, Aufhebung des 8. Mai aufgefaßt werden würde".[11]

Die Kritik war so stark, dass Gorbatschow rhetorisch dem imperialistischen Flügel entgegenkam und die sowjetischen Vertreter bei den Abrüstungsverhandlungen in Genf, den Wiener Verhandlungen über Konventionelle Streitkräfte in Europa bzw. über Vertrauens- und Sicherheitsbildende Maßnahmen sowie bei den Zwei-plus-Vier-Verhandlungen auf Rot schalteten. Einen Höhepunkt erlebte der parteiinterne Aufruhr am 28. Parteitag der KPdSU vom 2. bis 13. Juli 1990, als Außenminister Schewardnadse mit Rücktrittsforderungen hoher Militärs konfrontiert wurde. Auch die lang verzögerte Ratifikation des Zwei-plus-Vier-Vertrages im Obersten Sowjet der UdSSR am 4. März 1991 war Ausdruck der labilen innenpolitischen Haltung gegenüber der Wiedervereinigung.[12]

Die Labilität spiegelte sich in den Ergebnissen einer Meinungsbefragung wider, die im Herbst 1990 im Auftrag des Bundespresseamtes bei 3926 Sowjetbürgerinnen und -bürgern durchgeführt wurde: Während 57 Prozent der Befragten die Wiedervereinigung positiv beurteilten und nur 9 Prozent sie ablehnten, fürchteten 31 Prozent einen neuen Weltkrieg infolge der Ereignisse. 25 Prozent stimmten der Aussage zu, dass die Sowjetunion infolge der Wiedervereinigung den Zweiten Weltkrieg nachträglich verloren habe.

2 Der Deutschlanddiskurs in Duma und Medien in der Ära Jelzin 1992–2000

Das Ende der Sowjetunion beendete die Kontroverse nicht – im Gegenteil. Der Abzug von circa 546 000 sowjetischen Soldaten und Zivilpersonen samt 4200 Panzern, 8200 Transportern, 3600 Geschützen, 1350 Flugzeugen bis August 1994 aus der ehemaligen DDR trug dazu bei, das Thema im öffentlichen Bewusstsein wachzuhalten.

---

11 Zit. ebenda, S. 586. Versöhnlicher klang eine nach der Wiedervereinigung veröffentlichte Darstellung: Igor Maksimyčev, Germanija i my, in: Meždunarodnaja žisn' (1991), H. 8. Abgedruckt in ders., Padenie Berlinskoj steny: Iz zapisok sovetnika-poslannika posol'stva SSSR v Berline, Moskau 2011, S. 315–337.
12 Biermann, Zwischen Kreml und Kanzleramt, S. 672 f., 766 f., 704.

Obwohl die von russischen Medien kolportierte Stimmung der Abziehenden im Allgemeinen versöhnlich war, sorgten zwei Punkte für russische Missstimmung: zum einen der wiederholt angesprochene Umstand, dass die aus Berlin abziehenden Westmächte in Deutschland als Verbündete gefeiert wurden, während entsprechende Abschiedsfeiern für die russischen Kontingente innerdeutsche Diskussionen hervorriefen. Zum anderen hinkte trotz beträchtlichen deutschen finanziellen Leistungen an Russland das Wohnbauprogramm für die heimkehrenden Truppen nach, was bei Kritikern die Abneigung gegen den angeblich „überhasteten" Abzug verstärkte.[13] Aber auch die Fundamentalkritik an der sowjetischen Zustimmung zum Verbleib Deutschlands in der NATO kochte immer wieder hoch, etwa anlässlich der Beschlussfassung des russischen Kulturgütereigentumsgesetzes vom 15. April 1998, der deutschen Zwangsarbeiterentschädigung und vor allem als die Frage eines NATO-Beitritts der ostmitteleuropäischen Staaten ab 1994 an Aktualität gewann.

In der Duma führten die genannten Anlässe zu Polemiken der mandatsstarken Liberal-Demokratischen Partei (LDPR) und der Kommunisten (KPRF). Die ersten Dumawahlen hatte die LDPR gewonnen, in der zweiten (1995–1999) und der dritten (1999–2003) Duma dominierte die KPRF. Inhaltlich unterschieden sich die Wortmeldungen der beiden Parteien kaum. So sprach der LDPR-Abgeordnete Wjatscheslaw Marytschew von der „ruhmlosen Austreibung unserer Truppen aus Deutschland" und der Vorsitzende des Sicherheitsausschusses Wiktor Iljuchin, KPRF, beklagte, dass „der Abzug der stärksten Heeresgruppe in Europa aus Deutschland von ihrer Zerschlagung in Teile und faktische Vernichtung begleitet" worden sei. Wassili Schandybin, KPRF, meinte: „Wir alle haben gesehen, dass in einem für unseren Staat schwierigen Moment unsere Generäle unser Vaterland aufgegeben haben und unsere Armee unter den Klängen eines Blasorchesters aus Deutschland und anderen Ländern abgezogen ist."[14]

Die Verantwortlichen wurden meist in der politisch-diplomatischen Führung der Perestrojka- und der Jelzin-Jahre identifiziert und in den „stümperhaften Handlungen des MID [Außenministeriums] und anderer Ämter, die an dem Abschluss dieses Vertrages und dem Truppenabzug aus Deutschland beteiligt waren, den wir aus irgendwelchen Gründen ultraschnell durchgeführt haben".[15] Dabei schreckte der LDPR-Führer Wladimir Shirinowski vor persönlichen Schmähungen und haltlosen Behauptungen nicht zurück:

---

13 Stephen Kinzer, Bitter Goodbye: Russians Leave Germany, in: The New York Times, 4.3.1994, https://www.nytimes.com/1994/03/04/world/bitter-goodbye-russians-leave-germany.html. Siehe auch das „Erinnerungsalbum": Sovetskie vojska v Germanii: Pamjatnyj al'bom, Moskau 1994.
14 Gosudarstvennaja Duma, Stenogramma zasedanija, 22.6.1994, http://transcript.duma.gov.ru/node/3179/; 27.10.1994, http://transcript.duma.gov.ru/node/3144/; 12.2.1997, http://transcript.duma.gov.ru/node/2819/.
15 Gosudarstvennaja Duma, Stenogramma zasedanija, Aleksandr N. Michajlov, KPRF, 21.7.1995, http://transcript.duma.gov.ru/node/3022/#sel=.

„Wir müssen noch einmal zu Gorbatschow zurückkehren: Er war es, der den Block der sozialistischen Staaten zerstört hat, den Warschauer Pakt! Sogar die Amerikaner und Deutschen waren einverstanden, dass unsere Truppen in Deutschland bleiben. Aber was für ein jämmerlicher Mensch, dieser Gorbatschow! Sie sagten: Lasst eure Truppen in Deutschland, 100 000 Mann könnt Ihr dort belassen. Aber er, Gorbatschow, dieser Lump, hat alle unsere Truppen, alle Raketen abgezogen."[16]

Auch der an den Verhandlungen über die deutsche Einheit gar nicht führend beteiligte erste postsowjetische Außenminister Russlands wurde infolge seines westfreundlichen Kurses zum Feindbild der Chauvinisten erkoren. Andrei Kosyrew, so Iljuchin, habe

„keine russische, sondern eine antirussische Politik im Ausland durchgeführt. Erinnern wir uns, wer sich so mit der Vereinigung der Deutschen Demokratischen Republik mit der BRD beeilte? Wir haben sie vereinigt und sogar vergessen (ja vergessen!) einen Vertrag abzuschließen, vergessen zu verlangen, dass das wiedervereinigte Deutschland aus dem Nordatlantischen Pakt austritt und nie wieder in einen Militärblock eintritt. Konnten wir das verlangen? Ja, wir konnten. Und die Vereinigten Staaten von Amerika waren bereit, diese Frage zu besprechen."[17]

In der zweiten Hälfte der 1990er Jahre wurde der Abzug aus Deutschland vermehrt im Zusammenhang mit der NATO-Öffnung nach Osten diskutiert, wobei Iljuchin meinte: „Nicht die Kalinka hätte man in Berlin tanzen müssen, sondern den Abzug russischer Truppen aus Deutschland an einen Vertrag über die Nichterweiterung der NATO nach Osten binden."[18]

Waren die meisten einschlägigen Stellungnahmen der Duma bisher *über* Deutschland erfolgt, so richtete das russische Parlament im zehnten Jahr der Einheit gleich zwei Adressen *an* die deutsche Staats- und Regierungsspitze. Die Erklärung vom 17. März 2000 „im Zusammenhang mit den Handlungen der Behörden der Bundesrepublik Deutschland in Bezug auf bekannte Staatsmänner der Deutschen Demokratischen Republik"[19] artikulierte die „Besorgnis" der russischen Legislative über die im Vorjahr im deutschen Mauerschützenprozess erfolgte Verurteilung des ehemaligen Staatsratsvorsitzenden der DDR, Egon Krenz. So sei die „Gerichtsver-

---

16 Gosudarstvennaja Duma, Stenogramma zasedanija, 17.12.1998, http://transcript.duma.gov.ru/node/2456/. Für die zitierten Behauptungen gibt es keine Beweise oder Anhaltspunkte.
17 Gosudarstvennaja Duma, Stenogramma zasedanija, 9.9.1995, http://transcript.duma.gov.ru/node/3020/.
18 Gosudarstvennaja Duma, Stenogramma zasedanija, 22.1.1997, http://transcript.duma.gov.ru/node/2830/.
19 Postanovlenie Gosudarstvennoj Dumy Federal'nogo Sobranija Rossijskoj Federacii o zajavlenii Gosudarstvennoj Dumy Federal'nogo Sobranija Rossijskoj Federacii „V svjazi s dejstvijami vlastej Federativnoj Respubliki Germanija v otnošenii izvestnyh političeskih dejatelej Germanskoj Demokratičeskoj Respubliki", No. 190-III GD, 17.3.2000, Sobranie zakonodatel'stva Rossijskoj Federacii", No. 13, 27.3.2000, S. 1339, http://www.szrf.ru/szrf/doc.phtml?nb=100&issid=1002000013000&docid=55.

handlung tendenziös geführt" worden, bei der Verurteilung handle es sich um eine „Verletzung eines allgemein anerkannten Rechtsprinzips" (gemeint war: *nulla poena sine lege*) und um einen „Versuch der Behörden der BRD, politische Rechnungen zu begleichen". Daher appellierte die Duma an den Bundespräsidenten, den Bundeskanzler, den Bundestag und das Bundesverfassungsgericht, die Strafverfolgung von Krenz zu beenden.

Wiederholt wurde dieser Appell in der Erklärung der Duma vom 22. September 2000 im Zusammenhang mit dem zehnten Jahrestag der Wiedervereinigung Deutschlands.[20] Obwohl die deutsche Einheit als Ende des Kalten Krieges und Voraussetzung für die Errichtung eines demokratischen, stabilen und blühenden Europas gelobt wurde, welche die deutsch-russländischen Beziehungen auf eine neue Ebene gehoben habe, kritisierte die Erklärung, dass angebliche Vereinbarungen über die Nichterweiterung der NATO nicht erfüllt und die Sicherheitsinteressen Russlands verletzt worden seien. Insbesondere Anfang 1990 kurzfristig aufgetauchte westliche Aussagen über eine Nichtausdehnung des NATO-Gebietes (in Deutschland) und der daraus entstandene Mythos angeblicher Zusagen über eine Nichtannahme künftiger ostmitteleuropäischer Beitrittsanträge (die 1990 noch nicht vorlagen) spielen bis in die Gegenwart eine große Rolle im russischen Ressentiment. Im Vorfeld der Erklärung war es zu einer heftigen Debatte gekommen, da Juli Rybakow vom rechtsliberalen Verband der rechten Kräfte, ein bekannter Dissident gegen das Sowjetregime, den Entwurf der Abgeordneten Dmitri Rogosin von der Fraktion „Der Volksdeputierte" und Jegor Ligatschow von der KPRF dafür kritisierte, sich „grob in die inneren Angelegenheiten Deutschlands einzumischen".[21] Die deutschen Einheitsfeierlichkeiten am 3. Oktober 2000 in Dresden boten Anlass für neue Aufregung, aber auch neue Verschwörungstheorien, die Alexei Mitrofanow, LDPR, am folgenden Tag in emotionaler Weise artikulierte:

> „Dank der Sowjetunion fanden die Samtenen Revolutionen statt, dank der Ersten Hauptverwaltung des KGB – sie machte alle diese Revolutionen! Und was erhielten wir im Gegenzug? Die Bruderschaft des bulgarischen oder des tschechischen Volkes? Wertschätzung von ihnen gibt es keine! Und wer trat gestern in der Zeremonie zur deutschen Wiedervereinigung auf? Der französische Präsident. Wir waren nicht dabei! Verstehen Sie das?! Wir waren nicht da! Dabei waren wir es, die Deutschland vereinigt haben. Wir haben Deutschland vereinigt – und wir waren nicht dabei! [...] Wir haben Deutschland vereinigt. Und was haben wir erhalten? Nichts haben wir erhalten!"[22]

---

20 Gosudarstvennaja Duma Federal'nogo Sobranija Rossijskoj Federacii, Postanovlenie o zajavlenii Gosudarstvennoj Dumy Federal'nogo Sobranija Rossijskoj Federacii „V svjazi s desjatiletiem ob"edinenija Germanii", No. 649-III GD, 22.9.2000, http://docs.cntd.ru/document/901771224.
21 Gosudarstvennaja Duma, Stenogramma zasedanija, 22.9.2000, https://transcript.duma.gov.ru/node/2112/.
22 Gosudarstvennaja Duma, Stenogramma zasedanija, 4.10.2000, https://transcript.duma.gov.ru/node/2109/. Eine Urheberschaft der sowjetischen Geheimdienste an den „Samtenen Revolutionen" ist unwahrscheinlich, eine punktuelle Involvierung aber anzunehmen. Außer Frage steht, dass sich

Die kommunistische „Sowjetskaja Rossija" griff am 3. Oktober mit der Überschrift „Wir verurteilen Siegerjustiz – Freiheit für E. Krenz" die Kampagne auf. Die Wiedervereinigung wurde bezeichnet als „eines der besonderen Beispiele des von Gorbatschow begangenen politischen Verrats", der sowjetische Präsident und sein Außenminister hätten „eine Tat verübt, die viele Millionen Europäer teuer zu stehen gekommen ist, darunter auch unserem Volke, das seine Zukunft verloren hat". Dabei wiederholte die Zeitung die sowjetische Propagandalinie, „dass die Teilung im Jahre 1952 [!] nicht unsere Initiative war, sondern von der Hand des Westens verübt wurde, der die Hoffnung verloren hatte, die UdSSR mit Hilfe Hitlers und dessen Horden zu vernichten und nun selbst eine neue Etappe im Kampf um die Unterwerfung der Welt begonnen hatte".[23]

Dass in diesem Diskurs nicht nur innenpolitische, sondern auch außenpolitische Schuldzuweisungen erfolgten, hatte das kommunistische Boulevardblatt „Moskowski Komsomolez" unterstrichen, indem es die DDR als das angeblich „erste osteuropäische Opfer, das in die gierigen Pratzen der NATO gefallen ist", bezeichnete.[24] Die sowjetische Führung habe aus „Kurzsichtigkeit" „die Wünsche aller anderer Staaten, nur nicht die eigenen" berücksichtigt; der Westen „die Schwäche seines ehemaligen Feindes" ausgenutzt. Zuletzt habe sich die Bundesrepublik ungeachtet ihres Wissens um die Gegenposition Russlands zugunsten einer Öffnung der NATO für ostmitteleuropäische Beitrittsbewerber ausgesprochen. Insbesondere letzterer Kritikpunkt dürfte den eigentlichen Anlass für den Kommentar und das historische Beispiel nur die Folie für die Abarbeitung aktueller außenpolitischer Unzufriedenheit des Kommentators geboten haben. Dass die deutsche Wiedervereinigung den mehrheitlichen Wünschen der DDR-Bevölkerung entsprach, die freie Bündniswahl jedem freien Staat zusteht und die NATO keine treibende Kraft der deutschen Einheit war, stellte dafür offenbar kein Hindernis dar.

Vor dem Hintergrund der ressentimentgeladenen politischen und medialen Debatten der 1990er Jahre entwickelte sich die russische Historiographie dynamisch. Da nur wenige Archivdokumente zugänglich waren, fußten die Arbeiten auf offenen Quellen und Publikationen. Die zahlreichen in jener Zeit erscheinenden Werke arbeiteten sich an den ebenfalls in großer Zahl erscheinenden Erinnerungswerken Gorbatschows, Schewardnadses, des sowjetischen Botschafters in Bonn bzw. Vizeaußenministers Juli Kwizinski, des DDR-Ministerpräsidenten Hans Modrow, des Chefs der Stasi-Auslandsaufklärung, Markus Wolf, und anderen ab.[25] Während die

---

Gorbačëv entschieden hatte, die Revolutionen nicht niederzuschlagen, wodurch ihr Erfolg möglich wurde. Mark Kramer, The Demise of the Soviet Bloc, in: Journal of Modern History 83 (2011), H. 4, S. 788–854.
23 Otmečaetsja desjatiletie ob"edinenija Germanii: Mest' za svetlye pomysli, in: Sovetskaja Rossija, 3.10.2000, S. 3.
24 K. Ju., Predystorija: Pervaja žertva NATO, in: Moskovskij komsomolec, 7.10.1995, S. 2.
25 Eduard A. Ševardnadze, Buduščee prinadležit svobode, Moskau 1991; dt.: Die Zukunft gehört der Freiheit, Hamburg 1991; Markus Wolf, Po sobstvennomu zadaniju, Moskau 1992; dt.: Im eigenen

meisten russischen Autorinnen und Autoren übereinstimmten, dass es ohne die Sowjetunion, konkret „ohne Gorbatschow keine deutsche Einheit"[26] gegeben hätte, schieden sich die Geister, ob dessen Deutschlandpolitik nun erfolgreich gewesen sei oder nicht.[27] Dabei lässt sich nicht ausschließen, dass viele kritische Einschätzungen eher durch den Zerfall der Sowjetunion motiviert waren als durch die Wiedervereinigung Deutschlands.

Unter den in den 1990er Jahren veröffentlichten Erinnerungswerken äußerten sich insbesondere der ehemalige Vorsitzende des Ministerrates, Nikolai Ryschkow 1996 und Botschafter Walentin Falin kritisch. Ryschkow bezeichnete Gorbatschow und Jelzin als „Hauptverräter" und beklagte die „Tragödie Erich Honeckers".[28] Falin, der in letzter Minute erfolglos zugunsten einer Verhärtung der sowjetischen Haltung in der Frage der Bündnismitgliedschaft Deutschlands interveniert hatte, kritisierte Gorbatschow und Schewardnadse für ihre Nachgiebigkeit in den Verhandlungen und ihren autokratischen Entscheidungsstil: „Weder der Oberste Sowjet noch die Regierung, weder der Verteidigungsrat noch der Präsidialrat noch der Föderationsrat (vom Politbüro des ZK der KPdSU kann aus verständlichen Gründen keine Rede mehr sein) hatten Gorbatschow zu diesen Entscheidungen bevollmächtigt."[29] Auch der ansonsten eher liberale Botschafter Anatoli Dobrynin monierte, dass unter dem Druck der USA und der Bundesrepublik „die weiteren westlichen Sicherheitsgrenzen unseres Landes ohne irgendeine strategische Kompensation aufgegeben wurden".[30] Dass diese Kritik nicht nur dem Zeitgeist geschuldet war, beweisen die Memoiren von Gorbatschows langjährigem Widersacher Ligatschow, der sich zur Wiedervereinigung relativ zustimmend äußert und den letzten sowjetischen Staatspräsidenten in Schutz nimmt.

> „Die Ehre der Urheberschaft dieser Entscheidung [die Berliner Mauer zu öffnen] beanspruchen heute viele ehemalige Führer der ehemaligen DDR (darunter auch Krenz selber und der Sekretär des Berliner Parteikomitees der SED, Schabowski), aber niemand möchte die Verantwortung übernehmen für den unvorbereiteten Charakter dieser lange gereiften Aktion, für den völligen Verlust der Kontrolle über den Strom der Exkursanten nach Westberlin und zurück. [...] Die Masse der Bevölkerung der DDR begann bald, nicht einmal mehr für den Zusammen-

---

Auftrag, München 1991; Anatoli S. Černjaev, Šest' let s Gorbačëvym, Moskau 1993; engl.: My Six Years with Gorbachev, University Park 2000; Georgij Šachnazarov, Cena svobody: Reformacija Gorbačëva glazami ego pomoščnika, Moskau 1995; dt. Preis der Freiheit: Eine Bilanz von Gorbatschows Berater, Bonn 1996; Michail Gorbačëv, Žisn' i reformy, Moskau 1995; dt.: Erinnerungen, Berlin 1995; Julij A. Kvicinskij, Vremja i slučaj, Moskau 1999.
26 Petelin, Ob"edinenie Germanii, S. 350.
27 Vladymceva, Rossijskaja istorijografija S. 48.
28 Nikolaj I. Ryžkov, Desjat' let velikich potrjasnenij, Moskau 1996, S. 366.
29 Valentin M. Falin, Bez skidok na obstojate'stva: Političeskie vospominanija, Moskau 1999, S. 449.
30 Anatolij F. Dobrynin, Sugubo doveritel'no: Posol' v Vašingtone pri šesti prezidentov SŠA (1962–1986), Moskau 1997, S. 665, engl.: In Confidence: Moscow's Ambassador to Six Cold War Presidents, Washington, D. C. 2001.

schluss mit der BRD einzutreten, sondern nur für den Anschluss an sie. [...] Was die Aussagen der vaterländischen Orthodoxen betrifft, die M[ichail] S. G[orbatschow] beschuldigen, dass er die DDR aufgegeben habe, muss man feststellen, dass selbst eine feste Achse Berlin–Moskau die ‚Gemeinschaft' nicht gerettet hätte."[31]

Für die Zukunft gebe es „zwei Garantien gegen eine Wiedergeburt des deutschen Expansionismus und Militarismus": ein demokratisches System in Deutschland und die NATO. Hinzu komme eventuell eine dritte Garantie in Form eines Sicherheitssystems mit Russland durch dessen Beitritt zur NATO. Abschließend fragt Ligatschow: „Kann man das Auftreten von Nationalismus, Chauvinismus in einem vereinigten Deutschland ausschließen? Nein. Aber die Wahrscheinlichkeit dafür wäre ungleich höher, wenn die Teilung Deutschlands und die Konfrontation auf seinem Boden künstlich aufrechterhalten würde."

In seinem der deutschen Wiedervereinigung gewidmeten Erinnerungsband „Wie es war" ging auch Gorbatschow explizit auf Kritiker ein und nannte den Umstand, dass seine Handlungen infolge einer negativen Haltung gegenüber der Perestrojka oft verzerrt dargestellt würden, als Motivation für sein Buch.[32] Seine historische Darstellung der Teilung Deutschlands ist durchaus konventionell sowjetisch, der Hitler-Stalin-Pakt wird verschwiegen, der Westen für die Teilung verantwortlich gemacht.[33] Seine eigenen Überlegungen bezeichnet der ehemalige Staatschef als moralisch, politisch und strategisch motiviert. So wäre eine erzwungene Teilung unmoralisch, die Aufrechterhaltung der DDR mit Gewalt politisch mit Blick auf die Auswirkungen auf die Ost-West-Beziehungen und die Perestrojka unklug und strategisch für die deutsch-sowjetischen Beziehungen belastend gewesen. Für eine Aufrechterhaltung der DDR habe es weder in Deutschland noch international ausreichenden Rückhalt gegeben. Hingegen konnte die deutsche Einheit als Beitrag zur Beendigung des Kalten Krieges, zur Überwindung der Teilung Europas und zur Entlastung der sowjetischen Staatsfinanzen dienen. Dabei weist der Verfasser den Vorwurf der „Ultrapatrioten" zurück, er habe die DDR verkauft.[34] Dass sich die Hoffnungen auf die deutsch-sowjetische Zusammenarbeit nicht ganz erfüllt hätten, sei eine Folge der Auflösung der UdSSR.[35] Was die später aufgebrachte Forderung nach einem Verzicht auf eine NATO-Öffnung über die DDR hinaus betreffe, wäre eine solche Forderung 1990 „dumm" gewesen, da der Warschauer Pakt damals noch bestand. Dennoch sei die Aufnahme der ostmitteleuropäischen Staaten in das Nordatlantische Bündnis ein „ernster Schlag". Auch die Anerkennung Sloweniens und

---

31 Egor K. Ligačëv, Tak žit' nevozmožno: Rossija pered burej, TOO „Korina", o. O., o. J., S. 220, 224. Die folgenden Zitate S. 224 f.
32 Michail Gorbačëv, Kak ėto bylo: Ob"edinenie Germanii, Moskau 1999, S. 3 f.
33 Ebenda, S. 9.
34 Gorbačëv, Kak ėto bylo, S. 111.
35 Ebenda, S. 185.

Kroatiens durch den Westen 1991/92 wird kritisiert, die Vorreiterrolle Russlands dabei aber verschwiegen.³⁶

Neben den Erinnerungen führender Politiker erschien in den 1990er Jahren auch eine Reihe einschlägiger, fundierter und teils durchaus ausgewogener Analysen von Akteuren der zweiten Reihe, die dabei neben offenen Quellen auf eigene Erinnerungen und Akten zurückgreifen konnten, und von Politologen. Nikolai Pawlow von der Diplomatischen Akademie bezeichnet in seiner eher liberalen Analyse der politischen und wirtschaftlichen Krise der DDR die Wiedervereinigung als „objektiv unvermeidbar".³⁷ Gorbatschows Politik der Nichteinmischung betrachtet er als korrekt, da die Sowjetunion schon seit der Intervention in Afghanistan 1979 keine Großmacht mehr gewesen sei und die weitere Stationierung von Truppen in Deutschland gegen dessen Willen unmoralisch und auch unfinanzierbar gewesen wäre. Über die Folgen für die sowjetische Sicherheit schreibt Pawlow:

> „In wirtschaftlicher, wissenschaftlich-technischer und moralisch-psychologischer Hinsicht hatte sie [die Sicherheit der Sowjetunion] schon vorher signifikant gelitten, aber ohne jemandes Schuld. Der Kern des Übels lag im System des Kasernensozialismus sowjetischer Prägung. In geostrategischer Hinsicht, in Hinsicht auf die natürlichen und menschlichen Ressourcen wurde der Union unersetzbarer Schaden zuteil infolge der Desintegrationsprozesse und der Auflösung des einst mächtigen Imperiums, deren Ursache in der gegenseitigen Übertragung zweier Revolutionen lag – einer demokratischen und einer nationalen, antiimperialistischen. Die Wiedervereinigung hat damit absolut nichts zu tun."³⁸

Ferner tritt der Autor der Kritik entgegen, die Sowjetunion habe die DDR an Bonn „verschenkt". Einerseits habe sie die DDR nicht besessen, andererseits zwischen 1989 und 1991 von der Bundesrepublik 64 Mrd. DM erhalten. Die von der UdSSR vorgeschlagenen Alternativen zur NATO-Mitgliedschaft Deutschlands wie eine Neutralisierung bzw. die Ersetzung der beiden Bündnisse durch ein gesamteuropäisches Sicherheitssystem seien mangels Unterstützung bzw. Zeit gescheitert.³⁹

Kritischer äußert sich Igor Maximytschew, der in seiner mit zahlreichen statistischen Daten aufwartenden Arbeit „seine Sympathien für die DDR nicht verheimlichen möchte (das wäre auch nicht möglich)".⁴⁰ Entgegen der Meinung, wonach die DDR nur mit sowjetischer politischer und westdeutscher wirtschaftlicher Hilfe weiterexistierte, meint der Autor, die DDR hätte ohne Mauer, die er als diskreditiert an-

---

36 Vgl. Wolfgang Mueller, Die Sowjetunion und der Zerfall Jugoslawiens 1989–91, in: Der Donauraum 54 (2014), H. 3–4, S. 197–229.
37 Nikolaj V. Pavlov, Ob"edinenie ili: Rasskaz o rešenii Germanskogo voprosa, Moskau 1992, S. 7, dt.: Die deutsche Vereinigung aus sowjet-russischer Perspektive. Ein Bericht zur Lösung der deutschen Frage, versehen mit Kommentaren und historischen Rückblicken, Frankfurt a. M. 1996.
38 Ebenda, S. 210.
39 Ebenda, S. 24, 100, 176.
40 Igor F. Maksimyčev, Krušenie: Rekviem po GDR, in: Poslednij god GDR, Moskau 1993, S. 11.

erkannt, fortbestehen können.⁴¹ Zum deutsch-sowjetischen Kompromiss vom Juli 1990 schreibt er:

„Dank dem guten Willen der beiden Seiten gelang es im letzten Moment die schon unausweichlich scheinende Niederlage unserer Diplomatie zu verhindern. Indem er eine Schwächung der Position der UdSSR im Zentrum Europas infolge des Unterganges der DDR nicht zuließ, legte M. S. Gorbatschow die Basis für eine allseitige Zusammenarbeit mit dem einigen deutschen Staat, d. h. für eine Festigung unserer Verbindungen mit Europa und unseres Einflusses auf dem Kontinent."⁴²

Russland sei für Deutschland theoretisch der Partner Nr. 1, was allerdings vom Westen nicht zugelassen werde. Dabei klingen bei Maximytschew einerseits die Forderung nach Sonderrechten von Großmächten, andererseits Reminiszenzen an Rapallo an: „Dem Wesen nach verlangt man von Deutschland (wie auch von Russland) aufzuhören, Deutschland (oder Russland) zu sein: Ihr seid zu groß, sagt man fortwährend zu den Deutschen (Russen), benehmt Euch, als ob Ihr ein kleines Land wäret."⁴³ Dass es dabei nicht um Größe, sondern Verhaltensnormen geht, bleibt unerwähnt.

Sehr gut informiert erweist sich auch der Leiter der Abteilung für Information und Analyse der Vertretung des KGB in der DDR und spätere Leitende wissenschaftliche Mitarbeiter der Diplomatischen Akademie Russlands, Iwan Kusmin, in seiner in mehreren Auflagen erschienenen einschlägigen Monographie. Auch er lokalisiert die Gründe für das Ende der DDR in der politischen und wirtschaftlichen Krise des Landes und dem „Willen des Volkes zur Einheit", obwohl der Erhalt des Staates und des „Sozialismus" von der Mehrheit der DDR-Bevölkerung im Herbst 1989 nicht in Frage gestellt worden sei.⁴⁴ Die wirtschaftliche Potenz der Bundesrepublik auf dem Weg zur Wiedervereinigung sei wichtig, aber Letztere keine „Intrige des Imperialismus", sondern Ausdruck der Unzufriedenheit der Bevölkerung mit der SED. Die sowjetische Armee in Deutschland sei 1989 überwiegend gegen eine Einmischung gewesen – einerseits aus moralischen Erwägungen, andererseits infolge des „Tbilissi-Syndroms", d. h. der starken innersowjetischen Kritik an der blutigen Niederschlagung der Demonstrationen in der georgischen Hauptstadt im April dieses Jahres. Die sowjetische Linie, die Wiedervereinigung mit einer Auflösung der Blöcke und der Bildung eines gesamteuropäischen Sicherheitssystems zu verbinden, sei richtig gewesen, die Einigung von Archys 1990 hingegen schädlich, übereilt und auf unilaterale Entscheidungen Gorbatschows zurückzuführen, womit die Argumentation jener Walentin Falins ähnelt.⁴⁵ Die von der Mehrheit in Deutschland angeblich gewünschte Annäherung an Russland werde von der NATO verhindert, wes-

---

41 Ebenda, S. 59.
42 Ebenda, S. 134.
43 Ebenda, S. 156.
44 Ivan N. Kuz'min, Krušenie GDR: Istorija, posledstvija, Moskau 1996, S. 39, 143 f.
45 Ebenda, S. 149. Zum Folgenden S. 184–187.

halb der „Große/Umfassende Vertrag" einer „der nicht erfüllten Absichten" geblieben sei.

Die genannten Monographien haben überwiegend einen sachlichen, fallweise sympathisierenden, fallweise gemäßigt-kritischen Duktus. Liberale, idealistische Argumentationslinien sind ebenso zu finden wie machtpolitische. Die Ursachen für die Krise der DDR werden etwa von Potapow,[46] von Pawlow und von Maximytschew im kommunistischen Staatsaufbau und der Kommandowirtschaft lokalisiert. Die meisten Autoren bezeichnen die Wiedervereinigung als unvermeidbar;[47] dem widersprechen Maximytschew und der Wissenschaftler des Moskauer Staatsinstituts für Internationale Beziehungen (MGIMO) Abdulchan Achtamsjan, die meinen, dass reale Reformen die DDR gerettet hätten. Achtamsjan, der konsequent von einem „Anschluss" der DDR schreibt, d. h. im Russischen jenes deutsche Fremdwort verwendet, das ansonsten vor allem für die vom nationalsozialistischen Deutschen Reich gewaltsam herbeigeführte Okkupation und Annexion Österreichs 1938 verwendet wird, behauptet, die Bundesrepublik habe ihr wirtschaftliches Potenzial genutzt, die „Verschlingung" der DDR zu „erzwingen".[48] Von Pawlow und Kusmin wird diese Argumentation abgelehnt.

Was den sowjetischen Beitrag betrifft, charakterisieren Pawlow, Alexandrow und Jesin sowie Kusmin die sowjetische Deutschlandpolitik als passiv, reaktiv, bzw. „unbegabt", aber auch mit beschränkter Einflussmöglichkeit ausgestattet. Diese Meinung vertritt auch der führende „Germanist" der Russländischen Akademie der Wissenschaften (RAW), Alexej Filitow. Der ehemalige Vorsitzende des wissenschaftlichen Beirates des Außenministeriums, Wjatscheslaw Daschitschew, der aus liberaler Perspektive die Teilung Europas und Deutschlands als eine Folge der stalinistischen Expansion in Osteuropa sah und bereits 1987 die Teilung als instabil bezeichnet und angeregt hatte, Szenarien für eine Wiedervereinigung zu entwickeln, argumentierte, dass die sowjetische Politik zur Erlangung ihres außenpolitischen Hauptziels, der Beendigung des Kalten Krieges, bereit war, Zugeständnisse in Detailfragen zu machen.[49] Hingegen kritisierte der Diplomat Wladislaw Terechow sowohl die 40 Jahre anhaltende „kompromisslose" Politik der Bundesrepublik als auch den „Fatalismus" Gorbatschows.[50]

---

[46] A. V. Potapov, Krizis v GDR v 80-h godah i ob"edinenie Germanii, in: Novaja i novejšaja istorija (1991), H. 5, S. 135–157.
[47] Petelin, Ob"edinenie Germanii, S. 365. Vgl. Pavlov, Ob"edinenie, S. 7; V. V. Aleksandrov/E. N. Esin, Ob"edinenie Germanii i proval germanskoj politiki sovetskogo rukovodstva, Moskau 1995.
[48] Abdulchan A. Achtamzjan, Ob"edinenie Germanii, ili Anšljus GDR k FRG, Moskau 1994. Vgl. Vladymceva, Rossijskaja istoriografija, S. 49.
[49] Vjačeslav I. Dašičev, Edinnaja Germanija v edinnoj Evrope, in: Svobodnaja mysl' (1999), H. 7, S. 117–121. Daschitschew gibt ferner an, die sowjetischen Truppen in der DDR hätten bereits im August 1989 Befehl erhalten, sich nicht in innenpolitischen Konflikten zu engagieren.
[50] Vladislav P. Terechov, Germanija – pjat'desjat' let spustja, in: Meždunarodnaja žisn' (1999), H. 10, S. 29–39.

Mit Blick auf die Zukunft meinte er, Deutschland müsse sich entscheiden, ob es weiter Mitglied der NATO sein wolle, deren Intervention 1999 im Kosovokrieg er verurteilte, oder bereit sei, an einer „wahren gesamteuropäischen Friedensordnung" mitzuarbeiten. In Bezug auf die Zukunftsperspektiven sind die Meinungen geteilt. Der ehemalige, langjährige Botschafter in der DDR, Pjotr Abrassimow, weissagte düster: „Die alten Charakteristika deutscher Politik werden glasklar: von der Herrschaft in Europa über die Position einer Weltmacht zum begehrten Endsieg."[51] Ausgewogener ist die Bilanz des Leiters der 4. Europa-Abteilung des Außenministeriums, Wladimir Grinin, und seines Stellvertreters Igor Bratschikow: Zwar habe Russland „mit keinem anderen europäischen Land so fruchtbringende Beziehungen wie mit Deutschland", wovon etwa dessen Unterstützung für die Aufnahme Russlands in die Gruppe der sieben bzw. acht größten Industrienationen (G 7/G 8) oder für den Abschluss des Partnerschafts- und Kooperationsabkommens zwischen Russland und der Europäischen Union (EU) von 1994 zeugen; jedoch sei das angebliche „Axiom" der Zwei-plus-Vier-Verhandlungen, Ostmitteleuropa nicht in die NATO aufzunehmen, nicht eingehalten und die NATO-Osterweiterung gerade auch von Deutschland unterstützt worden.[52]

Ungeachtet der Polarisierung der politischen und wissenschaftlichen Debatten zeigten Meinungsumfragen des Analytischen Juri-Lewada-Zentrums anlässlich des 10. Jahrestages des Mauerfalles, dass die Bevölkerung Russlands dessen welthistorische Folgen überwiegend positiv einschätzte: 68 Prozent bezeichneten sie als „sehr/eher positiv"; 21 Prozent als „eher/sehr negativ".[53] Am positivsten war die Stimmung unter Unternehmern, Führungskräften, besser Gebildeten mit höherem Einkommen sowie der Bevölkerung Moskaus.

3 Die Sicht auf die deutsche Einheit unter Putin und Medwedjew 2000–2012

Nach 2000 war die Wiedervereinigung kein Gegenstand wesentlicher politischer Debatten in den ersten beiden Präsidentschaften Wladimir Putins und in jener Dmitri Medwedjews. Damit unterschied sich diese Phase klar von den vorangegangenen und, wie sich zeigen wird, auch von der folgenden. In der Duma spielte das Thema keine Rolle mehr, was nicht nur mit dem nach Abschluss des Truppenabzuges fehlenden Anlass, sondern auch mit dem sinkenden Einfluss der KPRF und LDPR

---

51 Pëtr Abrasimov, Germanija – včera, segodnja, zavtra, in: Dialog (1997), H. 9, S. 82–91, hier S. 90. Zit. nach Petelin, Ob"edinenie Germanii, S. 367.
52 Vladimir Grinin/Igor Bratčikov, Rossija – Germanija: Na poroge novogo ėtapa otnošenij, in: Meždunarodnaja žisn' (1995), H. 10, S. 23–31.
53 Rossijane o dvadcatiletii padenija Berlinskoj steny, 5.11.2009, in: Levada-Centr, https://www.levada.ru/2009/11/05/rossiyane-o-dvadtsatiletii-padeniya-berlinskoj-steny/print/.

zu tun haben mochte, die sich ab 2003 als weitgehend regierungsloyale Blockparteien verhielten.

In seinem Artikel anlässlich des zehnten Jahrestages der Unterzeichnung des Großen Vertrages,[54] den Glückwünschen zum zwanzigsten Jahrestag der Öffnung der Mauer,[55] zum achtzigsten Geburtstag Helmut Kohls[56] und zum zwanzigsten Tag der Deutschen Einheit[57] wies der Präsident Russlands auf die positive Rolle der Sowjetunion bei der Wiedervereinigung, die Erfüllung der Verträge durch Russland und die, wie es hieß, damals begründete russländisch-deutsche „strategische Partnerschaft" hin.

Die Meinungsforschung zeigte eine hohe Akzeptanz der Wiedervereinigung bei gleichzeitigem Fortbestand der Ambivalenzen und Widersprüchlichkeiten. In einer Umfrage des Gesamtrussländischen Zentrums für die Erforschung der öffentlichen Meinung (WZIOM) im Oktober 2005 gaben 31 Prozent der Befragten an, das Ereignis zum damaligen Zeitpunkt positiv beurteilt zu haben, 8 Prozent negativ und 14 Prozent ambivalent. Am niedrigsten war die Zustimmung unter den 18–34-Jährigen mit 17 Prozent, am höchsten unter jenen, die das Ereignis und die Vorgeschichte bewusst miterlebt hatten, d. h. den 45–59-Jährigen mit 39,76 Prozent, besser Gebildeten mit 39,81 Prozent und Besserverdienern mit 42,75 Prozent. Fast die Hälfte der Befragten (47 Prozent) konnte oder wollte allerdings keine Einschätzung abgeben. Auf die Frage, wie sie das Ereignis aus der Perspektive von 2005 beurteilten, zeigte sich, dass die Zustimmung um 10 Prozentpunkte zugenommen hatte: Rückblickend beurteilten 42 Prozent die Wiedervereinigung positiv, 10 Prozent negativ. 43 Prozent gaben an, dass sich die deutsch-russländischen Beziehungen zwischen 1995 und 2005 verbessert hätten, 42 Prozent hielten sie für unverändert. Von 28 Prozent wurde das aktuelle Deutschland als Vorbild für ökonomischen Erfolg bezeichnet, von 22 Prozent als Produzent von Qualitätsprodukten, von 18 Prozent als Verursacher des Zweiten Weltkrieges, von 11 Prozent als verlässlicher Handelspartner Russlands, von 4 Prozent als NATO-Mitglied, das stets die USA unterstütze, von 3 Prozent als ewiger Feind Russlands.[58]

Vier Jahre später, zum 20. Jahrestag des Mauerfalls 2009, war die Zustimmung weiter gestiegen: Nunmehr gaben nur noch 4 Prozent (2005: 8 Prozent) an, das Ereignis damals abgelehnt zu haben; aktuell begrüßten 44 Prozent die Wiedervereini-

---

54 Stat'ja Vladimira Putina „Desjat' let Bol'šomu dogovoru (zametki na poljach)", 9.11.2000, in: Prezident Rossii, http://kremlin.ru/events/president/transcripts/24450.
55 Dmitrij Medvedev, Padenie Berlinskoj steny bylo prepopredeleno preobrazovanijami v Sovetskom Sojuze, 9.11.2009, in: Prezident Rossii, http://kremlin.ru/catalog/countries/DE/events/5955.
56 Dmitrij Medvedev pozdravil byvšego Federal'nogo kanclera FRG Gelmuta Kolja s 80-letiem, 3.4.2010, in: Prezident Rossii, http://kremlin.ru/catalog/countries/DE/events/7322.
57 Dmitrij Medvedev, Pozdravlenie Kristianu Vul'fu i Angele Merkel' s Dnëm germanskogo edinstva, 3.10.2010, in: Prezident Rossii, http://kremlin.ru/catalog/countries/DE/events/9114.
58 15 let posle ob"edinenija Germanii: Mnenie Rossijan, 3.11.2005, in: VCIOM, https://wciom.ru/analytical-reviews/analiticheskii-obzor/15-let-posle-obedineniya-germanii-mnenie-rossiyan.

gung (2005: 42 Prozent), 8 Prozent sahen mehr Nachteile für Russland (2005: 10 Prozent).[59] Noch positiver wurden die welthistorischen Konsequenzen des Mauerfalls in einer Befragung des Lewada-Zentrums eingeschätzt: von 63 Prozent als „sehr/eher positiv"; von 11 Prozent als „eher/sehr negativ".[60] Eine etwa zeitgleich durchgeführte Umfrage des Instituts für Soziologie der RAW fragte nach Zusammenhängen zwischen Perestrojka und deutscher Einheit und zeigte laut ihren Veranstaltern ein „Paradoxon – die Zustimmung zu vielen konkreten Maßnahmen [...] und die gleichzeitige Ablehnung der Ergebnisse der Perestrojka insgesamt".[61] Die Unterstützung für die Perestrojka hatte von 29 Prozent (2005) auf 37 Prozent zugenommen, die Ablehnung von 54 Prozent auf 51 Prozent abgenommen. Das galt aber nicht für deren Urheber, dessen Akzeptanz von 35 Prozent auf 30 Prozent gesunken und dessen Ablehnung von 49 Prozent auf 54 Prozent gestiegen war. Als positivste Resultate der Epoche wurden von 86 Prozent das Ende des Kalten Krieges und von 61 Prozent die Öffnung der Berliner Mauer und die Wiedervereinigung genannt. Letztere wurde von 56 Prozent als gesetzmäßig und gerechtfertigt bezeichnet, von 24 Prozent als nicht gerechtfertigt, von 4 Prozent als Fehler und von 10 Prozent als Niederlage.[62] Die Zustimmung war somit deutlich höher als vier Jahre zuvor. Dafür hatte sich das Verhältnis der Generationen umgekehrt: Unter der jungen Generation war die Ablehnung mit 16 Prozent unterdurchschnittlich; unter der älteren mit 30 Prozent überdurchschnittlich. Stärker als das Alter wirkte die Weltanschauung, besonders stark war die Korrelation mit der Perestrojka. Wer Letztere guthieß, stimmte auch überwiegend der deutschen Einheit zu. Von jenen, welche die Perestrojka ablehnten, bezeichneten 43 Prozent die Einheit als Niederlage. Als Gründe für die Wiedervereinigung nannten 45 Prozent das Streben Ost- und Westdeutschlands, 15 Prozent den „Expansionismus" der Bundesrepublik, 21 Prozent die „Schwäche" der Sowjetunion, 18 Prozent die Politik Gorbatschows. Die Strafverfolgung von Krenz beurteilten 51 Prozent indifferent, 32 Prozent als ungerecht, 17 Prozent als richtig. Die ältere Generation beurteilte sie überdurchschnittlich als ungerecht, die Unter-40-Jährigen nur zu 18 Prozent.

Indem der russische Truppenabzug in die weitere Vergangenheit rückte, fand im Mediendiskurs eine Historisierung der im Zusammenhang mit der Wiedervereinigung verbreiteten Theoreme statt. Dabei wurden Grundannahmen der sowjetischen Propaganda, wie beispielsweise dass Stalin oder aber die Sowjetunion ein einheitli-

---

59 Ob"edinenie Germanii: Togda i sejčas, 20.11.2009, in: VCIOM, https://wciom.ru/analytical-reviews/analiticheskii-obzor/obedinenie-germanii-togda-i-sejchas-.
60 Rossijane o dvadcatiletii padenija Berlinskoj steny, 5.11.2009, in: Levada-Centr, https://www.levada.ru/2009/11/05/rossiyane-o-dvadtsatiletii-padeniya-berlinskoj-steny/print/.
61 Michail K. Gorškov, Padenie Berlinskoj Steny: čto dumajut Rossiane o vnešnepolitičeskih processah, in: Vestnik MGIMO (2010), H. 1, S. 1–14, https://cyberleninka.ru/article/n/padenie-berlinskoy-steny-chto-dumayut-rossiyane-o-vneshnepoliticheskih-protsessah, S. 4.
62 Ebenda, S. 5. Vgl. Padenie Berlinskoj steny: Rossijane o vnešnepolitičeskih processah prošlogo i nastojaščego, hrsg. v. M. K. Gorškov/R. Krumm/V. V. Petruchov, Moskau 2010.

ches Deutschland gewollt hätten, ja, dass dessen Teilung sowjetischen Interessen widersprochen habe, unhinterfragt wiederholt.[63] Ebenso wenig in Frage gestellt wurde die – gewissermaßen historische – Gesetzmäßigkeit und Berechtigung der staatlichen Einheit jeder großen Nation. Anstelle der organisatorischen und geographischen Aufteilung der ehemaligen Sowjetischen Heeresgruppe in Deutschland rückten aber nun bei entsprechenden Anlässen Fragen einer politisch-ökonomischen Gewinn- und Verlustrechnung in den Vordergrund.

Dabei lautete Grundthese eins, dass ohne sowjetische Zustimmung eine Wiedervereinigung Deutschlands nicht möglich gewesen wäre, oder, wie die Gewerkschaftszeitung „Trud" es 2009 etwas gigantomanisch-verallgemeinernd ausdrückte: „Ohne uns gäbe es kein Deutschland."[64] In jüngerer Zeit und hier vor allem in einem konflikthaften Zusammenhang findet sich dieses Argument auch konkret mit Blick auf Bundeskanzlerin Angela Merkel, von der beispielsweise 2014 die Zustimmung zur völkerrechtswidrigen Okkupation und Annexion der Krim durch Russland gefordert wurde, zumal Merkel bei Russland tief in der Schuld stehe, denn: „Ohne uns wäre sie nicht Kanzlerin."[65]

Die zweite Hauptthese besagte, Russland habe zu wenig für seine Zustimmung erhalten. „Was hat Russland gewonnen und verloren, indem es vor 20 Jahren gestattete, Deutschland zu vereinigen?", fragte im September 2010 das kommunistische Boulevardblatt „Komsomolskaja Prawda".[66] Selbst der sonst prononciert kremlfreundliche deutsche Kommentator Alexander Rahr wies damals darauf hin, dass auch Russland Vorteile aus der Wiedervereinigung und dem Ende des Kalten Krieges gezogen habe, unter anderem eine Friedensdividende. Dagegen meinte der Präsident einer Akademie für geopolitische Probleme, Generaloberst Leonid Iwaschow: „Deutschland musste sich vereinigen [...] Das Problem Russlands ist, dass wir von den Deutschen keine schriftlichen Zusagen verlangt haben." Dabei sei Deutschland prädestiniert, mit Hilfe Russlands „große Selbständigkeit" von den USA und der NATO zurückzugewinnen. Ideal, so der Geopolitikexperte, „wäre ein geopolitisches Dreieck Russland – Deutschland – Indien". Die Frage nach der Kosten-Nutzen-Rechnung beantwortete die Zeitung drei Tage später selbst unter der Überschrift: „Die Deutschen erhielten ein einheitliches Land, aber für die Russen reichte es nicht für einen lumpigen Pfennig"[67] mit den Worten: „Wer hat am meisten verloren? Die So-

---

63 Agiševa, Valentin Falin, in: Izvestija, 1.10.2009; Elena Činkova, Nemcy polučili edinuju stranu, a russkim ne dostalos' i lomanogo pfenniga, in: Komsomolskaja Pravda, 2.10.2010, https://www.kp.ru/daily/24568/740875/.
64 Aleksej Sadykov, Bez nas ne bylo by Germanii, in: Trud 209, 9.11.2009, S. 3.
65 Anna Roze, Oplatit li Merkel' dobrom? Esli by ne dobraja volja SSSR (Rossii), to nemcy ne ob"edinilis' by, a g-ža Merkel' ne stala by kanclerom, in: Rossijskaja gazeta, 20.3.2014, https://rg.ru/204/03/20/a939388.html.
66 Elena Činkova, Čto vyigrala i poterjala Rossija, dav 20 let nazad ob"edinit'sja Germanii, in: Komsomolskaja Pravda, 30.9.2010, https://www.kuban.kp.ru/daily/24567.3/739347/.
67 Činkova, Nemcy polučili edinuju stranu, in: Komsomolskaja Pravda, 2.10.2010.

wjetunion." Da war Walentin Falin stärker ins Detail gegangen, als er 2009 meinte, Deutschland habe zu wenig an die Sowjetunion gezahlt.[68] Bundeskanzler Ludwig Erhard habe seinerzeit 124 Mrd. DM geboten, Gorbatschow aber nur 4,5 Mrd. gefordert. Bei dieser Rechnung ließ der ehemalige Botschafter sowohl die tatsächlichen Forderungen in Höhe von über 18 Mrd. als auch zwei Drittel der deutschen Leistungen an die Sowjetunion in Höhe von über 12 Mrd. unberücksichtigt.

Die medial präsente Kostennutzenrechnung spielte übrigens auch in der Historiographie der 2000er Jahre eine gewisse Rolle. So stellten Kapitonowa, Petrunina und Tabazki von der Fernöstlichen Abteilung der RAW in ihrer Monographie fest: „Es ist offensichtlich, dass die Führung der UdSSR Deutschland ein großzügiges Geschenk machte, was für die Nachfolgestaaten der Sowjetunion überaus ernsthafte negative ökonomische, politische, militärische und internationale Folgen zeitigte, die ihren Einfluss in Europa schwächten."[69] Dem Vorwurf, die Sowjetunion habe die DDR an Bonn und die NATO zu billig verkauft oder verschenkt, widersprach Bakirowa, da Russland davon profitiere, dass sich das wiedervereinigte Deutschland genau an friedliche und demokratische Prinzipien gehalten habe. Auch dem gängigen „Anschluss"-Vorwurf trat sie mit den Argumenten entgegen, der Beitritt der neuen Bundesländer sei freiwillig und mit Zustimmung der vier Mächte erfolgt.[70]

Das positive Resümee wurde auch in einem der beiden wissenschaftlichen Standardwerke geteilt, die anlässlich des 20. Jahrestages der deutschen Einheit erschienen. Alexei Filitow fasste die bisherige Forschung in zwei Interpretationen zusammen: erstens die der „Dolchstoßlegende" vergleichbaren „Thesen über die Schwäche, Inkompetenz oder sogar den direkten ‚Verrat' der damaligen sowjetischen Führung"; zweitens die Interpretation der sowjetischen Deutschlandpolitik als geniale Konzeption für eine neue Achse Berlin–Moskau (nach den bilateralen Tagungsorten von 1990, Stawropol, und 1922, Rapallo, als „Stawrapallo" bezeichnet), die lediglich am Zerfall der Sowjetunion gescheitert sei.[71] Durch seine Archivforschungen gelang es ihm nachzuweisen, dass die Übergänge zwischen den drei Phasen sowjetischer Deutschlandpolitik 1989/90 (Zweistaatenmodell – neutrales Gesamtdeutschland – Zustimmung zur freien Bündniswahl) fließender waren, als von außen wahrnehmbar. Die von vielen in Russland vermisste oder behauptete Abmachung über den Nichtbeitritt anderer Staaten zur NATO wäre völkerrechtlich nicht möglich gewesen. Die von Filitow vorgebrachten Kritikpunkte betreffen erstens das Nachhinken der sowjetischen Politik. Im Herbst 1989 hatte eine Aktion Walentin Falins und des ZK-Mitarbeiters Portugalow der UdSSR wieder die Initiative

---

68 Agiševa, Valentin Falin, in: Izvestija, 1.10.2009.
69 M. V. Kapitonova/Ž.V. Petrunina/A. D. Tabackij, Opyt ob"edinenija Germanii v novoe i novejšee vremja, Komsomolsk na Amure 2005, S. 109, 179.
70 G. Ja. Bakirova, Ob"edinenie Germanii: Predposylki, process i meždunarodno-pravovye posledstvija, Kazan' 2003, S. 181.
71 Aleksej M. Filitov, Germanija v Sovetskom vnešnepolitičeskom planirovanii 1941–1990, Moskau 2009, S. 305.

in die Hand geben sollen, mobilisierte jedoch vielmehr das Bundeskanzleramt zu Kohls Agenda-setzendem Zehn-Punkte-Plan. Ferner „wiederholte [die sowjetische Seite] denselben Fehler wie in den Verhandlungen mit [Egon] Bahr 1970, als sie lange überlegte, den Entwurf des Briefes zur deutschen Einheit anzunehmen oder nicht, und die Regelung samt Anhang erst akzeptierte, als sich die Position der BRD verhärtet hatte".[72] Zweitens hatte der Kreml laut Filitow jenen Nachbarstaaten Deutschlands wenig anzubieten, die gleichzeitig Schutz vor Russland und vor Deutschland suchten und damit nur für die NATO optieren konnten. Am gravierendsten scheint allerdings der dritte Kritikpunkt Filitows zu sein, dass die Diplomatie Moskaus der eigenen Bevölkerung zu wenig kommuniziert und aus Rücksicht auf chauvinistische Kräfte im ZK und im Parlament hinhaltender Widerstand suggeriert wurde. Das dennoch optimistische Resümee begründete Filitow mit der Erfüllung der Verträge durch Deutschland und der Ablehnung von Klagen gegen Russland.

Ausgewogen ist auch die Darstellung Michail Narinskis, der auf das ab Anfang der 1990er Jahre an Bedeutung gewinnende Ziel hinweist, die Wiedervereinigung Deutschlands zur Überwindung der Teilung Europas und zur Schaffung eines neuen Sicherheitssystems zu nutzen.[73] Eine etwas kritischere Position nahm nunmehr Wjatscheslaw Daschitschew ein, der zwar die Perestrojka als unvermeidbar bezeichnet und Gorbatschow verteidigt, dafür aber den angeblichen „Dolchstoß" Boris Jelzins scharf kritisiert. Nicht die NATO, sondern der russische „Herostrat" sei am Zerfall der Sowjetunion schuld. Wie so oft, fehlt auch hier der Gedanke des Selbstbestimmungsrechts der „kleinen" Völker.[74]

In starkem Kontrast dazu steht die zum Teil vernichtende Kritik in den Werken ehemaliger Diplomaten und Experten des Moskauer Staatsinstituts für Internationale Beziehungen (MGIMO), insbesondere die 2009 publizierte überarbeitete Neuauflage von Achtamsjans „Wiedervereinigung". Das auf Feindbildern aufbauende polemische Werk zielt darauf, die „kapitulationistische Diplomatie" Gorbatschows zu kritisieren und Letzteren als im Sold des Westens stehenden Landesverräter zu kriminalisieren:

> „Die Erinnerungen M. S. Gorbatschows sind ein primitiver, aber wenig populärer Versuch, sich vor der Geschichte, aber leider nicht vor dem eigenen Land zu rechtfertigen [...] Die Verdienste M. S. Gorbatschows um den Westen haben schon vor langem ihre Anerkennung in Form eines soliden Geldpreises erhalten, und mit dem Kant-Preis wurden auch die Verdienste des ‚großen Philosophen' der Epoche, dessen Gefolgsmannes E. A. Schewardnadse, bedacht."[75]

---

72 Ebenda, S. 322f.
73 Michail M. Narinskij, M. S. Gorbačëv i ob"edinenie Germanii: Po novym materialam, in: Novaja i novejšaja istorija, H. 1, 2004, S. 14–30.
74 Vjačeslav Dašičev, Perestrojka i ob"edinenie Germanii: Razmyšlenija istorika-germanista, in: Svobodnaja mysl', H. 1, 2008, S. 143–154.
75 Abdulchan A. Achtamzjan, Ob"edinenie Germanii: Obstojatel'stva i posledstvija, Moskau 2008, S. 7.

Die westlichen Verhandlungspartner werden als aggressiv präsentiert. So schreibt Achtamsjan, die „BRD setzte den Kurs auf die Destabilisierung nicht nur der DDR, sondern Europas fort"; US-Außenminister James Baker habe die weiteren Schritte „diktiert", die westdeutsch-sowjetischen Verhandlungen in Moskau vom Februar 1990 hätten zur „bedingungslosen Kapitulation [Gorbatschows] vor H. Kohl" geführt.[76] „Was erhielt Präsident M. Gorbatschow im Gegenzug? Für sein Land gar nichts, außer der Zusage Deutschlands, den Frieden zu wahren, als sei die UdSSR in das Jahr 1941 zurückversetzt worden. [...] Die diplomatische Kunst des Generalsekretärs beschränkte sich darauf, dass er sich, nachdem er für die übersandte Pfälzer Wurst gedankt hatte, zu H. Kohl in die Pfalz einlud." In der Arbeit finden maßgebliche Elemente der Revolution in der DDR, aber auch der sowjetischen Deutschlandpolitik keine Berücksichtigung, wie der Umstand, dass Gorbatschow vor den Moskauer Verhandlungen mit Kohl bereits am 30. Januar gegenüber dem Ministerpräsidenten der DDR, Hans Modrow, das Selbstbestimmungsrecht der Deutschen in der Frage der Wiedervereinigung bestätigt hatte.[77] Zwei innere Widersprüche dieser Argumentationslinie sind weit verbreitet: Der erste Widerspruch besteht darin, dass sie sich offenbar nicht entscheiden kann, ob die Zustimmung zur Wiedervereinigung ein bewusstes Zugeständnis oder das Ergebnis von Unvermögen gewesen sei. Der zweite Widerspruch liegt darin, dass einerseits behauptet wird, die Sowjetunion sei immer gegen die Teilung gewesen, andererseits aber die Wiedervereinigung als Umkehrung des sowjetischen Sieges im Zweiten Weltkrieg und als „Liquidierung der Abkommen von Jalta und Potsdam" bezeichnet wird.[78] Damit markierte Achtamsjans Neuauflage von 2008 den Höhepunkt seiner eigenen Kritik und wohl auch der Polemik in der Historiographie allgemein. Das politische Umfeld wie die Verschärfung der antiliberalen und antiwestlichen Medienrhetorik in Russland seit 2003 und spätestens seit Putins Rede bei der Münchener Sicherheitskonferenz 2007 mochte dabei eine Rolle gespielt haben, doch auch persönliche Faktoren sind nicht auszuschließen.

Gemäßigter, aber ebenfalls deutlich schärfer als in den 1990er Jahren ist die Kritik in Maximytschews mittels publizierter Akten und aktuellen Exkursen erweiterter Neuauflage: Die DDR wird als wichtige Errungenschaft und Asylland für die aus dem Westen übersiedelten Kulturschaffenden gepriesen; erst die Mauer habe die Bundesrepublik gezwungen, ihrer angeblich „auf gewaltsame Zerstörung der DDR" abzielenden Politik abzuschwören. Die Wiedervereinigung sei weder allgemein gewünscht, noch alternativlos gewesen – wenn man wie Maximytschew die DDR als

---

76 Ebenda, S. 95, 101, 107 f.; das folgende Zitat S. 108.
77 Vgl. dazu Gorbatschows Erklärung gegenüber Journalisten vor dem Treffen mit Modrow: Für verantwortungsvolles Handeln bei Annäherung beider deutscher Staaten, in: Neues Deutschland, 31.1.1990, S. 1. Für das Gespräch am selben Tag vgl. Aleksandr Galkin/Anatolij Tschernjajew (Hrsg.), Michail Gorbatschow und die deutsche Frage. Sowjetische Dokumente 1986–1990, München 2011, Dok. 67, S. 292–304.
78 Achtamzjan, Ob"edinenie Germanii, S. 83 f.

„eines der glücklichsten Länder des sozialistischen Blocks" betrachtet und ihre massiven demokratischen Defizite und ihren drohenden Staatsbankrott übersieht. Schewardnadse sei jedoch ein Dilettant gewesen und habe die DDR dem Westen „auf einem Silbertablett serviert".[79] Infolge ihrer frühen Kompromissbereitschaft habe die Sowjetunion in den folgenden Verhandlungen über die Bündnisfrage keine Zugeständnisse mehr erzielen können. Zur Umsetzung der darauf abzielenden Vorschläge Falins hätte es diplomatischer Fähigkeiten bedurft, die aber bei Gorbatschow nicht vorhanden waren: Eine „bedingungslose Kapitulation hätte sich wenig von den Ergebnissen [des westdeutsch-sowjetischen Gipfeltreffens im Juli 1990] von Archys unterschieden".[80] Als weiterer Diplomat kritisiert Oleg Grinewski die Verhandlungstaktik Gorbatschows: So sei der Westen zu Kompromissen, sogar über eine NATO-Osterweiterung, bereit gewesen, aber die sowjetische Führung habe dies nicht genutzt.[81] Dass Gorbatschow 1990 aus wirtschaftlichen wie auch ideologischen Gründen kaum Spielraum für militärstrategische Forderungen besaß, findet wenig Berücksichtigung, obwohl dies von einigen Autoren durchaus erkannt wurde, wie etwa von Rykin, der nicht nur auf die Legitimitäts- und Wirtschaftskrise der DDR, sondern auch auf jene der UdSSR und darauf hinweist, dass Gorbatschow unter steigendem Zeitdruck stand.[82]

Befruchtet wurde die Forschung durch umfangreiche Quellenpublikationen, darunter Auszüge aus den Politbüroprotokollen, eine Auswahledition über Gorbatschows Deutschlandpolitik und die Tagebücher seines Beraters Anatoli Tschernjaew.[83] Sie wurden zwar in Monographien herangezogen, änderten aber die Interpretationen nicht grundlegend, was nahelegt, dass diese möglicherweise weniger von der wissenschaftlich erhobenen Faktenlage als eben auch weltanschaulich beeinflusst waren.

Von den Debatten in Medien und Wissenschaft heben sich Schulbücher der Epoche positiv ab. Das gilt auch für den seinerzeit im Ausland und von Liberalen aufgrund der Interpretation Stalins als eines effektiven Managers stark kritisierten[84]

---

79 Igor' Maksimyčev, Padenie Berlinskoj steny: Iz zapisok sovetnika-poslannika posol'stva SSSR v Berline, Moskau 2011, S. 10, 12, 17, 34, 219.
80 Ebenda, S. 263.
81 Oleg Grinevskij, Krutoj perelom v ob″edinenii Germanii, in: Rossija XXI (2008), H. 6, S. 32–61.
82 G. N. Rykin, Ob″edinenie Germanii vo vnešnej politike SSSR, Moskau 2002. Siehe dazu auch Mueller, „Die Lage gleitet uns aus den Händen".
83 A. Černjaev/A. Veber/V. Medvedev (Hrsg.), V Politbjuro CK KPSS, 1985–91, Moskau 2006; A. A. Galkin/A. S. Černjaev (Hrsg.), Michail Gorbačëv i germanskij vopros: Sbornik dokumentov 1986–1991, Moskau 2006; dt. Ausgabe: dies. (Hrsg.), Michail Gorbatschow und die deutsche Frage. Sowjetische Dokumente 1986–1991, München 2011; A. Černjaev, Sovmestnyj ischod: Dnevnik dvuch epoch 1972–1991, Moskau 2008. Eine englische Fassung findet sich online beim Washingtoner National Security Archive, https://nsarchive.gwu.edu/anatoly-chernyaev-diary.
84 Wolfram von Scheliha, Staatliche Geschichtsschreibung im Post-Imperium, Bundeszentrale für politische Bildung, Dossier Russland, 17.2.2014, https://www.bpb.de/internationales/europa/russland/analysen/179105/analyse-staatliche-geschichtsschreibung-im-post-imperium?p=all.

Lehrbehelf für Lehrpersonal des Historikers Alexandr Filippow. Zwar findet sich hier kein Hinweis auf das Selbstbestimmungsrecht, und als Initiator der Wiedervereinigung werden die USA präsentiert; aber immerhin werden die Massendemonstrationen in der DDR erwähnt.[85] Knappe, aber treffende Darstellungen – unter Hinweis auf das Selbstbestimmungsrecht des deutschen Volkes – finden sich im Schulbuch für die 9. Klasse von Nikita Sagladin von 2006, der feststellt, in der Volkskammerwahl 1990 stimmte

> „die Bevölkerung der DDR einstimmig für Parteien, welche die Losung der Vereinigung propagierten. Infolge von Verhandlungen zwischen der UdSSR, USA, Großbritannien und Frankreich wurde das Selbstbestimmungsrecht des deutschen Volkes bestätigt. Streitfragen, wie die Mitgliedschaft des vereinigten Deutschlands in Militärblöcken und der Aufenthalt ausländischer Truppen, wurden der Entscheidung der deutschen Regierung überlassen. Die Regierung der UdSSR bestand nicht auf der Beibehaltung der sowjetischen Heeresgruppe auf dem Territorium der ehemaligen DDR und konnte die Neutralisierung Deutschlands nicht durchsetzen, das Mitglied der NATO blieb."[86]

Auch Oleg Soroko-Zjupa hebt die Demonstrationen in der DDR als Zeichen der Unzufriedenheit mit dem Status quo und den Sieg der CDU bei den „ersten freien Wahlen in der DDR" 1990 hervor, womit „der Prozess der Wiedervereinigung Deutschlands unumkehrbar wurde".[87] Alexander Schubin blickt über die Grenzen Deutschlands hinaus und schreibt: „Die neuen Regierungen der Staaten Osteuropas forderten einen raschen Abzug der sowjetischen Truppen von ihrem Territorium."[88] Ausgewogen ist auch die Darstellung in der großen Gesamtdarstellung der Geschichte Russlands im 20. Jahrhundert von Andrei Subow 2009, wonach die Sowjetunion dem Prinzip der Nichteinmischung folgte, der Wiedervereinigung und freien Bündniswahl zustimmte und im Gegenzug finanzielle Unterstützung erhielt.[89]

---

85 Aleksandr V. Filippov, Novejšaja istorija Rossii 1945–2006gg.: Kniga dlja učitelja, Moskau 2007, S. 335.
86 Nikita V. Zagladin, Novejšaja istorija zarubežnyh stran XXv.: Učebnik dlja 9 klassa, Moskau 2006, S. 188.
87 Oleg S. Soroko-Cjupa, Vseobščaja istorija, učebnik dlja obščeobrazovatel'nyh učreždenij 9 klassa, Moskau 2011, S. 234 f. Vgl. Oleg S. Soroko-Cjupa/Vjačeslav P. Smirnov, Mir v XX veke: učebnik dlja obščeobrazovatel'nyh učebnyh zavedenij; 11 klass, Moskau 2001, S. 262.
88 Aleksandr V. Šubin, Novejšaja istorija: učebnik dlja obščeobrazovatel'nyh učebnyh zavedenij, Moskau 2011, S. 244 f.
89 Andrei B. Zubov, Istorija Rossii XX vek: 1939–2007, Moskau 2009, S. 524.

4 Das Bild der Wiedervereinigung in der zweiten Ära Putin 2012–2021

Die politisch-mediale Debatte seit der Rückkehr Wladimir Putins in das Präsidentenamt 2012 ist insbesondere durch die Verschlechterung der Beziehungen Russlands zum Westen infolge der russischen Aggression in der Ukraine 2014 und die folgenden westlichen Sanktionen beeinflusst. Zu unerwarteten und unerwünschten Ehren war die deutsche Wiedervereinigung bereits in diesem Kontext gekommen, als Präsident Putin in seiner Rede anlässlich der Annexion der Krim durch Russland am 18. März 2014 erklärte:

> „Ich glaube, dass mich auch die Europäer verstehen werden, vor allem die Deutschen. Ich möchte daran erinnern, dass im Laufe der politischen Konsultationen über die Vereinigung der BRD und der DDR auf, vorsichtig ausgedrückt, Expertenebene, die allerdings sehr hoch angesiedelt war, längst nicht alle Länder, die Verbündete Deutschlands sind und auch damals waren, die Idee einer Vereinigung unterstützten. Unser Land hingegen hat unzweideutig das aufrichtige, unaufhaltsame Streben der Deutschen nach nationaler Einheit unterstützt. Ich bin überzeugt, dass Sie das nicht vergessen haben und rechne damit, dass die Bürger Deutschlands ebenfalls das Streben der russischen Welt, des historischen Russlands nach einer Wiederherstellung seiner Einheit unterstützen werden."[90]

Der geschickte Schachzug, die militärische Besetzung und durch zweifelhafte Abstimmungen nachträglich nur scheinbar legalisierte Annexion der Krim in eine Parallele mit der deutschen Wiedervereinigung zu setzen, verfing allerdings nicht, da Deutschland die Annexion dennoch als völkerrechtswidrig betrachtete. Als Vergeltung brachte der KPRF-Abgeordnete Nikolai Iwanow den Antrag in der Duma ein, die deutsche Wiedervereinigung zur illegalen Annexion zu erklären.[91] Der wissenschaftliche Direktor der Russländischen Militärhistorischen Gesellschaft, Michail Mjagkow, hatte vorher gemeint, dass es sich um gar keine Annexion, sondern eine „Übernahme" (pogloschenie) gehandelt habe – jenen Begriff, den der französische Präsident François Mitterrand am 25. Mai 1990 kritisch-resignativ gegenüber Gorbatschow verwendet hatte.[92] Obwohl sich mehrere Stimmen wie das Mitglied des Außenpolitischen Ausschusses der Duma, Jan Selinski, mit der formalrechtlichen Begründung, dass in der DDR kein Referendum durchgeführt worden sei, für den Antrag aussprachen,[93] verlief die parlamentarische Behandlung im Sande.

---

90 V. V. Putin, Obraščenie Prezidenta Rossijskoj Federacii, 18.3.2014, in: Prezident Rossii, http://kremlin.ru/events/president/news/20603.
91 Russia may declare 1990 reunification illegal, in: The Local, 28.1.2015, https://www.thelocal.de/20150128/russia-may-declare-german-reunification-illegal.
92 Aus dem Gespräch Gorbatschows mit F. Mitterrand, 25.5.1990, in: Galkin/Tschernjajew (Hrsg.), Gorbatschow und die deutsche Frage, Dok. 94, S. 417 f.
93 Roksana Avetisja/Elena Malaj, Gosduma razberetsja s anneksiej Vostočnoj Germanii, in: Izvestija, 29.1.2005, https://iz.ru/news/582380.

Das war auch nicht weiter verwunderlich, beriefen sich doch sowohl Präsident Putin als auch Ministerpräsident Dmitri Medwedjew[94] ausdrücklich auf die deutsche Wiedervereinigung als eine positive Parallele. Wenn die Annexion der Krim durch Russland angeblich nach dem Vorbild der deutschen Einheit hergestellt worden war, konnte das Parlament Letztere schwerlich als völkerrechtswidrig brandmarken – darüber hinaus hatte die Sowjetunion der Einheit ja im Zwei-plus-Vier-Vertrag ausdrücklich zugestimmt. Dennoch wurde die Gleichsetzung von Krim und DDR noch 2017 von Senator Alexei Puschkow, dem ehemaligen Vorsitzenden des Auswärtigen Ausschusses der Duma, aufgegriffen, der die deutsche Bundeskanzlerin aufforderte, sie solle sich an die Rolle Russlands bei der Wiedervereinigung erinnern.[95] In einer aktuellen Aussendung über die Kommunikationsplattform „Telegram" zum 30. Jahrestag der Einheit kritisierte Puschkow Gorbatschow für dessen „geopolitische Kapitulation".[96] Dieser hätte die Neutralisierung Deutschlands fordern können, sei aber „mehr am Nobelpreis als an den nationalen Interessen seines Landes interessiert" gewesen, den er im Herbst 1990 auch schließlich laut Puschkow für seine Verdienste um die westliche Allianz erhalten habe.

Auch Präsident Putin sprach die deutsche Einheit wiederholt an, um einerseits die angeblich gebrochenen NATO-Versprechen und das angebliche Ignorieren russischer Einwände zu kritisieren,[97] andererseits die „Inkompetenz" der sowjetischen bzw. russischen Führung vor 1999.[98] Derartige Polemiken waren in dieser Schärfe vor 2014 nicht vom Präsidenten zu hören gewesen; sie schlossen allerdings positive Signale des Kreml nicht aus, etwa als 2017 Helmut Kohls „Schlüsselrolle in der Beendigung des Kalten Krieges [und in] der Entwicklung freundschaftlicher Beziehungen zwischen unseren Ländern"[99] gelobt und 2019 im Glückwunschtelegramm zum Jahrestag der Einheit diese als „Ereignis historischen Maßstabes" hervorgehoben wurde, „das die Beendigung des Kalten Krieges in Europa und die Öffnung einer neuen Seite in den Beziehungen zwischen unseren Staaten symbolisiert".[100]

---

94 Gosudarstvennaja Duma, Stenogramma zasedanija, 21.4.2015, http://transcript.duma.gov.ru/node/4269/.
95 Puškov raskritikoval Merkel' za slova o Kryme i Germanii, in: Izvestija, 10.9.2017, https://iz.ru/643926/2017-09-10/pushkov-raskritikoval-merkel-za-slova-o-kryme-i-germanii.
96 Puškov kritikoval Gorbačëva za geopolitičeskuju kapitulaciju, in: Izvestija, 16.6.2020, https://iz.ru/1036059/2020-07-16/pushkov-raskritikoval-gorbacheva-za-geopoliticheskuiu-kapituliatcii.
97 V. V. Putin, Interv'ju nemeckomu izdaniju Bild, 11.1.2016, in: Prezident Rossii, http://kremlin.ru/catalog/countries/DE/events/51154.
98 Putin ukazal na nekompetenznost' RF posle ob"edinenija Germanii, in: Izvestija, 7.3.2018, https://iz.ru/717213/2018-03-07/putin-ukazal-na-nekompetentnost-rf-posle-obedineniia-germanii.
99 V. V. Putin, Soboleznovanija v svjazi s končinoj germanskogo politika Gel'muta Kolja, 16.6.2017, in: Prezident Rossii, http://kremlin.ru/catalog/countries/DE/events/54801.
100 V. V. Putin, Pozdravlenie prezidentu Germanii Frank-Val'teru Štajnmajeru i kancler FRG Angele Merkel' s Dnëm germanskogo edinstva, 3.10.2019, in: Prezident Rossii, http://kremlin.ru/catalog/countries/DE/events/61709.

Während somit die offizielle Politik je nach Bedarf zwischen Kritik und Dialogbereitschaft schwankte, kippte der Mediendiskurs 2014 stark auf eine Seite. „Bezahlt Merkel die Schuld?", fragte beispielsweise die „Rossiskaja Gaseta" und wies auf den Topos hin, dass es ohne den Kreml keine Wiedervereinigung gegeben hätte.[101] Dass ohne die Sowjetunion auch keine Teilung Deutschlands erfolgt wäre, fand bei Vertretern dieses Arguments keine Berücksichtigung. Wasser auf diese Mühlen lieferte unbeabsichtigt der FDP-Politiker Wolfgang Kubicki, dessen diesbezügliche Aussage in russischen Medien 2019 weite Verbreitung erhielt.[102] Als die Bundeskanzlerin 2019 beim nationalen Festakt zur deutschen Einheit der UdSSR (d. h. eigentlich den vier Mächten) nicht für die Zustimmung zur Wiedervereinigung dankte, sorgte dies für Empörung in russischen Medien.[103]

Bereits zuvor hatte die Zeitschrift „Argumenty Nedeli" von einer „Rückgabe der DDR" phantasiert, wobei offenblieb, an wen, und polemisiert: „Ungeachtet der Hysterie deutscher Politiker und Medien", die für Sanktionen gegen Russland infolge des Syrienkrieges aufriefen, steige die Zahl jener, die dagegen auftreten – am stärksten in der ehemaligen DDR. Auch „die bisher unbeugsame Angela Merkel" müsse sich darum kümmern. Gorbatschow habe die DDR „für einen Pappenstiel (sa ponjuch tabaka) verkauft".[104] Die „Komsomolskaja Prawda" behauptete 2019 kühn: „Die Bewohner der ehemaligen DDR träumen von der Ankunft der Russen"[105], und „Argumenty i Fakty" lieferte zum 30. Jahrestag der Maueröffnung unter dem Titel: „Der Stolz der Ossis: Warum die DDR im Geist der Ostdeutschen weiterlebt",[106] eine Sammlung alter und neuer Propaganda. So habe Stalin die Deutschen vor angeblichen westlichen Plänen zur Ausradierung ihres Landes „gerettet"; dass die so bezeichnete „sechstgrößte Volkswirtschaft Europas" (gemeint: die DDR) faktisch bankrott war und die betonte „besondere Rolle" des Sportes in der DDR sich vor allem in systematischem staatlichem Doping äußerte, dessen Dimensionen bisher nur vom postsowjetischen Russland in den Schatten gestellt wurden, bleibt dafür ebenso unerwähnt wie die Quelle der wohl einem Ostdeutschen zugeschriebenen Aussage, dass jetzt „die Araber unsere Herren" seien. Ein Kommentator bezeichnete die

---

101 Roze, Oplatit li Merkel' dobrom?, in: Rossijskaja gazeta, 20.3.2014.
102 Bez Russkich bylo by nevozmožno ob"edinenie Germanii, in: Nezavisimaja gazeta, 9.8.2019, S. 6.
103 Elena Činkova, Merkel ne poblagodarila Gorbačëva i SSSR za ob"edinenie Germanii, in: Komsomolskaja pravda, 10.11.2019, http://www.hab.kp.ru/daily/27053.5/4119738/. Vgl. Rede von Bundeskanzlerin Merkel anlässlich des Festakts zum Tag der Deutschen Einheit in Kiel, 3.10.2019, https://www.bundeskanzlerin.de/bkin-de/aktuelles/rede-von-bundeskanzlerin-merkel-anlaesslich-des-festakts-zum-tag-der-deutschen-einheit-am-3-oktober-2019-in-kiel-1678326.
104 V Germanii nabiraet silu ideja vozvrata GDR, in: Argumenty nedeli 40, 13.10.2016, S. 2.
105 Edvard Česnokov, Žiteli byvšej GDR mečtajut o prichode russkich, in: Komsomolskaja pravda, 15.8.2019, http://www.kp.ru/daily/27016/4078910/.
106 Andrej Sidorčik, Gordost' ‚ossi'. Počemu GDR živet v umach vostočnych nemcev?, in: Argumenty i fakty, 7.10.2020, https://aif.ru/society/history/gordost_ossi_pochemu_gdr_zhivet_v_umah_vostochnyh_nemcev.

Wiedervereinigung als „einen der schlimmsten Fehler Moskaus" und „eine der teuersten Niederlagen", die den „nationalen Interessen" Russlands widersprochen habe.[107] Nachdem zuvor stets Gorbatschow als Sündenbock vorgeführt worden war, präsentierte die „Nesawissimaja Gaseta" 2020 Schewardnadse als Landesverräter, der mit der Präsidentschaft Georgiens (1992–2003) belohnt worden sei. Als angebliche Beweise genannt wurden die bekannte Umbenennung der Vier-plus-Zwei- in Zwei-plus-Vier-Verhandlungen auf deutschen Wunsch; ein angeblich wirtschaftlich nachteiliges sowjetisch-amerikanisches Abkommen über die Bering-See und zuletzt die „Ernennung des ehemaligen Leiters der westdeutschen Auslandsaufklärung, Hans-Georg Wieck, zum Berater Schewardnadses".[108]

Gegen derartige Verschwörungstheorien hob sich eine in der Zeitschrift „Dilettant" 2016 organisierte Kontroverse zwischen dem kommunistischen Duma-Abgeordneten Leonid Kalaschnikow und dem Direktor des Instituts für politische Studien, Sergei Markow, positiv ab. Allerdings kam auch sie zu widersprüchlichen Ergebnissen. Die Frage nach objektiven Gründen für die Wiedervereinigung wurde von beiden Kontrahenten bejaht. Dennoch hätte die Sowjetunion die deutsche Einheit verzögern können, und habe nur infolge von Unfähigkeit (so Kalaschnikow) oder der eigenen inneren Krise (so Markow) zugestimmt. Die Auswirkung auf den internationalen Einfluss der Sowjetunion wurde übereinstimmend als negativ bezeichnet, da sich die „Einflusszone der USA ausgeweitet" habe.[109] Zu den internationalen Verhandlungen über den Zwei-plus-Vier-Vertrag stellte die RIA anlässlich des 30. Jahrestages von dessen Unterzeichnung vergleichsweise nüchtern fest: „Die Westmächte bestanden auf dessen [sc. Deutschlands] Integration in die NATO. Die Sowjetunion bestand darauf, dass das wiedervereinigte Deutschland keinen militärisch-politischen Blöcken beitrete und den Status eines neutralen oder blockfreien Staates habe."[110]

Dass derart konfuse Signale und die seit 2014 eskalierende westfeindliche Propaganda russischer Medien ihre Spuren in der öffentlichen Meinung hinterlassen, überrascht wenig. In einer Umfrage des WZIOM 2019 wurde die Wiedervereinigung nur noch von 31 Prozent positiv (2009: 44 Prozent), von 17 Prozent negativ beurteilt, die für Russland gezeigten Folgen der Öffnung der Berliner Mauer von 37 Prozent positiv, von 35 Prozent negativ.[111] Ähnlich gespalten zeigte sich die Beurteilung in

---
107 Stanislav Borzjakov, Ob"edinenie Germanii stalo odnoj iz hudših ošibok Moskvy, in: Vzgljad, 20.2.2020, https://vz.ru/politics/2020/2/10/1022816.html.
108 Oleg Nikolaevič Nikiforov, Kakie sily skleili FRD i GDR, in: Nezavisimaja gazeta, 6.4.2020, www.hg.ru/ideas/2020-04-06/7_7835_germany.html.
109 Leonid Kalašnikov/Sergej Markov, Ob"edinenie Germanii – ošibka SSSR?, in: Diletant, 24.10.2016, https://diletant.media/duels/31526916/.
110 Dogovor ob ob"edinenii meždu FRG i GDR (1990), in: RIA Novosti, 31.8.2020, https://ria.ru/20200831/obedinenie-1576418774.html.
111 Zabytaja stena: Pamjat' o Berlinskoj stene, ee postrojke i padenii postepenno uchodit, 7.11.2019, in: VCIOM, https://wciom.ru/analytical-reviews/analiticheskii-obzor/zabytaya-stena.

einer Umfrage des Fonds für öffentliche Meinung (FOM): Hier wurde der Fall der Berliner Mauer von 42 Prozent (2014: 51 Prozent) positiv, von 22 Prozent (2014: 13 Prozent) negativ bewertet; die Folgen für Russland von 29 Prozent (2014: 22 Prozent) positiv, von 27 Prozent (2014: 18 Prozent) negativ.[112] Gegenüber 2014 stellte dies eine Verschlechterung dar.

Umso überraschender ist es, dass es der Deutsch-Russischen Historikerkommission gelang, in ihrem Handbuch zur Geschichte der bilateralen Beziehungen beider Länder zu einem konsensualen Kapitel über die Wiedervereinigung zu kommen.[113] In anderen Fällen, etwa beim Hitler-Stalin-Pakt, war dies gescheitert. Auch die ausgewerteten, seit 2014 erschienenen Schulbücher weisen eine objektive und ausgewogene Darstellung der Ereignisse unter Berücksichtigung des demokratischen Charakters der Wiedervereinigung, aber auch der NATO-Osterweiterung auf. So stellt Sagladin in der Auflage von 2017 fest: „Bei den Wahlen [in der DDR 1990] ging die überwältigende Mehrheit an Parteien, die für die rasche Wiedervereinigung eintraten. [...] Die neuen Regierungen der osteuropäischen Staaten [...] gaben dem raschen Beitritt zur NATO große Bedeutung."[114] Chejfez und Sewerinow betonen ebenfalls die „freien Wahlen [zur Volkskammer], die triumphal von der CDU gewonnen wurden, die eine rasche Wiedervereinigung mit Westdeutschland versprach".[115] Zur sowjetischen Rolle schreiben Lew Beloussow und Wjatscheslaw Smirnow, Bundeskanzler Kohl „verabredete mit der Führung der UdSSR [...] die Bedingungen der Wiedervereinigung, Deutschland bestätigte seinen Verzicht auf Massenvernichtungswaffen, und die sowjetischen Truppen zogen vom Territorium der DDR ab."[116]

5 Zusammenfassung

In den vergangenen 30 Jahren wurde dem Thema der deutschen Wiedervereinigung in Russland einerseits große Aufmerksamkeit zuteil, andererseits konnte eine ständig wachsende Quellenbasis an Erinnerungswerken und Archivdokumenten erschlossen werden. Im politisch-medialen Bereich nahm die Aufmerksamkeit seit den emotionalen Debatten der 1990er Jahre ständig ab, um erst im Gefolge der rus-

---

112 K 30-letiju padenija Berlinskoj steny: Ocenka posledstvij istoričeskogo sobytija 30-letnej davnosti dlja mira i Rossii, 13.11.2019, in: FOM, https://fom.ru/Proshloe/14286.
113 Eberhard Kuhrt/Alexander Schubin, Die Öffnung der Berliner Mauer 1989, in: Helmut Altrichter/Wiktor Ischtschenko/Horst Möller/Alexander Tschubarjan (Hrsg.), Deutschland-Russland. Bd. 3: Das 20. Jahrhundert, München 2014, S. 319–328.
114 Nikita V. Zagladin, Vseobščaja istorija: učebnik dlja 11 klassa obščeobrazovatel'nyh organizacij, Moskau 2017, S. 304.
115 V. L. Chejfec/K. M. Severinov, Istorija: učebnik dlja učaščihsja obščeobrazovatl'nyh organizacij, klass 9: Vseobščaja istorija, Moskau 2018, S. 222.
116 Lev S. Belousov/Vjačeslav P. Smirnov, Istorija: učebnik dlja obščeobrazovatl'nyh organizacij, 9 klass: Novejšee vremja XX-načalo XXI veka, Moskau 2018, S. 98.

sischen Aggression gegen die Ukraine und der daraus resultierenden signifikanten Verschlechterung der Beziehungen Russlands zum Westen und somit auch zu Deutschland wieder schlagartig zuzunehmen. Ab 2014 wurde die Wiedervereinigung erstmals wieder seit dem Jahr 2000 auch abseits der rituellen Glückwunschkommunikation in Aussagen des Präsidenten und Debatten der Staatsduma ausführlicher politisch thematisiert und auch kritisiert.

In der Historiographie ist trotz der erwähnten Erschließung substanzieller neuer Quellen vor allem des Gorbatschow-Fonds keine einheitliche Tendenz festzustellen. Die Stellungnahmen zerfallen in eher imperialistische, die das Ende der DDR und der UdSSR, die Öffnung der NATO bzw. die angeblich zu geringen Gegenleistungen des Westens kritisieren, und liberale, die den Untergang der DDR, des Warschauer Paktes und der Sowjetunion als nicht weiter beklagenswert betrachten. Dabei sind die Positionen von Befürwortern und Kritikern der sowjetischen Deutschlandpolitik seit den 1990er Jahren ungeachtet der signifikanten politischen und quellenmäßigen Veränderungen im Wesentlichen weitgehend unverändert geblieben, bzw. sie haben sich verschärft. Bei den wichtigsten Deutschlandexperten zeigt sich das anhand der periodisch erscheinenden Neuauflagen ihrer Werke. Daran haben auch die zahlreichen Memoiren beteiligter Staatsmänner und Diplomaten sowie die massiven Quellenpublikationen nichts geändert. Wer 1990 die sowjetische Politik für zu kompromissbereit hielt, tut dies – sofern noch am Leben – grosso modo auch heute noch, und umgekehrt. Wenn sich die Interpretation verändert hat, so ist dies in Richtung einer deutlich kritischeren Darstellung passiert. Da die deutsche Einheit von einer nicht unbedeutenden Gruppe mit dem Niedergang bzw. Zerfall der Sowjetunion assoziiert wird, ist der Diskurs darüber zum Teil sehr emotional und polemisch.

Das hinter dem eher imperialistischen Diskurs stehende historische Bewusstsein ist stark vom Denken des 19. Jahrhunderts geprägt. So wird die staatliche Einheit einer großen Nation als normal, gesetzmäßig und historisches Anrecht betrachtet und auch Konzepte wie Einflusssphären sind weit verbreitet, was oft zur Verdrängung jüngerer Ideen wie des Selbstbestimmungsrechts „kleiner" Nationen führt. Der starke Fokus auf hohe Diplomatie und machtpolitische Erwägungen führt zu einer Vernachlässigung sozialer, wirtschaftlicher und ideologischer Beweggründe von Politik, was dazu beiträgt, dass viele ohne diese Faktoren kaum nachvollziehbare Entscheidungen Gorbatschows im machtpolitischen Diskurs auch unverständlich bleiben und abgelehnt werden.

In Bezug auf Deutschland sind einige, zum Teil auf sowjetische Propaganda zurückgehende spezielle Axiome und Hypothesen tief verwurzelt, wie etwa dass die deutsche Nation ein Anrecht auf staatliche Einheit habe; die Sowjetunion diese angeblich gewollt habe; ohne die Sowjetunion keine Einheit möglich gewesen wäre; die UdSSR für ihre Zustimmung nichts oder zu wenig erhalten habe; und Gorbatschow in seiner Zustimmung entweder verräterisch oder fehlerhaft gehandelt habe. Daraus ergeben sich einige innere Widersprüche, wie zwischen der Anerkennung der Einheit als Recht der deutschen Nation und der Forderung nach Gegenleistungen; zwischen der angeblichen sowjetischen Präferenz für die Einheit und deren Interpretation als „Niederlage" bzw. der Forderung nach Gegenleistungen; zwischen dem angeblichen Verrat und der angeblichen Stümperhaftigkeit der sowjetischen Führung und konkret 2014 zwischen der positiven Wertung der „Wiedervereinigung" im Falle der Krim und der negativen im Falle Deutschlands.

Mit Blick auf die Zukunft sind zwei widersprüchliche Tendenzen festzustellen: Einerseits nimmt in Meinungsumfragen die erklärte Zustimmung zur Wiedervereinigung ab, andererseits sinkt auch das Wissen darüber. Während die steigende Polarisierung bei sinkendem Informationsstand einen Bedarf an ausgewogener Information andeutet, gibt die relativ objektive, obschon sehr knappe Darstellung in Schulbüchern Anlass zur vorsichtigen Hoffnung, dass eine künftige Generation in Russland die Frage weniger emotional beurteilen können wird.

Konrad H. Jarausch
„Partner in der Führung" oder zögerliche Mittelmacht?

Das vereinigte Deutschland aus amerikanischer Sicht in den 1990er Jahren

Am 31. Mai 1989 hielt der amerikanische Präsident George H. W. Bush eine viel beachtete Rede in Mainz, in der er Deutschland einen „Partner in der Führung" der westlichen Welt nannte. Diese Formulierung erweiterte die traditionelle Bündnisrhetorik einer „besonderen Beziehung" zwischen Washington und Bonn, die auf die enge Zusammenarbeit beider Länder im Kalten Krieg anspielte.[1] Als durch die Reformbemühungen des Generalsekretärs der KPdSU, Michail Gorbatschow, die verhärteten Fronten zwischen den beiden Blöcken in Bewegung gerieten, schlug Außenminister James Baker vor, die USA solle diesen Prozess vorantreiben und steuern. In Bezug auf das geteilte Deutschland bedeutete diese Politik den Versuch, die Mauer zu überwinden und die Möglichkeit einer Wiedervereinigung auszuloten.[2] Bei aller Anerkennung des wachsenden Gewichts der Bundesrepublik war die Sentenz von „partners in leadership" daher keine Beschreibung eines erreichten Zustands, sondern eher ein Vorgriff auf eine potenzielle Entwicklung, also eine Zielvorstellung, die es anzusteuern galt.

Die westdeutschen Politiker waren nicht unbedingt glücklich über die Zuschreibung einer größeren Verantwortung, da sie zwar auf ihre Wirtschaft stolz waren, sich aber international eher zurückhielten, waren sie doch bisher als „halb-souveräner Staat" unter dem amerikanischen Verteidigungsschirm recht gut gefahren.[3] Obwohl die ältere Generation weiter an dem Gebot der Wiedervereinigung festhielt, hatte die Mehrheit der Bevölkerung längst die Hoffnung auf eine baldige Umsetzung aufgegeben. Bundeskanzler Helmut Kohl freute sich über die amerikanische Anerkennung, aber bis in den linken Flügel seiner eigenen Partei hinein hatten sich die meisten Politiker mit der Zweistaatlichkeit abgefunden.[4] Auf die sich andeutende Endkrise des Kommunismus reagierte Washington aus seiner geostrategischen Glo-

---

[1] Hans Gatzke, Germany and the United States. ‚A Special Relationship?', Cambridge, MA 1980; Konrad H. Jarausch, Rivalen der Moderne. Amerika und Deutschland im 20. Jahrhundert, in: Volker Benkert (Hrsg.), Feinde, Freunde, Fremde? Deutsche Perspektiven auf die USA, Baden-Baden 2018, S. 21–38.
[2] James Baker, The Politics of Diplomacy. Revolution, War and Peace, 1989–1992, New York 1995, S. 96, 159 f.
[3] Peter J. Katzenstein, Policy and Politics in West Germany. The Growth of a Semisovereign State, Philadelphia 1987.
[4] Konrad H. Jarausch, The Rush to German Unity, New York 1994; Charles S. Maier, Dissolution. The Crisis of Communism and the End of East Germany, Princeton 1997.

balperspektive, während Bonn eher mit der engeren Frage der Wiedergewinnung nationaler Einheit beschäftigt war. Diese Differenz zwischen der Auseinandersetzung mit dem Kommunismus und der Fortsetzung der Ostpolitik erwies sich als grundlegend für die Einschätzung der deutschen Politik nach 1990.

Wie man die amerikanische Sicht auf das vereinigte Deutschland beurteilt, hängt ganz davon ab, welche Methode man dabei verwendet, welches Material man heranzieht und zu welchem Zeitpunkt man diese Frage untersucht. So gibt es in der Kulturwissenschaft eine lange Tradition der Diskussion von Nationenbildern auf der Basis von literarischen Zeugnissen.[5] Dagegen berufen sich Sozialwissenschaftler lieber auf Umfrageergebnisse, so z. B. des Pew Research Centers oder von Eurostat. Überdies ist es wichtig, ob man die Meinungen der allgemeinen Bevölkerung oder die Ansichten der intellektuellen Eliten sowie der politischen Akteure in den Mittelpunkt stellt. Schließlich hängen die Ergebnisse auch davon ab, ob man das Thema während Zeiten guter Zusammenarbeit oder in Momenten von Meinungsverschiedenheiten anspricht.[6] Dabei spielt auch die „Chemie" der persönlichen Beziehung zwischen US-Präsidenten wie George H.W. Bush und deutschen Bundeskanzlern wie Helmut Kohl eine Schlüsselrolle.

Wie hat sich das amerikanische Bild des vereinigten Deutschlands entwickelt, welche transatlantische Übereinstimmung ergab sich, und welche Konflikte entstanden? Die folgenden Überlegungen versuchen einige historische Antworten auf diese Fragen zu finden, indem sie sich auf die Fallstudie der ersten Dutzend Jahre nach der Wiedervereinigung konzentrieren und sich dem Thema in vier chronologischen Schritten annähern. Somit kommen sowohl Momente guter Zusammenarbeit wie strukturelle Spannungen in den Blick. Um von den Aufregungen des Tages analytischen Abstand zu gewinnen, bauen diese Beobachtungen auf politischen Verlautbarungen, Kommentaren der Medien, Erinnerungen der Beteiligten und ersten Studien zum deutsch-amerikanischen Verhältnis auf.[7] Dadurch hinterfragt diese Betrachtung die traditionelle transatlantische Wohlfühlrhetorik bei gegenseitigen Besuchen, wie sie sich etwa in der freundlichen Rede von Präsident Bill Clinton vom 12. Juli 1994 manifestierte, die das „freie Berlin" feierte.[8]

---

5 Christine M. Totten, Deutschland – Soll und Haben: Amerikas Deutschlandbild, München 1964.
6 So Ruth Wittlinger, German-American Relations since 1990. No Future for the German Past?, in: AICGS [American Institute for Contemporary German Studies], 3.10.2013, https://www.aicgs.org/publication/german-american-relations-since-1990-no-future-for-germanys-past/ (letzter Aufruf: 6.5.2020).
7 Klaus Larres/Ruth Wittlinger (Hrsg.), A Fragile Friendship. German-American Relations in the Twenty-First Century, in: German Politics 27 (2018), S. 152–157.
8 Bill Clinton, „Berlin is Free", 12.7.1994, https://www.culturaldiplomacy.org/academy/index.php?en_tar_bill-clinton-visit-to-berlin (letzter Aufruf: 6.5.2021). Vgl. Daniel S. Hamilton, Beyond Bonn. America and the Berlin Republic, Washington, D.C. 1994.

1 Enttäuschung nach der Vereinigung

Vor 1990 war der amerikanische Blick auf die Bundesrepublik durch widersprüchliche Bilder geprägt, die aus dem historischen Wechsel von Kooperation und Konfrontation zwischen beiden Ländern hervorgegangen waren. Trotz unterschiedlicher Lebensstile war die Wahrnehmung der deutschsprachigen Einwanderer im 19. Jahrhundert eher positiv, ob sie nun Bauern, Arbeiter oder Geschäftsleute waren. Allerdings baute die patriotische Propaganda des Committee for Public Information im Ersten Weltkrieg ein massives Feindbild auf, das sich an der berüchtigten „Hunnen-Rede" von Kaiser Wilhelm II. festmachte.[9] Während der Versuch der ersten deutschen Demokratie zu Weimarer Zeiten auf Sympathie stieß, galten Hitler und die SS-Schergen nach den Nürnberger Prozessen als Verkörperung des Bösen schlechthin. In der Nachkriegszeit erschienen die besetzten Deutschen dann eher wieder wie Verwandte, besonders weil sich die Bundesrepublik lange als „Musterschüler" gerierte, der den *American way of life* imitieren wollte. Auch die schrittweise Emanzipation Bonns von Washington im Zuge des Vietnamkriegs konnte dieses positive Bild nur wenig eintrüben.[10]

Trotz der engen Zusammenarbeit zwischen Washington und Bonn bei der Lösung der deutschen Frage blieb die öffentliche Meinung in Amerika über die Wiedervereinigung etwas gespalten. Im Herbst 1989 sendeten die US-Fernsehkanäle euphorische Berichte über die Öffnung der Mauer und den Jubel der Deutschen über das Ende des Kalten Kriegs. Da der Journalist Tom Brockaw vom Sender NBC mit seinem Kamerateam gerade in Berlin vor Ort war, konnte er den Fall der Mauer in Echtzeit von dem Brandenburger Tor aus filmen. In der allgemeinen Bevölkerung weckten diese Bilder von der unbändigen Freude der Deutschen über den Sturz des Kommunismus viel Sympathie, denn Freiheitsdrang und Selbstbestimmung waren politische Werte, die spontan verstanden wurden. Auch das Ende der Teilung der symbolträchtigen Stadt Berlin wurde mit Befriedigung notiert, weil diese in der amerikanischen Öffentlichkeit als „Vorposten der Freiheit" galt, dessen Ausharren durch die friedliche Revolution belohnt wurde.[11]

Aber eine einflussreiche Minderheit warnte wegen schmerzlicher Erinnerungen an die Gegnerschaft in den beiden Weltkriegen vor der Entstehung eines „vierten Reichs". Aufgrund des Holocausts sagten jüdische Intellektuelle wie der Rabbiner Michael Lerner instinktiv „,Nein' zur Vereinigung", weil sie die Teilung als gerechte Stra-

---

9 John M. Hamilton, Manipulating the Masses. Woodrow Wilson and the Birth of American Propaganda, Baton Rouge 2020.
10 Frank Trommler/Joseph McVeigh (Hrsg.), America and the Germans. An Assessment of a Three-Hundred Year History, 2 Bde., Philadelphia 1985.
11 Stefanie Eisenhuth/Scott Krause, Inventing the „Outpost of Freedom". Transatlantic Narratives and the Historical Actors Crafting West Berlin's Postwar Political Culture, in: Zeithistorische Forschungen 11 (2014), S. 188–211; Konrad H. Jarausch/Stefanie Eisenhuth/Scott Krause (Hrsg.), Cold War Berlin. Confrontations, Cultures, and Identities, London 2021.

fe für den Massenmord hielten. Ebenso warnte der konservative Journalist Charles Krauthammer vor den negativen Folgen eines „Wiederaufstiegs der Deutschen" in Europa, weil sie in Zukunft den Kontinent dominieren würden. Schließlich sorgte sich der bekannte Dramatiker Arthur Miller trotz seiner deutschen Freunde über die Verlässlichkeit der Demokratisierung.[12] Auch wenn die meisten Politiker in Washington eher den westlichen Sieg im Kalten Krieg feierten, war vor allem den Intellektuellen die Wiederentstehung eines deutschen Nationalstaates nicht ganz geheuer. Erst das künftige Verhalten des vereinigten Landes würde entscheiden, ob Genugtuung über den Sturz des Kommunismus oder warnende Stimmen Recht haben würden.[13]

Den ersten Kratzer am Bild der deutschen Politik nach dem Ende des Kalten Kriegs verursachte 1991 der Golfkrieg gegen die am 3. August 1990 erfolgte Invasion Iraks in Kuwait. Beim Aufbau einer Anti-Saddam-Koalition machte Washington Druck auf Bonn mit dem Argument, dass die Wiedervereinigung „im Wesentlichen eine von den Amerikanern erreichte Übereinkunft war, und die Deutschen das wussten". Daher verlangte Außenminister Baker nun deutsche Unterstützung aus Dankbarkeit für „die wunderbare Errungenschaft" der Vereinigung. Da das Grundgesetz den Einsatz von Truppen außer in der direkten Landesverteidigung oder zum Schutz der kollektiven Sicherheit verbot, bestand Washington auf einer angemessenen finanziellen Unterstützung. Als „erprobter Atlantiker" und „enger Freund von Präsident Bush" bot Helmut Kohl ein Hilfspaket an, das fast 2 Mrd. US-Dollar zur Finanzierung der „Operation Desert Storm" beitrug sowie Kriegsmaterial, logistische Hilfe und Unterstützung der Türkei umfasste.[14] Da sich im Übrigen das vereinigte Deutschland darauf beschränkte, eine Aufmarschbasis zur Verfügung zu stellen, setzte es damit die Tradition der Scheckbuch-Diplomatie fort.

Ironischerweise kritisierten Amerikaner die Deutschen nun wegen ihrer Friedfertigkeit – also aufgrund des genauen Gegenteils einer Wiederkehr nationalsozialistischer Aggressionen. Patriotische Kommentatoren klagten Deutschland wegen seines „blinden Pazifismus" an und warfen ihm „eine lähmende Angst" vor. Die Entstehung einer großen Friedensbewegung mit einer Viertelmillion Demonstranten in Bonn, die „Kein Blut für Öl" skandierten, erschien amerikanischen Journalisten, die den Krieg unterstützten, wie kollektive Feigheit. Sie verstanden den schwierigen Prozess der inneren Vereinigung nicht, der westdeutsche Friedensbewegte mit ostdeutschen NATO-Feinden in einer gemeinsamen Anti-Kriegsfront verband. Um transatlantische Solidarität zu beweisen, erhöhte Kohl den finanziellen Beitrag nun auf 9 Mrd. US-Dollar und lieferte neue Waffen nach Israel.[15] Trotzdem schuf die Ver-

---

12 Zitate aus Harold James/Marla Stone (Hrsg.), When the Wall Came Down. Reactions to German Unification, New York 1992, S. 167–217.
13 Ellen Schrecker (Hrsg.), Cold War Triumphalism. The Misuse of History after the Fall of Communism, New York 2004.
14 Baker, Politics of Diplomacy, S. 298 f.
15 Rudy Koshar, The Gulf War and German Angst, in: Chicago Tribune, 28.2.1991; Spencer Kimball, Germany's Struggle with Military Power in a Changing World, Deutsche Welle, 12.2.2009, https://

weigerung des Truppeneinsatzes ein neues Deutschlandbild von einem willensschwachen, undankbaren Land.

2 Streit um Auslandseinsätze

Den nächsten Dämpfer bewirkten die Balkankriege in dem zerbrechenden Jugoslawien vor der Haustür Europas. Der von den Diktatoren Slobodan Milošević und Franjo Tudjman angeheizte Nationalismus stürzte die Region in langanhaltende Bürgerkriege, die Hunderttausende in die Flucht trieben. Die Amerikaner hielten sich zurück, da „keine nationalen Interessen betroffen waren".[16] Und die Europäer waren zerstritten zwischen Großbritannien und Frankreich, die Serbien unterstützten, und Deutschland und Österreich, die mit Slowenien und Kroatien sympathisierten. Bonns vorschnelle diplomatische Anerkennung Letzterer im Dezember 1991 beschleunigte den Zerfall Jugoslawiens, denn sie setzte andere Länder unter diplomatischen Zugzwang. Der serbische Versuch, mit Hilfe der jugoslawischen Armee möglichst viele Territorien zu erobern, löste erbitterten kroatischen Widerstand aus. Internationale Sanktionen und ein Waffenembargo konnten die meist von serbischen Milizen begangenen Gräueltaten wie 1995 in Srebrenica nicht verhindern. Erst die Bombardierung Belgrads führte zu einer quasi-diplomatischen Lösung einer faktischen Aufteilung Bosniens in den sogenannten Dayton Accords.[17] In der US-Öffentlichkeit machte Deutschland dabei keine gute Figur, da es sich aus historischen Gründen bei der Lösung des regionalen Konflikts besonders zurückhielt.

Um internationale Handlungsfähigkeit zu erreichen, musste die Frage deutscher militärischer Auslandseinsätze schließlich vom Bundesverfassungsgericht geklärt werden. Das Grundgesetz enthielt neben Artikel 87 a zur Landesverteidigung auch Artikel 24 über kollektive Einsätze zur „Wahrung des Friedens", dessen Auslegung genauer zu definieren war. Diese Frage war innenpolitisch umstritten, da die PDS und die Grünen prinzipiell dagegen waren, die Regierungsparteien CDU, CSU und FDP aber begrenzte Missionen unter UN-Mandat billigten, während die SPD gespalten blieb. Als die Regierung versuchte, das Mandat über friedenserhaltende Maßnahmen der Vereinten Nationen hinaus auf „Out of area"-Einsätze der NATO auszudehnen, reichten die SPD-Opposition und die mitregierenden Liberalen in Karlsruhe Klage ein. In einer salomonischen Entscheidung bestätigte das Gericht im Juli 1994 die Legitimität der Beteiligung an kollektiven Missionen der UNO, NATO und WEU, solange eine einfache Mehrheit des Bundestags vorab zustimmte. Wa-

---

www.dw.com/en/germanys-struggle-with-military-power-in-a-changing-world/a-6308457 (letzter Aufruf: 6.5.2021).
16 Baker, Politics of Diplomacy, S. 636.
17 Ebenda, S. 634–651; Sabrina Ramet/Balkan Babel. The Disintegration of Yugoslavia from the Death of Tito to the Fall of Milošević, Boulder, CO ⁴2002.

shington begrüßte diesen „außerordentlich schwierigen Lernprozess", da er Bonn zu einem vollwertigeren Partner machte.[18]

Trotz der schrittweisen Ausweitung deutscher Militäreinsätze hielten konservative Amerikaner Deutschland jedoch für einen „free rider" in Fragen der Verteidigung. Sie hatten vergessen, dass die Entmilitarisierung der Deutschen eine der zentralen Forderungen des sogenannten Potsdamer Abkommens vom August 1945 gewesen war, das durch Auflösung der Wehrmacht, Zerschlagung der Kriegsindustrie und Pazifizierung der Kultur erstaunlich erfolgreich umgesetzt worden war.[19] Schon unter Präsident Lyndon B. Johnson und Bundeskanzler Ludwig Erhard waren massive Spannungen aufgetreten, da die Amerikaner von Bonn verlangten, einen höheren Beitrag zur Unterstützung der Stationierung von US-Truppen zu leisten. Nach der Vereinigung konnte Washington auf die Auflösung der ostdeutschen Nationalen Volksarmee und die drastische Verkleinerung der westdeutschen Bundeswehr von etwa 500 000 (1989/90) auf ca. 318 700 (2000) bis auf weniger als 200 000 Soldaten (seit 2011) hinweisen.[20] Im Zuge der „Friedensdividende" schrumpfte der bundesdeutsche Verteidigungshaushalt auf nur 1,2 Prozent des Bruttosozialprodukts und blieb wesentlich unter der von der NATO 2014 wieder eingeführten und bis zum Jahr 2024 angestrebten Zwei-Prozent-Grenze.[21]

Daran konnte auch die graduelle Erweiterung der Auslandseinsätze von humanitären Hilfsaktionen wie in Somalia (1993/94) zu Friedenserhaltungsmissionen wie in Bosnien (1995–2012) nicht viel ändern. Die Beteiligung an über 130 Aktionen der Katastrophenhilfe vor 1990 wurde von der internationalen wie nationalen Öffentlichkeit kaum gewürdigt. Dagegen war die Beteiligung von 1700 Heeressoldaten an einer Stabilisierungsmission unter UN-Führung in Somalia schon eher kontrovers. Aber erst die Teilnahme der Luftwaffe an der Bombardierung Serbiens im Kosovokrieg im Jahre 1999 war ein klassischer Kampfeinsatz, der mit dem Tabu der Friedfertigkeit deutscher Soldaten brach.[22] Während linke Kritiker weiterhin gegen jeden

---

18 Kimball, Germany's Struggle with Military Power, https://www.dw.com/en/germanys-struggle-with-military-power-in-a-changing-world/a-6308457 (letzter Aufruf: 6.5.2021); Vor 25 Jahren: Bundesverfassungsgericht billigt Auslandseinsätze, https://www.bpb.de/politik/hintergrund-aktuell/188072/urteil-zu-auslandseinsaetzen (letzter Aufruf: 6.5.2021).
19 Kathleen Nawyn, Striking at the Roots of German Militarism. Efforts to Demilitarize German Society and Culture in American-Occupied Württemberg-Baden, 1945–1949, Diss. Chapel Hill 2008; James Sheehan, Where Have All the Soldiers Gone? The Transformation of Modern Europe, Boston 2008.
20 Vgl. Personalbestand der Bundeswehr, Statista https://de.statista.com/statistik/daten/studie/495515/umfrage/personalbestand-der-bundeswehr/ (letzter Aufruf: 6.5.2021).
21 Detlef Bald, Die Bundeswehr. Eine kritische Geschichte, 1955–2005, München 2005.
22 Peter Göbel (Hrsg.), Von Kambodscha bis Kosovo: Auslandseinsätze der Bundeswehr seit Ende des Kalten Krieges, Frankfurt a. M. 2000; Stephen Szabo, Partners in Leadership? Germany and the United States 25 Years after Unification, German Marshall Fund, 2.10.2015, https://www.gmfus.org/blog/2015/10/02/partners-leadership-germany-and-united-states-25-years-after-unification (letzter Aufruf: 6.5.2021).

Militäreinsatz polemisierten, ging den Amerikanern die deutsche Konzentration auf Friedenssicherung nie weit genug. Ironischerweise war der Pazifismus der Deutschen eigentlich ein Erfolg amerikanischer Politik der Entmilitarisierung – aber dieser Hintergrund war in Washington kaum bekannt.

3 Bekämpfung des Terrorismus

Das Mitgefühl für den Tod von unbeteiligten Zivilisten beim Terrorangriff vom 11. September 2001 auf das World Trade Center in New York und auf das Pentagon in Washington hellte jedoch das Deutschlandbild in den USA wieder etwas auf. Die schreckenerregenden Fernsehbilder des Einsturzes der beiden Hochhäuser und eines Flügels des Pentagons lösten in den Vereinigten Staaten eine Schockwelle aus, da sie die eigene Verwundbarkeit in der internationalen Auseinandersetzung mit islamistischen Terroristen dramatisierten und an den japanischen Überraschungsangriff auf die USA in deren Flottenbasis Pearl Harbor am 7. Dezember 1941 erinnerten. Der 2000 nur von einer Minderheit gewählte Präsident George W. Bush interpretierte den Angriff als eine Kriegserklärung seitens einer muslimischen terroristischen Verschwörung, die von Al-Quaida geleitet wurde. Intern führte die Empörung zur Einrichtung eines neuen Regierungsapparats, des „Department for Homeland Security", das im Namen der nationalen Sicherheit eine Reihe von Bürgerrechten beschnitt. So wurden zur Beruhigung der Bevölkerung scharfe Sicherheitskontrollen an Flughäfen durch die Transport Security Administration eingerichtet. In den Wochen nach dem Attentat breitete sich in den USA eine fast hysterische Stimmung aus.[23]

Die Deutschen fühlten sich bei „9/11" auch indirekt betroffen, da einige der von Mohammed Atta geführten Attentäter als Technikstudenten in Hamburg den Angriff vorbereitet hatten. In direktem Kontakt mit Osama Bin Laden hatten die westlich erzogenen Terroristen die Entführung mehrerer Flugzeuge akribisch geplant. Die Mitglieder der Al-Quaida-Zelle trafen sich in der Hamburger Al-Quds-Moschee, in der Chalid Scheich Mohammed sie mit anti-amerikanischen Hassparolen und antisemitischen Angriffen auf Israel aufhetzte. Drei der späteren Selbstmordpiloten gehörten dieser Gruppe von etwa einem Dutzend radikalisierten islamistischen Studierenden an. Allerdings hatten sie erst in den USA durch Einschreibung in Pilotenschulen die praktische Beherrschung von Flugzeugen gelernt, die den Anschlag ermöglichte.[24] Die amerikanischen Medien warfen daher Deutschland vor, dass der Geheimdienst von der Hamburger Zelle gewusst habe, aber nicht gegen sie einge-

---

23 Stephen E. Atkins, The Nine-Eleven Encyclopedia, 2 Bde., Westport, CT 2008.
24 Arne Lichtenberg, 9/11 – Die Hamburger Zelle, Deutsche Welle, 11.9.2011, https://www.dw.com/de/9-11-die-hamburger-zelle/a-15349371 (letzter Aufruf: 6.5.2021). Vgl. Samuel Salzborn, Globaler Antisemitismus. Eine Spurensuche in den Abgründen der Moderne, Weinheim 2018.

schritten sei, um das Attentat zu verhindern. Diese Anschuldigung war nur schwer zu widerlegen.

Die amerikanische Öffentlichkeit war dennoch beeindruckt von der spontanen Welle an menschlicher Solidarität aus Deutschland, die manche antiamerikanischen Töne zum Schweigen brachte. Tausende von Privatleuten riefen ungebeten ihre transatlantischen Freunde an, um ihr Mitgefühl auszudrücken, weil sich nach dem Attentat niemand mehr sicher fühlte. In Berlin demonstrierten über 200 000 Menschen gegen den islamistischen Terrorismus und drückten ihre Betroffenheit mit den Worten „Heute sind wir alle Amerikaner" aus. Auch die rot-grüne Bundesregierung stimmte in diesen Chor der Sympathie mit ein. Im Bundestag rief Bundeskanzler Gerhard Schröder dazu auf, Mitgefühl zu zeigen, und versicherte Washington seiner „uneingeschränkten Solidarität". Er erkannte den NATO-Bündnisfall an und wirkte aktiv an der Bildung einer Koalition gegen den Terrorismus mit. Nur die vergleichsweise milde Bestrafung von Terroristen aus dem Umfeld der Hamburger Zelle in Deutschland stieß in Amerika weitgehend auf Unverständnis.[25]

Im Vergleich zur öffentlichen Hysterie in den Vereinigten Staaten erschienen die deutschen Anti-Terror-Maßnahmen eher selbstverständlich und wenig konsequent zu sein. Obwohl Deutschland noch von größeren Angriffen verschont blieb, verschärfte die Bundesregierung eine Reihe von Gesetzen, um „den Zugriff von Polizei und Geheimdiensten auf Sozial-, Bank- und Reisedaten, die Überwachungsmöglichkeiten öffentlicher und privater Räume, Beschränkungen der Vereinsfreiheit sowie die Möglichkeit [des Vorgehens] gegen ausländische Terrorvereinigungen" zu erleichtern.[26] Der gespaltene Bundestag entschloss sich mit nur zwei Stimmen Mehrheit für eine Beteiligung an der „Operation Enduring Freedom" durch Entsendung von 5000 Soldaten nach Afghanistan. Zur Rechtfertigung der als Stabilisierungs- und Aufbauhilfe deklarierten Mission argumentierte der grüne Außenminister Joschka Fischer wie im Kosovo-Kriegseinsatz, dass es fatal für Deutschland wäre, „Nein zu den Amerikanern zu sagen".[27] In den USA wurden diese schwierigen Veränderungen des politischen Selbstverständnisses jedoch kaum honoriert.

---

[25] Deutscher Bundestag, Stenographische Berichte, 14. Wahlperiode, 186. Sitzung, 12.9.2001, S. 18293 f., hier S. 18293; „Uneingeschränkte Solidarität" in Deutschland nach 9/11 auf dem Rückzug, Deutsche Welle, 11.9.2006, https://www.dw.com/de/uneingeschr%C3%A4nkte-solidarit%C3%A4t-in-deutschland-nach-9-11-auf-dem-r%C3%BCckzug/a-2151151-0 (letzter Aufruf: 6.5.2021). Vgl. auch Gregor Schöllgen, Gerhard Schröder. Die Biographie, München 2015, S. 564–568.
[26] „Uneingeschränkte Solidarität" in Deutschland nach 9/11 auf dem Rückzug, Deutsche Welle, 11.9.2006, https://www.dw.com/de/uneingeschr%C3%A4nkte-solidarit%C3%A4t-in-deutschland-nach-9-11-auf-dem-r%C3%BCckzug/a-2151151-0 (letzter Aufruf: 6.5.2021).
[27] Sandra Petersmann/Nina Werkhäuser, Germany's Long Military Mission in Afghanistan, Deutsche Welle, 9.11.2020, https://www.msn.com/en-us/news/world/germanys-long-military-mission-in-afghanistan/ar-BB18WpyF (letzter Aufruf: 6.5.2021); Paul Hockenos, Joschka Fischer and the Making of the Berlin Republic. An Alternative History of Postwar Germany, New York 2008, S. 288–295.

4 Neue Enttäuschung

In Bushs Irakkrieg 2003 brachen die transatlantischen Differenzen erneut auf, da sich Berlin der „Koalition der Willigen" verweigerte. Zwar blieb die Unterstützung Israels eine Grundlinie der deutschen Außenpolitik, aber die „Kultur der Zurückhaltung" dominierte weiterhin, da der Kriegsschauplatz weit von Europa entfernt war. Umfragen belegten, dass mehr als zwei Drittel der deutschen Bevölkerung nicht willens waren, sich an einem Krieg mit dem Ziel eines Regimewechsels im Nahen Osten aktiv zu beteiligen.[28] Kriegsgegner, zu denen vorweg auch die rot-grüne Bundesregierung gehörte, argumentierten damit, dass die Kontrollen der UN-Waffeninspekteure nicht abgeschlossen seien, vom Irak keine direkte Bedrohung Deutschlands ausgehe, ein Angriff nur den islamistischen Fundamentalismus stärken und den Nahen Osten destabilisieren würde. Damit schlossen sie sich einer weltweiten Friedensbewegung an, die im Februar 2003 etwa neun Mio. Menschen auf die Straße brachte.[29] Obwohl die meisten Deutschen den irakischen Machthaber Saddam Hussein als Diktator verabscheuten, wollten sie keinen Präventivkrieg zu seinem Sturz führen.

Teilweise ging diese Zögerlichkeit auch auf den Unilateralismus der Bush-Administration zurück, die von den Verbündeten Gefolgschaft erwartete, ohne sie entsprechend zu konsultieren. Die deutsche Regierung war überzeugt, dass die Neokonservativen in Washington den Krieg wollten, da sie nicht alle Möglichkeiten zu einer friedlichen Lösung ausgeschöpft hatten. Auch hielten sie die sogenannten Beweise für irakische „weapons of mass destruction", die den Militäreinsatz rechtfertigen sollten, einfach für unglaubwürdig. Statt Garanten des Friedens zu sein, schienen die USA nun selbst die internationale Ordnung zu destabilisieren. Dagegen war Washington frustriert über den „unausstehlichen Verbündeten", der sich eher mit der amerikanischen Friedensbewegung als mit der Regierung solidarisierte.[30] Tief enttäuscht klagte die Nationale Sicherheitsberaterin des Präsidenten, Condoleezza Rice, sogar über eine „vergiftete Beziehung" zwischen Washington und Berlin, die nicht mehr zu reparieren sei. Auch Außenminister Colin Powell sprach im Nachhinein von einer „schwierigen Periode" des transatlantischen Verhältnisses.[31]

---

28 Zum Beispiel eine Pew-Umfrage, zit. in: Deutsche lehnen Irak-Krieg vehement ab, in: Der Spiegel, 4.12.2002.
29 Herfried Münkler, Der Neue Golfkrieg, Reinbek bei Hamburg 2003; Jakub Eberle, Discourse and Affect in Foreign Policy. Germany and the Iraq War, Abingdon 2019.
30 Jan Techau, A Promise Unfulfilled. German–US Relations 25 Years After Reunification, AICGS, 8.10.2015, https://carnegieeurope.eu/2015/10/08/promise-unfulfilled-german-u.s.-relations-25-years-after-reunification-pub-61546 (letzter Aufruf: 6.5.2021). Vgl. Stephen Szabo, Parting Ways. The Crisis in German-American Relations, Washington, D. C. 2004.
31 Colin Powell, Interview with Maybritt [sic] Illner of German Television, 1.4.2004, US Department of State Archive, https://2001-2009.state.gov/secretary/former/powell/remarks/31016.htm (letzter Aufruf: 6.5.2021).

Da Bundeskanzler Schröder und Außenminister Fischer die Bedrohungslage als weniger akut einschätzten, verweigerten sie sich dem Ruf nach einer gemeinsamen Aktion gegen Saddam Hussein. Beide waren emotional ein Teil der 1968er-Generation, deren antiimperialistische Kritik am Vietnamkrieg noch psychologisch nachwirkte, sodass sie nicht einfach amerikanischen Wünschen folgen wollten. In einem Interview mit der „New York Times" klagte der Kanzler über das „übertrieben unilaterale" Vorgehen der Amerikaner und das Fehlen eines Friedensplans: „Die Pflicht von Freunden ist es nicht allem zuzustimmen, sondern zu sagen: Wir sind in diesem Punkt anderer Meinung." Obwohl diese eigenwillige Haltung „eine Gefahr für freundliche deutsch-amerikanische Beziehungen" darstellte, benutzte Schröder die Distanzierung von der amerikanischen Invasion des Irak als Argument in seinem Wahlkampf von 2002, den er auch wegen der Angst der Bevölkerung vor einem Krieg knapp gewann.[32]

Die Bush-Regierung war wütend über die deutsche Verweigerung der Gefolgschaft, weil diese in einer vitalen Frage die Dankbarkeit für frühere amerikanische Hilfe vermissen ließ. Durch die Bildung einer diplomatischen Front mit Frankreich und Russland rief Schröder eine beispiellose Konfrontation hervor, welche die neokonservativen Politiker in Washington überraschte und schockierte. Zum ersten Mal stellte sich Berlin in einer wichtigen Angelegenheit gegen die Schutzmacht Amerika und demonstrierte seine eigene nationale Souveränität und seine Präferenz für Verhandlungen. Auch in seinem forschen Stil war dieses „Selbstbewusstsein eine neue Entwicklung", welches das westliche Bündnis in zwei konfligierende Lager spaltete.[33] US-Verteidigungsminister Donald Rumsfeld beschimpfte Berlin und Paris daher als das „alte Europa" im Gegensatz zu den neuen NATO-Mitgliedern im Osten und stellte sogar Deutschland in eine Reihe mit Feinden wie Kuba und Libyen. Seine Schelte wiederum rief eine ärgerliche deutsch-französische Reaktion hervor, die die USA des „Neokolonialismus" bezichtigte.[34]

---

[32] Interview with Gerhard Schröder, in: The New York Times, 4.9.2002; Matthew Karnitschnig, The End of the German-American Affair, in: Politico, 24.9.2019, https://www.politico.eu/article/the-end-of-the-german-american-affair-angela-merkel-donald-trump/ (letzter Aufruf: 6.5.2021).
[33] John Hooper und Ian Black, Anger at Rumsfeld Attack on ‚Old Europe', in: The Guardian, 23.1.2003. Vgl. ferner Gregor Schöllgen, Der Auftritt. Deutschlands Rückkehr auf die Weltbühne, Berlin 2003.
[34] Rupert Cornwell, Rumsfeld „Mends Fences" by Lumping Germany with Cuba and Libya in an Axis of Bad Boys, in: The Independent, 8.2.2003; Dieter Dettke, The 2003 Iraq War as a Turning Point in German-American Relations. Political Leadership and Alliance Cohesion, in: German Politics 27 (2018), S. 158–173.

5 Erosion einer Freundschaft

Statt Partner in der Führung des Westens zu werden, haben sich die Deutschen und Amerikaner daher seit 1990 eher auseinanderentwickelt. Zwar sind die gemeinsamen ökonomischen Interessen und familiären Verbindungen weiterhin ein starkes Fundament der transatlantischen Beziehungen. In jüngeren Umfragen des Pew Research Centers halten fast drei Viertel der Amerikaner Deutschland deswegen für einen verlässlichen Bündnispartner. Aber die Reduzierung der Zahl der in Deutschland stationierten amerikanischen Soldaten auf etwa 36 000 und der von US-Präsident Donald J. Trump angekündigte Abzug von weiteren 12 000, der von seinem Nachfolger Joseph Biden freilich prompt kassiert wurde, und der Rückgang der Studentenaustausche auf etwa 6000 im Jahr haben die menschliche Kontaktfläche verkleinert.[35] Während die öffentliche Meinung in Deutschland in den letzten Jahrzehnten immer liberaler geworden ist, scheint ein erheblicher Teil der USA eher konservativer geworden zu sein.[36] Obwohl die meisten Amerikaner die Beziehungen zu Deutschland für gut halten, hat sich auf der deutschen Seite das Amerikabild in den letzten Jahren so drastisch verschlechtert, dass nur noch unverbesserliche Transatlantiker weiterhin von einer „special relationship" reden können.[37]

Die widersprüchliche Entwicklung der „fragilen Freundschaft" im ersten Jahrzehnt nach der Vereinigung hat zu der Entstehung eines kritischen Deutschlandbilds vor allem im rechten Lager der amerikanischen Politik beigetragen. Wegen der Nichtbeteiligung am Golfkrieg 1991 wich die Euphorie über den gemeinsamen Sturz des Kommunismus schnell einer Verstimmung in Washington. Der wachsende Druck auf die Übernahme von Verantwortung für Militäraktionen fand erst mit der positiven Entscheidung des Bundesverfassungsgerichts und der Beteiligung an der Bombardierung Kosovos eine Lösung. Aber die spontane Solidarität nach dem 11. September 2001, die zum Einsatz in Afghanistan führte, ließ sich im Irakkrieg 2003 nicht wiederholen, sodass Deutschland wieder wie ein Verweigerer aussah. Der Grundwiderspruch in der amerikanischen Haltung bestand darin, dass man einerseits ein stärkeres internationales Engagement von Berlin erwartete, andererseits

---

[35] John Kornblum, Die menschliche Dimension der transatlantischen Beziehungen, Bremer Rede vom 16.1.1999, https://de.usembassy.gov/de/die-menschliche-dimension-der-transatlantischen-beziehungen/ (letzter Aufruf: 6.5.2021).
[36] Pew Research Center, Meinungsumfrage vom 15.9.2020, https://www.pewresearch.org/global/2020/09/15/us-image-plummets-internationally-as-most-say-country-has-handled-coronavirus-badly/ (letzter Aufruf: 6.5.2021); Konrad H. Jarausch, Drifting Apart. Cultural Dimensions of the Transatlantic Estrangement, in: Hermann Kurthen/Antonio V. Menendez-Alarcon/Stefan Immerfall (Hrsg.), Safeguarding German-American Relations in the New Century. Understanding and Accepting Mutual Differences, Lanham u. a. 2006, S. 17–32.
[37] Felix Richter, German-American Divide in View of Bilateral Relations, in: Statista, 26.11.2019, https://www.statista.com/chart/16242/german-us-relations/ (letzter Aufruf: 6.5.2021). Thomas Petersen, Erleichterung über Wahl Bidens, in: FAZ, 16.12.2020.

aber jedes Mal verärgert war, wenn dessen Emanzipation eigenwillige Entscheidungen gegen präsumptive US-Interessen hervorbrachte.[38]

In langfristiger Perspektive sind die Spannungen der ersten Dutzend Jahre nach der Vereinigung ein Produkt der asymmetrischen Rollen und der unterschiedlichen Kulturen von Amerika und Deutschland. Während Washington in globalen Dimensionen denkt, bleibt der deutsche Horizont trotz weltweiter Wirtschaftsinteressen eher auf Europa beschränkt, wo es als „reluctant hegemon" gefordert ist. Auch in Zukunft wird die problematische Geschichte der Weltkriege und des Holocaust ein allzu forsches Auftreten Deutschlands verhindern. Dabei wird die vergrößerte Bundesrepublik sich trotz ihrer multilateralen und pazifistischen Vergangenheit zur Übernahme von mehr Verantwortung und höheren Verteidigungskosten durchringen müssen. Gleichzeitig werden aber die Vereinigten Staaten nur mit ihrem „imperial overstretch" fertig werden, wenn sie sich auf befreundete Verbündete stützen können. Nur dadurch wird Deutschland als „selbstbewusste Mittelmacht" ein „unverzichtbarer" europäischer Pfeiler des transatlantischen Bündnisses bleiben.[39]

Die Wahl von Joseph Biden zum 46. Präsidenten der Vereinigten Staaten bietet die Chance eines Neuanfangs der transatlantischen Beziehungen. Zwar wird der Unterschied zwischen der auf individuelle Aufstiegschancen fixierten US-Kultur und der die kollektive Sicherheit bevorzugenden deutschen Mentalität weiterhin erhalten bleiben. Aber eine amerikanische Rückwendung zum Multilateralismus und die Übernahme von mehr Verantwortung durch Deutschland werden die notwendigen Kompromisse einer beiderseitigen „unverzichtbaren Freundschaft" erleichtern. In seiner ersten Botschaft an die Nation nach seinem Sieg im Wahlkampf hat der „president elect" eine Rückkehr zum Pariser Klimaabkommen, zur WHO und zur WTO angekündigt, was einen konstruktiveren Führungsstil erwarten lässt. Die warmen Glückwünsche von Bundeskanzlerin Angela Merkel deuten ebenso darauf hin, dass die Deutschen auf solche Signale positiv reagieren und in umstrittenen Sachfragen wie der Pipeline Nordstream 2 verhandlungsbereit sein werden.[40] Man kann nur hoffen, dass beide Seiten aus den Enttäuschungen der Vergangenheit gelernt haben, dass sie trotz mancher Meinungsunterschiede auch in Zukunft aufeinander angewiesen sind.

---

38 Mirco Reimer, Partners in Leadership. German-American Relations in a Post-9/11 World, in: American Diplomacy 20.6.2015, S. 1–17, https://americandiplomacy.web.unc.edu/2015/06/partners-in-leadership-german-american-relations-in-a-post-9-11-world/ (letzter Aufruf: 6.5.2021); Larres/Wittlinger (Hrsg.), A Fragile Friendship, S. 152–157.
39 Max Otte, A Rising Middle Power? German Foreign Policy in Transformation, 1989–1999, New York 2000; Herfried Münkler, Die selbstbewusste Mittelmacht. Außenpolitik im souveränen Staat, in: Merkur 60 (2006), S. 847–858.
40 Joe Biden's Victory Speech, Annotated, in: The Washington Post, 7.11.2020; US Election: Germany's Angela Merkel Congratulates Biden on Win, in: Deutsche Welle, 7.11.2020, https://www.dw.com/en/us-election-germanys-angela-merkel-congratulates-biden-on-win/a-55531839 (letzter Aufruf: 6.5.2021). Vgl. Wolfgang Ischinger, World in Danger: Germany and Europe in an Uncertain Time, Washington, D.C. 2020.

Abkürzungen

AA	Auswärtiges Amt
AAPD	Akten zur Auswärtigen Politik der Bundesrepublik Deutschland
ABM	Anti-Ballistic Missile
AdG	Archiv der Gegenwart
AICGS	American Institute for Contemporary German Studies
AM	Außenminister
AMSZ	Archiwum Ministerstwa Spraw Zagranicznych (Archiv des Ministeriums für öffentliche Angelegenheiten)
BArch	Bundesarchiv
BBC	British Broadcasting Corporation
BEG	Bundesentschädigungsgesetz
BGBl.	Bundesgesetzblatt
BM	Bundesminister
BPA	Bundespresseamt
BRD	Bundesrepublik Deutschland
BRüG	Bundesrückerstattungsgesetz
BVerfG	Bundesverfassungsgericht
CC CPSU	Central Committee of the Communist Party of the Soviet Union
CD	Conference on Disarmament
CDU	Christlich Demokratische Union
CEFTA	Central European Free Trade Agreement
CFE	Conventional Forces in Europe
CIA	Central Intelligence Agency
CNN	Cable News Network
CSCE	Conference on Security and Co-operation in Europe
ČSSR	Československá Socialistická Republika (Tschechoslowakische Sozialistische Republik)
CSU	Christlich-Soziale Union
CTBT	Comprehensive Test Ban Treaty
DB	Drahtbericht
DBPO	Documents on British Policy Overseas
DDR	Deutsche Demokratische Republik
DM	Deutsche Mark
DÖV	Die Öffentliche Verwaltung
DPC	Defense Planning Committee
DzD	Dokumente zur Deutschlandpolitik
EALG	Entschädigungs- und Ausgleichsleistungsgesetz
EBRD	European Bank for Reconstruction and Development
ECHR	European Convention of Human Rights
EG	Europäische Gemeinschaft
EGMR	Europäischer Gerichtshof für Menschenrechte
ERM	European Exchange Rate Mechanism (Wechselkursmechanismus)
EU	Europäische Union
EuGH	Europäischer Gerichtshof
EWG	Europäische Wirtschaftsgemeinschaft
EWS	Europäisches Währungssystem
FAZ	Frankfurter Allgemeine Zeitung

FDP	Freie Demokratische Partei
FM	Foreign Minister
FOM	Fonds für öffentliche Meinung
FRG	Federal Republic of Germany
GB	Großbritannien
GDR	German Democratic Republic
GG	Grundgesetz
GLCM	Ground-Launched Cruise Missiles
HSWP	Hungarian Socialist Workers' Party (Ungarische Sozialistische Arbeiterpartei)
IEWSS	Institute for East West Security Studies
IGH	Internationaler Gerichtshof der Vereinten Nationen
INF	Intermediate-Range Nuclear Forces
IPW	Institut für Internationale Politik und Wirtschaft
JÖR	Jahrbuch des öffentlichen Rechts der Gegenwart
KC KPZR	Komitet Centralny Komunistyczna Partia Związku Radzieckiego (Zentralkomitee der Kommunistischen Partei der Sowjetunion)
KGB	Komitet Gossudarstwennoi Besopasnosti (Komitee für Staatssicherheit)
KOR	Komitet Obrony Robotników (Komitee zur Verteidigung der Arbeiter)
KPdSU	Kommunistische Partei der Sowjetunion
KPRF	Kommunistische Partei der Russischen Föderation
KSE	Vertrag über Konventionelle Streitkräfte in Europa
KSZE	Konferenz über Sicherheit und Zusammenarbeit in Europa
KVAE	Konferenz über Vertrauens- und Sicherheitsbildende Maßnahmen und Abrüstung in Europa
LDPR	Liberal-Demokratische Partei Russlands
LRINF	Long-Range Intermediate Nuclear Forces
MBFR	Mutual and Balanced Force Reductions
MD	Ministerialdirektor
MDg	Ministerialdirigent
MDR	Mitteldeutscher Rundfunk
MfAA	Ministerium für Auswärtige Angelegenheiten
MfS	Ministerium für Staatssicherheit
MGIMO	Moskowski Gossudarstwenni Institut Meshdunarodnych Otnosehnije (Moskauer Staatsinstitut für Internationale Beziehungen)
MID	Ministerstwo Inostrannych Del (Außenministerium)
MP	Ministerpräsident
NARA	National Archives and Records Administration (Nationale Verwaltungsstelle für Archivgut und Unterlagen)
NATO	North Atlantic Treaty Organization
NBC	National Broadcasting Company
NED	National Endowment for Democracy
NS	Nationalsozialismus
NSC	National Security Council
NSDD	National Security Decision Directives
NVA	Nationale Volksarmee
NZZ	Neue Zürcher Zeitung
OECD	Organization for Economic Cooperation and Development
OSZE	Organisation für Sicherheit und Zusammenarbeit in Europa
PA/AA	Politisches Archiv des Auswärtigen Amts

PBA	Politischer Beratender Ausschuss
PDS	Partei des Demokratischen Sozialismus
PiS	Prwao i Sprawiedliwość (Partei Recht und Gerechtigkeit)
PLO	Palestine Liberation Organization
PNET	Peaceful Nuclear Explosion Treaty
PRL	Polska Rzeczpospolita Ludowa (Volksrepublik Polen)
PVAP	Polnische Vereinigte Arbeiterpartei
RAW	Russische Akademie der Wissenschaften
RF	Russische Föderation
RGW	Rat für gegenseitige Wirtschaftshilfe
RIA	Russische Informationsagentur
RMP	Ruch Młodej Polski (Bewegung des Jungen Polens)
ROPCiO	Ruch Obrony Praw Człowieka i Obywatela (Bewegung zur Verteidigung der Menschen- und Bürgerrechte)
SALT	Strategic Arms Limitation Talks
SBZ	Sowjetische Besatzungszone
SDI	Strategic Defense Initiative
SED	Sozialistische Einheitspartei Deutschlands
SIPRI	Stockholm International Peace Research Institute
SMAD	Sowjetische Militäradministration in Deutschland
SNF	Short-Range Nuclear Forces
SPD	Sozialdemokratische Partei Deutschlands
SRINF	Short-Range Intermediate Nuclear Forces
SS	Schutzstaffel
SSSR	Sojus Sowjetskich Sozialistitscheskich Respublik (Union der Sozialistischen Sowjetrepubliken)
START	Strategic Arms Reductions Treaty
SU	Sowjetunion
SZ	Süddeutsche Zeitung
TASS	Telegrafnoje Agentstwo Sowjetskogo Sojusa (Telegrafenagentur der Sowjetunion)
TTBT	Threshold Test Ban Treaty
UdSSR	Union der Sozialistischen Sowjetrepubliken
UNO	United Nations Organization
USA	United States of America
USD	US-Dollar
USSR	Union of Soviet Socialist Republics
VermG	Gesetz zur Regelung offener Vermögensfragen
VKSE	Verhandlungen über Konventionelle Streitkräfte in Europa
VLR	Vortragender Legationsrat
VN	Vereinte Nationen
VPN	Violence Prevention Network
VR	Volksrepublik
VSBM	Vertrauens- und Sicherheitsbildende Maßnahmen
VW	Volkswagen
WEU	Westeuropäische Union
WHO	World Health Organization
WP	Warschauer Pakt
WTO	World Trade Organization
WVO	Warschauer Vertragsorganisation

WZIOM	Wserossijski Zentr Isutschenija obschtschestwennowo mnenija (Allrussisches Zentrum für die Erforschung der öffentlichen Meinung)
ZK	Zentralkomitee

Die Autorinnen und Autoren dieses Bandes

Helmut Altrichter, Dr., Professor (em.) für Osteuropäische Geschichte an der Friedrich-Alexander-Universität Erlangen-Nürnberg, veröffentlichte u. a.: Russland 1989. Der Untergang des sowjetischen Imperiums, München 2009; Stalin. Der Herr des Terrors. Eine Biografie, München 2018.

Heike Amos, Dr., wissenschaftliche Mitarbeiterin am Institut für Zeitgeschichte München–Berlin; veröffentlichte u. a.: als Bearbeiterin zusammen mit Tim Geiger: Die Einheit. Das Auswärtige Amt, das DDR-Außenministerium und der Zwei-plus-Vier-Prozess, Göttingen 2015; Karrieren ostdeutscher Physikerinnen in Wissenschaft und Forschung 1970 bis 2000, Berlin/Boston 2020.

Jan Eiken, wissenschaftlicher Mitarbeiter am Lehrstuhl für Öffentliches Recht, insbesondere Europa- und Völkerrecht sowie Europäisches Wirtschaftsrecht und Wirtschaftsvölkerrecht an der Universität Potsdam; veröffentlichte u. a.: zusammen mit Andreas Zimmermann: Reform des § 28 StAG und das Völkerrecht, in: Neue Zeitschrift für Verwaltungsrecht 2019, S. 1313–1318; Breaking New Ground? The CERD Committee's Decision on Jurisdiction in the Inter-State Communications Procedure between Palestine and Israel, European Journal of International Law, EJIL Talk, 29. Januar 2020.

Tim Geiger, Dr., wissenschaftlicher Mitarbeiter am Institut für Zeitgeschichte München–Berlin in der Editionsabteilung Akten zur Auswärtigen Politik der Bundesrepublik Deutschland (AAPD) im Auswärtigen Amt; veröffentlichte u. a.: als Bearbeiter zusammen mit Heike Amos: Die Einheit. Das Auswärtige Amt, das DDR-Außenministerium und der Zwei-plus-Vier-Prozess, Göttingen 2015; als Hrsg. zusammen mit Philipp Gassert und Hermann Wentker: The INF Treaty of 1987. A Reappraisal, Göttingen 2021.

Dominik Geppert, Dr., Professor für Geschichte des 19./20. Jahrhunderts an der Universität Potsdam und Präsident der Kommission für Geschichte des Parlamentarismus und der politischen Parteien; veröffentlichte u. a.: Pressekriege. Öffentlichkeit und Diplomatie in den deutsch-britischen Beziehungen (1896–1912), München 2007; Die Ära Adenauer, Darmstadt ³2012; Geschichte der Bundesrepublik Deutschland, München 2021.

Konrad Jarausch, Dr., Lurcy Professor of European Civilization an der University of North Carolina in Chapel Hill; veröffentlichte u. a.: Out of Ashes. A New History of Europe in the Twentieth Century, Princeton 2015; Broken Lives. How Ordinary Germans Experienced the Twentieth Century, Princeton 2018; Embattled Europe. A Progressive Alternative, Princeton 2021.

Wanda Jarząbek, Dr., Professorin am Institut für Politische Studien der Polnischen Akademie der Wissenschaften; veröffentlichte u. a.: Polska wobec Konferencji Bezpieczeństwa i Współpracy w Europie. Plany i rzeczywistość, 1966–1975r., Warschau 2008; Polska Rzeczpospolita Ludowa wobec polityki wschodniej Republiki Federalnej Niemiec w latach 1966–1976. Wymiar dwustronny i międzynarodowy, Warschau 2011.

Jürgen Lillteicher, Dr., Direktor des AlliiertenMuseums Berlin, veröffentlichte u. a.: Raub, Recht und Restitution. Die Rückerstattung jüdischen Eigentums in der frühen Bundesrepublik, Göttingen 2007; als Hrsg. zusammen mit Thomas Hertfelder und Ulrich Lappenküper: Erinnern an Demokratie in Deutschland. Demokratiegeschichte in Museen und Erinnerungsstätten der Bundesrepublik, Göttingen 2016.

Hélène Miard-Delacroix, Dr., Professorin für deutsche Zeitgeschichte an der Sorbonne Université in Paris; veröffentlichte u. a.: Im Zeichen der Europäischen Einigung. 1963 bis in die Gegenwart, Darmstadt 2011 (WBG Deutsch-Französische Geschichte, Bd. 11); als Hrsg. zusammen mit Andreas Wirsching: Emotionen und internationale Beziehungen im Kalten Krieg, Berlin/Boston 2020.

Wolfgang Mueller, Dr., Professor für Russische Geschichte an der Universität Wien; veröffentlichte u. a.: Die sowjetische Besatzung in Österreich 1945–1955 und ihre politische Mission, Wien 2005; A Good Example of Peaceful Coexistence? The Soviet Union, Austria, and Neutrality 1955–1991, Wien 2011.

Mary Elise Sarotte, Dr., Kravis Distinguished Professor, Johns Hopkins University School of Advanced International Studies, Washington DC, und Gastforscherin, Harvard University Center for European Studies; veröffentlichte u. a.: The Collapse. The Accidental Opening of the Berlin Wall, New York 2014; Not One Inch. America, Russia and the Making of Post-Cold War Stalemate, London und New Haven 2021.

Hermann Wentker, Dr., Leiter der Forschungsabteilung Berlin am Institut für Zeitgeschichte München–Berlin und apl. Professor an der Universität Potsdam; veröffentlichte u. a.: Außenpolitik in engen Grenzen. Die DDR im internationalen System 1949–1989, München 2007; Die Deutschen und Gorbatschow. Der Gorbatschow-Diskurs im doppelten Deutschland 1985–1991, Berlin 2020.

Andreas Zimmermann, Dr., LL.M. (Harvard), Professor für Öffentliches Recht, insbesondere Europa- und Völkerrecht sowie Europäisches Wirtschaftsrecht und Wirtschaftsvölkerrecht an der Universität Potsdam und Direktor des dortigen Menschenrechtszentrums; veröffentlichte u. a.: Staatennachfolge in völkerrechtliche Verträge, Berlin 2000; State Succession in Treaties, in: Max Planck Encyclopedia of Public International Law, Oxford 2012, S. 545 ff. sowie Continuity of States, in: ebenda, S. 742 f.

Personenregister

Abrassimow, Pjotr 213
Achromejew, Sergei 202
Achtamsjan, Abdulchan 212, 218 f.
Adenauer, Konrad 6, 191, 193
Alexandrow, W. W. 212
Andreotti, Giulio 4
Antall, Jószef 41, 43, 169, 172
Arafat, Jassir 27
Arbatow, Georgi 22
Arnim, Joachim von 61 f.
Aron, Raymond 21
Atta, Mohammed 235

Bahr, Egon 5, 218
Bakatin, Wadim 36
Baker, James 8, 11, 47 f., 52–55, 57 f., 62 f., 98, 126–128, 132, 134, 138, 149, 155, 219, 229, 232
Bakirowa, G. Ja. 217
Beloussow, Leo 226
Bettzuege, Reinhard 126
Bibó, István 162
Biden, Joseph 239 f.
Bin Laden, Osama 235
Bismarck, Otto von 4
Blackwill, Robert 52, 55 f.
Blair, Tony 182, 187, 192
Borodziej, Włodzimierz 101
Brahms, Johannes 32
Brandt, Willy 2, 5, 80
Bratschikow, Igor 213
Breschnew, Leonid 23, 35
Briand, Aristide 134
Brockaw, Tom 231
Broek, Hans van den 87
Brown, Gordon 182, 192, 196
Brzezinski, Zbigniew 24
Bush, George H. W. 9, 14, 23, 27, 29, 52 f., 56, 58, 62 f., 80, 82, 128, 131 f., 137, 139, 148 f., 156, 174, 191, 229 f., 232, 235, 237 f.

Cameron, David 13, 182, 195–197
Carter, Jimmy 24
Ceaușescu, Nicolae 34
Chalid Scheich Mohammed 235
Chamorro, Violeta 25

Chejfez, W. L. 226
Churchill, Winston 192, 194
Clemenceau, Georges 134
Cliburn, Van 32
Clinton, Bill 230
Csurka, István 164

Daschitschew, Wjatscheslaw 212, 218
Davis, Patti (Patricia) 22
De Michelis, Gianni 87
Debussy, Claude 32
Delors, Jacques 29
Deng Xiaoping 26
Dobrynin, Anatoli 208
Dumas, Roland 133 f.
Dürer, Albrecht 188

Eide, Vigleik 159
Erhard, Ludwig 217, 234

Fabius, Laurent 132
Falin, Walentin 49, 59–61, 201, 208, 211, 217, 220
Filippow, Alexandr 221
Filitow, Alexej 212, 217 f.
Fischer, Joschka 236, 238
Fischer, Oskar 129 f.

Garthoff, Raymond 23
Gaulle, Charles de 6
Genscher, Hans-Dietrich 8, 11, 39, 51–55, 59, 61 f., 77, 87, 94, 98, 101, 126, 134, 136–141, 143, 147, 155, 157 f.
Geremek, Bronisław 90
Glees, Anthony 188
Gomułka, Władysław 80
Göncz, Árpád 164, 169
Gorbatschow, Michail 7–9, 11, 14, 19 f., 22–24, 26, 31–34, 36, 39–41, 43 f., 47–51, 53–62, 77, 79, 132 f., 135, 138, 144, 146, 148 f., 151 f., 157, 167 f., 170, 194, 199, 202 f., 205, 207–212, 215, 217–220, 222–225, 227, 229
Gorbatschowa, Raissa 32
Goschler, Constantin 75, 77
Grahame, Kenneth 191

Grinewski, Oleg 220
Grinin, Wladimir 213

Harris, Robert 183
Havel, Václav 40 f., 43, 135, 165, 169, 171
Heath, Edward 194
Hitler, Adolf 3, 37, 183–185, 188, 207, 209, 226, 231
Hockerts, Hans Günter 70, 75
Honecker, Erich 129, 145, 208
Horn, Gyula 39 f.
Hurd, Douglas 53 f., 130, 138, 185
Hussein, Saddam 27, 237 f.
Hutchings, Robert 52

Iliescu, Ion 43
Iljuchin, Wiktor 204 f.
Illouz, Eva 182
Iwanow, Nikolai 222
Iwaschow, Leonid 216

Janajew, Gennadi 43
Jaruzelski, Wojciech 91
Jasow, Dmitri 202
Jelzin, Boris 14, 148, 202–204, 208, 218
Jesin 212
Joffe, Josef 200
Johannes Paul II. 23
Johnson, Boris 196
Johnson, Lyndon B. 234
Juncker, Jean-Claude 197

Kaczyński, Jarosław 67
Kalaschnikow, Leonid 225
Kapitonowa, M. W. 217
Keohane, Robert 21
Khomeini, Ruhollah Musawi 27
Kiesinger, Kurt Georg 5
Kissinger, Henry 126
Knackstedt, Günther 93
Kohl, Helmut 6, 9 f., 15, 47 f., 50, 53–63, 68, 77–82, 90–98, 100 f., 128, 133–135, 139 f., 146, 157, 184–186, 191, 214, 218 f., 223, 226, 229 f., 232
Komorowski, Bronisław 167
Kosyrew, Andrei 205
Krauthammer, Charles 232
Krenz, Egon 205–208, 215
Krjutschkow, Wladimir 50

Kubicki, Wolfgang 224
Kundera, Milan 162 f.
Kusmin, Iwan 211 f.
Kwizinski, Juli 48, 207

Laer, Pieter van 115
Lerner, Michael 231
Ligatschow, Jegor 202, 206, 208 f.
Lloyd, Selwyn 194
Lobow, Wladimir 38

MacGregor, Neil 188
Magris, Claudio 163
Maizière, Lothar de 96, 136 f.
Major, John 182, 185 f., 192, 197
Makaschow, Albert 202
Mallaby, Christopher 181, 184
Markow, Sergei 225
Marytschew, Wjatscheslaw 204
Mauriac, François 4
Maximytschew, Igor 203, 210–212, 219
Mazowiecki, Tadeusz 78 f., 84, 91–93, 95, 100, 168, 170–172, 174
McFarlane, Robert C. 21
Meckel, Markus 11, 95 f., 136 f., 141
Medwedjew, Dmitri 213, 223
Mélenchon, Jean-Luc 13
Merkel, Angela 188, 197, 216, 224, 240
Miller, Arthur 232
Milošević, Slobodan 233
Miłosz, Czesław 163
Mitrofanow, Alexei 206
Mitterrand, François 11, 13, 42, 128, 132–135, 222
Mjagkow, Michail 222
Modrow, Hans 50, 62, 129 f., 147, 207, 219
Moissejew, Michail 202

Nagy, Imre 169
Narinski, Michail 218
Neubert, Klaus 51
Nicholls, Anthony J. 12, 181

Offenstadt, Nicolas 13

Pawlow, Nikolai 210, 212
Petelin, Boris 201
Petrunina, Sh. W. 217
Poincaré, Henri 134

Portugalow, Nikolai 203, 217
Potapow, A. W. 212
Powell, Charles 190 f., 195
Powell, Colin 237
Princz, Hugo 83
Puschkow, Alexei 223
Putin, Wladimir 14, 47, 201 f., 213, 219, 222 f.

Rachmaninow, Sergei 32
Rahr, Alexander 216
Ramsden, John 183
Ranke, Leopold von 193
Rantzau, Detlef Graf zu 125
Reagan, Nancy 32
Reagan, Ronald 7, 19–22, 31–34, 44, 144
Rey, Marie-Pierre 133
Rice, Condoleezza 237
Ridley, Nicholas 184 f.
Rogosin, Dmitri 206
Roloff, Ralf 141
Rumsfeld, Donald 238
Rybakow, Juli 206
Rykin, G. N. 220
Ryschkow, Nikolai 208

Sacharow, Andrej 36
Sagladin, Nikita 221, 226
Schabowski, Günter 208
Schandybin, Wassili 204
Schelew, Schelju 43
Schewardnadse, Eduard 39, 55, 59, 78 f., 98, 133, 143, 155, 202 f., 207 f., 218, 220, 225
Schlesinger, Helmut 187
Schröder, Gerhard 15, 79, 84, 236, 238
Schubin, Alexandr 221

Scowcroft, Brent 52, 55 f.
Selinski, Jan 222
Sewerinow, K. M. 226
Shirinowski, Wladimir 204
Shultz, George P. 19 f., 32
Skubiszewski, Krzysztof 39, 92, 95, 98, 101, 168
Smirnow, Wjatscheslaw 226
Soroko-Zjupa, Oleg 221
Stalin, Josef 37, 209, 215, 220, 224, 226
Steinmeier, Frank-Walter 2
Subow, Andrei 221
Sudhoff, Jürgen 97
Süssmuth, Rita 132

Tabazki, A. D. 217
Teltschik, Horst 53, 55 f., 61, 81, 191
Terechow, Wladislaw 39, 212
Thatcher, Margaret 11–13, 19 f., 92, 130 f., 182, 184–186, 190–192, 194–197
Todd, Emmanuel 13
Trump, Donald 239
Tschernjaew, Anatolij 49 f., 220
Tsipras, Alexis 67
Tudjman, Franjo 233

Wałęsa, Lech 38, 43
Walters, Vernon 53
Wieck, Hans-Georg 225
Wilhelm II., Kaiser 231
Wilhelm, Kronprinz von Preußen 118
Wilson, Woodrow 23
Wladymzewa, Marija 201
Wolf, Markus 207
Wörner, Manfred 56, 58, 62 f.